Christiane Hoffrath
BÜCHERSPUREN

Schriften der
Universitäts- und Stadtbibliothek Köln
19

Christiane Hoffrath

BÜCHERSPUREN

Das Schicksal von Elise und Helene Richter
und ihrer Bibliothek im »Dritten Reich«

2009
BÖHLAU VERLAG KÖLN WEIMAR WIEN

Gedruckt mit freundlicher Unterstützung
der Staatlichen Museen zu Berlin – Institut für Museumsforschung / Arbeitsstelle für
Provenienzrecherche/-forschung sowie der Otto Wolff-Stiftung, Köln

Bibliografische Information der Deutschen Nationalbibliothek:
Die Deutsche Nationalbibliothek verzeichnet diese Publikation in der
Deutschen Nationalbibliografie; detaillierte bibliografische Daten sind
im Internet über http://dnb.d-nb.de abrufbar.

Umschlagabbildung:
Bei der Aufnahme handelt es sich um eine Fotomontage, die einige Bände der
„Richter-Bibliothek" und Originallisten von Elise Richter zeigt.
Foto: Christiane Hoffrath

© 2009 by Böhlau Verlag GmbH & Cie, Köln Weimar Wien
Ursulaplatz 1, D-50668 Köln, www.boehlau.de

Alle Rechte vorbehalten. Dieses Werk ist urheberrechtlich geschützt.
Jede Verwertung außerhalb der engen Grenzen des Urheberrechtsgesetzes
ist unzulässig.

Druck und Bindung: Strauss GmbH, Mörlenbach
Gedruckt auf chlor- und säurefreiem Papier
Printed in Germany

ISBN 978-3-412-20284-2

*Ohne Dinglichkeit, ohne Materialität
ist Erinnerung nicht möglich*

nach Hannah Arendt
Jüdische Publizistin und Philosophin

Inhalt

Vorwort 9

Einleitung 11

A. Elise und Helene Richter 21

   1. 1861–1906 21
      Kindheit und Jugend 21
      Studienjahre 26

   2. 1907–1937 31
      Erfüllte Jahre 31
      Krieg und Nachkriegszeit 34
      Regeneration: Die Zwischenkriegszeit 44

   3. 1938–1943 54
      Wien 54
      Theresienstadt 78
      In memoriam 83

B. Der Verkauf der Bücher 94

   1. Die Vermittlung 94
      Wer war der Adressat? 95
      Professor Dr. rer. pol. Dipl.-Ing. HERMANN CORSTEN (1889–1968).... 95
      Bibliotheksdirektor in der NS-Zeit 96
      Professor Dr. phil. FRITZ SCHALK (1902–1980) 97
      Professor und Publizist in der NS-Zeit 99
      Professor Dr. phil. EUGEN LERCH (1888–1952) 100
      Der erste Brief von ELISE RICHTER – 24. August 1941 101

   2. Die Verhandlungen 106
      Der Briefwechsel 108
      01. OKTOBER 1941–16. DEZEMBER 1941 109
      13. JANUAR 1942–02. NOVEMBER 1942 150
      22. FEBRUAR 1943–16. MÄRZ 1943 165

C. Die Richter-Bibliothek ... 170

1. Geschichte der Bücher bis 2005 ... 170
   Das Exlibris ... 170
   Die Inventarisierung der Richter-Bücher (1942–1994) ... 172
   Die Richter-Bibliothek im Bewusstsein der USB Köln ... 174

2. Die Suche nach den Büchern (2005–2007) ... 175
   Der Beginn der NS-Provenienzforschung in der USB Köln ... 175
   Die Listen ... 177
   Ergebnisse ... 182

Anhang

Anmerkungen ... 187
Abkürzungsverzeichnis ... 212
Abbildungsnachweis ... 214
Literaturverzeichnis ... 215
Personenregister ... 222
Danksagung ... 225

Vorwort

Es ist eine bedrückende Erkenntnis der NS-Forschung, dass sich der Einfluss des nationalsozialistischen Staates bis in die feinen Verästelungen des Alltagslebens niedergeschlagen hat. Das ist verständlich, denn eine Ideologie, die beanspruchte, den Menschen total zu erfassen und in ihrem Geiste zu erziehen und dienstbar zu machen, konnte keine Freiräume zulassen.

In diesem Sinne steht es auch unserer Bibliothek gut an, ihre Geschichte in jenen verhängnisvollen 12 Jahren der Diktatur einmal genau zu untersuchen. Ein besonders interessanter Vorgang ist dabei die Erwerbung der Bibliothek der beiden Schwestern Helene und Elise Richter in den Jahren 1941/42. Sie stammten aus dem jüdischen Großbürgertum Wiens und hatten sich eine respektable Stellung im wissenschaftlichen Leben der Anglistik und Theaterwissenschaft bzw. der Romanistik und Sprachwissenschaft erworben. Mit dem Anschluss Österreichs 1938 an das Deutsche Reich begann auch ihre Rechtlosigkeit. Ihr Schicksal fand mit ihrem Abtransport nach Theresienstadt und ihrem dortigen baldigen Tod seinen traurigen Höhepunkt.

Der Briefwechsel zwischen Elise Richter und dem Direktor der Kölner Universitäts- und Stadtbibliothek Hermann Corsten über den Verkauf der Bibliothek ist erhalten geblieben. Er zeigt die einzelnen Schritte der Verkaufsaktion minutiös auf und lässt immer wieder an vielen Stellen die verzweifelte Lage der Schwestern Richter, die sie zum Verkauf zwang, durchscheinen. Hier ist nicht von den großen Verbrechen die Rede (obwohl ihrer beider Tod der Schoa zugerechnet werden muss), wohl aber von ihrer trostlosen Situation, ihrer Rechtlosigkeit und jenen kleinen unsäglichen Gemeinheiten im Alltag, denen sie durch das Regime schutzlos ausgeliefert waren. Da die Rolle der Kölner Bibliotheksleitung in einer neueren Publikation einer harschen Kritik unterzogen worden ist, war es uns ein besonderes Anliegen, diese Verkaufsaktion genauer und vorurteilsfrei unter die Lupe zu nehmen.

Frau Dipl-Bibl. Christiane Hoffrath hat sich der Sache angenommen, den Briefverkehr ediert und die Sachverhalte akribisch erforscht und kommentiert. Ihr Engagement ging weit über den dienstlichen Auftrag, den sie hierzu erhalten hat, hinaus. Sie hat diese Angelegenheit zu ihrem persönlichen Anliegen gemacht. Dazu sind wir ihr zu großem Dank verpflichtet. Ihre Arbeit schafft die Voraussetzungen zu der späten Ehrung, die Kölner Bürgerinnen und Bürger verdienstvoller Weise in Zusammenarbeit mit der Universität für die beiden Schwestern Richter vornehmen wollen.

Der Leser aber vermag sich jetzt sein eigenes Urteil zu bilden, wie die Rolle von Hermann Corsten und der USB Köln im Lichte der Quellen einzustufen ist.

Dem Böhlau-Verlag gebührt Dank für das Angebot, die Arbeit in sein Verlagsproramm aufzunehmen, der Otto Wolff-Stiftung in Köln und der Arbeitsstelle für Provenienzrecherche/-Forschung Berlin für namhafte finanzielle Förderung, die den Druck erst möglich gemacht hat.

Prof. Dr. Wolfgang Schmitz
Direktor der Universitäts- und Stadtbibliothek Köln

Einleitung

Dieses Buch ist das Ergebnis einer Suche nach Büchern. Die Spuren einer verschollen geglaubten Bibliothek führten zu längst aus der Erinnerung entschwundenen Ereignissen zurück, der Geschichte der Wiener Schwestern Elise und Helene Richter und ihrer gemeinsamen Büchersammlung. Für Elise und Helene waren Bücher lebensbestimmend. Sie bildeten das Rückgrat ihres Alltags und waren die Grundlage ihrer Arbeit. Ohne Bücher wäre das Leben der Schwestern nicht vorstellbar. Schon früh beherrschen sie das Lesen und eröffneten sich die Welt durch die Seiten eines Buches. Von Kind an Sammlerinnen, legten sie den Grundstein zur ihrer späteren großen Bibliothek. Sie selbst schrieben Bücher und bis ins hohe Alter war der Verzicht auf die tägliche Lektüre undenkbar. Wir dürfen sicher sein, dass auch ihre letzten Tage von einem Buch begleitet wurden.

Was mit den Bücherspuren begann, führte alsbald zu den Opfern der nationalsozialistischen Gewaltherrschaft, deren Eigentum sie einst waren. Man wird diesen Menschen nicht gerecht, wenn man nur von ihren Büchern berichtet, denn das Los der Millionen Bücher in der Zeit des Nationalsozialismus geht immer einher mit dem Schicksal der Opfer. Deshalb reichte es nicht aus, hier nur die Geschichte einer Bibliothek und die Suche nach ihren Büchern zu beschreiben, sondern auch an die Menschen musste erinnert werden.

Bücher haben meist keinen großen materiellen Wert, und doch stehen sie zu ihren Besitzern in einer besonderen Beziehung. So basiert das jüdische Leben auf dem geschriebenen Wort, auf Texten und Büchern. In einer Synagoge gibt es einen Ort, die Gnisa, in dem Gebetbücher und andere Texte aufbewahrt werden, die den Namen Gottes enthalten. Es sind Schriften, die nicht mehr benutzt, aber trotzdem nicht vernichtet werden dürfen. Wird die Gnisa geleert, begräbt man die Bücher auf dem Friedhof. Das ist nur ein Beispiel dafür, dass der Wert des Massenprodukts Buch gar nicht zu ermessen ist. Ein Buch kann ein Stück Erinnerung an die Opfer sein, von denen nicht einmal ein Grab für die Trauernden existiert. Keine Zahl kann ausdrücken, was es bedeutet, wenn ein Buch, das einem Sohn, einer Tochter oder den Enkeln zurückgegeben werden kann, das einzige ist, was vom Vater, der Mutter, den Geschwistern oder den Großeltern zurückgeblieben ist. Wir sind diesem Erbe Wertschätzung und Respekt schuldig, auch noch nach über siebzig Jahren.

***

In den letzten zehn Jahren haben Rückgaben von Gemälden an die ehemaligen jüdischen Besitzer oder deren Erben eine starke Medienpräsenz bewirkt. Durch die vorausgegangenen Restitutionsanträge war eine Situation entstanden, die als längst überwunden galt. Denn mit dem Ende des 31. Dezember 1969, dem Tag an dem die Antragsfrist abgelaufen war, wurden keine Güter mehr an die Verfolgten des Nationalsozialismus zurückgegeben. Die Wiedergutmachung schien abgeschlossen. Doch vieles war übersehen worden. Zu den im „Dritten Reich" enteigneten Gütern gehörten nicht nur die „arisierten" Unternehmen und Geschäfte der Juden, ihre Grundstücke, Häuser und Aktien, ihr Geld, der Hausrat und die Wertsachen wie Schmuck und Antiquitäten, sondern auch die so genannten Kulturgüter wie Bilder, Skulpturen, Briefmarken-, Münz-, Autographen- und Musikaliensammlungen und weitere Kunstgegenstände aller Art, sondern auch Bücher und ganze Bibliotheken. Nicht nur die beschlagnahmten und enteigneten Dinge gehören dazu, sondern auch die durch Notverkäufe verlorenen Gegenstände. Viele Menschen trennten sich damals gezwungenermaßen von ihrem Besitz; sie veräußerten ihn um zu fliehen, um zu überleben. Allein um die Reichsfluchtsteuer zahlen zu können, wurden unzählige Kunstgegenstände verkauft. Was zurückblieb, fiel an das Reich. Die Begünstigten waren sowohl öffentliche Institutionen als auch Privatpersonen. Man braucht nicht erst die Bilder aus den Konzentrationslagern zu beschwören, die die Berge von Kleidungsstücken, Brillen, Schuhen und Zahngold zeigen, um die Bereicherungs- und Verwertungsideologie der nationalsozialistischen Diktatur zu verdeutlichen. Auch die private Bereicherung der Nazi-Größen ist hinlänglich bekannt. So entstand zwischen Göring und Hitler ein Wettstreit, die berühmtesten Gemälde zu erlangen. Aber es waren nicht nur die prominenten Diebe und Profiteure, sondern auch Privatleute und angesehene Kultureinrichtungen wie Museen und Bibliotheken, die die Gelegenheit nutzten, ihre Bestände zu erweitern. Für die wissenschaftlichen Bibliotheken kam hinzu, dass sie als Depots für beschlagnahmtes oder verbotenes Schrifttum benutzt wurden. Die aus den Schul- und Volksbüchereien entfernten „verbotenen Bücher" wurden beispielsweise wissenschaftlichen Bibliotheken zur strengen Verwahrung zugeführt.

Die deutschen und österreichischen Bibliothekare engagierten sich in unterschiedlichem Ausmaß an der Bücherbeschaffung und -verteilung. Mit Kriegsbeginn wurden die Raubzüge ausgeweitet. In Polen gab es vor 1939 allein 251 jüdische Bibliotheken, die über 1,5 Millionen Bücher besaßen. Die Bibliothekare agierten sowohl gleich hinter den vorrückenden Truppen in den okkupierten Gebieten als auch vom heimatlichen Schreibtisch aus. Nach der Besetzung der Gebiete wurde eine Verwaltungstätigkeit entfaltet, die systematisch begann, die Enteignungen von Synagogen, Bibliotheken, Museen, Akademien und vielen weiteren Institutionen vorzunehmen. Gleichzeitig wurde der Besitz der jüdischen Bevölkerung geraubt, bevor sie selbst deportiert wurde. Es gab Organisationen, die sich gezielt mit der Plünderung von Sammlungen, um deren Abtransport und die Belieferung deutscher Bibliotheken kümmerten und sich erbittert um die erbeuteten Bücher stritten. Dazu gehörten der Einsatzstab Reichsleiter Rosenberg (ERR) und die SS-Organisationen von Heinrich Himmler und Reinhard Heydrich. Ihr Interesse war es, ihre eigenen so genannten „Gegnerbibliotheken" zu füllen. Neben Bibliotheken jeglicher Trägerschaft waren auch Verlage und Buchhandlungen Opfer der Beschlagnahmungen. Allein für die Bibliothek des Reichssicherheitshauptamtes in Berlin wurden abertausende Bände enteignet. Weitere Organisationen, die mit dem Buchraub betraut waren, sind unter anderem die in der Sowjetunion operierende „Forschungstruppe Ost", unterstellt der Amtsgruppe Wirtschaft/Ausland im Wehrwirtschaftsamt des Oberkommandos der Wehrmacht, das in den Niederlanden und Belgien vom Auswärtigen Amt eingesetzte „Sonderkommando Künsberg", das Referat „Bibliotheksschutz" im besetzten Frankreich oder auch das „Kommando Paulsen" des RSHA, das beispielsweise die Bibliothek der Großen Synagoge in Warschau komplett in die Zentralbibliothek nach Berlin verschleppte. Es handelte sich um ca. 40.000 bis 50.000 Bände. In den okkupierten Ländern wurde gezielt geplündert, alles andere vernichtet. Die Bücher, die nicht für den Transport ins „Reich" vorgesehen waren, wurden zentriert. Dazu machte man bedeutende ausländische Bibliotheken, wie in Krakau und Warschau, zu „Deutschen Staatsbibliotheken" oder in Luxemburg zur deutschen „Landesbibliothek".

1945 fanden die Alliierten viele der geraubten Güter vor. Die US-Amerikaner gründeten in ihrem Sektor das „Offenbach Archival Depot" (OAD) als zentrale Sammelstelle der von den Westalliierten aufgefundenen Bücher. Es waren Tonnen an Bänden, die dort bis Mai 1946 zusammengetragen und die an die ehemaligen Besitzer zurückgegeben werden konnten. Bereits nach einem Jahr waren 2,5 Millionen Bücher gesichtet worden. 1,9 Millionen waren bis zum März 1947 restituiert. 1948 erschien im renommierten amerikanischen „Library Journal" der Aufsatz: „Books Go Home From the Wars", der die Arbeit des OAD als „the biggest book-restitution in library history" würdigte.
Die 1949 gegründete Bundesrepublik Deutschland bemühte sich, auf der Basis einer entsprechenden Gesetzgebung, ihrer Verpflichtung zur Restitution und Entschädigung nachzukommen. Die sozialistische DDR verfuhr nach einem völlig anderen System. Es kam zwar zu vereinzelten Restitutionen, eine ähnlich gesetzliche Regelung wie in der BRD gab es jedoch nicht. Deswegen wurde nach der Wiedervereinigung für die ostdeutschen Gebiete eine neue, drei Jahre währende Antragsfrist für Restitutionsforderungen bestimmt.

Sechs Millionen Juden waren von den Nationalsozialisten ermordet worden, kaum einer der Überlebenden hatte die NS-Zeit an seinem Heimatort überstanden, nur wenige kehrten dorthin zurück. Unzählige Gütern waren verschleppt oder vernichtet worden. Für die Rückgabe und Entschädigung hätten alle diese Menschen oder ihre Erben und Rechtsnachfolger damals wie heute Anträge stellen müssen. Ein innerhalb der gesetzten Fristen schier undurchführbares Verfahren. Folglich wurde durch die „Conference on Jewish Material Claims against Germany" (JCC) eine Sammelrestitutionsklage gestellt, die 1990 noch einmal erneuert wurde. Somit gelten im wiedervereinigten Deutschland heute zwei Verfahrensweisen für die Restitution. Das bedeutet, ein rechtlicher Anspruch auf Güter, die sich auf dem Territorium der alten Bundesrepublik befinden, ist durch Verjährung erloschen. Für das Territorium der neuen Bundesländer und Ostberlin gibt es hingegen wieder einen Rechtsanspruch auf Restitution.

In den USA fand 1998 die „Washington Conference on Nazi-Confiscated Art" statt. An dieser Konferenz, die vom U.S. Department of State und dem U.S. Holocaust Memorial Museum ausgerichtet wurde, nahmen 44 Regierungsorganisationen und 13 Nichtregierungsorganisationen teil. Zu den Teilnehmern gehörte auch die Bundesrepublik Deutschland. Am 3. Dezember 1998 einigte man sich auf die rechtlich nicht bindenden „Grundsätze der Washingtoner Konferenz in Bezug auf Kunstwerke, die von den Nationalsozialisten beschlagnahmt wurden". Zu den verabschiedeten Grundsätzen der so genannten „Washingtoner Erklärung" gehören die Suche und Identifizierung von Kunstwerken, die von den Nationalsozialisten beschlagnahmt worden waren. Die Teilnehmer sind aufgerufen, finanzielle Mittel und Personal zur Verfügung zu stellen. Es sollen alle Anstrengungen unternommen werden, die einstigen Eigentümer oder Erben ausfindig zu machen. Alle Funde sollen öffentlich dokumentiert werden, um diese Suche zu erleichtern. Die Einrichtung zentraler Register in den Teilnehmerländern war ein zusätzlich formulierter Wunsch der gemeinsamen Erklärung.

Die Bundesrepublik Deutschland hatte auf dieser Konferenz „erneut ihre Bereitschaft erklärt, auf der Basis der verabschiedeten Grundsätze und nach Maßgabe ihrer rechtlichen und tatsächlichen Möglichkeiten nach weiterem NS-verfolgungsbedingt entzogenem Kulturgut zu suchen und gegebenenfalls die notwendigen Schritte zu unternehmen, eine gerechte und faire Lösung zu finden." Darauf folgte 1999 die „Erklärung der Bundesregierung, der Länder und der kommunalen Spitzenverbände zu Auffindung und zur Rückgabe NS-verfolgungsbedingt entzogenen Kulturgutes, insbesondere aus jüdischem Besitz". Deutschland richtete mit der „Koordinierungsstelle für Kulturgutverluste in Magdeburg" überdies ein zentrales Register ein. Die Koordinierungsstelle verzeichnet gemeldete Funde, mittlerweile auch über Deutschland hinaus, auf. Institutionen aus Finnland, Luxemburg und Österreich sind mit Fundmeldungen vertreten. Daneben wird ein Suchportal angeboten. Die gelisteten Suchmeldungen beschränken sich ebenfalls nicht auf Deutschland und Österreich. Viele Einträge sind bislang für ukrainische Einrichtungen eingestellt worden. Sowohl Fund- als auch Suchmeldungen stehen ausdrücklich auch Privatpersonen zur Verfügung. Daneben unterstützt die Koordinierungsstelle Museen, Archive und Bibliotheken bei der Suche und bei Restitutionsfragen. Zur weiteren Unterstützung der gewünschten Aktionen gab der Beauftragte der Bundesregierung für Kultur und Medien eine „Handreichung zur Umsetzung der Erklärung der Bundesregierung (…) von 1999 heraus.

Engagierte Bibliothekare schlossen sich 2002 dem Aufruf an und verfassten, anlässlich des Ersten Hannoverschen Symposiums „Jüdischer Buchbesitz als Beutegut", den „Hannoverschen Appell". Darin appellieren sie an die Verantwortlichen des deutschen Bibliothekswesens, die Suche nach Raubgut zu unterstützen. 2007 fand das Dritte Hannoversche Symposium statt und der vor Jahren gegebene Impuls hat mittlerweile Früchte getragen. Der Austausch findet heute auf einer internationalen Ebene statt. Viele Bibliotheken haben in der Zwischenzeit begonnen, ihre Bestände zu überprüfen – etliche fehlen noch.

Die Praxis der letzten Jahre hat bewiesen, dass betroffene Institutionen *faire und gerechte Lösungen* gefunden haben, indem sie die aufgefundenen Kunstwerke und Bücher den Erben zurückgaben oder diese entschädigten.

Die Universitäts- und Stadtbibliothek Köln (USB) ist eine der Bibliotheken, die dem Aufruf folgte und mit der Suche nach NS-verfolgungsbedingt entzogenem Bibliotheksgut begann. Das erste und größte Projekt dieser NS-Provenienzforschung startete im Mai 2005: die Rekonstruktion der Bibliothek von Elise und Helene Richter.

Wie muss man sich eine solche Suche vorstellen? Am Anfang gab es in der Kölner USB einige Bücher mit einem besonders schönen Exlibris und ganz normalen Buchnummern (Signaturen) dieser Bibliothek. Hinzu kam ein schmaler alter Aktenordner mit vergilbten Briefen und Listen. Weitere, teilweise einzelne Blätter und Zettel, fanden sich später in Aktenfragmenten, die erhalten waren. Alles dies firmierte plötzlich unter dem einschüchternden Begriff „NS-Raubgut". Was bedeutete das? Wer waren die Adressaten der Briefe? Gehörten die Bücher nicht rechtmäßig der Universitäts- und Stadtbibliothek Köln? Wenn nicht, wem gehörten sie dann? Wem gehörten sie einst? Wie waren sie hierher gekommen? Was sollte die USB damit machen? Um wie viele Bücher handelte es überhaupt und wie konnte man sie identifizieren? Und schließlich, welche Geschichte steckte hinter diesen Büchern?

Die Fragen türmten sich förmlich auf. Nichtsdestoweniger sind dies die grundsätzlichen Fragen, denen sich die Provenienzforschung stellen muss. Das Wort Provenienz leitet sich vom lateinischen Wort *provenio* (Herauskommen, Auftreten) ab. Allgemein betrachtet, beschäftigt sich die Provenienzforschung demnach mit der Entstehungs- und Besitzgeschichte eines Objektes. Dabei geht die Recherche vom aktuellen Besitzer, beispielsweise einem Museum oder einer Bibliothek, aus zurück bis hin zur Entstehung des Werkes. Im Buch- und Bibliothekswesen geht es also um die Herkunft und die Vorbesitzer der Bücher. Streng chronologisch betrachtet, endet die Provenienzforschung mit dem Beginn der schriftlichen Überlieferungen. Räumlich gesehen entspricht der Forschungsbereich der Verbreitung der Schriftlichkeit.

Die folgende Einführung beschäftigt sich jedoch nicht mit der Entstehungsgeschichte von Büchern, sondern mit der Recherche nach deren Vorbesitzern und den Spuren von Besitzwechseln. Um der besseren Verständlichkeit willen, soll dieser Teilaspekt der Provenienzforschung zunächst in einem zeitlichen Ausschnitt betrachtet werden. Es geht vorab um Zeichen, die in einem Besitzwechselzeitraum von 130 Jahren (1870-2000) aufgefunden werden können. Für diesen Zeitraum kann man in der Regel von der im Folgenden geschilderten Erwerbungsverzeichnung in Bibliotheken ausgehen.

Um herauszufinden, wann ein Buch, auf welchem Weg und zu welchen Konditionen in eine Bibliothek gelangt ist, benötigt man Informationen. Die primäre Quelle stellt das Buch selbst dar. In der Regel enthält ein Bibliotheksbuch etliche Provenienzmerkmale, die bereits einige der gestellten Fragen beantworten können. Jeder, der bereits einmal ein Buch aus einer öffentlichen Bibliothek in der Hand gehalten hat, wird drei Bearbeitungszeichen der Bibliothek bemerkt haben. Da ist zunächst die Signatur auf dem Buchrücken. Generell weist sie auf den Standort eines Buches im Regal der Bibliothek hin. In einigen Bibliotheken ist die Signatur gleichzeitig ein Schlüssel, in welche physische Fachgruppe ein Buch einsortiert worden ist und/oder in welche Fachsystematik es eingeordnet wurde. Das nächste auffällige Bibliothekskennzeichen ist der Besitzstempel. Stempel sind eine sehr aufschlussreiche Informationsquelle. So können die im Laufe der Jahre genutzten Bibliotheksbesitzstempel beispielsweise Auskunft über den Erwerbungszeitraum geben, falls das dritte Merkmal des Bibliotheksbesitzes, die Inventarnummer im Buch fehlen sollte. Von einem Stempel kann man unter Umständen auf die Zugangsart des Buches schließen. Mehrere Stempel geben Rückschlüsse auf die Besitzgeschichte.

Mit Besitzstempel und Inventarnummer wird ein Buch im Zuge der Erwerbungs- oder Inventarisierungsarbeiten versehen. Den Bearbeitungsvorgang von neuangeschafften Büchern, in der Bibliothek spricht man vom „Geschäftsgang", kann man sich wie eine Produktionsstraße vorstellen. Ein Buch oder eine anderes Medium durchläuft mehrere Stationen bis es am Ende des Geschäftsgangs in den Bestand aufgenommen worden ist. Die Katalogisierung des Titels zeigt diesen Vorgang nach außen hin an. Wenn das Buch auf seinen Platz im Regal gestellt wird, trägt es alle Merkmale der Inbesitznahme durch die Bibliothek und ist für eine spätere Ausleihe präpariert. In diesem Ablauf spielt es keine wesentliche Rolle, ob die Bibliothek das Buch gekauft oder es auf anderem Wege erworben hat. Weitere Zugangswege sind beispielsweise Geschenke, die der Bibliothek gemacht werden. Im wissenschaftlichen Bibliotheksbereich, um den es in diesem Zusammenhang geht, kommt außerdem die Erwerbungsart „Tausch", durch den Austausch von Publikationen mit anderen Bibliotheken im In- und Ausland, vor. Einige Bibliotheken in Deutschland erwerben überdies Bücher durch das so genannte Pflichtexemplar-Recht, das die Verlage verpflichtet, je ein Exemplar ihrer Produktion an die für sie zuständige Landesbibliothek und an die Deutsche Bibliothek in Frankfurt, die gemeinsam mit der Deutschen Bücherei in Leipzig, dem Musikarchiv in Berlin und den beiden großen Staatsbibliotheken in München und Berlin die unitär nicht existierende „Deutsche Staatsbibliothek" ersetzen, abzugeben.

Die Erwerbungsabteilung einer Bibliothek ist also eine Schlüsselstelle für die Provenienzforschung. Hier wird aus dem Verlagserzeugnis Buch ein Bibliotheksbuch gemacht. Dieser Arbeitsgang schließt auch die Bücher mit ein, die als Geschenk in die Bibliothek kommen. Folglich wird auch aus ehemaligen (Privat-) Besitz einer Person oder einer Institution Bibliotheksbesitz „gemacht". Die Buchführung der Erwerbung ist neben den Büchern selbst eine weitere wichtige Quelle der Provenienzrecherche. An erste Stelle sind das die Inventarisierungsbücher oder auch Akzessionsjournale. Jedes Buch, das im Erwerbungsvorgang eine Inventarnummer erhalten hat, ist in diesen Geschäftsbüchern nachzuweisen. Das Akzessionsjournal ist nach den Inventarnummern geordnet und gibt Auskunft darüber, wann welches Buch bearbeitet wurde, die Preisangabe bei Kaufexemplaren, die Angabe des Lieferanten und die für das Buch vergebene Signatur. Besonders die eingetragenen Lieferanten geben oft den entscheidenden Anhaltspunkt über die Art der Erwerbung.

Daneben sind Akten, Rechnungen, Briefwechsel und ähnliche Quellen wichtig, um die Erwerbungs- und Besitzgeschichte von Büchern zu erforschen. Sofern man auf die oben genannten Informationsmittel zurückgreifen kann, ist der Weg des Buches innerhalb der Bibliothek also in der Regel recht simpel nachzuvollziehen. Wichtig ist, was vorher geschah.

Alle weiteren bedeutsamen Provenienzmerkmale stammen demzufolge aus der Zeit, bevor das Buch zum Bibliotheksbesitz wurde. Diesen Spuren gilt es nachzugehen. Welche Zeichen sind dabei zu beachten? Die einfachste und klarste Spur ist der Eintrag des Namens eines Vorbesitzers im Buch selbst oder auf einem eingeklebten Exlibris. Bücher, die vormals im Besitz von Institutionen waren, weisen in der Regel deren Besitzstempel auf. Auch wenn diese vom nachfolgenden Besitzer oftmals überschrieben, überstempelt und somit meist nur teilweise unkenntlich gemacht worden sind, liefern sie wichtige Informationen. Alle handschriftlichen Zeugnisse im Buch können aufschlussreich sein. Auch wenn die Bibliothekare den „schreibenden Leser" nicht gerne sehen, so gib es trotzdem wertvolle Randbemerkungen als Hinterlassenschaft in Büchern. Beispielsweise konnten im Fall der Bibliothek von Elise und Helene Richter einige Bücher nur anhand von Elises Randbemerkungen im Buch zweifelsfrei als solche identifiziert werden. Manchmal geben auch Lesezeichen und andere Objekte im Buch Hinweise zum Vorbesitzer. So fand sich in einem Richter-Buch der Teil einer Quästurabrechnung der Universität Wien von 1909. Aufkleber von Buchhandlungen, die meistens die Stadt des Händlers ausweisen, sind wichtige Anhaltspunkte, wo der Band einst gekauft wurde. Insbesondere bei alten Werken kann der Einband der Schlüssel zur Provenienz sein. Desgleichen können Buchbinderspuren wie Nummern, Aufkleber und Buchbinderzeichen eine Identifizierung erleichtern. Für die neu eingebundenen Richter-Bücher, in denen das Exlibris nicht erhalten werden konnte, erwiesen sich zufällig erhaltene Buchbindernummern als wichtiges Zuordnungsmerkmal. Auch der Buchdruck und das verwendete Papier (Wasserzeichen) können Informationen liefern. Jedes Detail muss beachtet werden.

Neben diesen Primärinformationen, die das Objekt selbst liefert, müssen weitere Quellen erforscht werden. Im Fall Richter konnte letztendlich auf reichhaltiges biographisches Material zurückgegriffen werden. Das setzte jedoch die Arbeit auch außerhalb der Bibliothek voraus. Generell stellt die Recherche in Archiven einen Hauptbestandteil der Provenienzforschung dar. Da der Umgang mit Archivalien auch für Bibliothekare und Historiker eher ungewohnt ist, sollte die Zusammenarbeit mit den Archivaren, insbesondere vor dem Anspruch der gemeinsam aufzuarbeitenden Geschichte, intensiviert werden.

Die großen und meist wertvollen Büchersammlungen, die als Geschenk, Erbe oder als Depositum in Bibliotheken bewahrt werden, sind bekannt und meistens auch gut dokumentiert. Häufig wird für diese Sammlungen eine bereits vergebene Aufstellungssystematik einschließlich der bereits vorhandenen Signaturen der Bücher beibehalten. In der USB Köln trifft das beispielsweise auf die bedeutende Bibliothek des berühmten Sammlers Ferdinand Franz Wallraf, die Bibliothek des Kölner Unternehmers Otto Wolff oder die Bibliothek des ehemaligen Oberbürgermeisters Hermann Heinrich Becker zu. Die Bibliothekare bezeichnen das als eine „geschlossene Aufstellung".

In großen alten Bibliotheksbeständen, wie sie die Universitäts- und Stadtbibliothek Köln besitzt, gibt es darüber hinaus, bislang im wahrsten Sinne des Wortes, unzählige Bücher, deren Herkunft oftmals im Buch vermerkt ist, von denen aber die Bibliothek heute oft nicht mehr nachweisen kann, auf welchem Weg das Buch in den Bestand gekommen ist. Erschwerend kommt hinzu, dass die USB als Kriegsfolge den Großteil ihrer Erwerbungsakten und Akzessionsjournale verlor. Auch aus diesem Grund soll an dieser Stelle nun nicht der Eindruck entstehen, eine Bibliothek wie die USB Köln sei im Besitz tausender Bücher, deren Herkunft womöglich nicht rechtens ist. Nein, dass ist nicht der Fall – bis auf einige Ausnahmen. Mit diesen Einzelfällen beschäftigt sich eine spezielle Art der Provenienzforschung - die NS-Provenienzforschung.

Der Forschungszeitraum der NS-Provenienzforschung beginnt mit dem Besitzwechsel von Büchern ab 1933. Wichtig ist, dass die Recherchen nicht mit dem Jahr 1945 enden können. Viele Bücher, deren rechtmäßige Besitzer nach dem Krieg nicht ermittelt werden konnten, wurden als herrenloses Gut an Bibliotheken übergeben. Zu den damaligen Besitzern gehörten neben Privatpersonen auch die von den Nationalsozialisten aufgelösten oder beraubten Institutionen wie Klöster, Schulen, Vereine, Gewerkschaften und andere Einrichtungen. Das bedeutet, ein zeitliches Ende des Zugangs dieser Bücher kann (noch) nicht festgesetzt werden, weil jedes antiquarisch gekaufte oder der Bibliothek geschenkte Buch ein Buch sein kann, dass vor über siebzig Jahren geraubt, beschlagnahmt oder aus Not verkauft worden ist. Jeder Zugang eines Buches aus der Zeit vor 1945 muss deshalb auf seine Provenienzmerkmale hin überprüft werden.

Um den Forschungsraum der NS-Provenienzforschung darzustellen, kann man auf einer Weltkarte mehrere Kreise einzeichnen. Den engsten Kreis zieht man um Deutschland und Österreich. Der zweite Kreis wird um alle von den Deutschen ab 1939 besetzten Gebiete gezogen. Damit ist der Machtbereich der Nationalsozialisten skizziert. Die propagandistischen Bilder der inszenierten Bücherverbrennungen suggerieren für diesen Raum eine flächendeckende Vernichtung des NS-feindlichen Schrifttums. Das war bei weitem nicht der Fall. Die Nationalsozialisten waren nicht an der totalen Vernichtung des gegnerischen Schrifttums interessiert. Im Gegenteil: Die meisten Exemplare der Werke, die auf der Liste der auf den Scheiterhaufen zu verbrennenden Bücher standen, wurden oftmals an wissenschaftliche Bibliotheken gegeben oder für die eigenen Sammlungen beschlagnahmt. Der Öffentlichkeit war der Zugang zu diesen Büchern freilich verboten.

Von den Raubzügen profitierten auch die großen Staatsbibliotheken in Berlin und Wien und etliche Universitätsbibliotheken. Einrichtungen wie die der Staatsbibliothek Berlin angegliederte „Reichstauschstelle" und die Wien agierende „Bücherverwertungsstelle", versorgten weitere Bibliotheken im „Reich" mit Literatur.

Weitere „Lieferanten", die im Akzessionsjournal eingetragen, allerhöchste Aufmerksamkeit verdienen, sind Polizei- und Gestapostellen, Landratsämter, Finanzbehörden und andere NS-Organisationen. Der schlichte Eintrag „J" kann auf eine so genannte „Juden-Auktion" hindeuten.

Der dritte Kreis überschneidet sich streckenweise mit dem zweiten, da er die Gebiete der Alliierten und des später besetzten Deutschlands und Österreichs tangiert. Vieles, was die Nationalsozialisten raubten, wurde ein zweites Mal von den heranrückenden Truppen beschlagnahmt und verschleppt. Zwischen dem Vorgehen der US-Armee und der Roten Armee bestanden gravierende Unterschiede. So befinden sich heute noch tausende Bücher in den Ländern der ehemaligen Sowjetunion oder auch in Polen, die von der Roten Armee beschlagnahmt und mitgenommen worden waren.

Der vierte und umfänglichste Kreis schließt letztendlich auch die USA und alle weiteren Länder mit ein, deren Soldaten in den ehemals von Deutschen besetzten Gebieten stationiert waren. Es mag auf den ersten Blick vielleicht ungewöhnlich erscheinen, an Länder wie Kanada oder Australien zu denken, wenn man nach verschollenen Büchern sucht, doch fand sich nicht der Quedlinburger Domschatz, darunter ein wertvolles Evangeliar, nach über sechzig Jahren in Texas, USA? Es war ein amerikanischer Soldat, der diesen als verschollen geglaubten Schatz mit nach Hause genommen hatte.

Zeichnet man die ersten beiden Kreise in roter Farbe und die beiden äußeren Kreise in einer anderen Farbe, erhält man außerdem eine graphische Unterscheidung zwischen den Begriffen *NS-Raubgut* und *Beutekunst* (oder im Buch- und Bibliothekswesen *Beutebücher*). Die Rückgabeverhandlungen dieser kriegsbedingt verlagerten Kulturgüter, zu welchem insbesondere auch ehemaliges Eigentum deutscher Bibliotheken und Museen gehört, ist heute eine Angelegenheit, der sich die Politik mit zurückhaltender Diplomatie widmet.

Die NS-Provenienzforschung beruht auf drei Säulen, der Recherche nach NS-Raubgut, der Suche nach den früheren Eigentümern oder deren Erben mit dem Ziel der Restitution und der Dokumentation der Fälle im Sinne der Öffentlichkeitsarbeit.

Auch im Bibliothekswesen der Bundesrepublik Deutschland war lange Jahre der Mantel des Schweigens über die Aktionen und das Erbe aus der Nazi-Zeit ausgebreitet. Einen ersten Impuls zur Auseinandersetzung der Bibliotheken mit ihrer NS-Vergangenheit, setzte der Wolfenbütteler Arbeitskreis für Bibliotheksgeschichte. Seine 1988 stattfindende Tagung widmete sich dem Thema „Bibliotheken während des Nationalsozialismus". Der Fokus lag auf der Geschichte der Bibliotheken. Damit begann die Forschung der Bibliothekshistoriker über die Rolle der Bibliotheken im „Dritten Reich". Zehn Jahre später folgte der Appell, sich auch dem unseligen Erbe zuzuwenden.

A. Elise und Helene Richter[1]

1. 1861–1906

Kindheit und Jugend

Am 4. August 1861 wurde Helene Richter als älteste Tochter von Dr. Maximilian Richter und seiner Frau Emilie geboren. Die Familie entstammte dem großbürgerlichen Milieu Wiens. Der Vater war Chefarzt der kaiserlichen und königlichen Südbahn Wien – Triest. Es war sein Verdienst, dass die österreichische Eisenbahn einen Sanitätsdienst einführte, den er als etwas völlig Neues organisiert und etabliert hatte[2]. Die Mutter war Hausfrau. Dreieinhalb Jahre später, am 2. März 1865 kam die zweite Tochter Elise zur Welt. Die Familie lebte am Fleischmarkt 17, einer der ältesten Wiener Strassen, die von stattlichen Häusern gesäumt, nicht weit vom Stephansdom entfernt ist. In dieser bürgerlichen Umgebung wuchsen die Mädchen äußerst behütet auf. Ihre Erziehung ruhte auf den Pfeilern Strenge und Güte, Bildung und Disziplin. Elise Richter berichtete 1929 in ihrem autobiographischen Beitrag zum Buch „Führende Frauen Europas"[3] ausführlich über ihre Kindheit, Erziehung und Ausbildung. So gehörte zur körperlichen Erziehung, neben den vom Vater verordneten kalten Waschungen, der tägliche einstündige Spaziergang bei jedem Wetter. Bei Tisch sprachen die Schwestern bis ins Erwachsenenalter nur, wenn sie gefragt wurden. Auch die Ausbildung der Mädchen war von strikter Disziplin geprägt. Bereits im frühen Kindesalter lernten sie Französisch und erhielten Tanz- und Klavierunterricht. Zunächst wurde die jüngere Elise gemeinsam mit ihrer Schwester von der Mutter unterrichtet. Einen Besuch der damals bereits existierenden Mädchenschulen lehnten die Eltern ab. Ihrem Ausbildungsideal entsprach eine nur für die Töchter zuständige Hauslehrerin. Folglich stellten sie 1872 die preußische Erzieherin Fräulein Friedrich aus Wilhelmshaven ein, die den Kindern ein umfangreiches Lehrprogramm aufbürdete. Elise schilderte die Lehrerin später als „richtigen preußischen Feldwebel; streng und drill-liebend, dabei gutmütig, aufopferungsvoll und sentimental"[4]. Den Unterrichtslektionen der älteren Schwester musste sich die Jüngere anpassen. Einzelstunden halfen, den Stoff aufzuholen. Doch fiel Elise das Lernen leicht, wenn auch die Monotonie des Alltags sie sich immer mehr in ihre kindlich-romantische Gedankenwelt zurückziehen ließ. Etwas lebhafter ging es für die Mädchen nur in der wenigen Freizeit beim Puppenspiel oder bei selbst einstudierten Theateraufführungen zu. Der Vormittagsunterricht begann um acht Uhr und endete um halb zwölf Uhr. Jeden Morgen lernten die Schwestern als erstes mehrere Gedichtstrophen auswendig. So kannten sie am Ende der Schulzeit an die 400 Gedichte! Der Unterricht wurde durch keine Pause unterbrochen; die Mädchen hatten absolut still zu sitzen. Elise beschrieb die damals „[…] unsinnige, jeder schulärztlichen Sicht spottende Lernordnung: Dreieinhalb Stunden ohne jegliche Pause dauerte der Morgenunterricht, die gefalteten

Hände auf dem Tisch, den Rücken stramm, frei, die Füße reglos hängend. Da ich letzteres nicht fertigbrachte, bekam ich nicht einen meiner Größe entsprechenden Sitz und Tisch, sondern die Füße wurden an die Stuhlbeine angebunden, was dem Geradwachsen der Beine keineswegs zuträglich war. In dieser erzwungenen Haltung oder gar stehend – eine gern angewandte und bis auf zwei Stunden ausgedehnte Strafe – sollte ich ohne eine Minute Zwischenpause die Aufmerksamkeit auf die verschiedenen Gegenstände gerichtet halten."[5] Nach dem Mittagessen folgte der Spaziergang, eine Stunde Klavierüben und anschließend waren bis halb acht Uhr abends die Hausaufgaben zu machen. Um neun Uhr gingen sie zu Bett. Die Kinder lebten im Haus wie in einer eigenen Wabe, eingebunden in einen straff organisierten Alltag. Als Erwachsene reflektierte Elise Richter die Kindheit und Jugend; aus ihrer Beschreibung des Umfangs ihrer Ausbildung wird deutlich, dass sie über das hinausging, was Mädchen üblicherweise als Vorbereitung auf die Führung eines bürgerlichen Hauses benötigten. Dem damaligen Erziehungs- und Bildungsideal entsprach es zwar, dass Mädchen nur bis zum vierzehnten Lebensjahr unterrichtet wurden, doch war die Fülle des von Fräulein Friedrich vermittelten Lehrstoffs eher ungewöhnlich. Vielleicht nahm sich die Lehrerin die Kritik der Mitbegründerin der deutschen Frauenbewegung Louise Otto-Peters, zu Herzen, die 1847 bemängelte, dass sich die schulische Erziehung von Mädchen hauptsächlich auf Tanzen, Klavierspielen, Zeichnen und Sticken, Beschäftigung mit französischer und englischer Literatur, Putz und Tanz beschäftigte.[6] Zwar endete auch Elises Unterricht, als sie 14 Jahre alt ist und den Lehrstoff des Fräulein Friedrich „erschöpft"[7] hat. Allerdings war Helene zu dieser Zeit bereits 17 Jahre alt, Elise ihrer Zeit also um drei Jahre voraus. Und sie hatte weit mehr als die genannten üblichen Fähigkeiten erwerben können: „Ich kannte Geschichte, Geografie und Literatur weit über das Maß des Gymnasiums hinaus, Mathematik und Physik im Ausmaß des Untergymnasiums; jedoch hatte ich nie ein physikalisches Experiment gesehen, so wenig wie eine Blume analysiert. Wir lernten das Linnésche System und die lateinischen Namen (dies als besonderes Benefiz, strafweise durfte ich eine Zeitlang nur die deutschen Namen verwenden), aber von einer auch nur äußerlichen Kenntnis der Pflanzen war keine Rede."[8] Die folgenden beiden Jahre liest die Lehrerin ihren Schülerinnen vor, zusätzlich bildeten sich beide im Selbststudium weiter. Obwohl Fräulein Friedrichs Unterricht der Naturwissenschaften in der Theorie erstarrte, war die Ausbildung doch so profund, dass Elise 16 Jahre später das einmal Gelernte für ihre Maturaprüfung abrufen konnte. Mit zwanzig Jahren erkrankte die jüngere Schwester an Gelenkrheumatismus. Fast ein Jahr ans Bett gefesselt nutzte sie diese Zeit, um im Selbststudium anhand einer Grammatik und einem Band Homer Griechisch zu lernen. Doch dem Wunsch seiner Töchter nach weiteren Lehrbüchern gab der Vater nicht nach. Das sei „unmädchenhaft" und „verrückt", „ja, wenn du ein Bub wärst."[9] Dass seine Töchter zu dieser Zeit jeden Sonntag bei ihm zum Kaffee eine Zigarette rauchten und das Haus ohne Anstandsdame verlassen durften, was von der Nachbarschaft äußerst irritiert mitverfolgt wurde, galt ihm keineswegs als anstößig. Die Reaktion der lernbegierigen Schwestern auf das als ungerecht empfundene Verbot des Vaters verwundert nicht: „Immer lebhafter wurde der Neid auf die Buben, die lernen müssen, während wir durch unser Geschlecht Benachteiligten nicht lernen durften. [Wörter sind im Original ebenfalls unterstrichen, Anm. d. Verf.] Der Gedanke, das Gymnasium zu machen, von uns wie ein Traum erschaut, wurde als närrische Phantasterei belacht und nicht ernst genommen, es wäre denn, um uns die verdrehten Köpfe energisch zurechtzusetzen. Manch bittere Stunde war das Ergebnis, aber die Stählung des Willens zur Überwindung der Hindernisse. Niemals dachten wir daran, im Allgemeinen einen Weg zu eröffnen, es war ein rein egoistisches Wegsuchen ans Licht, in die Luft, die unser Lebensbedürfnis war. Ich habe mit dem Warten auf diese Möglichkeit volle vierzehn Jahre verloren, da ich doch – auch als Mädchen mit Privatunterricht leichtest mit achtzehn Jahren hätte maturieren können."[10]

Es ist interessant, sich vergleichend den Bericht der Schulzeit eines „Buben" aus gutem Wiener Hause vor Augen zu führen. Für den 1881 geborenen Stefan Zweig, Sohn einer jüdischen Industriellenfamilie, war es „nur eine Selbstverständlichkeit",[11] dass er nach der Volksschule das Gymnasium besuchen würde. Den von Elise und Helene neidvoll ersehnten Gymnasialbesuch beschrieb er: „Meine ganze Schulzeit war [...] nichts als ein ständiger gelangweilter Überdruss, von Jahr zu Jahr gesteigert durch die Ungeduld, dieser Tretmühle zu entkommen. Ich kann mich nicht besinnen, je fröhlich noch selig innerhalb jenes monotonen, herzlosen und geistlosen Schulbetriebs gewesen zu sein, der uns die schönste, freieste Epoche des Daseins gründlich vergällte [...]."[12]

Der Weg des achtzehnjährigen Stefan Zweig führte nach der Matura 1899 geradewegs an die Universität Wien. Möglicherweise wird er dort die seit zwei Jahren immatrikulierte Elise Richter in einer romanistischen Vorlesung getroffen haben. Doch Elises Weg an die Universität sollte weitaus steiniger sein.

***

Dieses erste Kapitel, das die 45 Jahre von Helenes Geburt 1861 bis 1906 beschreibt, trägt bewusst die Titel „Kindheit und Jugend" und „Studienjahre". Denn so kurz aus unserer heutigen Sicht die „Kindheit" von Elise und Helene, so lang erscheint die „Jugend" der in der Familie geborgenen Schwestern. Doch zeichnete sich Ende der achtziger Jahre das Ende dieser Zeit in der beschützten Umgebung ab. Die Mutter erkrankte und musste monatelang das Bett hüten. 1889 erlag sie im Alter von 57 Jahren der Tuberkulose. Der etwa zehn Jahre ältere Vater zog sich nach dem Tod seiner Frau weitgehend zurück und begann schon bald seinerseits zu kränkeln. Nur achtzehn Monate später starb er im Jahr 1890 an Unterleibskrebs. Elise schrieb über die letzten Monate ihres Vaters: „Er war nicht gewohnt krank zu sein, entbehrte die Arbeit in seinem Bureau; eine Schlagstreifung schädigte das bessere seiner Augen und erhöhte seine Reizbarkeit. Wir sollten ihn zerstreuen und mussten bei jedem Wort erst erwägen, ob es nicht Anstoß erregen werde. Sein Leiden war unsagbar schmerzhaft. Er starb mit den Worten ‚Gute Kinder'."[13] Obwohl bereits sechsundzwanzig und neunundzwanzig Jahre alt, waren die Schwestern nun zum ersten Mal auf sich allein gestellt. Die Verarbeitung dieses Schocks und das Hineinfinden in eine nun eigenständige Welt brauchte eine lange Zeit. „Es dauerte Jahre, bis wir wieder zu uns kamen"[14], erinnerte sich Elise. Freunde und Bekannte der Eltern standen ihnen bei und wahrscheinlich reifte spätestens zu diesem Zeitpunkt der Entschluss, ihr Leben gemeinsam zu verbringen.

Der Vater hinterließ beiden ein nicht unbeträchtliches Vermögen, jedenfalls war es mehr als sich Elise je hätte vorstellen können.[15] Auch diese Entdeckung glich zunächst wohl einem Schock und äußerte sich in romantisch-hysterischen Überlegungen: „Nach seinem Hinscheiden erfuhren wir nun von dem uns ganz unerwarteten Wohlstand, in den uns seine Vorsorge versetzte. Da war unsere erste Empfindung, die Erbschaft abzulehnen. Wie wir dazu kämen, gänzlich unverdient ‚so reich' zu sein. Wir wollten unseren bescheidenen Unterhalt, bis wir in der Lage wären, uns selbst etwas zu verdienen, das übrige sollte wohltätigen Stiftungen zufließen.[16] Die Freunde, vor allem Gutmann[17] und Politzer[18], rangen die Hände: ‚Wir wären wirklich weltunkundige Narren; was der Vater sagen würde, wir seien doch beide von schwächster Gesundheit und so weiter'. Schließlich verfing das letzte Argument bei Helene. Wir traten das Erbe an, betrachteten uns aber immer nur als die Verwalter."[19]

Elise und Helene waren bereits als Kinder viel mit den Eltern oder auch nur mit der Mutter gereist. Auch das Reiseprogramm unterlag festen Regeln: es gab zwei Reisen pro Jahr, die Frühjahrsreise als Vergnügungsreise und im Sommer die Bildungs- oder Gesundheitsreise.

In den siebziger Jahren verbrachte man fast jedes Jahr ein paar Wochen zur Badekur in Venedig. Aber auch die englischen Seebäder, die Riviera und österreichische und deutsche Städte wurden besucht. Baden bei Wien war ein beliebtes Ferienziel. 1875 fuhr die ganze Familie außer nach Venedig auch nach Schweden, wo dem Vater in Stockholm eine Medaille für seine Erfindung von Rettungskästen in Fernzügen und auf Bahnhöfen verliehen wurde.[20]

***

Jetzt, nach dem Tod der Eltern, stürzten sich die Schwestern nahezu auf das Reisen. Bis nach Nordafrika, nach Algier, Tunis und Susa führte sie ihr Weg. Davon zeugte auch eine bedeutende Baedekersammlung in ihrer gemeinsamen Bibliothek.

Neben dem Reisen intensivierten sie ihre privaten Studien. Es kam ihnen sehr entgegen, dass gerade in dieser Zeit einige Professoren der Universität Wien Frauen als Gasthörerinnen zuließen. Elise und Helene ergriffen als eine der ersten diese Chance, an der bis dahin ausschließlich den Männern vorbehaltenen Wissensvermittlung Teil zu haben. Elise schilderte diesen Weg in das nun „umzugestaltende Leben" in sehr bestimmter Weise: „Unser erster Schritt noch innerhalb des Trauerjahres war, uns den Zutritt zu Universitätsvorlesungen zu verschaffen."[21] Gleichwohl betraten sie die für Elise nahezu heiligen Hallen der Universität zunächst scheu und ängstlich. Sie hörten Philosophie bei Lujo Brentano[22] und Theodor Gomperz[23]. Auch an den Vorlesungen des späteren ersten Leiters des Österreichischen Archäologischen Instituts, Otto Benndorf[24], durften sie als Gäste teilnehmen.

In diesem ersten mit der Universität verbundenen Jahr machten Elise und Helene eine für sie sehr wertvolle und zukunftsweisende Bekanntschaft. In Aussee lernten sie den Begründer der Wiener Romanistik, Adolf Mussafia, kennen. Obwohl er es den Damen verweigerte, seine Vorlesungen besuchen zu dürfen, förderte er insbesondere Elise, die bald ihre Liebe zur Romanistik entdeckte. Wieder einmal durch ihre Krankheit ans Haus gefesselt, widmete sie sich intensiv der lateinischen und, auf Mussafias Anregung hin, der italienischen Sprache. Bald war sie davon fasziniert, die Sprachen miteinander zu vergleichen. Doch trotz der Unterstützung Mussafias blieb ihr weiterhin der wissenschaftliche Zugang zu ihrem neuen Forschungsgebiet versperrt. Denn Forderungen wie die der Frauenrechtlerin Hedwig Dohm aus dem Jahr 1874 nach „völliger Gleichberechtigung der Geschlechter auf dem Gebiete der Wissenschaft, in Bezug auf die Bildungsmittel und die Verwertung der erworbenen Kenntnisse"[25] wurden bis in die neunziger Jahre immer noch mit Spott und Argwohn abgetan. Zwar erfolgte die Gründung des ersten Mädchengymnasiums in Österreich 1892, aber ein Schulbesuch kam nun für Elise aus gesundheitlichen Gründen nicht mehr in Frage. Sechs Jahre lang mehrere Stunden auf der Schulbank zu sitzen, war durch die Rheumaerkrankung unmöglich geworden. „Ich weinte vor Zorn; dann lernte ich umso eifriger […]"[26], beschreibt sie später ihr Unglück. Die Gründung von ersten Mädchengymnasien in Deutschland folgte ein Jahr später. Diese Einrichtungen waren privater Natur und gingen meist auf das Engagement von Frauenvereinen zurück. So erfolgte die Wiener Gründung durch den Verein für erweiterte Frauenbildung – im Volksmund „erweiterte Frauen" genannt. Allerdings blieb den Absolventinnen des Lyzeums, wie bei den bereits bestehenden Höheren Mädchenschulen und Lehrerinnenseminaren, der anschließende Zugang zur Universität zunächst noch verwehrt. Erst 1896 erfolgte der Ministerialerlass, der es Mädchen und Frauen endlich ermöglichte, die staatsgültige Matura machen zu dürfen.[27] Die Schlussprüfungen konnten jedoch nur als Gast an einem Knabengymnasium abgelegt werden. Diese Möglichkeit stand auch Schulexternen offen, und so ergriff die 31jährige Elise ihre Chance: „Ich sprang mit beiden Füßen in das Unternehmen und begann im Oktober in aller Heimlichkeit die Vorbereitung."[28]

Die Umstände der Prüfung beschrieb sie dreißig Jahre später: „Meine Maturitätsprüfung war ein Erlebnis *sui generis*. Das Akademische Gymnasium in Wien, dem damals die Maturantinnen zugeteilt wurden, stand im unbestrittenen Ruf des ersten und strengsten Gymnasiums. Im Vergleich zu der jetzt üblichen Handhabung der Reifeprüfung glich die damalige einer mittelalterlichen Folter. Gab es für den externen Privatisten schon besonders strenge Vorschriften, so wurde mir, der externen Privatistin, und noch dazu der ersten, die von dem neuen Recht Gebrauch machte, von vornherein eröffnet, man werde mich nicht strenger, aber ‚ausführlicher' prüfen als die Internen. Naturgemäß gab es keinerlei Befreiung; für die Gegenstände der früheren Klassen, aus denen Interne bei der Matura gar nicht geprüft werden, musste ich mich einer Vorprüfung unterziehen. Mit anderen Worten, ich musste alle zwölf Gegenstände des Gymnasiums gleichzeitig im Kopfe haben; die Vorprüfung im April dauerte zwei Stunden, die Hauptprüfung viereinhalb (die aus Griechisch und Lateinisch allein je eine Stunde, also so lange wie ein Rigorosum). Als ich am 15. Juli 1897 um halb acht Uhr morgens die hohe Treppe des Akademischen Gymnasiums erklomm – für mich eine unerhörte physische Leistung – , begrüßten mich die jungen Burschen, die als Mitprüflinge das Recht hatten, sich das *Novum* näher zu betrachten, mit der Mitteilung, der Vorsitzende hätte die Bemerkung gemacht, er werde mich womöglich durchfallen lassen. Tatsächlich ließ er in Griechisch und Lateinisch zwei Stunden keinen der gymnasialen Prüfer zur Fragestellung zu. Als es sich unmöglich erwies, eine Fehlantwort zu erzielen, setzte er es wenigstens durch, dass ich aus beiden Gegenständen ‚Genügend!' (Note IV) bekam. Ich wurde förmlich krank über diese zwei Vierer – aber ich war ‚Durch'."[29]

Studienjahre

Helene, von der wir aufgrund der mageren Quellenlage weitaus weniger wissen als von Elise, verzichtete auf die Chance, gemeinsam mit der Schwester den Weg an die Universität anzutreten. Vielleicht lehnte sie aus Alters- und Gesundheitsgründen ab, und es genügten ihr weiterhin die für Gasthörerinnen offenen Vorlesungen. Dabei hatte sie ihren eigenen Arbeits- und Forschungsbereich bereits gefunden. Intensiv beschäftigte sie sich in den neunziger Jahren mit der englischen Literatur. 1897 erschien ihre Arbeit über Mary Wollstonecrafts Buch „Die Rechte der Frau" in den Monatsheften Juli und August der Zeitschrift „Deutsche Worte". Im gleichen Jahr gab sie das ihrer Mutter gewidmete Werk auch als Buch heraus.[30] Nur ein Jahr später erschien ihre 640 Seiten starke Biographie über Percy Bysshe Shelley in Weimar[31]. Mit Shelley hatte sie sich seit Jahren beschäftigt; ihre deutsche Übersetzung seines Dramas „Der entfesselte Prometheus" wurde bereits 1895 in der Reclams Universalbibliothek veröffentlicht[32]. 1900 erschien ihr Buch über den tragischen englischen Dichter Thomas Chatterton[33], das der Wiener Verlag Braumüller, der auch die Schriften von Adolf Mussafia publizierte, verlegte. Hatte Mussafia Helene protegiert, was er an der Universität bei Elise immer strengstens vermied? Das Werk erschien jedenfalls als Band 12 der wissenschaftlichen Reihe „Wiener Beiträge zur englischen Philologie", sicherlich ein beachtlicher Erfolg für die Nichtakademikerin.

Die Beziehung der Schwestern zu Adolf Mussafia war eng. 1892 verließen Elise und Helene das elterliche Heim und zogen in die Florianigasse 1 gleich hinter dem Wiener Rathaus. Mussafia und seine Gattin wohnten im selben Gebäude. Die Wintermonate verbrachte der ältere Herr allerdings in Florenz. Adolf Mussafia war sicherlich eine der schillerndsten Gestalten im damaligen Wiener Universitätsbetrieb. Als Sohn des Rabbiners Johann Amadeus Mussafia wurde Adolfo, der sich später Adolf nannte, am 15. Februar 1835 im damals zu Österreich-Ungarn gehörenden Spalato, heute Split in Kroatien, geboren. 1852 ging er nach Wien und begann dort zunächst ein Medizinstudium. Nach einigen Semestern wechselte er zum Studium seiner wahren Berufung, der romanischen Philologie. Später bildete er an der Universität Wien zukünftige Italienischlehrer für die Gymnasien des Reiches aus und veröffentlichte erste wissenschaftliche Arbeiten. Am 9. November 1860 erfolgte die Ernennung zum außerordentlichen Professor der romanischen Philologie an der Universität Wien. Mussafia gilt als der Gründer der Wiener Romanistik, weil durch seine Berufung der erste romanistische Lehrstuhl in Österreich besetzt wurde. Obwohl er keinen akademischen Studienabschluss vorweisen konnte, wurde er 1866 als korrespondierendes Mitglied in die Philosophisch-Historische Klasse der Kaiserlichen Akademie der Wissenschaften in Wien gewählt. Zuvor war er zum katholischen Glauben konvertiert. Vor seiner Ernennung zum ordentlichen Professor der Universität Wien, die 1867 erfolgte, arbeitete er fast zehn Jahre lang an der Wiener Hofbibliothek (1920 in Nationalbibliothek umbenannt). Ein nicht unwesentlicher Makel seiner Karriere war, dass Mussafia nicht promoviert hatte. 1869 löste die Universität das Problem, indem sie dem „Professor Mussafia" den Doktortitel ehrenhalber verlieh. Neben seinen Sprach- und Dante-Studien ist sein wohl populärstes wissenschaftliches Werk die „Italienische Sprachlehre"[34]. Noch heute publiziert sein Wiener Verlag Braumüller ein Lehr- und Übungsbuch der italienischen Umgangssprache unter dem Titel: „Der neue Mussafia".

1901 berief man ihn zum Mitglied des Herrenhauses. Diese Ehre wurde neben dem Adel und der hohen Geistlichkeit nur Männern zuteil, die sich in Wissenschaft oder Kunst um das Reich verdient gemacht hatten. Seine Herrenhaus-Rede befand sich später im Bestand von Elise Richters Bibliothek; leider muss das Exemplar heute als verschollen gelten.

**

Während Helene die ersten Erfolge als Anglistin feiern konnte, hatte sich Elise nach bestandener Maturaprüfung noch im gleichen Sommer an der Philosophischen Fakultät der Universität Wien eingeschrieben. Als Studienfächer belegte sie Romanistik, Germanistik, Indogermanistik, Allgemeine Sprachwissenschaft und Klassische Philologie. Endlich standen ihr nun auch die Vorlesungen des väterlichen Freundes offen. Aber sie hatte es schwer bei ihm: „Eine Trübung anderer Art war es, dass Mussafia mich zunächst nicht in sein Seminar zuließ, und als er es gestattete, nie eine Frage an mich richtete. ‚Weil wir befreundet sind, mein Kind. Da könnten die Studenten glauben, dass ich Ihnen etwas stecke oder Sie bevorzuge'. Als er eine ‚Preisfrage' – wie er das gern tat – über eine Textstelle im ‚Rolandslied' aufstellte, antwortete ich schriftlich wie alle anderen. Er blieb aber die Besprechung schuldig – weil meine Antwort die richtigste schien, wie ich Jahre später gelegentlich erfuhr."[35]

Mit Elise hatten sich zwei weitere Frauen im selben Semester an der Universität eingeschrieben. Das brachte manche Herren augenscheinlich in ärgste Verlegenheit. Mussafia jedenfalls ignorierte Elise schon beim Betreten des Hörsaals. Seine Begrüßung richtete sich ausschließlich an „meine Herren". Mit ihren Kommilitonen gestaltete sich das Verhältnis einfacher. Elise versuchte in keinster Weise aufzufallen, ging einfach und dunkel gekleidet, nahm aber, obwohl zudem noch um einiges älter als ihre Mitstudenten, an deren Kommersen und Ausflügen teil. „Ich war bestrebt, der Vorstellung Bahn zu brechen, es gäbe Studenten männlichen und weiblichen Geschlechts, und damit Schluss."[36] Es dauerte einige Zeit, bis sich eine Art Normalität einstellte. „Erst als meine Leistung durch die Arbeit im Meyer-Lübke-Seminar bei den Studenten klargestellt war, überwand Mussafia das Hindernis, freute sich aber einmal ganz ausgesprochen mich tadeln zu können."[37]

Der zwanzig Jahre jüngere Sprachwissenschaftler Professor Wilhelm Meyer-Lübke gewann in der Folgezeit weitaus stärkeren wissenschaftlichen Einfluss auf Elise. Empfand sie Vorlesungen und insbesondere Seminarübungen generell als eine „Quelle unbeschreiblichen Genusses", so erfuhr sie bei Meyer-Lübke darüber hinaus eine „Form der wissenschaftlichen Erziehung"[38], die sie prägte. Elise war strebsam und fleißig. Akribisch bereitete sie sich auf Vorlesungen vor. In jedem Semester schrieb sie eine Seminararbeit. Mit der Arbeit des fünften Semesters über das rumänische Possessivpronomen der 3. Person gelang ihr eine druckreife Leistung. Mussafia gab ihr entscheidende Korrekturtipps und empfahl, die Studie an Gustav Gröber, Professor für Romanistik an der Universität Straßburg und Begründer der „Zeitschrift für Romanische Philologie"[39], zu schicken. „Ich war sprachlos. Das war die größte Ehre, die einem Romanisten zuteil werden konnte. Ich rannte nach Hause und zu Helene, die ich endlich, im Keller beschäftigt, fand, und schrie ihr glutübergossen die Nachricht zu. Es war so überraschend, dass sie zunächst an einen übertriebenen Scherz glaubte."[40] Nun war es an der Zeit, sich auf die anstehende Promotion vorzubereiten. Als Thema für ihre Arbeit wählte sie die „Wortstellung", einen Forschungsbereich Meyer-Lübkes. Ihrem im Mai 1901 anstehenden Rigorosum sah sie dankbar und gelassen entgegen; kein Vergleich zur damaligen Maturaprüfung. Sie war in ihrem Element. Ihre Prüfer waren Mussafia und Meyer-Lübke. Sie bestand mit *Summa cum laude*. Als zwei Jahre später ihre Dissertation „Zur Entwicklung der romanischen Wortstellung aus der lateinischen" bei Niemeyer in Halle erschien, spielte sie bereits mit dem Gedanken, sich um eine Dozentenstelle zu bewerben, ein nahezu unerhörtes Vorhaben. Sie äußerte den Wunsch Meyer-Lübke gegenüber, als der ihr erzählte, dass in Amerika auf eine Dissertation wie der ihren sicherlich das Angebot einer Professur folgen würde. Nun fasste sie einen „Schlachtplan"[41], doch wieder war sie Rückstellungen und Ungerechtigkeiten ausgesetzt: „Da ich vor allem eine Habilitationsschrift arbeiten [sic] musste, sollte inzwischen ein vorbereitender Schritt gemacht werden: ich fragte bei der Philosophischen Fakultät an, ob sie mich grundsätzlich bei der Erfüllung aller Vorschriften zulassen würde[n]. Der Schrecken war groß. Der Dekanatssekretär wollte das Schriftstück nicht übernehmen und ersuchte mich, es dem Dekan persönlich zu überreichen. Der Dekan [...], der jeder Dame verbindlichst die Hand küsste, geriet außer Fassung. Ob meine Professoren von diesem Schritt wüssten? Ob ich mir denn nicht klar sei, wie gänzlich unmöglich es wäre, dass Männer sich von einer Frau unterrichten lassen usw. Da mich sein Flehen nicht erweichte, musste er das fatale Schriftstück an die Fakultät leiten. ‚Kann sie was?' fragte einer der Herren Meyer-Lübke. Und als dieser bejahte, fuhr er fort: ‚Dann soll sie nur kommen.

Eine gescheite Frau ist mir lieber als ein dummer Mann.' So weitherzig waren die anderen nicht. Ich bekam keine Antwort. Nach längerer Zeit, die ich natürlich eifrigst zur Arbeit an dem neuen Buche verwendete, erfuhr ich, die Fakultät habe den Ausweg gefunden, zu beschließen, sie sei kein Fragekasten. Ehe ich nicht in aller Form um die Habilitierung einkomme, habe sie keine Veranlassung, sich mit der Frage zu beschäftigen. Im Sommer 1904 war die Habilitationsschrift[42] gedruckt, und im Herbst ging der Sturm los. ‚Ach, das ist die Dame, derentwegen wir die langen Sitzungen haben!' sagte mir ein Fakultätsmitglied, dem ich im Laufe des Winters vorgestellt wurde. Sie ließen sich keine Zeit und Mühe verdrießen, mich abzuschlagen. Grauenvolle Ausblicke in die Zukunft eröffneten sich ihrem Auge: Wenn sie Dozent ist, wird sie Professor werden wollen, und dann Dekan und Rektor … Es kostet viel Überredungskunst, ihnen darzulegen, dass die Mehrzahl von ihnen das sicher nicht mehr erleben würde. Die Habilitierung *ad personam*, die für mich natürlich einfacher gewesen wäre, wurde abgelehnt; man hoffte die Sache grundsätzlich niederschlagen zu können. Als schließlich die grundsätzliche Zulassung doch durchging, war die persönliche natürlich rasch erledigt. Ich legte im Mai 1905 das Kolloquium vor 10 Prüfern ab. […] Wenige Tage später hielt ich den Probevortrag über die spanische Celestina-Tragikomödie, wie fast alle Habilitierungsvorträge, die ich gehört habe, war er minder als zu erwarten, unfrei gesprochen und ziemlich lang. Aber ich genoss die Tatsache: solange haben sie mich warten lassen, nun mögen sie einmal sitzen!! "[43].

Aber immer noch war Elise nicht ganz am Ziel. Ihre Geduld wurde weiterhin auf eine harte Probe gestellt, denn die Bestätigung der Lehrerlaubnis aus dem Ministerium lässt zwei Jahre auf sich warten. So erhielt sie erst 1907 die *venia legendi* und durfte ihre erste Vorlesung halten.

***

Ein weiterer Schatten fiel auf das erfreulich gestartete Jahr 1905. Im Frühsommer wurden Elise und Helene nach Florenz gerufen, wo Adolf Mussafia im Sterben lag. Als sie ankommen, ist er nicht mehr bei Bewusstsein. Sechsunddreißig Stunden wachten sie an seinem Bett, bis Mussafia am 7. Juli 1905 stirbt. Elise beschreibt die folgenden Tage: „Pio Rajna[44] […] und ein junger Verehrer Mussafias, ein Mittelschulprofessor Papa, begleiteten mit uns die Leiche, nach prunkvoller Feierlichkeit in der Kirche, hinauf zur Einäscherungshalle nach Trebbiano. Am nächsten Morgen wohnten wir der Einäscherung bei, und während die Flamme ihr Reinigungswerk übte, saßen wir in weihevollstem Gedenken mit Papa auf dem Rasenhang unter Zypressen, vor uns das bezaubernde Tal von Florenz in der Tiefe. Die Asche nahmen wir mit, und die Urne stand, immer mit frischen Blumen belegt, ein Jahr im Bücherkasten […]."[45] Elise, die schon in der Florianigasse nicht besonders gut mit Mussafias Gattin, die anscheinend der Einäscherung ihres Mannes nicht beiwohnte, ausgekommen war, musste nun ihr einst dem Lehrer gegebenes Versprechen einlösen und der Witwe beim Verkauf seiner Bücher helfen. Darüber gerieten die Damen in heftigen Streit. Die recht merkwürdige Bekanntschaft endete dann ein Jahr später, als Frau Mussafia vor dem Haus der Schwestern vorfuhr, allerdings im Wagen sitzen blieb und die Herausgabe der Asche ihres Gatten verlangte. Die „schwer zu behandelnde Witwe" hatte sich überlegt, „dass sie sie [die Asche, Anm. d. Verf.] doch lieber nicht in Wien beisetzen, sondern nach Florenz zurückbringen wolle. Dort wurde sie dann in einem überaus geschmacklosen Grabmal zur Ruhe gebracht."[46]

1906 brachte für Helene Richter erneut einen Erfolg. Sie veröffentlichte die Biographie des englischen Schriftstellers und Künstlers William Blake.[47] Auch wurden ab 1905 nahezu regelmäßig ihre Arbeiten in den Rubriken „Theaterschau" und „Nekrologe" des Shakespeare-Jahrbuchs veröffentlicht.

Abgesehen vom Verlust der ihnen nahe stehenden Beschützer Adolf Mussafia und Wilhelm von Gutmann, der einstige Duzfreund des Vaters war bereits 1895 gestorben, waren die Jahre zwischen 1892 und 1906 für die Schwestern, obwohl immer wieder von Krankheiten heimgesucht, eine sehr erfolgreiche Zeit.

Die größte private Veränderung dieser Jahre brachte der Entschluss mit sich, die laute Innenstadt zu verlassen und sich im Währinger-Döblinger-Cottage-Viertel niederzulassen. Nach drei Jahren verließen sie die Wohnung in der Florianigasse/Ecke Landgerichtsstraße. Das gewählte Grundstück im 19. Wiener Bezirk lag verkehrstechnisch damals noch recht weit vom Zentrum Wiens entfernt und es sollte noch einige Jahre dauern, bis eine Pferdebahn die Idylle erreichte. Das Eckgrundstück erstanden Elise und Helene vom Stadtbaumeister Ferdinand Oberwimmer und zwei weiteren Familien. Die Schwestern erwarben die Liegenschaft zu gleichen Teilen.[48] Noch einmal hilft der alte „Kohlenbaron" Wilhelm von Gutmann. Es ist sehr wahrscheinlich, dass die Schwestern ihn nach dem Tod des Vaters um die Verwaltung ihres Vermögens gebeten hatten, oder dass der Vater solches bestimmt hatte. Jedenfalls hatten die „Gebrüder Gutmann" den Damen damals einen jungen Beamten für die „erste Hilfe" zur Verfügung gestellt, der nach dem Tod der Brüder Wilhelm (1895) und David (1912) von Gutmann zu deren „höherem Berater" wird.[49]
Gutmann empfahl den Architekten Max Fleischer, einen Schüler und Mitarbeiter von Friedrich Schmid, der das Wiener Rathaus erbaut hatte. Die Pläne des Hauses zeichnete Elise jedoch selbst. Wilhelm von Gutmann kümmerte sich bis kurz vor seinem Tod persönlich um den Hausbau, die Fertigstellung erlebte er jedoch nicht mehr. Im Winter 1895 war es soweit, Elise und Helene konnten ihr selbst entworfenes Haus in der Karl-Ludwig-Straße 69 beziehen. 1919 wurde die Straße nach der ersten deutschen Republik in Weimarer Straße umbenannt. Das Richterhaus erhielt nun die Nummer 83. Als sie einzogen war die Strasse zwar noch nicht gepflastert, aber sie genossen es, im Grünen, damals noch mit Blick in die Berge, zu wohnen, einen Garten zu haben und vor allem sich in den eigenen vier Wänden einrichten zu können. „Es sollte von hier kein Ausziehen mehr geben, als auf den Friedhof", schrieb Elise.[50]

2. 1907–1937

Erfüllte Jahre

Es folgen die erfolgreichen und produktiven Jahre der Richter-Schwestern, auch wenn der Erste Weltkrieg und die Nachkriegszeit eine Zäsur darstellen.

Anfang 1907 lag ein langer beschwerlicher Weg zum Erfolg hinter Elise. Die Lehrerlaubnis ließ immer noch auf sich warten. Helene hatte sich in den vergangenen Jahren zur geachteten Publizistin entwickelt. Daneben blieb beiden jedoch noch genug Zeit, sich dem Reisen zu widmen. So gönnten sich die Damen 1907, trotz ihrer „Berufstätigkeit", einen mehrwöchigen Aufenthalt in Paris, den Elise dazu nutzt, eine textkritische Arbeit vorzubereiten. Das Vertiefen in diese Arbeit diente vor allem der Ablenkung vom nervenaufreibenden Warten. Von Paris aus reisten sie weiter nach St. Malo. Hier erreichte sie die Botschaft, dass das Ministerium Elise endlich die *venia legendi* erteilt hat. „Wie einer, der wochenlang im Fieber gelegen hat, plötzlich die Krankheit weichen fühlt, so erwachte ich nun morgens erlöst von dem langen Druck. Hatte ich in der qualvollen Wartezeit gemeint, es könnte mich nichts mehr für diese Folter entschädigen, so waren alle Mühseligkeiten schon nach der ersten Vorlesung vergessen."[51] Am 23. Oktober 1907 hielt Elise endlich im Hörsaal 35 der Wiener Universität ihre erste Vorlesung zum Thema „Zur Geschichte der Indeklinabilien im Französischen".[52] Nun war sie am Ziel: sie war die erste Privatdozentin in Österreich. Auch in Deutschland gab es zu dieser Zeit noch keine Frau als Dozentin an einer Universität.

Im Laufe der vielen Jahre ihrer Zugehörigkeit zur Universität Wien wird sie neben den romanischen Fächern auch Allgemeine Sprachwissenschaft und Phonetik lehren.

***

„Man lebte gut, man lebte leicht und unbesorgt in jenem alten Wien."[53] Diese Beschreibung von Stefan Zweig trifft ab 1908 endlich auch auf Elise und Helene zu. Der regelmäßige Theaterbesuch war ein Teil dieses angenehmen Lebens. Wie Zweig begeisterten sich auch die Schwestern seit ihren Kindertagen für das Theater. Elise war acht Jahre alt, als die zum ersten Mal mit ins k.u.k. Hof-Burgtheater durfte. Gegeben wurde August von Kotzebues „Pagenstreiche"[54], eine Posse in fünf Aufzügen. Es war ein besonderes Ereignis, denn zu Lebzeiten der Eltern war ihnen der Theaterbesuch nur alle zwei Jahre einmal erlaubt. Jetzt, als mündige Erwachsene, versäumten sie keine Theaterpremiere im Burgtheater oder im Wiener Volkstheater. Besonders Helene hatte früh ihre Leidenschaft für Stücke und Schauspieler entdeckt. Seitdem sammelte sie alles, was sie über das Theater und seine Darsteller bekommen konnte. Bereits in ihrer Jugend legte sie damit den Grundstein zu der später bedeutenden Theatersammlung. Neben der Anglistik widmete sich Helene immer mehr der Theaterwissenschaft. Sie avancierte zur Theaterkritikerin des

Jahrbuchs der Deutschen Shakespeare-Gesellschaft und des Goethe-Jahrbuchs. Daneben verfasste sie Schauspielerbiographien, wie die der legendären Wiener Burgschauspieler Josef Kainz[55] und Josef Lewinsky[56]. Damit erwarb sie sich den Ehrentitel „Burgtheaterbiographin".[57] Diese Position wurde von der Direktion mit Regiesitzen für die Schwestern honoriert. Durch diese Arbeit lernte sie auch Olga Lewinsky[58] kennen. Josef Lewinsky war im Februar 1907 gestorben und Helene würdigte ihn 1908 durch einen Nachruf im Shakespeare-Jahrbuch. So begann Helenes Freundschaft mit den Damen der in der Nähe wohnenden Schauspielerfamilie Lewinsky. Die Witwe von Josef Lewinsky, damals selbst eine berühmte Darstellerin, und insbesondere deren Tochter Else wurden enge Freundinnen der Schwestern. Man pflegte einen fast täglichen Umgang.[59] Else Lewinsky sollte die Schwestern sogar einst beerben.

Das großzügig konzipierte Haus, das Mussafia auf den Namen „Pallazzina" taufte[60], bot Helene und Elise, die nur das Erdgeschoss bewohnten, ausreichend Platz, nicht nur für ihre stetig wachsende Bibliothek, sondern auch für die ab 1906 regelmäßig am Montag stattfindenden Treffen mit Freunden und Bekannten. Im Laufe der Jahre entstand so ein Netzwerk von Wissenschaftlern, Künstlern, Schriftstellern, Politikern und Fachkollegen. „Wir dürften alles in allem nicht mehr als zweihundert Bekannte gleichzeitig gehabt haben."[61] Zu diesen Bekannten „mit Namen von Klang" zählten der Schauspieler, Regisseur und Theaterleiter des Burgtheaters und später des Theaters in der Josefstadt Hugo von Thimig. Mit Helene verband ihn die Sammelleidenschaft von Theatralia. Thimigs Sammlung bildete später den Grundstock der Theatersammlung der Österreichischen Nationalbibliothek, die sich heute im Österreichischen Theatermuseum befindet.[62] Der Wiener Musikschriftsteller und Brahms-Freund Max Kalbeck[63] und der Schriftsteller Ernst Scheiblreiter[64] waren ihre Gäste. Illustre Damen der Wiener Gesellschaft, wie die Pianistin und Kammersängerin Caroline von Gomperz-Bettelheim[65], gehörten über Jahre zum festen Bestandteil auf der Gästeliste der Richter-Schwestern. Neben Helenes Kreis der Theatermacher und Schauspieler, zu dem die Schauspielerinnen Auguste Wilbrandt-Baudius[66], Ferdinande Schmittlein[67] und Olga Lewinsky zählten, waren selbstverständlich auch führende engagierte Damen der Frauen- und Mädchenförderung, wie die Begründerin und Führerin der österreichischen Frauenbewegung Marianne Hainisch Gäste der Schwestern. Dieser Vorkämpferin verdankte auch Elise den Zugang für Frauen an die Universität, den die Gründerin des ersten Mädchengymnasiums in Wien erkämpft hatte. Mit ihr verband Elise außerdem das Interesse an der Friedensbewegung. Nach dem Tod von Berta von Suttner im Jahr 1914 übernahm Marianne Hainisch die Leitung der Friedenskommission im Bund österreichischer Frauenvereine.[68] Zu diesem Kreis zählten auch die Schriftstellerinnen Gisela von Berger[69], eine Bekannte von Stefan Zweig, Käthe Braun-Prager[70] und die exaltierte Frauenrechtlerin Rosa Mayreder[71]. Anlässlich Rosa Mayreders 75. Geburtstags hielt Elise die Festrede. In ihrer Erinnerung an diesen Festtag wird die leicht spöttische Ablehnung des schriftstellerischen, nichtwissenschaftlichen Werkes der Freundin deutlich. „Als Rosa Mayreder 75 Jahre alt wurde, wollte ihre getreue Anhängerin Käthe Braun-Prager, – durch rührendste hilfsbereite

Freundschaft ihr und uns werter als durch ihre Dichtung – ein größeres Fest veranstalten und frug mich, ob und wie man ihr das Ehrendoktorat der Wiener Universität verschaffen könnte. Ich machte ihr klar, dass da jeder Schritt vergeblich wäre und jede abschlägige Antwort doch zur Beleidigung des Gefeierten hinneigt. Hierauf wurden verschiedene Festakte vorbereitet, deren wichtigster im Frauenclub stattfand. Ihre von Hugo Wolf vertonten Lieder wurden vorgesungen, Frau v. Hoheisel als Präsidentin des Bundes der Frauenvereine sprach, wie immer, vortrefflich, und ich war beauftragt, die Festrede zu halten. Ich musste zu diesem Zweck erst die Mehrzahl von Mayreders Schriften lesen, die ich nur dem Namen nach kannte, und durfte ihr glückwünschend sagen, dass ein gut Teil ihrer Forderungen von einst nun schon selbstverständlicher Besitz der Gesellschaft geworden. Den Idealtypus der schaffenden Frau konnte ich als in ihr selbst verkörpert darstellen. Es war rührend, die freudige Dankbarkeit der so bescheidenen, liebenswürdigen Frau zu sehen, mit der uns eine Reihe von Jahren herzliche Freundschaft verbunden hat."[72]

Neben diesen Berühmtheiten waren auch Elises ehemalige Studenten und Schüler gern gesehene Gäste. Ihre freundschaftlichen Beziehungen pflegten Elise und Helene auch durch eine umfangreiche Korrespondenz. Sie zeugt darüber hinaus von ihrem gesellschaftlichen und wissenschaftlichen Austausch, der ihnen zeitlebens am Herzen lag.

Viele Jahre später erinnerte sich der in Wien geborene Romanist Leo Spitzer, ein Schüler Elises, der bis zu seiner Entlassung durch die Nationalsozialisten im Jahr 1935 Ordinarius des Romanischen Seminars der Universität Köln war, an den von den Schwestern geführten Salon: „Bei dem allwöchentlichen „jour" traf sich die bürgerliche Aristokratie der Stadt, alles was Namen hatte in Kunst, Wissenschaft und Staatsverwaltung; es gab keine Ausstellung, kein Konzert, keine Theateraufführung von Bedeutung, denen die gelehrten Schwestern nicht beigewohnt, kein epochemachendes Buch, das sie in ihrem Kreise undiskutiert gelassen hatten."[73]

Die folgenden Jahre waren ausgefüllt durch den Vorlesungsbetrieb, Theater- und Konzertbesuche sowie häufige Reisen, von denen sie viele Bücher mitbrachten oder sich nach Hause schicken ließen. Daneben waren beide mit dem Verfassen von wissenschaftlichen Arbeiten und Rezensionen beschäftigt.

Es ist nahezu bezeichnend, dass das Ereignis, das den Anfang vom Ende auch ihrer alten Welt markiert, der „Tag von Sarajewo", auf einen Tag fiel, an dem Elise und Helene Gäste in ihrem Haus versammelt hatten. Anlass der Feier war die Enthüllung der Büste einer Suovetaurilia[74], die sie im Jahr zuvor in Paris in Auftrag gegeben hatten.

Den Schwestern war damals längst bewusst, dass die goldenen Zeiten des Kaiserreichs vorbei und die Tage des Vielvölkerstaates Österreich-Ungarn gezählt waren. In ihrer Lebensbilanz beschrieb Elise am Beispiel eines Besuches in Böhmen die vorherrschende Stimmung: „Die Liebe zur Heimat hinderte nicht – bestärkte vielmehr – die Empfindung, dass in Österreich-Ungarn nicht alles in Ordnung war. Allein die Studentenunruhen mussten schon als bedenkliches Syndrom erscheinen. Bei einem kurzen Aufenthalt in Prag, wo Helene zu einem Vortrage eingeladen war, lernten wir den Hass der Tschechen, das Leben dort als eines in Feindesland kennen."[75]

Es scheint, als ob bereits zum Ende des neunzehnten Jahrhunderts politisches Denken und Handeln in Elises Bewusstsein traten, auch wenn sie 1940 für die Zeit vor 1914 feststellt, dass sich weder sie noch Helene, allein aufgrund der langen Friedenszeit, so gut wie nie um Politik gekümmert hätten.[76] Doch immerhin schlug Elise bereits 1898 anlässlich des fünfzigsten Regierungsjubiläums Kaiser Franz-Josephs der Schwester vor, den verordneten Fahnenschmuck des Hauses auf die Wiener und Niederösterreichischen Flaggen zu beschränken und nicht die schwarz-gelbe Fahne der Habsburger zu hissen, „da doch das Reich in allen Fugen krachte"[77]. Ob der Vorschlag umgesetzt wurde, ist nicht bekannt. Man versicherte ihr jedoch, der Staat würde noch mehr Fahnen überdauern. Später stellte sie nüchtern fest: „Es ist nicht der Fall gewesen."[78] Elise erwies sich hier ganz als Tochter ihres Vaters Maximilian Richter, dessen freiheitliche Überzeugung ihn veranlasste, auf das Adelsprivileg zu verzichten. 1889 sollte ihm der Orden der Eisernen Krone verliehen werden. Aber der stolze Bürger lehnte die Ehrung ab: „Ein neuer Adeliger wäre minder als ein feststehender alter Bürgerlicher."[79]

Bemerkenswert ist auch Elises spätere Betrachtung über die Quadriga des Parlamentsgebäudes: „Die Quadriga [...] deutete ich als Symbol des Staates, der von vier Hauptvölkern auseinandergerissen würde".[80] Treffend erkannte die Philologin allein im fehlenden Unterricht der Sprachen der dem Reich angeschlossenen Länder ein offensichtliches Symptom für das Nichtfunktionieren des Staates: „Wir selbst hatten in Wahrheit gar nicht das ‚Staatsgefühl' für dieses so merkwürdige und politisch so notwendige Staatsgebilde. Wir waren leidenschaftliche Deutsche, Österreicher, Wiener, hingen mit allen Fasern an der Heimat, die gegen die Schweiz zu vertauschen ich mich auch in den bittern Kampfjahren um die Dozentur nicht entschließen konnte. Aber die Idee des österreichisch-ungarischen Staates haben wir so wenig erfasst wie die ungeheure Mehrzahl der österreichisch-ungarischen Staatsbürger. Während jeder Schweizer alle drei (jetzt vier) Landessprachen lernen muss, lernt man bei uns Griechisch und Lateinisch oder Französisch und Englisch, aber niemals ist eine der anderen Landessprachen obligatorisch gewesen. Die Soldaten lernen die deutschen Kommandoworte, sonst nichts. An der Universität gab es die Möglichkeit, Chinesisch und afrikanische Sprachen zu studieren, aber keine Lehrkanzel für Ungarisch, nur je einen Lektor für dieses letztere, für Rumänisch und Italienisch. Wer sich, als Deutsche, für Ungarisch oder Rumänisch interessierte, gefährdete ein wenig den sicheren Ruf als Deutscher, Polnisch und Tschechisch untergruben ihn. So lebten wir in Wahrheit wie in einem Feindbündnis aller gegen je einen."[81]

Krieg und Nachkriegszeit

Am 28. Juni 1914 fielen der Erzherzog Franz Ferdinand von Österreich-Este und seine Frau Sophie Chotek einem Attentat zum Opfer. Die Reaktion Österreich-Ungarns auf die Ermordung des Thronfolgers war, nach Ablauf eines an Serbien gerichteten Ultimatums (23. Juli), die Kriegserklärung vom 28. Juli 1914. Die Brudermächte Österreich-Ungarn und das Deutsche Reich gingen sehenden Auges das Risiko dieses umfassenden kontinentalen Krieges ein[82]. Schlag auf Schlag folgten darauf die Kriegserklärungen der Entente-Mächte. Die lange Friedenszeit war zu Ende. Die Völker jubelten; wohl niemand sah das Ausmaß der kommenden Katastrophe vorher.

Elise und Helene erreichte die Nachricht von den Kriegserklärungen während ihres Urlaubs auf der Insel Rügen in Deutschland. Inmitten der Mobilmachung und der sich schließenden Grenzen kehrten sie nach tagelanger Irrfahrt nach Wien zurück.

Elise beteiligte sich sofort an der „Kriegstätigkeit"[83]. Diese bestand darin, Kinder von der Straße zu holen und einen Kinderhort für den XIX. Bezirk zu gründen. Sie kümmerte sich um die administrativen Belange wie Einrichtung und Geldbeschaffung. Am Ende ist sie acht Jahre lang ehrenamtlich für den Hort zuständig. Für die Soldaten strickten und bastelten die Schwestern und sparten für Feldpostpakete. Auch Elise beneidete – als Zeugin des euphorischen Abmarsches der Soldaten – die „Glücklichen"[84], die hinauszogen, um die Heimat zu verteidigen. Denn auch die im Hinterland dienende Bevölkerung war von „Begeisterung und Opfermut getragen."[85]

Später urteilte sie streng über die damalige Kriegsbegeisterung, als ein „[…] Zeichen der politischen Unreife und Unbegabung des Österreichers, dass doch so viele von uns vom Kriege völlig ahnungslos getroffen wurden. Das Wort ‚Krieg', so oft gelesen, war ein Begriff, für den es noch keine Vorstellung gab, etwas objektiv Gegebenes, worüber jede Erfahrung fehlte. Das Wort war, kurz gesagt, noch ohne jeden subjektiven Gehalt."[86]

Noch aber war das Jahr 1914 kein Schreckensjahr für Elise und Helene. Zunächst sah es einfach so aus, dass man vielleicht einige Zeit auf die geliebten Auslandsreisen verzichten musste. Sie lösten das Problem für sich und reisten ab 1915 nun jährlich ins österreichische Bad Gastein zur Kur. Es sollte sich jedoch weit aus mehr ändern. Im November 1916 starb der sechsundachtzigjährige Kaiser Franz Josef. Elises Erinnerungen an dieses Ereignis mitten im Krieg, der zu dem Zeitpunkt noch keineswegs entschieden war, ergeben ein differenziertes Bild von der Einstellung dieser bürgerlich erzogenen Tochter zum habsburgischen Kaiserhaus. „Der längst erwartete Tod des Kaisers ergriff uns tief. In meiner Jugend galt es nicht für geschmackvoll, Patriotismus zu zeigen. Man erfüllte seine staatsbürgerliche Pflicht, insbesondere als Beamter, aber man war nicht schwarz-gelb. Erst mit zunehmendem Alter, vielleicht auch, im großen Publikum wenigstens, aus Mitgefühl mit den ungewöhnlichen Schicksalsschlägen, die ihn persönlich wie das Land trafen, jedenfalls in Anerkennung seines lauteren Willens und seiner unerschütterlichen Pflichttreue, wurde der Kaiser beliebt, und es entspann sich das ungewöhnliche Verhältnis wirklicher Herzlichkeit, mit der man sich freute, ihm irgendwo zu begegnen, und mit der er umgeben war wie mit einem Schutzwall gegen irgendwelchen Angriff. […] Schließlich bedeutete er geradezu die Einheit, den Fortbestand, den Nietnagel des Staates. An den jungen Kaiser knüpften wir allerhand Hoffnungen, vor allem die Verjüngung des Hofhaltes, der verknöcherten Hofwirtschaft, Erneuerung und parlamentarische Kraft."[87] Diese langgehegten Hoffnungen hatte Franz Josef keineswegs erfüllt. Das Wohlwollen galt tatsächlich nur dem alten Kaiser, so wie Elise ihn schildert. 1916 war sie 51 Jahre alt und mit dem Tod des greisen Monarchen ging auch für sie eine wahrscheinlich in der Erinnerung bereits verklärte Epoche zu Ende. Mit 28 Jahren hätte sie an seinem Ehrentag die Kaiserfahne nicht gehisst.

Vom jungen Kaiser Karl und seiner Kaiserin Zita hielt Elise nicht mehr viel. „Nach meiner Empfindung nützten Karl und Zita die Möglichkeiten nicht aus, sich beliebt zu machen. Sie hatten Angst vor den Sozialdemokraten, zeigten sich und die reizenden Kinder nicht vertrauensvoll dem Volke."[88] Elise empfand also ein früher bestehendes Vertrauensverhältnis zwischen dem Herrscherhaus und den Bürgern als nicht mehr gegeben. Interessant ist, dass sie die angebliche Angst vor den Sozialdemokraten, denen sie selbst ablehnend gegenüberstand, dafür verantwortlich machte. Einen tiefen Einblick in ihre Wiener Bürgerseele gibt auch die demnach unvermeidliche Konsequenz, dass man der Kaiserfamilie nicht mehr begegnete. Gewohnt, den alten Kaiser im offenen Wagen durch Wien fahren zu sehen, hatte sich in ihren Augen daraus mit den Jahren ein (Gewohnheits-)Recht entwickelt. Es war ein vermeintliches Faustpfand der Sicherheit gewesen, obwohl man insgeheim seit langem wusste, dass es ein Trugbild war. Die modernen Maßnahmen des neuen Kaiserpaares fanden nicht Elises Beifall. Sie kritisierte Zita wegen ihrer Einmischung in die Politik. Mit dem jungen Kaiser Karl hatte sie scheinbar eher Mitleid. „Karl hätte ein Genius allerersten Ranges sein müssen, um der Lage gewachsen zu sein. Alles schlitterte schon langsam dem Abgrund zu, als er die Regierung antrat." [89]

Kaiser Karl versuchte, gemeinsam mit dem von ihm zum Außenminister ernannten Graf Ottokar von Czernin, im März 1917 den Krieg zu beenden. Seine Friedensinitiative scheiterte jedoch an der Haltung des Deutschen Reiches, dessen Militärbefehlshaber den Krieg längst noch nicht verloren gaben. Die deutsche Admiralität versprach sich vom uneingeschränkten U-Bootkrieg weitere Erfolge auf dem Weg zum „Siegfrieden". Diese deutsche Maßnahme führte in der Folge zum Kriegseintritt der Vereinigten Staaten. Für Karl war das Scheitern der Friedensverhandlungen fatal. Ob er gemeinsam mit dem Deutschen Reich diesen Krieg gewann oder verlor, in jedem Fall sah er in der festen Bindung an das Reich den Untergang des selbständigen Österreichs. Doch Karl gab noch nicht auf. Er versuchte über seinen Schwager, Sixtus Ferdinand von Bourbon-Parma, in geheimen Verhandlungen einen Separatfrieden mit den Entente-Mächten auszuhandeln. Auch dieser Plan misslang. Elise Richter erinnerte sich an die sogenannte „Sixtus-Affaire": „Karls Friedensbemühungen wurden verurteilt, besonders da sie missglückten, als Fahnenflucht und Verrat an der Bundestreue gedeutet."[90] Außenminister Czernin musste zurücktreten. Auch Karls Bemühungen, letztlich nur die österreichische Reichshälfte zu retten und die Nationen in Bundesländer umzuwandeln, scheiterten. Ungarn löste die Union mit Österreich auf und zog seine Truppen aus Italien ab. Die Länder erklärten sich zu Nationen, allen voran die Tschechen[91].

Der Zusammenbruch war vollständig. Zwei Tage nach der Abdankung des deutschen Kaisers Wilhelm II unterschrieb Karl I Kaiser von Österreich am 11. November 1918 die Verzichtserklärung. Ein Extrablatt der Wiener Zeitung informierte wohl auch Elise und Helene über das Ende der Monarchie in ihrem Land: „Im Voraus erkenne ich die

Entscheidung an, die Deutschösterreich über seine künftige Staatsform trifft. Das Volk hat durch seine Vertreter die Regierung übernommen. Ich verzichte auf jeden Anteil an den Staatsgeschäften."[92] Am 12. November wurde die Republik ausgerufen. Bald darauf musste Karl Österreich verlassen und ins Exil gehen.

Stefan Zweig, der 1919 aus der Schweiz nach Österreich zurückkehrte, schilderte in seinen Erinnerungen den glanzlosen Abgang des Monarchen von der österreichischen Bühne. Ob die von ihm erzählte Geschichte tatsächlich so geschehen ist, sei dahingestellt, doch soll sie an dieser Stelle – als erneutes Pendant zu Elise Richter – wiedergegeben werden. An der österreichisch-schweizerischen Grenzstation in Buchs erlebte Zweig die Ankunft des Hofzuges der ehemaligen k.u.k. Staatsbahn: „Die Polizisten stellten sich auf, alle Beamten eilten aus ihren Verschlägen, ihre Frauen, offenbar verständigt, drängten sich auf dem Perron zusammen […] Langsam, ich möchte fast sagen, majestätisch rollte der Zug heran, ein Zug besonderer Art, nicht die abgenutzten, vom Regen verwaschenen gewöhnlichen Passagierwaggons, sondern schwarze, breite Wagen, ein Salonzug. Die Lokomotive hielt an. Eine fühlbare Bewegung ging durch die Reihen der Wartenden, ich wusste noch immer nicht warum. Da erkannte ich hinter der Spiegelscheibe des Waggons hoch aufgerichtet Kaiser Karl, den letzten Kaiser von Österreich und seine schwarzgekleidete Gemahlin, Kaiserin Zita. Ich schrak zusammen: der letzte Kaiser von Österreich, der Erbe der habsburgischen Dynastie, die siebenhundert Jahre das Land regiert, verließ sein Reich! […] Es war ein historischer Augenblick, den ich erlebte – und doppelt erschütternd für einen, der in der Tradition des Kaiserreiches aufgewachsen war, der als erstes Lied in der Schule das Kaiserlied gesungen, der später im militärischen Dienst diesem Manne, der da in Zivilkleidung ernst und sinnend blickte, ‚Gehorsam zu Land, zu Wasser und in der Luft' geschworen. […] Schließlich gab der Zugführer das Signal. Jeder schrak unwillkürlich auf, die unwiderrufliche Sekunde begann. Die Lokomotive zog mit einem starken Ruck an, als müsste auch sie sich Gewalt antun, langsam entfernte sich der Zug. Die Beamten sahen ihm nach. Dann kehrten sie mit jener gewissen Verlegenheit, wie man sie bei Leichenbegräbnissen beobachtet, in ihre Amtslokale zurück. In diesem Augenblick war die fast tausendjährige Monarchie erst wirklich zu Ende. Ich wusste, es war ein anderes Österreich, eine andere Welt, in die ich zurückkehre."[93]

Elise, die statt des Kaiserliedes Gedichte bei ihrer preußischen Erzieherin lernte, resümierte eher nüchtern über das Kriegsende und die Abschaffung der Monarchie: „In schmerzhaftester Anteilnahme erlebten wir den Zusammenbruch. Das Erstaunliche war, dass eine siebenhundertjährige Institution wie das Kaisertum und die Dynastie in sich zusammenfiel, ohne dass ein Gewehrhahn gespannt, dass auch nur die allerkleinste Demonstration versucht wurde. Sie waren weg, als ob sie nie dagewesen wären." [94]

Die andere Welt, das andere Österreich, in dem Stefan Zweig und die Richter-Schwestern nun leben würden, war der Kleinstaat „Deutschösterreich" (1918–1920, nach dem Vertrag von Saint-Germain 1920 „Österreich"). Die Republik umfasste nur noch ein Achtel des ehemaligen Großreiches. Sie zählte sieben Millionen Einwohner, davon lebten allein zwei Millionen in Wien. Das Land litt an einer allgemeinen Verarmung, die Versorgungsadern waren abgeschnitten, die Industrie, zum großen Teil einst in die Kronländer verlagert, in den Händen der nun souveränen Nachfolgestaaten.[95] Im „Hungerwinter" 1919/20 war es in Wien und Graz zu Hungerdemonstrationen gekommen.[96] Elise schrieb: „Die Trostlosigkeit dieser Zeiten, das Rückfluten tapferster Krieger, die bei der Heimkehr auch noch beschimpft und ihrer letzten Rechte beraubt wurden, der Zerfall des Reiches, die Armseligkeit und zum Teil Niedrigkeit der neuen Verhältnisse, die rohe Anmaßung der heraufkommenden Partei, es liegt schwarzer Nebel über dem Ganzen. Alles brach über uns herein: nie gekannte Armut, Krankheit, Hunger, Kälte, Finsternis, Beschimpfung des Vaterlandes durch geradezu leidenschaftliche Erklärung der Kriegsschuld auf altösterreichischer Seite – die Sozialdemokraten erhofften sich dadurch bessere Friedensbedingungen -, die Verwahrlosung der Stadt, Zunahme des Bettels, Unmöglichkeit Dienstpersonal zu bekommen, alles, was nur ersonnen werden kann, um das Leben zu erschweren und zu verbittern."[97] Verhängnisvoll für die Schwestern sollte sich außerdem die übermäßige Geldanlage in Kriegsanleihen erweisen. „Wir konnten uns nicht genug tun, Kriegsanleihe [sic] zu zeichnen, die selbstverständlich nach dem Kriege entwertet war, so dass wir gänzlich mittellos dastanden."[98]

Elise Richters Fazit, das sicherlich auch so von Zweig hätte stammen können, lautete: „Nichts blieb unversehrt als das Ideal der eigenen geistigen Arbeit und die Kunst."[99]

***

Da der Krieg und ihr Geld verloren waren, begannen harte Jahre. Elise, die zwar zwischenzeitlich sogar zur Vertreterin der Dozentenschaft in den Fakultätssitzungen geworden war, hatte außer den Kolleggeldern ihrer Studenten keinerlei Einkommen aus ihrer Universitätstätigkeit. Wie hoch Helenes Einkommen aufgrund ihrer literarischen Beiträge war, ist nicht bekannt. Als einziges regelmäßiges Einkommen blieb ihnen die Miete ihres Freundes Hans Horst Meyer. Der Arzt und Professor für Pharmakologie war 1904 in die erste Etage des Richterhauses eingezogen und arbeitete wie Elise an der Universität Wien.[100] In den Nachkriegsjahren mangelte es an allem, doch beide Schwestern lehnten den „Schleichhandel energisch ab"[101]. Sie hungerten und froren. Schäden am Haus konnten aus Geldmangel nicht mehr repariert werden. In wie weit der damals von Gutmann eingesetzte „höhere Berater" an dem privaten Bankrott mitschuldig war, muss offen bleiben. Elise unterstellte ihm zumindest Unfähigkeit: „[...] und hat uns – gewiss nicht aus böser Absicht, wohl aber aus Unfähigkeit – dahin gebracht, dass wir schließlich in allerbescheidensten Verhältnissen dastehen, wozu freilich der Krieg das Seinige beigetragen hat."[102] Am Ende sind sie gezwungen, ihr Haus zu verkaufen. Zum 1. Januar 1923 erwarben die Söhne Wilhelms von Gutmann, die Halbbrüder Max und Rudolf, gegen Zahlung einer Leibrente und lebenslanges Wohnrecht die Liegenschaft.[103]

***

Elise engagierte sich in den folgenden Jahren weiterhin sozial und auch zunehmend politisch. Ihr politisches Forum fand sie allerdings keineswegs bei den Sozialdemokraten: „Es hätte, bei meiner sozialen Gesinnung, sehr nahe gelegen, mich der Sozialdemokratischen Partei anzuschließen. Was mich hinderte, war der zur Schau getragene antibürgerliche Zug ihrer Politik. Darin lag eine unausgesprochene Verlogenheit: so gut wie alle Führer waren bürgerlicher Herkunft, hatten den Segen bürgerlicher Verhältnisse kennengelernt, verdankten ihnen ihre Ausbildung und ihre Laufbahn. Die Lehre, dass der Bürgerliche der Feind des Arbeiters sei, war eine böswillige Erfindung, die aber allgemein Glauben fand."[104] Elise blieb bei den politischen Vorstellungen der liberalen Welt des 19. Jahrhunderts. Besonders deutlich wird dies in ihren Gedanken zur Chancengleichheit: „Meine Vorstellung von ‚Gleichheit', so weit überhaupt möglich, war: Hebung des Proletariats zur Bürgerlichkeit. Ihre [gemeint sind die Sozialdemokraten, Anm. des Verf.] Parole dagegen war: Proletarisierung aller."[105] Sie steuerte aktiv gegen diese Proletarisierung und engagierte sich in der „Bürgerlich-freiheitlichen Partei". Man lud sie ein, in dieser für die freie Wahl der zu konstituierenden Nationalversammlung am 16. Februar 1919 ins Leben gerufenen Partei, mitzuwirken. Diese in der „höheren Intelligenz" entstandene Partei wollte die „bürgerlichen Intelligenzien"[106] vereinigen. Es war für Elise selbstverständlich, dass sich keine Frau der politischen Tätigkeit entzog.[107] Obwohl sie demnach für sich selbst die politische Mitwirkung als Pflicht ansah, stand Elise Richter dem mit der Proklamierung der Republik am 12. November 1918 wirksamen Frauenwahlrecht kritisch gegenüber. Dabei ging es ihr um „Wahllegitimation"[108] und nicht um generelle Gleichberechtigung, denn in der Umsetzung der politischen Gleichberechtigung der Frau sah sie in erster Linie die Verdoppelung der sozialdemokratischen Wähler. Als Übel betrachtete sie vor allem die Instrumentalisierung der ungebildeten Frauen. Sie nannte es das „Übergewicht von Stimmen gänzlich Verständnisloser"[109]. Die Frau eines Sozialdemokraten würde fraglos so wählen wie er. Ganz anders hingegen im bürgerlichen Lager und darin sah Elise die Gefahr: „Die Bürgerlichen, die Intelligenzler, zeichnen sich stets durch Eigenbrötelei aus; Vornehmheit der Gesinnung führte zur Duldung verschiedener Meinungen, und so kam es, dass die neuen politischen Rechte politische Unterschiede ins Herz der Familie trugen, wo mitunter drei verschiedene Parteien vertreten waren."[110]

Sie engagierte sich gemeinsam mit Helene in der Mädchenvolksbildung und war freudig einer Anfrage der Volkshochschule nachgekommen: „Mit Begeisterung vernahmen wir den Ruf und übernahmen die Aufgabe, Bildung ins Volk zu tragen"[111]. Elise sah ihre Aufgabe hauptsächlich darin, die Frauen für diese wichtige gesellschaftliche Aufgabe vorzubereiten. Sehr pragmatisch erwog sie Maßnahmen, den Frauen ihre politische Verantwortung begreiflich zu machen. Ihren Anspruch formulierte sie recht krass: „Die bürgerlichen Frauen mussten erst ‚erzogen' oder ganz einfach ‚abgerichtet' werden."[112] Selbst über eine „Art politischer Reifeprüfung" grübelte sie nach.[113] Da die sozialdemokratischen Ideen, auch wenn nach Elises Einschätzung die neuen Wählerinnen deren Inhalt gar nicht verstanden, den Frauen aber durch Veranstaltungen mit Familienanschluss bekannt gemacht wurden, mussten nun entsprechende Gegenmaßnahmen für die bürgerlichen Frauen ergriffen werden. Elise gründete und leitete dazu eine Frauenschaft und hielt Wahlkampfreden. Am Ende nutzte es nichts. Die Partei mit ihrem Spitzenkandidaten Richard Wettstein, Professor für Botanik der Universität Wien, errang keinen Sitz im Parlament. Wettstein zog sich daraufhin mit den Worten „Niemals wieder"[114] zurück. Elise jedoch kämpfte weiter: „Nach der Niederlage hieß es: Nun erst recht! Organisieren, Truppen ausbilden, von den Sozialdemokraten lernen. […] Unsere Partei hatte sich als viel zu exklusiv, zu klein, zu ‚fein' erwiesen. Sie verschmolz nun mit einer andern [sic] freiheitlichen Partei, die zwar nicht zu fein, aber auch zu klein war, mit der demokratischen Partei. Wir hießen jetzt ‚Bürgerlich-demokratische Arbeitspartei' und Graf Ottokar Czernin [der zwei Jahre zuvor zurückgetretene Außenminister, Anm. d. Verf.], den es in seiner Muße nicht duldete und der von den ihn umwerbenden Sozialdemokraten nichts wissen wollte, mit den Christlich-Sozialen in gegenseitigem Hass lebend, zu einer mittleren Partei strebte, wurde unser Oberhaupt."[115] Dass es sich bei diesem Kandidaten der „Bürgerlich-demokratischen Arbeitspartei" um einen Grafen und ehemaligen kaiserlichen Minister handelte, erscheint recht skurril.

Elise Richter wurde in den Vorstand der Partei gewählt. Wiederum mit der Volksbildung beauftragt, erarbeitete sie, gemeinsam mit dem dafür zurück gewonnenen Wettstein, die Vorlage für ein neues Schulgesetz. Allerdings stellte die Partei mit Czernin nur einen einzigen Abgeordneten in der Nationalversammlung, und folglich ließen sich die vorgestellten Reformen nicht durchsetzen. Schulprogramm und Volksbildung blieben jedoch Elises politisches und soziales Hauptanliegen. So war sie dem Verein „Freie Schule", der sich um die Trennung von Schule und Kirche bemühte, schon kurz nach seiner 1905 erfolgten Gründung beigetreten. Dieser Verein setzte sich mehrheitlich aus Sozialdemokraten zusammen und wurde später der offizielle Schulverein der Sozialdemokratischen Arbeiterpartei. Zuvor war Elise allerdings wieder ausgetreten. Sobald sie das Ziel erreicht sah, stellte sie einfach die Zahlung des Mitgliedsbeitrags ein.[116]

Helene Richter wurzelte wie ihre Schwester tief in der bürgerlich-liberalen Welt des vergangenen Jahrhunderts. So wurde ihr schon 1898 in einer Rezension ihres Buches über Mary Wollstonecraft von der Frauenrechtlerin und Politikerin Therese Schlesinger in der „Arbeiterzeitung", dem Organ der Sozialdemokratischen Partei Österreichs, attestiert: „Fräulein Richter beschäftigt sich ausschließlich mit der bürgerlichen Frau, und daran thut [sic] sie wohl, denn von der schwerbedrängten Lage der Arbeiterin scheint sie wenig Ahnung zu haben."[117] Was sicherlich der Wahrheit entsprach.

***

Bereits im Gründungsjahr 1920 trat die mit Abschluss der Friedensverhandlungen umbenannte Republik Österreich dem Völkerbund bei. In diesem von Friedensgestaltung geprägten Jahr nach Versailles und Saint-Germain sollte die Kant'sche Idee: „das Völkerrecht soll auf einen Föderalism freier Staaten gegründet seyn", formuliert im „Zweyten

Definitivartikel zum ewigen Frieden"[118], Wirklichkeit werden. Der bereits seit dem Krieg bestehende Friedensaktivismus tangierte Elise Richter, die dem Ausschuss der Österreichischen Völkerbundliga angehörte, auch in ihrer wissenschaftlichen Arbeit. Durch ihre Studien zur französischen Dichtung und ihrer Rezensionstätigkeit war ihr beispielsweise die Clarté-Bewegung, der auch Stefan Zweig angehörte, bekannt. Die folgende Episode ereignete sich auf dem Höhepunkt von Elises politischem Schaffen und führte sie dieses Mal fast direkt mit Zweig zusammen.

1920 erhielt Elise Richter ein Buchgeschenk[119]. Das Titelblatt trägt die Widmung: *"Mit herzlichem Dank für Ihren guten Brief. Das Buch eines französischen Vaters, das Sie gewiss ergreifen wird! Ergebenst St. Zweig"*[120]. Es handelte sich um das Buch von Marc de Larréguy: „La Muse de Sang", das im gleichen Jahr von der Société Mutuelle d'Édition in Paris publiziert wurde. Der Literaturnobelpreisträger Romain Rolland schrieb das Vorwort zu diesem 58 Seiten schmalen Bändchen. Das Buchgeschenk an Elise hatte allerdings keinen ausschließlich schöngeistigen Hintergrund. Bei dem Werk handelte es sich um Antikriegsliteratur, ein Sujet, das in dieser Phase eine erste Blütezeit erlebte. Besonders Rollands zehnbändiger Roman „Jean Christophe"[121] und das Buch „Le Feu"[122] von Henri Barbusse fanden große Beachtung. Erst Erich Maria Remarques 1928 erschienener Roman „Im Westen nichts Neues" stellte später den ersten Weltkriegsroman von Barbusse in den Schatten. Selbstredend fand sich das Buch „Le Feu", das mit dem bedeutenden französischen Literaturpreis, dem Prix Goncourt, ausgezeichnet worden war, auch in Elises Bibliothek.

In der Zeit während und nach dem Ersten Weltkrieg engagierten sich Stefan Zweig und viele andere europäische Intellektuelle als bekennende Pazifisten für einen dauerhaften Frieden im Sinne eines kulturellen und intellektuellen Internationalismus. Viele von ihnen kamen 1917 in der Schweiz zusammen, wo 1918 Zweigs Drama „Jeremias", in Zürich uraufgeführt wurde. Somit war der Weg von Stefan Zweig zu den französischen Dichtern Romain Rolland und Henri Barbusse und der von beiden initiierten Friedensbewegung mit der gemeinsam 1919 herausgegebenen Zeitschrift „Clarté: L'Internationale de la Pensée" nicht weit. Dort hatte man verabredet, dass Zweig die deutsche Gruppe der „Klardenkenden" anführen sollte. Das Ziel war, „[…] eine Einigung aller europäischen Intellektuellen im Sinne der Versöhnung einzuleiten".[123] Schon bei den ersten Planungen im Jahr 1915 hatte er die österreichischen und deutschen Dichter und Gelehrten für einen Friedenskongress in der Schweiz sondieren sollen. Elise Richter wird zu diesen Gelehrten gehört haben. Zweig berichtete, dass sie bereits während der Kriegsjahre ein paar Dutzend Menschen, auch aus den kriegführenden Ländern, überzeugen konnten und man sich gegenseitig auf Bücher, Aufsätze und Broschüren aufmerksam machen wollte[124]. Ziel sollte ein internationales kulturelles und wissenschaftliches Netzwerk sein.

Die literarischen Werke der französischen Dichter waren Elise bestens vertraut, so hatte sie im Augustheft des Jahrgangs 1920 der „Germanisch-Romanischen Monatsschrift" Beiträge sowohl über Rolland[125] als auch über Barbusse[126] verfasst. Auch deren politische

Ambitionen hatte sie dabei nicht unerwähnt gelassen. Höflich sandte Elise einen Sonderabdruck ihres Artikels an Henri Barbusse.[127] Im Fall Rolland darf man das Gleiche annehmen.[128] Barbusse reagierte dankbar und begeistert: „Noch nie wäre seine Eigenart so erkannt worden, und er bittet um alle verfügbaren Sonderdrucke."[129] Umgehend schickte er ihr seine neuen Publikationen: „La lueur dans l'abime" und „Paroles d'un combattant". In beide Bücher schrieb er eine persönliche Widmung:

> "A mon excellent confrère Dr. Elise Richter avec mes sentiments dévoués Henri Barbusse" und "A Mlle Elise Richter hommage cordial et dévoué Henri Barbusse".

Henri Barbusse war in diesen Jahren sicherlich einer der bekanntesten politischen Dichter Frankreichs. Er wurde am 17. Mai 1873 in Asnières-sur-Seine geboren. Barbusse studierte französische Literatur und arbeitete später als Journalist und Herausgeber. Er publizierte die Zeitschriften „Le monde" und „Je sais tout". Im Ersten Weltkrieg meldete sich Barbusse als Freiwilliger. Bis 1916 war er monatelang an der Front. Diese dort erfahrenen Erlebnisse verwandelten ihn in einen entschiedenen Kriegsgegner. In seinem 1916 erschienenen Antikriegsroman „Le feu" beschrieb er äußerst naturalistisch den Krieg als Massenverhängnis. Ein Jahr später gründete er gemeinsam mit Paul Vaillant-Courier den sozialistischen Kriegsveteranenbund ARAC (Association Républicaine des Anciens Combattants), 1919 dann gemeinsam mit Romain Rolland die Antikriegsbewegung „Clarté".

Elise vertiefte sich anscheinend sofort in die übersandten Werke. Politisch fühlte sie sich angesprochen oder nahezu herausgefordert, denn in ihrem Antwortschreiben an Barbusse machte sie sehr deutlich, was sie von seiner Schwärmerei für die ungarischen Kommunisten in einem der Bücher hält. Die Aussage wirft einen bezeichnenden Blick auf Elises Haltung zu den Kommunisten. Sie schrieb: „[…] dass die ‚teuern [sic] Brüder' ein Räubergesindel und Béla Kun [1886–1936, Führer der ungarischen Kommunisten, Anm. d. Verf.] ein berüchtigter Lump wären und die ganze Bewegung durch Egoismus befleckt, ihr ‚Kommunismus' nur Raub für die eigene Tasche – durch Rechtsverletzungen aller Art für jeden Wohldenkenden verächtlich und hassenswert sei."[130]

Es kam jedoch zu keinem wissenschaftlichen, politischen oder literarischen Austausch, denn Barbusse beantwortete ihren Brief nicht. So versuchte sie die Diskussion anlässlich seines Besuches in Wien fortzusetzen und besuchte seine in der Volkshalle im Wiener Rathaus stattfindende Veranstaltung. Vor allem interessierte sie aber seine literarischen Arbeiten. Enttäuscht musste sie jedoch feststellen, dass es keinen literarischen Vortrag gab, sondern dass er eine Art Volksversammlung mit anschließender Audienz abhielt. Als sie ihm gegenüberstand, sprach sie noch einmal ihren Brief an, aber er wich ihr aus und wollte auf das Thema nicht mehr näher eingehen. Stattdessen lud er sie wenige Tage später zu einer „Conférence" in ein Privathaus ein. Sie ging hin und schilderte ihren Eindruck wie folgt: „Ich traf eine gemischte Gesellschaft, die der Redner zur Gründung einer ‚rein literarischen' Vereinigung zur Pflege zeitgenössischer Literatur aufforderte. Es war aber ziemlich durchsichtig, dass dieser ‚unpolitische' literarische Verein nichts anderes als eine kommunistische Zelle vorstellte. So wenig wie ich, gingen die meisten anderen nicht auf den Leim, und Barbusse war sichtlich überrascht und ärgerlich über seinen Misserfolg. Meine Beziehungen zu ihm hatten natürlich damit ein Ende."[131] Seine Bücher hat sie trotzdem in ihrer Bibliothek belassen.

Vom Sowjetkommunismus begeistert, trat Henri Barbusse drei Jahre später in die Kommunistische Partei ein. Er wechselte zu der radikalen Überzeugung, dass die wahre Verbrüderung der Völker nur im Kommunismus herbeizuführen sei.[132] Daraufhin distanzierten sich auch Romain Rolland und Stefan Zweig von ihm. Während einer Reise durch die Sowjetunion starb Henri Barbusse am 30. August 1935. Seine Beerdigung in Moskau wurde als Staatsbegräbnis zelebriert.

Elise Richter respektierte und würdigte die Dichtungen der französischen Friedensaktivisten, aber sie hat nie an der Clarté-Bewegung mitgearbeitet. Sicherlich stimmte sie mit Stefan Zweig in der Beurteilung der Antikriegsliteratur überein. Ein trennender Gegensatz war allerdings, dass sie anders als er einen unpolitischen und nur literarischen Friedenseinsatz für absurd hielt. Zweig lehnte es zeitlebens ab, sich aktiv politisch zu betätigen. Sie sah deshalb die politische Aufgabe mit der von Zweig propagierten Methode des Nichteinmischens als zum Scheitern verurteilt an. Elise hingegen legte ein deutliches Bekenntnis zum politischen Friedensengagement ab: „Frieden und unpolitisch? Lachhaft. Und gar Freiheit und unpolitisch!"[133]

Die lange Friedenszeit hatte nie einen Gedanken an politische Zusammenhänge und Ursachen, geschweige denn einer politischen Beteiligung, nötig werden lassen. Erst die Nachkriegsjahre führten Elise Richter vor Augen, wie sehr Politik schon immer das Leben der Menschen bestimmte, und sie zählte auf, wie sehr die Politik Schuld an den gesellschaftlichen und wirtschaftlichen Zuständen hatte, wie tief sie den Alltag bestimmte: „Jetzt gab es kein Obst, kein Brot – politische Ursachen. Kein Zucker aus Böhmen, kein Papier aus Deutschland – Zollgrenzen, politisch. Die Politik bestimmte Schuhe und Kleid, zensierte die Verbindung mit Freunden im Ausland, beschränkte die private nächtliche Arbeitszeit usw. Politik drang in die intimsten Familienverhältnisse. Schließlich war nur das Atmen noch frei und der fest im Hirn verschlossene Gedanke."[134]

Jahre später zog sie ein Resümee ihrer politischen Karriere: „War meine politische Tätigkeit in ihrer Wirkung nach außen auch gleich Null, so war der innere Gewinn nicht gering anzuschlagen."[135] Denn von der Politik profitierte auch die Philologin Elise Richter. Durch ihre politische Tätigkeit kam Elise in den Genuss, teilweise vortrefflichen Reden lauschen zu können, „bei denen man sich mehr holen konnte, als die Mehrzahl des Publikums zu tun geschickt war".[136]

Regeneration: Die Zwischenkriegszeit

Nach den ersten entbehrungsreichen Jahren, die dem Weltkrieg folgten, kehrte nun langsam Besserung ein. Die auch für Elise bewegten politischen Jahre gingen in ruhigere Zeiten über. Den Schwestern war immerhin ihr Haus geblieben, auch wenn sie nicht mehr die Eigentümerinnen waren. Der Vermögensverlust brachte es mit sich, dass sie ihre geliebten Auslandsreisen nahezu einstellen mussten. Immerhin hatten sie in Europa bis auf Schottland, Irland und Griechenland fast alle Länder besucht. Der einst gefasste Plan einer Ägyptenreise musste nun jedoch aus finanziellen Gründen aufgegeben werden.[137] Dass sie an der Universität nichts verdiente, war vor dem Krieg von geringer Bedeutung. Nun aber wurde das Geld dringend gebraucht. Man bot ihr eine Entschädigung an, die aufgrund der herrschenden Inflation aber so geringfügig ausfiel, dass sie zunächst auf die Annahme verzichtete. Erst als sie auf Anraten des Dekans eine Liste all ihrer Veröffentlichungen einreichte, wurde der Betrag erhöht und sie akzeptierte.[138] Hans Helmut Christmann berichtet in seinem Buch, dass sie bereits ab dem 1. Mai 1923 eine ständige monatliche Unterstützung bezog. Diese Zahlungen in Höhe eines zweistündigen Lehrauftrags wurden ihr für ein Jahr bewilligt und mussten jeweils neu beantragt werden.[139]

Elise und Helene wandten sich wieder verstärkt ihrer wissenschaftlichen Arbeit zu. Die Zwischenkriegszeit stellt einen Höhepunkt ihrer Veröffentlichungstätigkeit dar. Bereits während des Krieges hatte Elise ihr Buch „Fremdwortkunde" geschrieben. Der Band erschien 1919 in der Reihe „Aus Natur und Geisteswelt" des Verlages Teubner in Leipzig und Berlin. Ihr in der gleichen Reihe bereits 1912 erschienener Vortragsband „Wie wir sprechen", erhielt im Jahr 1925 eine Neuauflage.

Ein bedeutendes, aber doch mit bitterem Beigeschmack versehenes Ereignis trat 1921 ein. Elise Richter wurde zum außerordentlichen Professor ernannt. In den vergangenen 14 Jahren an der Universität Wien hatte sie nie aufgegeben, auch wenn sie aus der Dozentenschaft „prinzipielle Widerstände" erfuhr. „Was mich natürlich nicht hinderte, überall, wo ich als Dozent das Zutrittrecht hatte, dieses Recht auszuüben und meinen unliebsamen Anblick aufzuzwingen."[140] Dass sie in der Fachwelt eine längst anerkannte Wissenschaftlerin war, beweist auch der im Jahr 1925 erschienene Aufsatz, den der Romanist Eugen Lerch[141] anlässlich ihres Geburtstages in der Zeitschrift „Die Neueren Sprachen" veröffentlichte. Elise kommentierte diese Ehrung später: „Es machte mir sehr Spaß, dass Lerch in einem überaus freundlichen Artikel zu meinem sechzigsten Geburtstag entdeckte, ich wäre ja fast eine idealistische Neuphilologin."[142]

Elises Forschungsbereich beschäftigte sich mit dem inneren Zusammenhang in der Entwicklung der romanischen Sprachen. Sie nannte es „das Weltei, das ich da ausbrüten wollte"[143] und mit dem sie sich schon in ihrem Dissertationsthema beschäftigt hatte. Bereits damals begann sie neue Wege zu beschreiten. Ihre These, dass „in der Sprache das Artikulatorische, das Empfindungs-, das Gedanken-, das Ausdrucksmoment nur verschiedene Faktoren einer Sprechabsicht seien, so dass die getrennte Beobachtung uns nicht in Zweifel lassen dürfe über die Einheitlichkeit der sprachlichen Prozesse"[144], wurde damals noch von ihrem Lehrer Meyer-Lübke als „um mehrere Generationen verfrüht" beurteilt.[145] Elise war davon überzeugt, dass die Ursachen der sprachlichen Veränderung nicht in der Sprache selbst lägen, sondern einzig im sprechenden Menschen.[146] Das bedeutet, die Sprache geht auch in ihrem physischen Teil auf die Psyche eines Menschen zurück. Damit stellte sie sich der Lehrmeinung entgegen, die behauptete, die Verschiedenheit der Laute einzelner Völker seien von den körperlichen Sprachwerkzeugen abhängig.[147] 1927 bekam sie einen Lehrauftrag für Sprachwissenschaften und Phonetik. „Es war eine Anerkennung, die sich bei einem Manne in der beamteten Professur ausgedrückt hätte. Aber der Widerstand dagegen war zu groß."[148]

Sie begann an einem großen Projekt zu arbeiten, von dem sie wohl ahnte, dass ihr Leben zu kurz wäre, es zu vollenden. Ihr Buch „Lautbildungskunde: eine Einführung in die Phonetik" war die erste Stufe auf diesem Weg. In den folgen Jahren nahm die Idee, eine mehrteilige „Geschichte der Romanismen im Lateinischen" zu schreiben, Gestalt an. 1934 publizierte sie den ersten Band dieser Reihe: „Chronologische Phonetik des Französischen bis Ende des 8. Jahrhunderts". Das Werk erschien bei Niemeyer in Halle. Leider ist es bei diesem einen Band geblieben. Ihr ehrgeiziger Plan zu dem „groß gedachten Werke" war, „eine Gesamtgeschichte der Sprache, in Form einer lateinischen Chrestomathie, die von den ältesten Inschriften ausgehend, alle Äußerungen umfassen sollte, mit denen die volkstümliche Sprache sich von der ‚klassischen' Überlieferung scheidet – bis zu den romanischen Sprachen herauf."[149] 1934 war ihr aber bereits bewusst, dass sie selbst weitere Teile nicht mehr würde schreiben können.[150] Trotzdem kann man Elise Richter als eine Pionierin der Phonetik bezeichnen.

Ihre Forschungen prädisponierten sie auch für die in diesen Jahren aufkommende Phonologie. Sie arbeitete mit dem Kopf der Prager phonologischen Schule, dem Russen Nikolai Sergejewitsch Trubetzkoy, zusammen, als dieser einige Zeit an der Wiener Universität lehrte.[151]

Auch Helene Richter hatte in den zwanziger Jahren neben Aufsätzen und Theaterkritiken allein drei Bücher verfasst. 1923 schrieb sie die Monographie „Shakespeare der Mensch". Darauf folgte 1926 die Festschrift: „Josef Lewinsky. Fünfzig Jahre Wiener Kunst und Kultur. Zum 150-jährigen Jubiläum des Burgtheaters", die mit der Unterstützung der Stadt Wien herausgegeben wurde. Die Schwestern nahmen diesen Erfolg sowie die Genesung Helenes „von schwerster Krankheit" zum Anlass, endlich wieder ein Fest in ihrem Haus zu geben, bei dem der Burgtheaterdirektor Herterich die Tischrede hielt.[152] Helenes publizistische Tätigkeit erreichte drei Jahre später mit ihrem umfassendes Werk: „Lord Byron. Persönlichkeit und Werk", erschienen bei Niemeyer in Halle, ihren Höhepunkt.

Elise berichtet, dass sie als auch Helene zeitlebens von schweren Krankheiten und nahezu ständigem Unwohlsein geplagt wurden. Die Schwestern standen sich gegenseitig bei, eine pflegte die andere. Mit 75 Jahren erinnerte sich Elise: „Wirklich gesund habe ich mich nur vor dem zwanzigsten Jahre gefühlt. Ich fühlte mich stets mehr oder weniger müde;

vollkommen schmerzfrei war ich fast nie. Ich habe mein ganzes Leben gegen meinen Körper gekämpft, oder vielmehr, ich habe ihm durch geschickte Behandlung abgelistet, was ich mir vom Leben erobern wollte. Freilich räumte mir Helene alles aus dem Wege, und ich konnte meine Kraft immer auf das mir Wichtige konzentrieren. […] Ich bin den weitaus größten Teil meines Lebens pflegebedürftig gewesen, und es war daher eine Lebensforderung, eine erträgbare Kranke zu sein."[153] Kurz vor ihrem 70. Geburtstag, am 4. August 1931, steckte sich Helene mit Masern an. Ihre Schwester kommentiert das als „medizinisches Wunder".[154] Diese Fügung höherer Gewalt störte auf das empfindlichste Elises Pläne, Helenes Festtag zu gestalten. Am Ende musste auf die Gesundheit, Helene stand kurz vor ihrem Ehrentag noch unter Quarantäne, Rücksicht genommen werden. Die Feierlichkeiten wurden in kleinerem Rahmen und auf mehrere Tage verteilt. Bereits zwei Wochen vorher fand die erste Feier statt, mit der Elise ihre Schwester überraschte. „Eine wunderschöne, von Dr. Hedwig Kuranda, Freundin der zweiten Generation, angeregte Huldigung, bestehend aus etwa hundertachtzig handschriftlichen oder malerischen Glückwünschen, zum Teil wertvollen Autographen, in geschmackvoller Kassette gesammelt, wurde ihr am 15. Juli überreicht."[155] Der alte Freund und Döblinger Nachbar Richard Kralik von Meyerswalden[156] hielt die Festansprache, in der er von der Bedeutung der Worte „Glück, Begabung und Fleiß" sprach. Im Hinblick auf die Schwestern Richter erläuterte er „Glück" als „das Glück der Geburt im hohen Kulturmilieu der Eltern, in Wien, Glück der Schwesternschaft – Glück in der Anerkennung."[157] Elise kommentierte später: „Es ist kennzeichnend, dass bei ihrem Fest ich, bei meinem sie immer wieder erwähnt wurde; Kralik schrieb übrigens auch ein reizendes Gedicht auf uns, ,die Schwestern'."[158] Elise wusste bereits, dass der Autodidaktin Helene, anlässlich ihres Geburtstages die Ehrendoktorwürde der Universität Heidelberg verliehen werden würde. Doch auch sie wurde völlig überrascht, als eine zweite deutsche Universität, Erlangen, Helene zum Ehrendoktor ernannte.[159] In Erlangen gibt es heute sogar eine Helene-Richter-Strasse. Leider hat Elise nicht überliefert, ob das Hausmädchen, daraufhin die Anrede der Arbeitgeberinnen änderte. Gewöhnlich sprach sie die ältere von beiden mit „Fräulein Richter", die jüngere mit „Frau Doktor Richter" an.[160]

Im Herbst wurde Helene von ihrer Heimatstadt geehrt. Man verlieh ihr die Urkunde eines „Bürgers ehrenhalber der Stadt Wien".

Elise, 1931 mittlerweile selbst Ende sechzig, sah keine Veranlassung darin, sich aus Altersgründen dem Berufsleben zu entziehen. Ihre wissenschaftliche Arbeit und die Universität waren ihr das Wichtigste. „Schon mit der ersten Vorlesung waren mir alle Leiden und Aufregungen aufgewogen. Ich liebte den Beruf, wie eine Frau liebt: voller Hingebung, in Demut, in Idealisierung. Er war nicht meine Pflicht im harten grauen Sinne des Wortes, sondern Pflicht als höchstes Recht, als heiliger Besitz, an den niemand rühren darf."[161] Auf das ihr zustehende Recht als Dozentin der Universität beharrte sie. Niemals jedoch hätte sie sich an ihrer Arbeitsstätte als Frauenrechtlerin engagiert: „Als Frauenrechtlerin konnte ich meinen Weg in der Universität nicht machen, ich musste nicht nur meine ganze Kraft

auf die Arbeit richten, sondern auch den Schein des Frauenrechtlertums vermeiden."[162]
Dass sie die neuen Rechte der Frau außerdem kritisch betrachtete, wurde schon in ihrer
parteipolitischen Aktivität deutlich. Trotz dieser zurückgenommenen Haltung innerhalb
ihres akademischen Umfelds trat 1922 die „International Federation of University Women" mit Sitz in London an sie heran. Man forderte sie von dort aus auf, einen Zweigverband für Österreich zu gründen. Der Vorschlag stieß ihrerseits auf wenig Begeisterung, doch letzlich übernahm sie die Aufgabe, als ihr bewusst wurde, dass sie von Frauen, die einen ähnlichen Weg wie sie selbst eingeschlagen hatten, überhaupt nichts wusste. In den ersten Jahren ließ sich die Verbandstätigkeit gut an, obwohl Elise schrieb, dass im damaligen Österreich eine „unpolitische" Vereinigung zu gründen einem Eiertanz bis zu einem überpolitischen Schweben in Höhen vornehmster Gesinnung gleichkäme.[163] Höhepunkt ihres Wirkens, an dem sich auch Helene in der Ausrichtung beteiligte, war das 1927 in der Universität stattfindende Council Meeting. Bei der Eröffnungsfeier waren sogar Rektor und Dekan anwesend. Auch im Richterhaus fanden Veranstaltungen statt. 1931 reist sie zur Hauptveranstaltung nach Genf. Aber das gute Einvernehmen schwand und spätestens bei der Vorbereitung der Dreißigjahrfeier des Frauenstudiums an der Wiener Universität beklagte Elise den „Gipfel der Widerwärtigkeit".[164] Elise erinnerte sich, dass „die katholischen und nationalen Mitglieder sich in so unanständiger Weise gegen den Verband stellten, dem sie doch angehörten, dass das Rektorat ihre Machenschaften zurückwies und sie in letzter Minute zwang, den Verband heranzuziehen. Nur an meiner Gutmütigkeit, oder vielmehr an dem Gedanken, diese Feier nicht zu zerstören, lag es, dass sie überhaupt zustande kam. Minderwertig genug fiel sie aus. Schließlich hatte ich es über und trat zurück. Darauf zerfiel der Verband in die disparaten Teile, die nur durch meine Bemühungen zusammengehalten worden waren, jedem Teil seine Vertretung im Vorstand zu sichern. Die Mitgliederzahl ging erheblich zurück, und 1938 wurde er selbstverständlich aufgelöst."[165]
Auch wenn Elise die nationale Gruppe der akademischen Frauen als „Quell von Ärgernissen"[166] bezeichnete, beeinflusste das jedoch nicht ihre Meinung, dass die internationale Vereinigung sich bewährt hätte.[167]

1935 feierte Elise Richter ihren 70. Geburtstag. Zu Recht stolz, schrieb sie fünf Jahre später: „Da ich im Fach der Phonetik nicht leicht ersetzt werden konnte, wurde ich im siebzigsten Jahre als ‚unabkömmlich' beim Ministerium angefordert und las über das akademische Abgangsalter hinaus noch drei Jahre [...]. Weiß der Teufel, wie gern ich es noch immer tue!"[168] Zu ihrem Geburtstag, der auf einen Samstag fiel, fand im kleinen Festsaal der Universität die Universitätsfeier statt. Diesmal organisierte Helene die häuslichen Feiern. Da wie jeden Montag das Haus voller Gäste sein würde, wurde ein „erweiterter Montag" beschlossen. „Die lieben Besuche – etwa achtzig –, die vielen Blumen, die frohe Stimmung, es war reizend."[169] Auch in der Zeitschrift „Die Frau" wurde Elise gewürdigt: „Bei der Universitätsfeier ihres 70. Geburtstags hat Elise Richter eine tabula gratulatoria empfangen mit den Namen fast aller ihrer Fachgenossen an den Universitäten Europas und dazu denen ihrer übrigen Verehrer und Freunde. Woher soviel ehrerbietige Liebe?

Wer an einem Montagabend das Haus draußen in der Weimarer Straße betritt, der atmet dort die Luft feinster Geistigkeit, in der die beiden Schwestern leben, die durch Herz und Kopf treulichst verbunden sind. Ihn wärmt dort schlichte Güte und sonniger Humor. Er weiß, dass die Frau, die Mitternacht am Schreibtisch heranwacht, Zeit findet, am Krankenbett ihrer Freunde zu sitzen, Spielzeug für Kinder zu machen und beglückt die Pflanzen ihres Gärtchens zu betreuen. Er findet die Schwestern im Burgtheater und in den philharmonischen Konzerten und wo es sonst etwas zu lernen und Edles zu erleben gibt. Denn Sprachwissenschaft, wie Elise Richter sie versteht, ist nach ihrem eignen Wort Erforschung der Welt mit allem, was darin ist, allem Irdischen und allem Seelischen, ist Form und Inhalt des menschlichen Erlebens."[170]

Es war das letzte große Fest, das die Schwestern feierten.

***

Spätestens seit dem Ende der Hyperinflation, die durch die Deflationspolitik der Jahre 1922 bis 1924 der Regierung Seipel und die Einführung der Schillingwährung im Jahr 1925 teilweise überwunden wurde, konnten sicherlich auch Elise und Helene wieder ein geregeltes Lebens mit recht erträglichem Auskommen führen. Die Sicherheit währte allerdings nur bis zur Weltwirtschaftskrise, die auch Österreichs Erste Republik nicht verschonte. Die Auswirkungen der Wirtschafts- und Bankenkrise führten 1933 zu einer Abwertung des Schillings um 28 Prozent.[171] Auch die politische Lage änderte sich. Elise, deren aktives politisches Engagement wahrscheinlich in den zwanziger Jahren zu Ende ging, nahm freilich immer noch regen Anteil am Schicksal ihres Landes. Ausführlich schilderte sie in ihren Erinnerungen die Zeit des Umbruchs. Diese Textpassage wirft wiederum ein bezeichnendes Licht auf Elises politische Einstellung, die mitunter recht widersprüchlich war. Die einstige Liberale, die damals den „Grafen" als Kandidaten ihrer bürgerlichen Arbeiterpartei unterstützt hatte, sympathisierte nun sogar mit den Christlichsozialen (CS), der Partei, die 1893 von Karl Lueger gegründet worden war und die für Antiliberalismus und Antisemitismus stand. Andererseits bildeten die Christlichsozialen das stetige Gegengewicht zu den ihr verhassten Sozialdemokraten. Vielleicht war es auch die Person des zweimaligen Bundeskanzlers Prälat Ignaz Seipel, die Elise während der bedrückenden zwanziger Jahre überzeugte, hatte er doch die ungeliebte Koalition mit der SDAP gelöst und außerdem dem Land Sicherheit zurückgegeben, indem er gegenüber den Regierungen von Frankreich, Großbritannien, Italien und der Tschechoslowakei beim Völkerbund in Genf zusicherte, dass sich Österreich verpflichte, für zwanzig Jahre seine Unabhängigkeit nicht aufzugeben und innerhalb von zwei Jahren den Staatshaushalt zu sanieren und die Ruhe, Ordnung und Sicherheit zu wahren.[172] Generell orientierte sich seine Partei großbürgerlich und altklerikal, was außerdem Elises politischer Grundeinstellung entsprach.

Über die zehn Jahre von 1924 bis 1934 urteilte sie später: „Wir verlebten ein paar politisch ruhigere Jahre. Zwar war Österreich verelendet, eine politische Null, ein ‚nicht lebensfähiges Gebilde', aber es schien sich langsam bessern zu wollen. Nach Seipels Tod kam Dollfuß. Näher besehen, hat er für uns die Diktatur genauso gut eingesetzt wie Mussolini vor ihm, Hitler nach ihm, nur dass seine Beseitigung des Parlamentes mich äußerst sympathisch berührte. Diese Institution war vollkommen arbeitsunfähig, entwürdigt und geradezu verächtlich geworden. Das Listenrecht hatte jedes Interesse an der Wahl begraben. Man wählte die Partei. Wer unsere Angelegenheit dann vertrat, entzog sich durchaus unserer Kenntnis und unserem Willen. Die Vertreter waren unbegabt, die Begabten längst tot oder verkalkt, die ganze Regierung spielte sich hinter den Kulissen ab. Es war in der Tat kein Unterschied, ob wir ein Parlament hatten oder nicht. […] Ehrlich gesprochen, räumte Dollfuß ein wertloses altes Gerümpel weg, als er das Parlament nicht zur Einsetzung neuer Präsidenten berief, sondern beschloss, nach einem Notparagraphen zu regieren – im Frieden war es der so unbeliebte Paragraph 14."[173] Dollfuß' Notverordnung stützte sich auf das aus dem Jahr 1917 stammende und nie aufgehobene „Kriegswirtschaftliche Ermächtigungsgesetz" (KWEG). Durch eine großzügige Interpretation gab es seiner Regierung weitgehende Vollmachten.[174] Engelbert Dollfuß ging seinen Weg, der Österreich in einen Ständestaat nach dem Vorbild des faschistischen Italiens wandelte. Der Bundeskanzler verbot alle Parteien, einschließlich die der Nationalsozialisten. Übrig blieb die von ihm 1933 gegründete Einheitspartei „Vaterländische Front" als „überparteiliche politische Organisation zur Zusammenfassung aller regierungstreuen Kräfte Österreichs"[175]. Ihr Ziel war die Errichtung eines „sozialen, christlichen, deutschen Staates Österreich auf ständischer Grundlage und starker autoritärer Führung, gegen Marxismus, kapitalistische Wirtschaftsordnung, Nationalsozialismus und Parteienherrschaft".[176]

Elise schrieb: „Der Unterschied zwischen der Diktatur Dollfuß' und der anderen war nur der, dass Dollfuß von vorneherein erklärte, eine neue ständische Verfassung vorzubereiten. Die Vertreter der Stände wurden allerdings zunächst auch nicht von den Ständen gewählt, sondern von ihm und seinen Getreuen ernannt. In Wahrheit war es also eine Diktatur, unter der wir mehrere Jahre standen, aber es ging uns tatsächlich nicht schlecht dabei. Die Arbeitslosigkeit nahm freilich in erschreckender Weise zu, und alle national gesinnten Professoren verweigerten, als ungesetzmäßig, den neuen Eid, zu dem sie verhalten waren."[177]

Die Idee des Dollfuß'schen Abwehrkampfes gegen das benachbarte „Dritte Reich" durch die praktizierte Anlehnung an das Italien Mussolinis erhöhten im Februar 1934 den Druck auf seine Regierung, Österreich völlig in Mussolinis Sinne faschistisch, antiparlamentarisch und antimarxistisch umzugestalten. Stefan Zweig, unser zweiter Augenzeuge, schrieb über das von „Fieber und Kämpfen geschüttelte Österreich": „Österreich sollte den faschistischen Tendenzen angepasst, das Parlament und damit die Demokratie erledigt werden. Das war nun nicht möglich ohne die Beseitigung oder Entrechtung der sozialdemokratischen Partei, der stärksten und bestorganisierten Österreichs. Sie zu brechen gab es keinen anderen Weg als den brutaler Gewalt."[178] Dieser Weg des Austrofaschismus führte jedoch zum Bürgerkrieg. Arbeiterschaft und Sozialdemokratie erhoben sich gegen die Regierung. Auslöser war der gewaltsame Widerstand des oberösterreichischen Schutzbundführers Bernaschek in Linz gegen die Räumung eines Waffenlagers im Linzer

Arbeiterheim.[179] Der paramilitärische „Republikanische Schutzbund" der Sozialdemokratischen Arbeiterpartei bildete das Gegengewicht zu der in der Zwischenkriegszeit entstandenen „Heimwehr" und des Bundesheeres der Regierung Dollfuß. Sie propagierte die Ausrüstung der Arbeiterheime als Festungen. Der in Wien alarmierte Schutzbundführer und der Parteivorstand der SDAP proklamierten daraufhin den Generalstreik.[180] In Wien entbrannte ein Kampf, der drei Tage andauerte. Die Innenstadt wurde abgeriegelt. Die einzelnen Schutzbundabteilungen verschanzten sich in Wohngebieten. Dies alles war aussichtslos, da das Bundesheer rücksichtslos gegen die Aufständischen vorging. In der Stadt Wien setzte das Bundesheer sogar Artillerie gegen die Schutzbundangehörigen ein.[181] Die „Festungen" waren von vorneherein unterlegen. Stefan Zweig nannte den Kampf den „Selbstmord der österreichischen Unabhängigkeit".[182]

Der Augenzeugenbericht von Elise Richter setzt einen Kontrapunkt in die oben beschriebene allgemeine Historiographie des Österreichischen Bürgerkrieges. Sie erinnerte sich: „Die Stimmung gärte. Da kam der sozialdemokratische Putsch 1934, im Februar. Es stellte sich für uns wieder einmal gänzlich Ahnungslose heraus, dass die Gemeindehäuser Festungen, die Kindergärten und das Arbeiterheim Waffenmagazine waren. Jetzt erst gingen uns die Augen auf über die nach einem strategischen Plan angelegten Gemeindebauten, die nicht nur Stimmburgen bei Wahlen, sondern nunmehr Verteidigungspunkte darstellten, die alle Zugänge zu Wien besetzten. Es war daher eine große Verlogenheit der Sozialdemokraten, über die unerhörte Roheit der ‚Schwarzen' Weh zu schreien, die auf Weiber und Kinder geschossen hätten. In Wahrheit wurden die Bauten so wenig zerstört, dass man ein paar Monate später nichts mehr von den ‚Verwüstungen' sehen konnte, wofern sie nicht absichtlich, zur Aufreizung der Gemüter, stehen gelassen wurden. Nun gab es also das noch nie Erlebte: Bürgerkrieg."[183] Elise Richters Darstellung der Ereignisse ist harsch. Man spürt förmlich die Empörung der Neunundsechzigjährigen, die selbst Angst haben musste, weil eine „Rotte Gesindel"[184] auch ins vornehme Cottage-Viertel vorgedrungen war. Die im Parterre wohnenden Schwestern verdunkelten das Haus und rückten ihre Stühle an die Wand, um vor Steinwürfen geschützt zu sein.[185] Ihr Haus blieb verschont. Typisch für beide ist wiederum, dass die größte Sorge ihren in Arbeit befindlichen Manuskripten galt, die sie vorsorglich in die Wohnung von Hans Horst Meyer im ersten Stock gebracht hatten. „Von da ab nahm ich allabendlich die Mappen der im Entstehen begriffenen Chronologischen Phonetik mit ins Schlafzimmer, bereit, nötigenfalls sie über die Loggia in den Garten zu schaffen, um sie vor Feuer und Zerstörung zu hüten."[186]

Die illegalen Nationalsozialisten hatten sich während der Kämpfe zurückgehalten. Ab Mai 1934 verstärkten sie jedoch ihre Propaganda- und Störaktionen. Auch profitierten sie nach der Niederschlagung der sozialdemokratischen Anhängerschaft von einem vermehrten Zulauf. Die schon im Vorjahr erprobten Aktionen wie das Zünden von Papierböllern, Hissen von Hakenkreuzflaggen, Störungen vaterländischer Veranstaltungen durch Stinkbomben[187] und vieles mehr, musste auch Elise in der Universität hautnah erleben. „Die nationalen Studenten forderten das große Wort, und viele Professoren waren durchaus gewillt, es ihnen zu lassen. Nun wurden die unbeliebten Verbindungen ungehindert drangsaliert, ihre Schaukästen eingeschlagen – einmal während meiner Vorlesung gerade einer neben meinem Hörsaal, mit erstaunlichem Getöse. Es erforderte besonders lautes und eindringliches Sprechen, die Hörer zusammenzuhalten – es kamen die Stinkbomben, die Papierböller in die Universität. Ich selbst sah einmal vom Bibliotheksfenster aus einen aufblitzen und den Jüngling, der sich selbst die Hand verbrannt hatte, weggetragen werden. Gefährlichere, wenn auch kleinere Bomben explodierten vor Gerngroß [großes Wiener Kaufhaus der jüdischen Familie Gerngross in der Mariahilfer Straße, Anm. d. Verf.] und den öffentlichen Telefonhäuschen. Leidtragende waren natürlich die ahnungslosen Vorübergehenden. Die große Zahl der Bombenwerfer waren gemietete Leute. Der kleine Verdienst lockte. Es bestand für die einzelnen Leistungen – Werfen der Bombe, Deckung des Werfers, entsprechendes Geschrei verführen [sic] usw. – ein Preistarif, der von Deutschland aus beglichen wurde."[188]

Aus diesem Satz lässt sich ersehen, wie alltagspräsent der Druck des Hitlerreiches schon war. Wieder scheint es, dass Elise Richter die Bedrohung der Annexion realer wahrnimmt als Stefan Zweig, der behauptete: „[…] dass wir alle 1933 und noch 1934 in Deutschland und Österreich jedes Mal nicht ein Hunderstel, nicht ein Tausendstel dessen für möglich gehalten haben, was dann immer weniger Wochen später hereinbrechen sollte."[189]

Längst war bekannt, dass Deutschlands Reichskanzler seine Heimat ins Reich „heimzuführen" gewillt war, auch wenn er 1934 einen unmittelbaren Angriffsplan bestritt.[190] Obwohl Österreichs Unabhängigkeit in den so genannten „Römerprotokollen" von Frankreich, England und Italien bekräftigt worden war, versuchten die Nationalsozialisten durch einen Putsch am 25. Juli 1934, den Anschluss an das Reich herbeizuzwingen.[191] Der Putsch misslang. Beim Versuch, die Bundesregierung gefangen zu nehmen, trafen die Putschisten nur den Minister Fey, den Staatssekretär Karwinsky und den Bundeskanzler Dollfuß an. Engelbert Dollfuß wurde von einer Schar Nazis, die getarnt durch österreichische Heeresuniformen in das Kanzleramt eingedrungen waren, niedergeschossen. Er verblutete, da die Eindringlinge ihm jede Hilfe verweigerten.[192]

Hitler und Mussolini, die sich wenige Wochen zuvor zum ersten Mal in der Nähe von Venedig getroffen hatten, reagierten beide ablehnend auf diesen Putschversuch. Mussolini, Österreichs wichtigste Stütze, ließ Truppen an der Grenze zusammenziehen und auch Hitler beeilte sich, die deutsch-österreichische Grenze zu schließen, um zu verhindern, dass die „Österreichische Legion" einmarschierte, um den Putsch zu unterstützen.[193] Man war sich jedoch einig in der Sache, dass die Österreich-Frage zwischen den zukünftigen Verbündeten nicht zum Konflikt führen sollte. Das Problem würde sich anders „evolutionär"[194] lösen lassen. Hitler berief den ehemaligen Reichs- und Vizekanzler Franz von Papen zum neuen Gesandten in Wien, der sich anschickte, ein freundschaftliches Verhältnis zwischen Österreich und Deutschland aufzubauen.[195] Der Schatten Hitlers über Österreich wurde immer länger.

***

Die Angst um die Unabhängigkeit spiegelt sich auch in Elises Erinnerung an diese Tage: „Da die Regierung Dollfuß gegen zwei Fronten kämpfte, Nazi – wie man sie schon damals kurzweg nannte – und Sozi, war der Aufregungen kein Ende. Sie erreichten ihren Höhepunkt mit Dollfuß' Ermordung am 25. Juli 1934. Ich hatte persönlich kein Empfinden seiner staatsmännischen Größe, die so viel gerühmt wurde. Aber er war ‚Österreich', und mit Begeisterung traten wir der ‚Vaterländischen Front' bei, die der einfache Ausdruck des Zugehörigkeitsgefühls zur bürgerlichen österreichischen Regierung war."[196]

Auf Dollfuß folgte der erst 36jährige Kurt Schuschnigg im Amt des Bundeskanzlers. Er war den alten Damen weit aus genehmer als sein Vorgänger: „Viel näher kam unserem Empfinden Schuschnigg, der Gebildete, Musikalische, der, ins Hören verloren, im Philharmonischen Konzert saß, dessen Reden auf einem viel höheren Niveau standen als die Dollfuß', allerdings auch viel weniger volkstümlich und für die Menge weniger wirksam. Wir wohnten bei unserem letzten Aufenthalt in Tirol von Vulpmes aus einer kleinen Feier des Örtchens Steinach am Brenner bei. Wir standen nicht weit gegenüber der Tribüne, von der aus er seine Ansprache hielt. Sie verhallte gänzlich wirkungslos, und das sehr begreiflicherweise, mehr und mehr wuchs die großdeutsche Bewegung."

In ihrer biographischen Aufzeichnung brauchte Elise Richter nur noch wenige Sätze, um von der Ermordung Dollfuß' zur Hitlers Herrschaft zu gelangen. Ihre Resignation und Bitterkeit sind deutlich spürbar.

In privaten Angelegenheiten zeigte sie sich jedoch keineswegs resigniert. Streitbar, wie in ihren besten politischen Jahren, zog Elise mit 71 Jahren in einer „Hausgehilfinnenabgabe" „vor das Bundesgericht. Helene und Elise hatten im nun vorgerückten Alter, neben ihrem langjährigen Hausmädchen Heinisser, eine Art Pflegeschwester eingestellt. Der Magistrat der Stadt Wien sah darin die Einstellung eines weiteren Dienstmädchens, und forderte von den Schwestern entsprechend die doppelte Abgabe für Hauspersonal. Der Fall war so spektakulär, das die Wiener „Neue Freie Presse" im März 1936 in einem längeren Artikel, in der Rubrik: „Aus dem Gerichtssaale" darüber berichtete:

„Österreichs erste Universitätsprofessorin vor dem Bundesgerichtshof"

Mit einer für alle Hausfrauen interessanten Beschwerde hat sich außerordentlicher Universitätsprofessor Dr. Elise Richter an den Bundesgerichtshof gewendet. Die für gestern anberaumte Verhandlung befasste sich mit folgendem Tatbestand:

Dr. Elise Richter, eine heute 70jährige Dame, die erste Frau, die an der Wiener Universität zum Doktor der Philosophie promoviert wurde und als Gelehrte einen Weltruf besitzt, beschäftigt neben einem Mädchen für Alles auch eine sogenannte ‚Heimschwester', die etwa vier Stunden im Tag zur Betreuung der alten Dame tätig ist. Frau Professor Dr. Richter, die mit ihrer Schwester, Frau Dr. Helene Richter, die als bedeutende Shakespeare-Forscherin das Ehrendokorat der Universität in Oxford und Heidelberg besitzt, im gemeinsamen Haushalt lebt, wurde nun für diese Heimschwester vom Wiener Magistrat die Abgabe für eine zweite Hausgehilfin vorgeschrieben. Obwohl ihr Anwalt Dr. Reginald Parker in der Berufung geltend machte, dass für eine Krankenschwester keine Hausgehilfinnenabgabe vorgesehen ist, und dass die nachträgliche Vorschreibung mit Rücksicht auf die indessen als unsozial aufgehobene Abgabe ungerechtfertigt ist, hat die Berufungsinstanz die Bemessung bestätigt.

Dr. Parker hat nun den Bundesgerichtshof angerufen, und macht in der Beschwerde vor allem Verjährung geltend. Frau Professor Dr. Richter habe außer 120 S. [Schilling, Anm. d. Verf.] im Monat für einen Lehrauftrag an der Universität kein festes Einkommen. Ebenso wenig Frau Dr. Helene Richter, die 1931 Bürgerin der Stadt Wien wurde. Wenn auch die Heimschwester nicht als gelernte Krankenschwester anzusehen sei, so leiste sie doch Pflegedienste. In den Bestimmungen über die Hausgehilfinnenabgabe sei aber nirgends davon die Rede, dass eine zur Pflege von Kranken bestimmte Person geprüfte Krankenschwester sein müsse. Der Bundesgerichtshof hat die Beschwerde als unbegründet abgewiesen und ausgesprochen, dass der Magistrat auch nach der Aufhebung des Gesetzes mit der Vorschreibung der Hausgehilfenabgabe vorgehen kann, wenn ihm ein in der Zeit der Gültigkeit dieses Gesetzes gesetzter Tatbestand zur Kenntnis kommt, der damals die Einhebung der Abgabe gerechtfertigt hatte. Die Tätigkeit der Heimschwester habe im Übrigen nach den einwandfreien Ergebnissen der Erhebungen im Wesentlichen in Leistungen bestanden, die gewöhnlich eine Hausgehilfin ausführe. Dabei kann zugegeben werden, dass die Schwester ursprünglich als Krankenpflegerin aufgenommen wurde. Auf die von dem Anwalt vorgebrachten Billigkeitsgründe konnte der Bundesgerichtshof vermöge der für ihn geltenden Bestimmungen nicht eingehen."[197]

Leider hat Elise Richter selbst diesen Vorfall in ihren Erinnerungen nicht mehr erwähnt. Vielleicht weil sie den Prozess verlor. Der Fall liefert jedenfalls ein weiteres Zeugnis für das ausgeprägte Rechtsbewusstsein und die anscheinend immer noch uneingeschränkte Aktivität der 71jährigen.

***

Auch Kanzler Schuschnigg konnte letztlich den Lauf der Dinge nicht aufhalten. Zunächst kam es 1936 noch zur Unterzeichnung eines deutsch-österreichischen Abkommens, in dem sich die Vertragspartner verpflichteten, sich nicht in innere Angelegenheiten einzumischen. Als Gegenleistung würde die österreichische Regierung die Propaganda gegen den Nationalsozialismus einstellen, die inhaftierten Nationalsozialisten frei lassen und in der Außenpolitik als „deutscher Staat" agieren.[198] Wieder sah es so aus, als sei die Selbständigkeit des Staates garantiert. Aber der Weg, den Schuschnigg mit diesem Juliabkommen betrat, führte in weniger als zwei Jahren zum Untergang der österreichischen Eigenständigkeit.

3. 1938–1943

Wien

Im Februar 1938 kam es zu einem Treffen Hitlers mit Schuschnigg auf dem Obersalzberg. Hitler drohte dem Bundeskanzler nahezu unverhohlen und verlangte die Gleichstellung des Nationalsozialismus mit der Vaterländischen Front sowie die Amnestie für alle noch in Haft befindlichen Nationalsozialisten. Letzteres hatte Schuschnigg zwar zwei Jahre zuvor vereinbart, jedoch nicht konsequent erfüllt. Außerdem forderte Hitler, dass Schuschnigg das Innen- und Sicherheitsministerium an den Nationalsozialisten Arthur Seyß-Inquart übergebe.[199] Dieses „Berchtesgadener Abkommen" vom 12. Februar 1938 war der Anfang vom Ende. Die Nationalsozialisten konnten sich jetzt frei entfalten. Die Annexion rückte in immer greifbarere Nähe. Elise erinnerte sich: „Gleich nach dem Umsturz [Abdankung des Kaisers im Jahr 1918, Anm. d. Verf.] waren wir begeistert für ihn eingetreten. Aber das war ein Anschluss Gleichberechtigter an seinesgleichen, Österreich als selbständiges Gebilde, Wien als Hauptstadt, die österreichische Gemütsart und Kultur unversehrt. Nun kam Hitler zur Herrschaft, und wir bekreuzigten uns vor dem Anschlussgedanken."[200]

Zuletzt versuchte Schuschnigg durch eine Volksbefragung Österreichs Unabhängigkeit aufrecht zu erhalten, musste aber unter dem Druck Hitlers aufgeben. Er trat am 11. März 1938 zurück.[201] Sein Nachfolger wurde Arthur Seyß-Inquart, der unverzüglich den Bundespräsidenten Wilhelm Miklas zum Rücktritt drängte, wodurch auch die Vollmacht des Staatsoberhauptes auf den Bundeskanzler überging.[202]

Deutsche Truppen hatten in den Morgenstunden des 12. März bereits die Grenze passiert. Das „Unternehmen Otto" begann.[203] Nur einen Tage später erfolgte der offizielle Anschluss Österreichs an das Deutsche Reich, manifestiert im Bundesverfassungsgesetz vom 13. März 1938.[204] Der Bundeskanzler Arthur Seyß-Inquart fungierte nun als Reichsstatthalter.[205] Neues Staatsoberhaupt war Adolf Hitler.

Am 12. März um fünf Uhr morgens trafen der Reichsführer SS Heinrich Himmler und sein Gestapo-Gefolge in Wien ein, um ihr mörderisches Handwerk zu organisieren.[206]
Als Hitler drei Tage später auf dem Balkon der Hofburg stand und „vor der Geschichte die Rückkehr seiner Heimat in das Deutsche Reich meldete"[207], sah er auf begeisterte Menschenmassen hinunter. Elise und Helene Richter waren entsetzt: „Am meisten von all den erschütternden Ereignissen ergriff uns die Haltung der Wiener. Mit Jubel begrüßt, zeigt es sich, dass Hitler gute Vorarbeit geleistet hatte. Zwar entsetzten sich die den Einzug sahen, über die Gefolgschaft von Pülchern, von Verbrecherphysiognomien, Tatsache war, dass keine Gegenstimme laut wurde, kein Schuss fiel. Die einen waren überzeugt vom kommenden Heile, die anderen gingen gedankenlos mit, sehr viele aus Angst und viele, weil ja keine Wahl blieb. Zuerst wurde der Anschluss verkündet, dann der Abstimmungstag darüber angesetzt."[208]

Mit dem Anschluss waren den Nazis weitere 190.000 Juden in die Hände gefallen.[209] Nach der Definition der „Nürnberger Gesetze"[210] von 1935 waren es tausende Juden mehr. Man schätzte die Gesamtzahl auf 206.000.[211]

***

Elise Richter äußert sich in ihrer „Summe des Lebens" nur in einem Satz zu ihrer jüdischen Abstammung, die auf ihre Großeltern zurückzuführen war.[212] Die Richters entstammten einer Familie von assimilierten Juden. Helene und Elise wurden von Kindheit an religiös, aber überkonfessionell erzogen. 1929 hatte Elise in ihrem Beitrag zum Buch „Führende Frauen Europas" geschrieben: „Alle Religionen seien gleich; es gäbe verschiedene Wege zu Gott; daher das Gebot größter Achtung vor allem was Mitmenschen heilig. Wir lernten das alte und das neue Testament, Katechismus nach Luther, sehr viele Psalmen, Bibelsprüche und Kirchenlieder."[213] Im Jahr 1940 resümiert sie: „Wir wurden grundsätzlich dazu erzogen – nach damaliger Anschauung geistig hochstehende Menschen -, dass alle Konfessionen gleichwertig seien und jeder anständige Mensch die Verpflichtung habe, das, was anderen heilig ist, nicht zu verspotten oder zu verachten, sondern rücksichtsvoll hochzuhalten. So besuchten wir alle Arten von Gottesdiensten, ausgenommen den jüdischen, vor allem aber den evangelischen in der Dorotheergasse […]".[214] Helene Richter verfasste sogar ein Werk „Wege zum Christentum".[215]

Gemäß ihrer perfiden „Rassentheorie" unterschieden die Nationalsozialisten zwischen „Glaubensjuden" und „Rassejuden" oder in anderem Nazi-Jargon „Istjuden". Durch Rückgriff auf die Religion der Großeltern wurden die „Rassejuden" bestimmt.[216] Die im christlichen Glauben erzogenen Schwestern wurden somit zu Juden im Sinne der „Nürnberger Rassegesetze"[217]. Innerhalb dieser Gliederung bestimmte die „Erste Verordnung zum Reichsbürgergesetz"[218], wer Voll-, Halb- oder Vierteljude war. Demnach galten Personen mit mindestens drei jüdischen Großeltern als „Volljude". Das traf folglich auch auf Helene und Elise Richter zu.

Auch wenn Elise es in ihren Erinnerungen nicht ausdrücklich erwähnt, so war sie während ihrer Universitätskarriere möglicherweise bereits antisemitischen Aktionen ausgesetzt. Auf jeden Fall ist sie Zeugin von Ausschreitungen gewesen. Bereits ihre erste Vorlesung wurde sicherlich nicht nur aus dem Grund kurzfristig in einen anderen Hörsaal verlegt, weil es eine Frau war, die hier antrat, sondern weil es überdies eine Frau jüdischer Abstammung war. Elise berichtete selbst, dass die „[…] weibliche Antrittsvorlesung eine Gegendemonstration der klerikalen und nationalen Studenten auslöse."[219] Die bereits erwähnten Studentenunruhen in der Universität sind ein weiteres Zeugnis dafür. Auch die verweigerte ordentliche Professur führt Leo Spitzer auf antisemitische Gründe zurück.[220]

***

Der Antisemitismus war in Wien zu Hause. Gerade Elise Richters Lebensspanne umfasst die Zeiten des sich stetig steigernden Judenhasses bis hin zur totalen Vernichtung im Nationalsozialismus. Dabei schien es zunächst, als wäre, zwei Jahre nach ihrer Geburt, die jahrhundertealte Feindschaft und Ungleichheit besiegt worden, denn 1867 sicherte das „Staatsgrundgesetz"[221] den Juden die volle Gleichberechtigung zu. Dieses liberale Gesetz ermöglichte den jüdischen Untertanen des Kaisers unter anderem ihren Wohnort frei zu wählen und selbst in der Hauptstadt Grundbesitz zu erwerben. Es manifestierte die Freiheit der Berufswahl, was bedeutete, dass nun auch Juden Staatsbeamte werden konnten und es ihnen frei stand, die Universitäten zu besuchen. Auf diese sogenannte „Dezemberverfassung" folgte eine Einwanderungswelle nach Wien. Innerhalb von zehn Jahren, 1869 bis 1879, verdoppelte sich die Zahl der Wiener Juden.[222] 1880 zählten die Juden mehr als 72.000, was ca. 10 Prozent der damaligen Bevölkerung Wiens ausmachte.[223] 1890 hatte Wien bereits 118.500 Juden. Hinzugerechnet wurden nun auch die Einwohner, der eingemeindeten Wiener Vororte. Der prozentuale Gesamtbevölkerungsanteil sank in Folge der Eingemeindung auf 8,7 Prozent.[224]

In den achtziger Jahren des 19. Jahrhunderts musste Elise miterleben, dass der Antisemitismus in Österreich einen erheblichen Auftrieb erhielt. Ob dieses erneute Aufwallen der Judenfeindschaft mit der damals herrschenden Weltwirtschaftskrise begründet werden kann, ist umstritten.[225] Eine erste große Welle von jüdischen Flüchtlingen, die vor den Pogromen in Russland bis in die großen Städte flohen, war in den 1880er Jahren erfolgt.[226]. Folglich hatte der Aufschwung des Antisemitismus wahrscheinlich eher mit demographischen Veränderungen zu tun und mit der Tatsache, „dass Juden auf verschiedenen Gebieten in einflussreiche Positionen gelangten. Hinzu kam auch das Auftreten des charismatischen Führers der Christlichsozialen Partei in Gestalt von Karl Lueger."[227] Im Wahlkampf um das Bürgermeisteramt 1895 wetterte Lueger: „Heute ist der denkwürdige Tag der Befreiung Wiens von den Türken und hoffen wir, dass wir [...] eine größere Not von uns abwälzen als die Türkennot, nämlich die Judennot."[228] Der Rede folgten tosender Beifall und anhaltende Hochrufe.[229] Nach der Jahrhundertwende ließ der Einfluss antisemitischer Parteien wieder nach.[230] Ähnlich agierte der ehemalige „Führer" der Alldeutschen – offiziell „Deutschnationale Bewegung" -, Georg Schönerer. Sein radikaler Antisemitismus stieß beim jungen Adolf Hitler auf große Bewunderung: „Als ich nach Wien kam [1907, Anm. d. Verf.], standen meine Sympathien voll und ganz auf der Seite der alldeutschen Richtung."[231] Auch Lueger zählte zu seinen politischen Vorbildern. Trotz des offiziellen Antisemitismus unter Bürgermeister Karl Lueger strömten die Juden aus Osteuropa weiterhin nach Wien. Standen sie doch unter dem Schutz des Kaisers, von dem angesichts der wachsenden Judenfeindschaft bereits zwanzig Jahre zuvor der Ausspruch überliefert ist: „Ja ja man tut natürlich alles um die Juden zu schützen, aber wer ist eigentlich kein Antisemit?"[232]

1889/90, sieben Jahre bevor Elise Richter an der Universität Wien immatrikuliert wurde, betrug der Anteil der jüdischen Studenten an der juristischen Fakultät 22 Prozent, an der medizinischen Fakultät 48 Prozent und an der Philosophischen Fakultät 15 Prozent.[233]

1913 waren mehr als 40 Prozent der Medizinstudenten Juden. An der juristischen Fakultät betrug der Anteil der jüdischen Studenten mehr als ein Viertel.[234] Ein Indiz für die nach wie vor beliebten freien Berufe des Arztes und des Rechtsanwalts. In dem 1933 publizierten Buch über die Juden Wiens von Hans Tietze, zählt der Autor renommierte Professoren der Wiener Universität auf, „[…] die zu den glänzendsten Zierden dieser hochberühmten Wiener Schule gehören […]". Erwähnt sind auch Freunde der Familie Richter, wie Adam Politzer und Adolf Mussafia.[235]

Bis 1910 erhöhte sich die Zahl der jüdischen Bevölkerung auf 175.300, es blieb jedoch durch das allgemeine Wachstum der Wiener Bevölkerung bei 8,6 Prozent der Einwohner.[236]

Im Ersten Weltkrieg flohen hunderttausende Juden aus den frontnahen Gebieten vor den vorrückenden russischen Truppen. Wieder kamen Zehntausende, vorwiegend aus dem österreichischen Galizien, nach Österreich und in die Hauptstadt. Die vorhandenen Spannungen verschärfen sich erneut.[237] 1923 stieg der Anteil der jüdischen Einwohner Wiens auf 201.500.[238] Die längst assimilierten ehemaligen Westjuden distanzierten sich von den einwandernden Ostjuden. Viele von ihnen sahen sich angepasst, hatten dem mosaischen Glauben längst abgeschworen und sich taufen lassen. Sie wollten nicht mit den „Kaftanjuden"[239] auf eine Stufe gestellt werden, die ihrerseits die Assimilierten verachteten und sich als die wahren Juden betrachteten, nach deren Tradition ein Austritt aus der Religionsgemeinschaft des Judentums nicht möglich ist.[240] Auch die Sprache stellte einen wesentlichen Gegensatz dar. Das Jiddische, „jene Sprache, die in ‚guten Häusern' als primitiver Mischmasch aus altertümlichen Deutsch und Polnisch abgelehnt wurde und mit der kein sozialer Aufstieg in Wien möglich war", war verpönt.[241] Zu diesen „guten Häusern" mag auch das Haus Richter gehört haben.

1923 ereignet sich eine Episode, die Elise „eine schwere Nervenerregung"[242] brachte. Am 1. und 8. März wurde im wissenschaftlichen Teil der „Neuen Freien Presse" der Aufsatz über „Rasse, Volk, Sprache" von Elise Richter veröffentlicht. Anlass für ihre Krise war eine falsche Behauptung, die sie in diesem Artikel aufgestellt hatte. Elise beschreibt den Vorfall ausführlich im Kapitel „Studien und andere Kämpfe" ihrer „Summe des Lebens": „Veranlassung war die Volkszählung, die zum ersten Male, damals zu vielfachem Anstoß, die Angabe der „Rasse" vorschrieb. Ich definierte: Was ein ‚Volk' ausmacht, ist die von gemeinsamer Sprache getragene gemeinsame Überlieferung gleicher Kultur und gleicher Schicksale in der Vergangenheit, und die Verfolgung gleicher politischer und wirtschaftlicher Ziele für die Zukunft. Was ‚Rasse' im wissenschaftlichen Sinne sei, wurde beleuchtet, ferner, dass Volk und Rasse nicht zusammenfallen. Dabei unterlief mir eine Schleuderhaftigkeit des Ausdrucks: die Nordostdeutschen seien Nachkommen der alten Preußen, die neben Germanen und Slawen (…) einst den Boden besiedelten, die Norddeutschen Nachkommen von Wenden, die Mittel- und Süddeutschen von Kelten und Romanen usw. Daraus wurde mir der Strick gedreht. Ein getaufter Jude, bei dem das Taufwasser offenbar gespart worden war, Prof. Stransky, Nervenarzt und selbst bis ins Pathologische erregbar, spukte eine Zeitlang im Vorstand der Bürgerlich-demokratischen Arbeitspartei, wo er mit seinen leidenschaftlichen, endlosen, von Deutschtum und Freiheit triefenden Reden lästige Störungen des Betriebes hervorrief [...] Als Prof. Hochenegg für den Parteivorstand und zur Kandidatur für die nächsten Wahlen gewonnen werden sollte, machte er den Austritt Stranskys zur Bedingung. [...] Ein Wohlmeinender hätte eine Postkarte geschrieben: Die Norddeutschen sind nicht Nachkommen der Wenden. Berichtigen Sie diesen Satz als groben Druckfehler vor Beginn des zweiten Artikels. Die Böswilligen schrieben in unanständiger Form eine Anrempelung in die Presse, in der der Satz: ‚ich lege die Hand an die deutsche Eiche' u. ä. die Hand Stranskys verriet."[243] Wie prekär die Situation tatsächlich für Elise Richter war, zeigt die Reaktion ihrer Kollegen. Selbstredend will sie die Gemeinheit Stranskys nicht auf sich sitzen lassen. Elise, gewohnt für ihr Recht einzustehen, wendet sich an ihren Kollegen und Parteifreund Richard Wettstein. „Ich legte meine Antwort Wettstein zur Begutachtung vor. Er suchte mich zu beruhigen. Aber die Sache zog weitere Wellen. Luick[244], den ich stets für einen der korrektesten Männer hielt und öfters zurate zog, fühlte sich gedrängt, eine höchst unerquickliche Korrespondenz zu eröffnen, die damit endete, dass er zugestand, die ganze Frage der Volkszählung habe von Seite verschiedener Professoren schon so viel Fragwürdiges zutage gefördert, dass es nicht erwünscht sein konnte, wenn noch ein Mitglied des Lehrkörpers sich öffentlich gegen Kollegen ausspreche. Es war davon die Rede, dass man die Studenten nicht hindern könnte, wenn sie sich gegen mich wendeten. Mit anderen Worten, es bedurfte nur eines Winkes, so zogen sie los. Ich erwartete es von Vorlesung zu Vorlesung."[245]

Bezeichnend ist auch eine andere Geschichte aus Elises Erinnerungen. In ihr kommt der einzige Satz vor, in dem sie den Antisemitismus in einem persönlichen Zusammenhang erwähnt. Sie berichtet darin vom befreundeten Anglisten Leon Kellner, der als Professor eine Stelle in der Provinz, in Czernowitz, der damaligen Hauptstadt des Kronlandes Bukowina, antrat. „Unglücklicherweise ließ sich Kellner von der jüdischen Partei zum Landtagsabgeordneten wählen, was nicht nur seine Zeit ungebührlich in Anspruch nahm, sondern auch für seine spätere Laufbahn verhängnisvoll wurde."[246] Sie behielt recht, denn nach dem Zusammenbruch des Vielvölkerstaats, „[...] als die ehemals österreichischen Professoren vom Staate übernommen wurden, verweigerte ihm die Wiener Universität die Venia, und er musste ein Lektorat an der Technik [gemeint ist die Technische Universität in Wien, Anm. d. Verf.] versehen."[247] In den zwanziger Jahren, speiste sie mit Kellner im oberen Saal eines Lokals, als ein Kollege, der sich mit weiteren Neuphilologen in einem anderen Raum des Lokals treffen sollte, sie dort zusammen sah. Elise beschreibt die etwas merkwürdige Szene: „Natürlich wurden wir von einem Nachzügler gesehen, lebhaft aufgefordert, doch hinunter zu kommen, und es war recht schief, das Kellner sich aus antisemitischen Gründen von den andern [sic] absonderte, wozu ich aber gar keine Veranlassung hatte."[248]

Leon Kellner[249] war einst der engste Mitarbeiter von Theodor Herzl gewesen. Im Jahr 1920 verfasste er das biographische Werk: „Theodor Herzls Lehrjahre"[250]. Wovor scheute der einstige Vorkämpfer des Zionismus hier zurück? Hatte sich, insbesondere im Kreise der Fachkollegen, der Antisemitismus verschärft?

Elise Richter nahm keinerlei Stellung zu den jüdischen Fragen ihrer Zeit. Beispielsweise verlor sie kein Wort über den ab 1880 aufkommenden Zionismus. Ebenso wenig erwähnte sie die Zustände, die durch die Einwanderung der galizischen und russischen Juden nach Wien herrschten. Auch die Hysterie, ausgelöst durch die Mär von der Weltherrschaft der Juden durch die „Protokolle der Weisen von Zion"[251], oder die Spekulationen über die jüdische Hochfinanz, alles Themen, die oftmals die Schlagzeilen der Zeitungen und allgemeiner Gegenstand der öffentlichen Diskussion waren, ebenso wie die bösartigen Karikaturen und Pamphlete, erwähnte sie nicht. Als ob es diese Dinge nicht gegeben hätte, räumte die ehemalige Politikerin Elise Richter diesen politischen Themen der Vergangenheit keinen Platz in ihren Erinnerungen ein. Selbstredend war es 1940 gefährlich solche Dinge zu schreiben, aber das galt für etliche andere Passagen ihres Manuskripts genauso.

***

1907 war Adolf Hitler zum ersten Mal aus der Provinz nach Wien gekommen. Zwei Jahre später zog er ganz in die Metropole, wo er bis 1913, nahe der Armutsgrenze, lebte. Die Historikerin Brigitte Hamann geht in ihrem Buch: „Hitlers Wien" der Frage nach, ob Hitler bereits in seinen Wiener Jahren zum Antisemiten wurde. Hamann stellt fest, dass sich Hitler in dieser Zeit zwar bereits mit dem Antisemitismus beschäftigte, er aber nicht als (aktiver) Antisemit bezeichnet werden kann. Dem widerspricht Walter Laqueur, der in seiner neuen Studie zum Antisemitismus behauptet: „Zum Antisemiten war Hitler in seinen ersten Jahren in Wien geworden, wo der Antisemitismus damals sowohl in der offiziellen Politik als auch in der Ideologie einer Vielzahl von rassistischen Sekten en vogue war. Hitler kannte die Ideen der antisemitischen Sektierer und teilte viele von ihnen; außerdem begriff er, dass der Antisemitismus zwar von großem Nutzen sein konnte, um die Massen zu mobilisieren, die abstrusen traditionellen Theorien aber, die er in Wien kennengelernt hatte, für den politischen Kampf kaum geeignet waren."[252] Zutreffend ist, als er später seinen, wahrscheinlich nach 1918 entstandenen, mörderischen Rassenwahn proklamierte und ab 1935 in die Tat umsetzte, diente ihm das einst in Wien Erlernte für seine Agitation. Unter seiner Führung stieg der Antisemitismus zur Staatsideologie auf.

***

Bereits nach Unterzeichnung des „Berchtesgadener Abkommen", dass die österreichischen Nationalsozialisten legitimierte, kam es zu Gewaltausbrüchen der sich nun bestätigt fühlenden zukünftigen „Herrenrasse". Sie bedrohten, erpressten, plünderten und misshandelten die völlig entsetzten jüdischen Eigentümer.[253] Mit dem vollzogenen Anschluss Österreichs brach die Gewalt gegen Kommunisten, Sozialdemokraten, Gewerkschafter und vor allem gegen die jüdische Bevölkerung los. Als eine der ersten Maßnahmen stellte die Gestapo die Israelitische Kultusgemeinde unter ihre Aufsicht, verhaftete Präsidiumsmitglieder und besetzte das Gebäude der IKG. Eine erste Verhaftungswelle fand statt. Vor den jüdischen Geschäften zogen Posten auf, die die Bevölkerung davon abhalten sollte, „beim Juden" zu kaufen. Besonders die an ihrer Kleidung als Juden erkennbaren Menschen und die in den Synagogen versammelten Gemeinden wurden misshandelt und gedemütigt. Stefan Zweig, der seit 1934 zweitweise bereits in London lebte, und sich 1939 endgültig von seiner Heimat verabschiedete, beschrieb die Gräuel. „Jetzt sank die Maske. [...] Mit nackten Händen mussten Universitätsprofessoren die Strassen reiben, fromme weißbärtige Juden wurden in den Tempel geschleppt und von johlenden Burschen gezwungen Kniebeugen zu machen und im Chor ‚Heil Hitler' zu schreien. Man fing unschuldige Menschen auf der Strasse wie Hasen zusammen und schleppte sie, die Abtritte der SA-Kasernen zu fegen; alles was krankhaft, schmutzige Hassphantasie in vielen Nächten orgiastisch ersonnen, tobte sich am hellen Tage aus. Dass sie in die Wohnungen einbrachen und zitternden Frauen die Ohrgehänge abrissen – dergleichen mochte sich bei Städteplünderungen vor hunderten Jahren in mittelalterlichen Kriegen ebenfalls ereignet haben; neu aber war die schamlose Lust des öffentlichen Quälens, die seelischen Marterungen, die raffinierten Erniedrigungen."[254] Zweig selbst musste um seine vierundachtzigjährige Mutter fürchten, die er in Wien zurückließ.

Viele Quellen belegen, dass der Wiener Mob bei diesen Grausamkeiten Spalier stand, lachte und den Tätern applaudierte. Die außer Kontrolle geratenen Terrormaßnahmen, die jene im „Altreich" an Ausmaß übertrafen, konnten erst Mitte April eingedämmt werden, als Reinhard Heydrich, der Chef der Sicherheitspolizei (Sipo) eingriff und der Gestapo befahl, alle diejenigen Nationalsozialisten zu verhaften, die „in den letzten Tagen in großem Umfang in völlig undisziplinierter Weise sich Übergriffe [gegen Juden] erlaubt"[255] hätten. Doch erst nachdem der Reichskommissar für den Anschluss Österreichs, der spätere Gauleiter des neu geschaffenen Reichsgaus „Wien" in der „Ostmark" Joseph Bürckel der SA mit Degradierungen drohte, falls sie ihre Übergriffe nicht einstellen würde, ließ der Terror nach.[256] Tausende Menschen flohen, viele wurden in den Selbstmord getrieben. In den beiden Terrorwochen waren über 1.000 Juden ermordet worden.[257]

Die Ausschreitungen gegen die jüdische Bevölkerung forcierte deren vom Regime gewünschte Auswanderung. Hermann Göring hatte im „Völkischen Beobachter" versprochen, Wien bis 1942 „judenfrei" zu machen.[258] Allerdings war es nicht im Sinne der politischen Führung, dass Maßnahmen unkontrolliert und unorganisiert vollzogen wurden. Die SS sah ihre Aufgabe darin, die Judenpolitik des Führers umzusetzen. Sie war keineswegs gewillt, die Schlägertrupps der SA weiterhin mit ihren brutalen Aktionen walten zu lassen. Das Ziel war, die Juden unter Verzicht auf ihr Vermögen zur Ausreise zu zwingen. Dieses Vorhaben wurde durch Maßnahmen umgesetzt, die erstens eine bestens organisierte und vollständige Enteignung der jüdischen Bevölkerung ermöglichte; die „jüdische Wirtschaft sollte in aller Ruhe sachgemäß umgeleitet werden"[259] – oder, wie es im damaligen Sprachgebrauch hieß, „arisiert werden", und zweitens sollten Strukturen geschaffen werden, um die vollständige Auswanderung aller Juden aus Österreich durchzuführen. Ende April wurden die Juden angewiesen, jegliches Vermögen, dessen Wert 5.000 Reichsmark überstieg, den Behörden anzuzeigen.[260] Um das erstgenannte Teilziel zu erreichen, wurde am 18. Mai 1938 die „Vermögensverkehrsstelle" eingerichtet.[261] Dieses mit 500 Mitarbeitern ausgestattete Amt arbeitete im den folgenden Monaten äußerst intensiv an der „Arisierung", der Enteignung des jüdischen Besitzes. Betroffen waren nicht nur die Unternehmen und Banken, sondern auch kleine Handwerksbetriebe und Einzelhandelsgeschäfte. Alle jüdischen Angestellten und Arbeiter wurden entlassen, die meisten Freiberufler mussten ihre Arbeit einstellen. Die Maßnahmen konnten umgehend und nahezu reibungslos durchgeführt werden, so dass der Leiter der Vermögensverkehrsstelle Walter Rafelsberger, dem Reichsführer SS Heinrich Himmler bereits 1939 meldete, dass die „gestellte Aufgabe der Entjudung der Wirtschaft in der Ostmark in der Frist von nicht ganz 1 ½ Jahren praktisch gelöst wurde."[262] Desgleichen wurden im ganzen Land jüdische Wohnungen beschlagnahmt. Besonders bei den Wohnungsenteignungen kam es immer noch zu „wilden Arisierungen". Im Zeitraum zwischen September 1938 und Dezember 1939 wurden auf diese Weise allein 5.000 bis 6.000 Wohnungen enteignet.[263] Selbstredend mussten die Juden die Wohnungseinrichtung zurücklassen. Ab 1939 wurden die jüdischen Familien in so genannten Judenhäusern zusammengepfercht. Die in diesen Wohnungen zusammengedrängten Menschen konnten so leichter überwacht und für die später einsetzenden Deportationen besser organisiert werden. Zudem sei „Ariern" das Zusammenleben mit Juden im selben Haus nicht zuzumuten.[264] In Wien waren von rund 70.000 Wohnungen bis zum Ende des Jahres 1938 etwa 44.000 arisiert.[265]

Der nach Wien beorderte SS-Untersturmführer Adolf Eichmann, sollte Görings Versprechen organisatorisch in die Tat umsetzen. Zunächst zum „Berater für Judenfragen" beim Inspektor der Sicherheitspolizei und des Sicherheitsdienst (SD) ernannt, galt er bald als der Spezialist für Organisation, Weltanschauung und Geschichte des Judentums. Seit 1935 sammelte das „Referat für Judenangelegenheiten" beim Sicherheitsdienst alle Informationen, die der „Lösung der Judenfrage" dienlich sein würden.[266] Auch für die Wiener Operationen griff er auf seine Kartei und seine Listen zurück, und ließ Angestellte jüdischer Organisationen verhaften und/oder zwang sie zur Zusammenarbeit. Desgleichen beschlagnahmte er deren Dokumente, beispielsweise Mitgliederlisten und verschaffte sich so einen gezielten Überblick über alle Bereiche der jüdischen Organisationen und des jüdischen Lebens. Es bedurfte zweier Möbelwagen, um dieses gesammelte Material später in die SD-Zentrale nach Berlin zu bringen.[267] Saul Friedländer hat im ersten Band seines Buches: „Das Dritte Reich und die Juden: Die Jahre der Verfolgung 1933–1939" das Kapitel über Österreich „Ein Modell Österreich?" genannt. Explizit berichtet er über das „Modell Wien". Denn es war in Wien, wo Adolf Eichmann sein „Modell" der Vertreibungs- und später der Vernichtungsmaschinerie begründete. Seine hier erarbeiteten und erprobten Maßnahmen setzte er 1939 in Prag, und in den folgenden Jahren, selbst als der Krieg als längst verloren gelten musste, in ganz Europa um.[268] Von Heydrich zunächst zum

Sonderreferenten für die „Durchführung der Räumung im Ostraum" ernannt, war Eichmann ab 1940 „exekutiv" für die Judenfrage verantwortlich. Ab 1942 organisierte das Amt IV Gruppe IV B (Judenangelegenheiten, Räumungsangelegenheiten) – Referat Eichmann – im Reichssicherheitshauptamt in Berlin, die Deportation der Juden Europas.[269] Die akribische Tätigkeit des Protokollführers der Wannsee-Konferenz bezeichnete Hannah Arendt in ihrem Buch „Eichmann in Jerusalem. Ein Bericht von der Banalität des Bösen" als „industriellen Massenmord". Der Verwaltungstechnokrat Adolf Eichmann beurteilte seine Rolle völlig anders, als er 1961 bei seinem Prozess in Jerusalem aussagte:

> „Ich hatte Befehl gehabt zu deportieren. [...] und ich war heilfroh gewesen in den ganzen Jahren, dass ich mit der Vernichtung nichts zu tun gehabt hab'."[270]

Um das zweite Ziel, die Auswanderung aller österreichischen Juden, zu erreichen, wurde im August 1938 die „Zentralstelle für jüdische Auswanderung" gegründet. In der Frage der Auswanderungen zwangen die SS-Organisationen wie Gestapo, Sipo und der Sicherheitsdienst (SD) die Israelische Kultusgemeinde zur Mitarbeit. Der im März 1938 verhaftete IGK-Präsident Dr. Josef Löwenherz wurde aus dem Gefängnis freigelassen. Die Israelitische Kultusgemeinde versuchte verzweifelt die Aufgabe zu bewältigen, für fast alle Ausreisewilligen die nötigen Dokumente zu besorgen. Eine Zentralstelle unter der Ägide der SS würde Strukturen schaffen, um dieser Aufgabe Herr zu werden. Sie wurde auf Löwenherz' Vorschlag hin von Eichmann gegründet.[271] Auf Anweisung Eichmanns musste Josef Löwenherz einen Plan zur Zentralisierung der Auswanderungsprozeduren ausarbeiten.[272] Im April 1938 trat die „Verordnung zur Durchführung der Reichsfluchtsteuer im Land Österreich"[273] in Kraft. Bemessungsgrundlage für die zu leistende Steuerabgabe war „das Gesamtvermögen, das der Steuerpflichtige am 1. Januar 1938 besaß". Für viele der bereits enteigneten Juden, sowie für die vielen Armen war demnach keine Auswanderung (mehr) möglich. Die „Reichsfluchtsteuer" für die Armen musste von den Reichen bezahlt werden. Dazu wurden das zuvor eingefrorene Vermögen der jüdischen Gemeinde, sowie das von vermögenden Privatpersonen der Zentralstelle zur Verfügung gestellt.[274] Hinzu kam, dass die Zentralstelle überdies nur gegen eine zusätzliche Abgabe von fünf Prozent des Vermögens Reisepässe ausstellte. Wolfgang Benz bezeichnet sie als reine „Verdrängungsbehörde"[275], die sich nicht um Visa und Passagen oder andere der Einreise ins Exilland dienliche Details kümmerte. „Ihr einziges Ziel bestand zunächst darin, die Auswanderung mit jüdischem Geld zu finanzieren und durch Zwangsabgaben auch die Emigration armer Juden zu betreiben."[276]

Im August 1938 erreichte die Auswanderungswelle einen ersten Höhepunkt. 9.726 Juden verließen Wien, die meisten von Ihnen wanderten in andere europäische Länder aus.[277] In den ersten sechs Monaten nach dem Anschluss flohen insgesamt 45.000 Juden aus Österreich. Ein Jahr später hatte bereits etwa die Hälfte (rund 100.000 Menschen) aller, nach den „Nürnberger Gesetzen" bestimmten Juden, ihr Heimatland verlassen.[278] Alle, die Österreich nicht verließen, wurden auf Befehl Himmlers in Wien konzentriert.

Im Sommer 1938 wurde im Gau „Oberösterreich", nahe der Kleinstadt Mauthausen, das erste Konzentrationslager „für den österreichischen Raum" von der SS eingerichtet.[279]

**

Mit den „frohgemuten" Worten: „Nächstes Mal mehr davon"[280] beendete Elise Richter am 10. März 1938 ihre Vorlesung. Es sollte die letzte Vorlesung der 73jährigen Dozentin sein. Es scheint, als habe sie ihr Haus am zwei Tage späteren stattfindenden „Anschluss" und auch in den darauffolgenden Terrortagen nicht verlassen. Denn auch in und vor der Universität Wien war es zu massiven Ausschreitungen gekommen. Elise berichtet nichts darüber. Ein Grund dafür mag sein, dass sie sich aufgrund der Semesterferien nicht in der Universität aufhielt und von den Schikanen gegen die jüdischen Professoren und Studenten nichts mitbekam. Freilich wusste sie, wie alle Juden, dass nun nach dem Anschluss und vor allem nach der Volksabstimmung, in der zwei Drittel der österreichischen Bevölkerung ihre Zustimmung zum Anschluss an das Deutsche Reich gegeben hatten[281], dass sie in diesem Land nicht mehr länger erwünscht sein würde. Fast täglich veröffentlichte das Reichsgesetzblatt Gesetze und Verordnungen, die insbesondere die antijüdische Gesetzgebung des Altreichs für Österreich zwingend vorschrieb. Elise Richter wusste, auch ohne dass sie das formelle Inkrafttreten der „Nürnberger Rassegesetze" im Mai 1938 abwarten musste, dass nun auch für sie ein Verbleiben an der Universität nicht mehr länger möglich war. Einige ihrer Kollegen in Deutschland waren bereits 1935 zwangspensioniert worden.[282] Elise reagierte umgehend und rief drei Tage später ihren langjährigen Kollegen und Ordinarius des Romanischen Seminars Karl von Ettmayer an, um seinen Rat einzuholen. Zwei Jahre später schilderte sie die Situation: „Nun folgten die Schläge für uns Tag auf Tag. Am 15. März früh rief ich Ettmayer an, ob ich ihn besuchen könne. Er, höflich wie immer, erbot sich, zu mir zu kommen. Nach wenigen Minuten – er hatte offenbar inzwischen mit seiner Frau gesprochen – rief er wieder an. Er könne nun doch nicht kommen, um was es sich handele. Ich meinte, es wäre das Ehrenvollste, selbst um meine Entlassung einzukommen, ehe man mich wegschickte. Er widerriet dringend. Wenn es wirklich zu einer solchen Maßnahme käme, wäre sie nicht gegen mich persönlich, verletze also meine Ehre nicht. Umgekehrt könnte meine Absage als feindliche Handlung gedeutet werden und schaden. Auch seien Ferien und von vornherein einige Wochen keine Vorlesungen zu halten. Ich solle die Ereignisse an mich herankommen lassen. Dieser Rat befriedigte mich zwar nicht, zeigte sich aber als der beste. Es war das letzte Mal, dass ich mit Ettmayer sprach. Wenige Tage später fand er sich im großen Festsaal der Universität zur Eidesleistung ein. ‚Diesmal wird keiner sich dem Eide entziehen', sagte er ingrimmig erregt zu dem neben ihm stehenden Bühler. Die Aufregung verursachte ihm noch am selben Tag einen schweren Schlagfluss. Nach achtundvierzig Stunden war er tot. Als ich zur Einäscherung kam, bemerkte ich schon, dass die ‚Kollegen' zurückhaltend zu mir waren. […] Um in meiner Angelegenheit nichts zu versäumen, frug ich den mir stets wohlgesinnten und sehr gescheiten Hofrat Carl Brockhausen um Rat. Er hatte damals mit dem Erteilen solcher Ratschläge alle Hände voll zu tun und war als Freimaurer selbst nicht sicher. Auch er riet mir, abzuwarten. Es dauerte nicht lange, so bekam ich die Zuschrift, mich ‚aller Amtshandlungen zu enthalten'."[283] In diesem Schreiben wurde Elise Richter davon in Kenntnis gesetzt, dass aufgrund des „Erlasses über die Einführung deutscher Reichsgesetze in Österreich"[284] „[…] die seinerzeit Ihnen erteilte ministerielle Bestätigung der Zuerkennung der Lehrbefugnis an der philosophischen Fakultät der Universität Wien widerrufen [wird], so dass diese erlischt. Sie haben sich daher jeder lehramtlichen oder sonstigen in den Rahmen Ihrer bisherigen Obliegenheiten bzw. Befugnisse fallenden oder Ihnen besonders übertragenen Tätigkeit zu enthalten."[285]

„Studenten brauchten Zeugnisse für die Vorprüfung. Ich musste sie wegschicken. Nun kam die Aufforderung, im Dekanat den Ariernachweis zu erbringen."[286]

Die Dekane der einzelnen Fakultäten hatten sich in einem Schreiben vom 9. April an ihre Kollegen gewandt. Diese Aufforderung erging auch an Elise Richter: „An die Herren Privatdozenten und Lektoren der philosophischen Fakultät der Universität in Wien. Ich beehre mich, das Ersuchen zu stellen, ehestens im Dekanate der philosophischen Fakultät der Universität in Wien mit Dokumenten vorsprechen zu wollen, aus welchen die Rassezugehörigkeit ersichtlich ist."[287] Elise konnte keinen „Ariernachweis" vorlegen. Trotzdem sprach sie im Dekanat vor, denn auch wenn sie nun aus der Universität ausscheiden musste, würde die Zahlung einer Rente für ihre geleistete Tätigkeit lebenswichtig sein. Dafür kämpfte sie. Sie thematisierte die „Rassezugehörigkeit". „Ich sagte dem Dekan Christians [Dekan Viktor Christian, Anm. d. Verf.], ich hätte das Geheimnis nicht erfahren, wie man sich seine Großeltern aussuche. Ich überreichte zugleich das Gesuch um Umwandlung meiner Subvention (165 Schilling monatlich) in einen [sic] dauerhaften Ruhegehalt, wie es Ettmayer in der Fakultät vorgeschlagen und wogegen sich keine Ablehnung geäußert hatte."[288] In diesem Gesuch vom 12. April schreibt Elise Richter: „Mit Rücksicht auf das am 9. April d. J. ergangene Rundschreiben nehme ich an, dass ich zu meinem Bedauern nicht mehr in der Lage sein werde, meinem Lehrauftrag nachzukommen." Sie fügte dem Schreiben eine Auflistung ihrer Lehrveranstaltungen bei und ersucht, die bisher gewährte ständige Unterstützung in ein dauerndes Ruhegehalt umzuwandeln.[289] „Christians versprach, es weiterzuleiten."[290] Der Dekan hielt sein Wort und stellte einen entsprechenden Antrag an das Unterrichtsministerium.[291] Dorthin wandte sich nun auch Elise. „Ich musste in dieser Angelegenheit dann ins Unterrichtsministerium gehen. Der Referent hatte meinen Akt vor sich. Ich staunte, als ich ihn sah: eine etwa fünfzehn Zentimeter hoch geschwollene Mappe, in der alles zu finden war, bis auf ganz intime Vermögens- und Hausmädchenfragen.[292] Er erklärte mir, dieses Gesuch ‚hätte nicht einmal der Kaiser Franz Josef unterschrieben'. Denn meine Einkünfte seien weit über der Grenze für eine außergewöhnliche Unterstützung. Ich sage, als Almosenbettelei hätte ich es auch nicht aufgefasst, sondern als Ehrengabe für einunddreißig Dienstjahre, in denen ich ein bisher nicht vertretenes Fach neu begründet und erfolgreich betreut hätte. Das machte keinen Eindruck, oder vielmehr, wie man deutlich wahrnehmen konnte, der Referent – er, wie viele andere – war zur Härte eingeschoren, er durfte seinem Gerechtigkeits- und Anstandsgefühl nicht Raum geben.

Schließlich sagte ich, man solle mir eine Abfindungssumme zuerkennen. Ich musste die langjährige treue Dienerin Reinisser[293] entlassen und ihr eine Entschädigung von ein paar hundert Mark geben, während ich selbst nicht einmal mehr den [sic] Gehalt vom 1. Mai erhalten hatte. Das wirkte. Ja, das wäre ein Standpunkt, ich solle nochmals im Rektorat vorstellig werden. Noch ein Weg ins Rektorat, von da wieder ins Dekanat geschickt, fand Christians die Sache gerechtfertigt und wollte sich nur überlegen, wo er sie anbringe, da die Universität ja selbst kein Geld hat. Das Endergebnis war ein Nein."[294]

Das Ministerium lehnte den Antrag ab. Anscheinend genauestens über die Einkünfte von Elise und Helene unterrichtet, lautet die Begründung, den Schwestern stünden eine monatliche Rente von 416,26 Schilling, das entsprach etwa 280 Reichsmark, zu außerdem hätten sie das Anrecht auf eine zinsfreie Wohnung.[295] Dieses Geld sollte ihnen nur noch wenige Wochen zustehen. Am 5. Juli 1938 erhielt Elise Richter die schriftliche Mitteilung des Dekans, der die Ablehnung des Ministeriums noch einmal bestätigte und hinzufügte: „[…] dass die Ihnen […] bewilligte ständige Unterstützung mit Ende April [!] zu Einstellung gelangt."

Eine weitere Demütigung blieb Elise Richter ebenfalls nicht erspart. Nach wie vor ging sie zu Hause ihrer sprachwissenschaftlichen Arbeit nach. Trotz der eigenen gut ausgestatteten Bibliothek war sie weiterhin auf die Universitätsbibliothek (UB) angewiesen. Ausführlich beschrieb sie ihren letzten Gang in die UB Wien: „Ich arbeitete den [sic] Festbeitrag für die ‚Mélanges Bally'[296] (Preservation) und brauchte die Universitätsbibliothek. Ich traf dort Havers, der schüchtern und verstohlen meine Hand drückte, wartete längere Zeit auf bestellte Bücher, als ein neuer junger Beamter zu mir trat und fragte, ob ich denn nicht den Türanschlag gelesen hätte. Da stand, dass den nach dem Nürnberger Gesetz als Juden Geltenden der Eintritt ins Professorenzimmer sowie die Benützung der Bibliothek – auch der Entlehnung – untersagt sei. Ich könne vielleicht zum Direktor gehen, meinte der Beamte. Es wäre ihm ja sehr unangenehm, aber er müsse auf die Einhaltung der Vorschrift sehen. Der Direktor war nicht in der Kanzlei, und ich überlegte mir, dass er keinesfalls den Macht oder den Mut haben werde, eine Ausnahme zu machen. Ich wollte wenigstens die bestellten Bücher abwarten und dort noch einsehen. Sie kamen und kamen nicht. Der so gefällige und flinke Diener, der mich immer besonders gut behandelt hatte, sagte mit einem eigentümlichen Gesichtsausdruck, er wisse nicht, warum sie nicht heraufgeschickt würden. Offenbar durfte er nichts bringen. So verließ ich das Haus meiner liebsten und teuersten Stunden, ging noch einmal durch den Arkadenhof, wo Mussafias Büste schon entfernt worden war, in tiefster Rührung und Schmerz."[297] Sie beendete den Beitrag an der Festschrift ohne die Bücher der Universitätsbibliothek. Das Bibliotheksverbot traf sie besonders hart, denn Elise war entschlossen, trotz allen Widrigkeiten, ihre wissenschaftliche Arbeit fortzuführen. Es war das Einzige, was dem Leben noch einen Sinn geben würde. Es war das, was sie immer getan hatte. Selbstredend stellte das Bibliotheksverbot sie vor ein immenses Problem. Denn ganz ohne einen wissenschaftlichen Apparat würde zukünftige Forschung nicht möglich sein. Da kam ihr ihre ehemalige Studentin Christine Rohr Freiin von Denta[298] zur Hilfe. Die Bibliothekarin der Nationalbibliothek hatte bei Elise Richter

Romanische Philologie und Vergleichende Sprachwissenschaften studiert. Sie war ihrer Professorin über viele Jahre verbunden geblieben und gehörte in den kommenden schweren Zeiten zu den wirklichen Freunden von Elise und Helene. Auch der promovierten Romanistin Christine Rohr war in ihrem Berufsleben die Rolle einer Pionierin zugedacht. Sie war die erste Frau, die 1919 in den akademischen Bibliotheksdienst der Nationalbibliothek in Wien, damals noch der Hofbibliothek, übernommen wurde. 1935 wurde sie zum „Staatsbibliothekar" ernannt.[299] Christine Rohr versorgte Elise Richter von nun an mit den gewünschten Büchern. Ein winziger, aber wichtiger Lichtstreif am Horizont. Es blieb der einzige, denn auch die experimentelle Arbeit an ihren phonetischen Studien durfte Elise nicht fortführen und war fortan nur noch auf die theoretische Unterstützung der Literatur angewiesen. Elise hatte im Phonogrammarchiv der Kaiserlichen Akademie der Wissenschaften in Wien, das von Leo Hajek geleitet wurde, intensiv an italienischen ć- und š-Lauten gearbeitet. Im Rahmen ihrer Studie hatte sie verschiedene Italiener Grammophonplatten besprechen lassen. Wenigstens diese Arbeit wollte sie doch beenden, aber auch das sollte ihr bald verweigert werden. „Als ich nun das erste Mal wieder hinkam, war Hajeks Stellung schon erschüttert. Ich ging zu Fuß nach Hause. In der Garnisonsgasse kreuzte ich einen Mann, der sich nach mir umsah. Da wurde ich erst gewahr, dass ich laut schluchzte."[300] Und doch schaffte sie es, in der wenigen Zeit die ihr noch blieb, die Arbeit zu beenden. Bald wurde ihr jedoch erklärt, sie müsse die Arbeit einstellen. „Ich war tatsächlich fertig, hätte aber späterhin bei der Ausarbeitung die Platten gern noch einmal abgehört. Ich bat um Erlaubnis, sie für einige Tage zu entlehnen. Die gefällige Anhängerin Rauchberg war bereit, ihr Grammophon zweckentsprechend umbauen zu lassen. Aber die Erlaubnis wurde verweigert."[301]

In diesem Sommer 1938, als Elise auf dem Nachhauseweg an herabgelassenen Roll-Läden und geschlossenen Geschäftstüren vorbeiging, auf die in gelber Ölfarbe das Wort „Jude" geschmiert worden war, wurde ihr auf grausame Weise bewusst, dass es bald nicht mehr darum gehen würde, die Erlaubnis zum Eintritt in jahrelang selbstverständlich genutzte Einrichtungen zu erbitten, sondern, dass ihre schiere Existenz bedroht war. Alle antijüdischen Maßnahmen, die in Deutschland zunächst schrittweise umgesetzt worden waren, wurden in Österreich weit aus schneller und rücksichtsloser durchgeführt. In kurzen Abständen wurden die erniedrigenden Verbote für Juden nun erweitert. Im Mai wurden Juden von der Vergabe öffentlicher Aufträge ausgeschlossen. Am 25. Juli mussten die Praxen der jüdischen Ärzte schließen, bevor sie am 30. September ihre Approbation verloren. Ihnen, die fortan nur noch jüdische Patienten behandeln durften, war es untersagt die Bezeichnung „Arzt" zu führen. Sie durften sich lediglich „Krankenbehandler" nennen.[302] Damit noch nicht zufrieden, forderte die Reichsärztekammer im Oktober, den Ärzten den Doktortitel zu entziehen.[303]

Ebenfalls im Juli wurden die „Kennkarten" eingeführt.[304] Es handelte sich um einen polizeilichen Inlandausweis, der für alle Staatsbürger ab dem 15. Lebensjahr ausgestellt wurde. Für die jüdischen Staatsbürger galten besondere Auflagen. Die „Verordnung über

Kennkarten" bestimmte, dass eine Kennkarte fünf Jahre Gültigkeit besaß, und dass eine Verlängerung ausgeschlossen war. Für die Kennkarte mussten drei Reichsmark entrichtet werden. Drakonische Strafen drohten, sobald man seine Kennkarte nicht vorzeigen konnte. Im September folgte das Verbot für die jüdischen Rechtsanwälte, ihrer Arbeit nachzugehen.[305] In Wien und vielen anderen Städten wurde den Juden verboten, sich auf die Parkbänke zu setzen. „Nur für Arier" und „Juden unerwünscht" stand nicht nur dort angeschlagen.

Bald nach dem Anschluss sollten die österreichischen Pässe durch deutsche ersetzt werden. Die Frist für den Umtausch galt bis zum Ende des Jahres. Anfang Oktober mussten auch Elise und Helene ihren alten Pass eintauschen bzw. den neuen Pass vorlegen, damit ihnen das rote „J" in die Reisepässe gestempelt werden konnte. Diese Maßnahme ging auf eine mit den Schweizer Behörden abgesprochene Vorgehensweise zurück. So konnte an der Schweizer Grenze verhindert werden, dass weitere Ströme von flüchtenden österreichischen Juden ins Land kämen. Würde das Deutsche Reich die Pässe der Juden nicht explizit kennzeichnen, drohte die Schweiz mit der für alle Deutschen geltenden Einführung von Visa.[306]

Bevor ihnen auch der Besuch von Konzerten und Theaterbesuchen verboten wurde, beschaffte Elise noch einmal Karten für die Wiener Philharmoniker. „Ich bestand darauf, das letzte Philharmonische Konzert und bald darauf die ‚Matthäuspassion' zu besuchen, die, zwar unter Knappertsbusch[307], doch einen wunderbaren Trost und zweistündiges Vergessen spendete."[308] Sie tat gut daran, denn das Verbot, dass Juden kulturelle Veranstaltungen nicht mehr besuchen durften, war nur eine von vielen neuen Schikanen, die ab dem Winter 1938 verhängt wurden.

***

Am 7. November 1938 wurde in Paris der deutsche Botschaftssekretär Ernst Eduard vom Rath von fünf Kugeln getroffen. Er starb zwei Tage später. Der Attentäter war ein siebzehnjähriger Jude, Herschel Grynszpan, der später erklärte, vom Rath wegen des an seinen Eltern verübten Unrechts erschossen zu haben. Grynszpans Eltern waren von Deutschland nach Polen ausgewiesen worden. In einem Brief, den er zuvor an seinen Onkel geschrieben hatte, begründete der Junge seine Tat mit den Worten. „Ich muss auf eine Weise protestieren, dass die ganze Welt meinen Protest hört, und das habe ich vor".[309] Diesen Vorfall nahm das Nazi-Regime zum Vorwand, in der Nacht vom 9. November einen reichsweiten Pogrom zu veranstalten. In der Folge dieser „Reichspogromnacht" wurden 191 Synagogen niedergebrannt und 7.500 jüdische Geschäfte zerstört.[310] Von Herman Göring ist die Aussage überliefert: „Mir wäre lieber gewesen, ihr hättet 200 Juden erschlagen und hättet nicht solche Werte vernichtet."[311] Es kam es zu Massenverhaftungen. 26.000, meist wohlhabende Juden wurden in Konzentrationslager gebracht, hunderte starben in den Folterkellern der SS. Die Juden mussten als „Sühneleistung", als „Kontribution" 1 Milliarde Reichsmark an das Deutsche Reich zahlen.[312] Außerdem hatten sie für die Kosten der Wiederherstellung aufzukommen. Alle Zahlungen ihrer deutschen Versicherungsgesellschaften wurden vom Reich konfisziert.[313] In den folgenden Wochen wurde jüdischen Kindern verboten weiterhin deutsche Schulen zu besuchen, jüdische Zeitungen und Organisationen wurden verboten, Schwimmbäder und andere Sportstätten, Kinos, Theater und Konzertsäle wurden „judenfrei" gemacht.

***

Mit jedem Tag wurde es auch für Elise und Helene Richter schlimmer. Innerhalb weniger Wochen standen die Schwestern vor dem finanziellen Ruin. „Es kam die Vermögensabgabe. Wir mussten die letzten Ersparnisse, das ‚Sterbegeld' hergeben. Nach unendlichen Bittgesuchen und –wegen gelang es, sie auf die Hälfte herabzusetzen."[314] Das seit Jahren im Haus beschäftigte Hausmädchen musste die Schwestern verlassen. Das zwang Elise, die ersten Bücher der reichhaltigen Bibliothek zu verkaufen. „Für die Abfindungssumme Heinissers hatte ich hundert Bücher verkauft, meine wertvollsten. Es war der erste ‚Leichenwagen', der sie fortführte."[315]

Eine Ausreise kam für Elise und Helene nicht in Betracht. Viele ihrer Freunde verließen das Land, andere mieden ab sofort den Kontakt mit ihnen, wofür Elise anscheinend sogar Verständnis aufbrachte. „Nicht nur der Tod hat die Reihen unserer Freunde gelichtet. Nach dem Umbruch 1938 schien es auch aus unserem Kreise vielen geratener, die alte Heimat zu verlassen. Und andere zogen sich aus gewiss nicht unangebrachter Vorsicht zurück. Um so bemerkenswerter sind die, die gerade in dieser Zeit sich gedrängt fühlten, alte Beziehungen neu anzuknüpfen und neu kräftig zu stärken, so der ehemalige Hörer, Ministerialrat im Ruhestand, Graf Thürheim und seine Gattin. Vertreter einer alten Kultur mit lebhaftem sprachwissenschaftlichen Interesse; Frau von Czech-Rechtensee, die Mutter meiner lieben Schülerin Edith – Professor an der amerikanischen Universität in Peking – und Susanne (in London tätig), Frau Oberbaurat v. Redlich und andere, aber der erste Platz gebührt der lebensbejahenden, herzerfreuenden Gestalt der Dr. Emilie Domes, die 1936 in unser Leben getreten ist, Vortrefflicher Arzt und ausgezeichnetes Herz. Die bloße Tatsache, dass auch in jetziger Zeit solche Frauen <u>da</u> [im Original unterstrichen, Anm. d. Verf.] sind, bestärkt mich in meinem Glauben an die Menschheit."[316]

Aber Elise verzweifelt nicht nur am persönlichen Schicksal. Die Österreicherin quälte „das unsagbare Leid um die Heimat". Noch einmal zeichnete sie ein treffendes Bild der Lage. „Der Name ‚Österreich' sollte verschwinden, Wien wurde rasch und energisch zur Provinzstadt umgestempelt, der Wiener Charakter war verschwunden und die alte Wiener Kultur. Ein rohes, ordinäres Volk, ungezogene, lärmende Kinder auf der Gasse, viel Militär, keine Wachleute, die infolge der fortwährenden Umbesetzung aller Stellen gänzlich ratlose und verworrene Beamtenschaft, die unsere gute, solide , zuverlässige Amtsgebarung vernichtete, die Kompliziertheit aller Veranstaltungen, die Unzuverlässigkeit der

Menschen, der eiserne Maulkorbzwang für Menschen, (während, wie zum Hohne, der Tierschutzverein die ‚armen' Hunde davon befreite!‚)."[317]

***

Das Jahr 1939 versprach nicht viel besser zu werden als das Schreckensjahr 1938. Vom ersten Januar an, mussten alle Juden, deren Name nicht auf einer Liste vermeintlich typischer jüdischer Vornamen stand, ihrem Vornamen „Sara" oder „Israel" hinzufügen.[318] Die Namen Elise und Helene waren in den Augen der neuen Herren ebenfalls nicht ausreichend jüdisch. Folglich wurden auch in ihren Pässen die Namenseintragung in „Elise Sara Richter" und „Helene Sara Richter" geändert. Die Verwaltung der Wiener Juden überließ das Reich den jüdischen Vereinigungen, die der SS zuarbeiten mussten. So war die Israelitische Kultusgemeinde in Wien verpflichtet worden, ein Verzeichnis sämtlicher in Wien wohnender Juden mit näheren Angaben über ihre Personaldaten, Berufsausbildung, Familienstand anzulegen. Die dazu vorgesehenen Meldezettel mussten von den Betroffenen persönlich oder durch den Haushaltsvorstand in der IGK abgegeben werden.[319] Diese Kartei diente letztlich auch dazu, die Wiener Juden auf die Transporte in die Konzentrationslager zu verteilen.

Im Februar erhielten Elise und Helene einen Brief der International Federation of University Women (IFUW). Der Dachverband wollte die Gründerin des Verbands der akademischen Frauen Österreichs bei einer Emigration nach England unterstützen. Das setzte jedoch voraus, dass es Elise und Helene überhaupt noch möglich gewesen wäre auszureisen. Elise lehnt das Angebot ab. Als Argument führte sie jedoch nicht an, dass die Ausreise an sich wegen fehlender finanzieller Mittel unmöglich wäre, sondern die Damen kamen zu dem Schluss, dass auch ein Leben in England als verarmte Fremde keineswegs erstrebenswert sei. „Wenn wir auswandern könnten, würde uns die Federation ein – allerdings bescheidenes- Unterkommen in England zur Verfügung stellen. Sie könnte das eher, als uns eine Unterstützung herschicken. Solange wir die sehr kleine Lebensrente, wenn auch unregelmäßig, aber schließlich doch noch bekamen und unser gesichertes Dach über dem Kopf hatten, mochten wir nicht reine Almosenempfänger sein. Waren die finanziellen Verhältnisse hier schmal, der Lebenszwang furchtbar, so wären jene dort nicht reichlicher gewesen, dieser nicht minder fühlbar, denn Bibliothek, Theater, Museen usw. sind nicht zugänglich, wenn man nicht über Eintritts- und Fahrgeld verfügt oder wenn man in irgendeinem Dörfchen lebt. Hier hingen wir an Else [Lewinsky, Anm. d. Verf.] und an Dr. Domes. Wie, wenn man in der Fremde krank wurde. So sagten wir dankend ‚Nein.'"[320] Tatsächlich erkrankte Elise bereits kurz nach ihrer Absage. Es galt das Verbot der Aufnahme von Juden in Krankenhäusern. In dieser Notsituation half die befreundete Ärztin Emilie Domes und ermöglichte eine Einlieferung in das Krankenhaus Göttlicher Heiland. Wahrscheinlich konnte Elise zu dieser Zeit die ältere Schwester nicht mehr alleine zu Hause zu lassen. Da sie nicht mehr in der Lage waren, eine Haushaltshilfe zu beschäftigen, musste

Elise die Pflege 77 Jahre alten Helene alleine bewältigen. Der Ärztin gelang es, beide Damen aufnehmen zu lassen. Die Fürsorge von Dr. Domes bestärkte Elise im Nachhinein, die richtige Entscheidung getroffen zu haben. „[…] ich genoss an ärztlicher Betreuung, an freundschaftlicher Hilfe, liebevoller Teilnahme, erstklassiger Pflege den ganzen Segen der heimatlichen Verhältnisse in zauberhafter Fülle. Welches Glück, zu Hause zu sein!"[321]

Es sollte jedoch nur eine kurze Zeit „auf einer Insel der Seligen" werden.[322] Um die Kosten des Krankenaufenthalts zu zahlen, musste Helene große Teile ihrer „englischen Bibliothek" verkaufen.[323] Elise und Helene kehrten in ihr Zuhause zurück. „Ist gleich der Heimatboden durch wüstes Getrampel zerstampft, besteht jede Absicht, uns die Heimat zu rauben, es ist doch die Heimat und wir sind zu fest in ihrem Boden verwurzelt. Wir können nicht fort."[324]

In dem hohen Alter, in welchem Elise und Helene mittlerweile standen, hatten sich die Reihen der Freunde ihrer Generation bereits sehr gelichtet. Nun verließen immer mehr Freunde und Bekannte der jüngeren Generation Österreich. Auch die ehemalige Studentin und Freundin Helene Adolf[325] emigrierte in die USA. Vor wenigen Jahren hatte Elise gemeinsam mit ihr an den „Studien zum altfranzösischen Alexiusliede" gearbeitet.[326] Aber noch konnte man die Verbindung über Briefe und Karten aufrecht erhalten. Mit dem Eintritt in den Krieg, im September 1939, war auch das bald nicht mehr möglich. Nach dem Kriegseintritt der USA im Jahr 1941 sollte auch der Kontakt mit Helene Adolf endgültig unterbrochen werden.

Am 1. September hatten deutsche Truppen die polnische Grenze überschritten. Zwei Tage später folgten die Kriegserklärungen von Frankreich und England. Für Elise und Helene bedeutete die Kriegserklärung Englands, dass es der International Federation of University Women nicht weiter möglich war, die Damen zu unterstützen. Elise notierte enttäuscht: „Übrigens erwies sich die International Federation zäh im Helfen: Als durch die Kriegserklärung die Sendungen aus England unmöglich wurden, führte nach beträchtlicher Pause der holländische Zweigverband die Zahlung durch, und als Holland durch die deutsche Besetzung ausgeschaltet war, trat die U.S.A.-Verbindung ein (freilich ohne Erfolg). Beides dürfte nicht ohne die Anregung der stets hilfsbereiten getreuen Dr. Hedwig Kuranda (seit 1939 in Oxford) vor sich gegangen sein."[327]

Mit Kriegsbeginn wurden auch erneut die Maßnahmen gegen die Juden verschärft. So konnten Juden nur noch in bestimmten Geschäften ihre (gegenüber „Ariern" erheblich gekürzten) Lebensmittelrationen erwerben. Es war ihnen verboten, im Sommer ab 21 Uhr und im Winter ab 20 Uhr ihre Wohnungen zu verlassen.[328] Die Wiener „Zentralstelle für jüdische Auswanderung" leistet weiterhin ganze Arbeit, Österreich „judenrein" zu machen. Die Israelitische Kultusgemeinde unterstützte die Emigranten nach Kräften. Bereits Ende Juli waren 104.000 Juden erzwungenermaßen ausgewandert. Tausende hatte man bereits in Konzentrationslager verschleppt.[329] Doch mit dem Kriegseintritt verschlechterte sich die Möglichkeit der Auswanderung. Alle, die am 1. Januar 1939 noch im Land waren, mussten ihre Unternehmen und allen Grundbesitz verkaufen. Auch Aktien, Gemälde und Juwelen mussten nun veräußert werden.[330] Selbstredend waren keine fairen Preise mehr zu erwarten.

Von diesen Maßnahmen waren noch etwa 72.000 in Wien lebende Juden betroffen.

Die Enteignung der Grundbesitzer bedeutete für Elise und Helene eine neue Bedrohung. Ihr Haus gehörte einst der Unternehmensgruppe der Gebrüder Gutmann, deren Konzern arisiert worden war. Was würde aus ihrer vertraglichen Vereinbarung auf lebenslangs Wohnrecht und der ihnen zustehenden kleinen Rente werden? Doch zunächst schien es, als änderte sich für sie nichts. Dann trat ein neuer Schock für die Schwestern ein, der die Wohnungssituation dramatisch veränderte. Elise schrieb: „Aber wir hatten noch nicht die tiefste Stufe erreicht. Das Ärgste stand uns noch bevor. Als Hans Horst [Hans Horst Meyer, Anm. d. Verf.] starb und die Wohnung frei wurde, erfuhren wir, dass nicht Vermietung geplant sei. Die ‚arisierte' Güterverwaltung der Gutmannschen Liegenschaften hatte den Hausverkauf beschlossen. Wer würde einziehen? Das uns grundbücherlich [sic] gesicherte Wohnrecht war zwar nicht offiziell aufgehoben, aber, wie wir von einer Seite erfuhren ‚dem Belieben der Partei' überlassen. Von andrer [sic] Seite kam die Zuschrift, das Wohnrecht schließe die Gartenbenützung nicht ein (!)."[331]

Der zweifache Verkauf des Hauses in der Weimarer Straße 83 stellt einen exemplarischen Fall der so genannten Arisierung dar. Die seit dem Frühjahr 1938 in der Emigration in Genf lebenden Brüder Wolfgang und Rudolf Gutmann mussten im Herbst 1938 das Vermögen ihres Konzerns einschließlich der Gutmann-Bank in eine Auffanggesellschaft einbringen. Formal wurde ein solcher „Treuhänder" auf Antrag der Vermögensverkehrsstelle gemäß der Verordnung über den Einsatz jüdischen Vermögens[332] zur Verwaltung und Veräußerung eingesetzt. Diese „Gesellschaft zur Verwaltung und Verwertung von Vermögenschaften m.b.H." mit Sitz in Wien wurde durch die Gebrüder Gutmann, vertreten durch die INDEP Treuhand- und Revisionsgesellschaft in Zürich, die Österreichischen Kontrollbank und die Vermögensverkehrstelle gegründet. Die Gutmanns mussten für diese am 14. September 1938 gegründete Gesellschaft ein Gesellschaftskapital von 100.000 Reichsmark einbringen. Außerdem wurde vertraglich festgelegt, dass die Gesellschaft sich verpflichtete, die gesamten inländischen Schulden des Gutmann-Konzerns zu begleichen und folglich das gesamte im Deutschen Reich vorhandene Vermögen der Brüder, deren Konzern einst als offene Handelsgesellschaft eingetragen gewesen war, zu übernehmen. Dazu zählten alles bewegliche und unbewegliche Vermögen. Von allen durch die Gesellschaft getätigten Verkäufen mussten überdies 10 Prozent an den „Arisierungsfond" entrichtet werden[333]. Die völlige Enteignung wurde durch die 99prozentige Übernahme durch die Österreichische Kontrollbank garantiert.

1940 war auch das Haus in der Weimarer Straße 83 an der Reihe. Die „Gesellschaft zur Verwaltung und Verwertung von Vermögenschaften m.b.H." verkaufte die Liegenschaft an die Österreichische Kontrollbank für Industrie und Handel AG in Wien. In dem am 1. April 1940 geschlossenen Kaufvertrag wurde die Kaufsumme von 65.000 Reichsmark, vorbehaltlich der Genehmigung durch die Vermögensverkehrsstelle und der Devisenstelle, festgesetzt. Auch das im Grundbuch vermerkte lebenslange Wohnrecht für Helene und Elise Richter blieb Vertragsinhalt. Eine Anfechtung des Vertrages wurde ausgeschlossen.[334] Am 2. Juli 1940 erfolgte die schriftliche Genehmigung der Vermögensverkehrstelle. Allerdings minderte sie den zuvor ausgehandelten Kaufpreis von 65.000 RM auf 60.000 RM.[335] Am 7. Oktober stimmte auch die Devisenstelle dem Geschäft zu. Sie bestimmte, dass vom Barkaufpreis 4.488 RM auf ein Sperrkonto der Zentralsparkasse der Gemeinde Wien, mit Zugriff der Vermögensverkehrstelle, eingezahlt werden musste. Die übrigbleibenden Anteile der Brüder, jeweils 27.756 RM wurden auf das Reichsfluchtsteuerkonto beim Finanzamt Wien eingezahlt. [336]

Für die freigewordene Wohnung im Haus Weimarer Straße 83 interessierten sich die Eheleute Ludmilla und Friedrich Wild. Der Vater von Friedrich, der Gymnasialprofessor Wenzel Wild, war einst einer der Lehrer, die Elise auf die Matura vorbereitet hatten.[337] Professor Friedrich Wild war ein Kollege von Elise Richter an der Universität Wien gewesen. Er war Schüler und seit 1935 Nachfolger des renommierten Anglisten Karl Luick als Lehrstuhlinhaber des Seminars für englische Philologie.[338] Die Wilds gehörten nicht zum engeren Kreis von Elise und Helene Richter, waren aber zumindest Elise bekannt. Nicht zuletzt auch durch Wilds Forschungen in der Phonetik. In wie weit Friedrich Wild, der 1938 Mitglied des Phonogramm-Archivs der Akademie der Wissenschaften an Elises dortigem Ausschluss beteiligt war, ist fraglich.

Es war auch nicht der als „vorsichtig und ängstlich"[339] beschriebene Friedrich Wild, sondern seine Gattin, die sich im Sommer 1940 bemühte, das Haus zu erwerben. Noch vor den schriftlichen Zustimmungen der Vermögensverkehrstelle und der Devisenstelle zum Verkauf Gutmann/Österreichische Kontrollbank, schloss sie einen Kaufvertrag mit der Österreichischen Kontrollbank für Industrie und Handel AG. Dazu musste die Kontrollbank als neue Besitzerin der Liegenschaft um die Aufhebung der Klausel der zweijährigen Verkaufssperre bitten. Dies war lediglich eine Formsache und die Genehmigung seitens der Staatlichen Verwaltung des Reichsgaues Wien erfolgte bereits im August 1940.[340] Es lag im Interesse des Regimes, Verkäufe ehemals jüdischen Eigentums an „arische" Bürger zu fördern. Das gehörte zu den Maßnahmen, die Götz Aly als „Gefälligkeitsdiktatur" bezeichnet.[341] Nicht nur in der terminlichen Überschneidung der einzelnen Genehmigungsverfahren, sondern vor allem in der Beibehaltung des für den jüdischen Vorbesitzer festgesetzten Kaufpreises, wird diese Vorgehensweise deutlich. Nach Eingang der ausstehenden Genehmigungen hatte die Käuferin zwei Drittel an die Österreichische Kontrollbank zu zahlen. Damit erlangte sie die Vertragsurkunde. Das ausstehende letzte Drittel war vier Wochen später fällig. Bemerkenswert in diesem Kaufvertrag ist die Klausel, dass Ludmilla Wild von dem Kaufpreis den Betrag von 4.488 RM auf das Sparkassenkonto einzuzahlen hatte. „Diese Einzahlung gilt als Leistung an die Verkäufer."[342]

Der Kaufpreis lag unter dem Verkehrswert des Hauses, der 1939 anlässlich einer Wirtschaftsprüfung durch die Treueverkehr Deutsche Treuhand AG bei der Gesellschaft zur Verwaltung und Verwertung von Vermögenschaften m.b.H. mit 75.000 RM angesetzt worden war.³⁴³ Das war nichts Ungewöhnliches, da viele Grundstücke und Häuser sozusagen zum Selbstkostenpreis an systemtreue Anhänger verkauft wurden. Auch wenn Ludmilla Wild im späteren Entnazifizierungsverfahren ihres Mannes als „glühende Nazigegnerin"³⁴⁴ dargestellt wurde, täuscht dies nicht über die Tatsache hinweg, dass es sich bei den Wilds um besonders linientreue Zeitgenossen gehandelt haben muss, denn ansonsten wäre der Erwerb der Villa nicht möglich gewesen. Auch Friedrich Wild wird von Karl Ludwig Pfeiffer zu den „besonderen und explizit linientreuen" Geisteswissenschaftlern des „Dritten Reiches" gezählt.³⁴⁵

Das im ersten Kaufvertrag bereits garantierte Wohnrecht für Elise und Helene Richter wurde auch im zweiten Kaufvertrag zwischen der Kontrollbank und Frau Wild garantiert. Die entsprechende Klausel wurde wortwörtlich aus dem ersten Vertrag übernommen. Interessant ist, dass in den privatrechtlichen Kaufverträgen die Namen der Richter-Schwestern ohne den Zusatz „Sara" und auch die Namen der Gutmann-Brüder ohne „Israel" angegeben wurden. In den Genehmigungen der Vermögensverkehrstelle und der Devisenstelle erfolgte freilich die „korrekte" Namensnennung Wolfgang Israel Gutmann und Rudolf Israel Gutmann.

***

Im November 1940 bezogen die neuen Hausbesitzer die seit über einem Jahr leerstehende Wohnung im ersten Stock.³⁴⁶ Dank des weiterhin vertraglich gesicherten Wohnrechts, konnten Elise und Helene zunächst aufatmen. Andererseits garantierte es ihnen nichts. Einer Deportation konnte ein solches „Recht" nicht entgegenstehen. Spätere Aussagen bezeugen, insbesondere Frau Wild habe sich ihren Mieterinnen gegenüber jedoch loyal und zuvorkommend verhalten und sie sogar mit Lebensmitteln unterstützt.³⁴⁷ Aber es fehlte an Geld. Die Angst vor Repressalien, die ihnen drohten, wenn sie nicht zahlen könnten, beherrschte den Alltag. „Die Lebensrente kam meistens unpünktlich, und zu der nunmehr schon gewohnten Armut trat als äußerster Übelstand die nie gewohnte Unregelmäßigkeit und Unsicherheit in der Geldgebarung. Wir, die nie geldliche Abhängigkeit und nie auch nur den kleinsten Schuldenstand gekannt hatten, mussten nun zittern vor der Einführung der neuen Steuern, wonach wir mehr als ein ganzes Monatseinkommen jährliche Steuer abgeben sollten. Wie einrichten? Woher nehmen? So trat ich ins sechsundsiebzigste Jahr."

Elise und Helene saßen in ihrer einst von gesellschaftlichem Glanz erfüllten Wohnung. Viel war ihnen nicht geblieben. Luxusgegenstände wie das Klavier waren längst fort. Was blieb, war Elises Schreibmaschine und die immer noch imposante Bibliothek, wenn auch die Preziosen daraus bereits zu Geld gemacht worden waren. Elise, die in Deutschland und Österreich freilich nichts mehr veröffentlichen konnte, arbeitet dennoch. Sie stürzte sich auf jedes Rezensionsexemplar, das bei ihr einging. Man kann diese Flucht in die Forschung sicherlich auch als eine Flucht vor der Wirklichkeit verstehen. Die Arbeit ließen die Schrecknisse für einige Stunden weichen. Ihre Artikel waren in der italienischen und niederländischen Fachpresse weiterhin willkommen. Insbesondere der in Rom lebende Linguist Giulio Bertoni zeigte sich besonders kollegial und solidarisch und öffnete den Emigranten das von ihm herausgegebene „Archivum Romanicum".[348] In Deutschland fanden sich kaum Mutige[349], die es noch wagten Texte von Emigranten oder „jüdischen Staatsfeinden" zu drucken.

Elise hatte zeitlebens Tagebuch geführt. Im Jahr 1940, in der Zeit der größten Ungewissheit, beschloss sie, die Erinnerungen an ihr 75jähriges Leben aufzuschreiben. Der Text beginnt mit dem Datum: 29. April 1940. Es folgt die Einleitung: „So nahe bin ich an der Schwelle des Lebens gewesen und habe mich gefragt: Warum habe ich sie nicht übertreten? Wozu bin ich noch hier? Die liebe, fromme Freundin, Frau von Czech-Rechtensee, sagte: Wahrscheinlich haben Sie noch eine Aufgabe zu erfüllen. Warten Sie nur. Ich warte. Ich sehe nach dem furchtbar harten Winter wieder das junge Grün, die Baumblüte. Weder zeigt sich eine Aufgabe, noch eine Freude. Der Blick wendet sich nach rückwärts, und es lockt, die Summe des Lebens zu ziehen. Vielleicht ist das sogar die Aufgabe, die mir zu lösen übrig bleibt. Was war, was enthielt dieses Leben von fünfundsiebzig Jahren? Sollte sich nicht jeder, ehe er abgeht, Rechenschaft ablegen, die Rechnung stellen nach Soll und Haben, in diesem Fall nach Lebensleid und Lebensfreude?"[350] Unter diesen beiden Aspekten gliederte sie „Die Summe des Lebens" in 32 Kapitel, deren Inhalt sie größtenteils aus der Erinnerung verfasste. Sie einzelnen Abschnitte tragen Titel wie „Lebensfreude": „Blumen", „Spiel", „Französisch und andere Sprachen" oder auch „Das Streben nach Erkenntnis" und „Humor". Unter den sechs Kapiteln „Lebensleid" finden sich Texte zu „Schmerz und Krankheit", „Soziale und politische Geschicke" oder „Tod". Außerdem gibt es die Rubrik „Zwischen Leid und Freude". In diesen fünf Kapiteln kommen unter anderem „Erziehung und Behütung" und „Veranstaltungen und Ehrungen" vor. Die Abschnitte der „Lebensfreude" überwiegen. Ihr ordnet sie allein 22 Kapitel zu! Elise Richter verfasste dieses grundehrliche und schonungslose Dokument, das teilweise sehr private nahezu intime Dinge nicht verschweigt, innerhalb eines halben Jahres. Helene war in die Arbeit an den Erinnerungen – Elise bestand darauf, dass es sich nicht um „Memoiren" handelt – mit eingebunden. Als Elise in ihrem Tagebuch vermerkt, dass ihr eine Bekannte angeboten hätte, „die Erinnerungen zu tippen", schreibt sie: „H. sehr dafür".[351] Das Werk umfasst 329 Blätter. Elise ließ es wahrscheinlich mit zwei Durchschlägen abschreiben. Erhalten geblieben ist nur ein Exemplar. Es befindet sich heute in der Wienbibliothek. Im Frühjahr 1941 deutete Elise Richter gegenüber der hilfsbereiten Christine Rohr an, ob sie das Typoskript, ihre Tagebücher (kleinformatige, mit Bleistift eng beschriebene Taschenkalender) und einige weitere persönliche Schriften für sie aufbewahren würde. In ihrem Antwortbrief schrieb die Bibliothekarin: „Hochverehrte Frau Professor! Es tut mir jetzt leid, dass ich damals, als wir von ihren biographischen Aufzeichnungen sprachen, nicht weiter darauf eingegangen bin, wie gerne ich Ihnen die Sachen in Verwahrung nehmen würde. Ich wollte mich damals nicht aufdrängen und habe Ihnen dadurch jetzt nur einige Tage der Ungewissheit verursacht, was mir wirklich leid tut. Meine liebe, hochverehrte Frau Professor, ich kann Sie versichern, dass ich ihnen das Paket mit den biographischen

Schriften mit dem größten Vergnügen aufhebe und dass ich froh bin, wenn ich ihnen in diesen schweren Zeiten wenigstens damit behilflich sein kann! […]"[352] Christine Rohr erhielt das Paket mit den Papieren und bewahrte es sicher bis nach dem Krieg für die Schwestern auf.

***

Im gleichen Jahr wie Elise Richter schrieb auch Stefan Zweig seine Erinnerungen an Wien, Salzburg, Berlin, Paris, London und die Geschichten der Bewohner dieses untergegangenen Europas nieder. Das Buch „Die Welt von Gestern: Erinnerungen eines Europäers" entstand bereits im Exil. Zweig, dessen Bücher in Deutschland verbrannt und verboten worden waren, hatte Wien im Herbst 1937 endgültig verlassen und bald darauf die englische Staatsbürgerschaft angenommen. Den Großteil seiner wertvollen Autographensammlung, eine der bedeutendsten Privatsammlungen Europas, musste er zurücklassen. Zweig gelang es noch, große Teile seiner Bibliothek und der Autographen zu verkaufen. 1937 schenkte er der Nationalbibliothek in Wien 101 Autographen. Sie waren der Preis für die Freiheit, denn Zweigs Freund in der NB, Joseph Gregor, organisierte die „Verrechung" dieses Geschenks mit „etwa zukünftig zu zahlenden Steuern".[353] Zweigs erste Frau lebte gemeinsam mit ihren Töchtern weiterhin in Österreich und Zweig, als Familienoberhaupt war weiterhin zu Zahlungen verpflichtet. Gregor empfahl Zweig außerdem, einige Bücher mit Widmungen an den Sektionschef und den Bundesminister der Finanzen übergeben zu lassen.[354] Dieser Deal fand ein Jahr vor der Annexion Österreichs statt. In seinen letzten beiden Tagen in Wien verabschiedete er sich nicht nur von der Stadt, sondern auch von seiner über achtzigjährigen Mutter für immer. Sie starb wenige Monate nach dem Anschluss. Ihre letzte Nacht verbrachte sie in Anwesenheit einer fremden „arischen" Pflegerin. Der einzige anwesende Verwandte, ein sechzigjähriger Vetter Zweigs, musste das Haus in dieser Nacht verlassen, da es der unter fünfzig Jahre alten Pflegerin nicht erlaubt war, sich mit diesem Juden der Möglichkeit zur Rassenschande auszusetzen. Somit verwundert es nicht, dass Zweig bei der Nachricht vom einsamen Tod seiner Mutter erleichtert reagierte und schrieb: „Vielleicht versteht man nun, dass ich sie glücklich pries, nicht länger unter solchen Menschen leben zu müssen."[355]

Stefan Zweig, der bereits seit 1934 einen festen Wohnsitz in London besaß, kehrte nun dem alten Kontinent endgültig den Rücken und emigrierte mit seiner zweiten Ehefrau in die USA. Seine Memoiren beschreiben das alte Europa der Kunst, der Literatur und der Freunde, in dem er jedoch selbst im einst so geschätzten, sicheren England nicht weiter leben wollte. Für eine Weile zogen die Zweigs nach New York. Kurze Zeit später führte sie ihre Reise nach Südamerika. Zuerst blieben sie in Paraguay, dann für einige Zeit in Argentinien. Schließlich wählte er seinen letzten Wohnsitz in Petrópolis in Brasilien. Doch die Flucht aus dem für ihn unerträglich gewordenen neuen Europa führte nicht zu einer wahren Befreiung. Der überzeugte Europäer litt in der Emigration unter dem Verlust der Heimat, von der er geglaubt hatte, sie hinter sich zurück lassen zu können. Er überwand den Verlust der alten Welt nicht. Am 23. Februar 1942 begingen er und seine Frau Lotte Selbstmord.

***

Mit dem Anbruch des neuen Jahrzehnts wurde es sehr still im Hause Richter. Die Menschen um sie herum verschwanden. „Der Kreis, der uns im Laufe der Jahre freundlich umgab, hat sich nicht nur gelichtet, man kann ihn als aufgelöst betrachten"[356], schrieb Elise 1940. An Helene Adolf schrieb sie über den harten Winter 1941: „Es ist uns oft übermäßig bang nach all den Freunden, die das Leben (und der Tod) nach und nach versprengt hat, nach dem Leben selbst, wie es in früherer Zeit war; […] ich entbehre vieles, aber nichts so sehr als wirkliche Arbeit."[357] Doch auch die körperlichen Strapazen nahmen nie geahnte Ausmaße an. Insbesondere der Winter stellte die alten Damen vor äußerst harte Bedingungen. „Wir sind bei alledem so abgehärtet, das wir bei 8° bequem sitzen, bei 6° aufstehen. Der Sorgen sind viele – fahren wir mit dem allergrößten Schwamm darüber!"[358] Nahezu abgeklärt begannen die alten Damen sich um die letzten Dinge, die ihnen zu tun blieben, zu kümmern. So notierte Elise, dass Helene beim Bestatter angerufen habe. Die Einäscherung und der Platz für ein Jahr würden 280 Reichsmark kosten.[359] Unbezahlbar. Die Summe wäre nur aufzubringen, wenn sie sich von den letzten bedeutenden Werten trennen würden, die sie noch besitzen – ihren Büchern. Helene weinte, sie litt darunter, dass Elise ernsthaft daranging die Bibliothek zu verkaufen. „Das einzige, was man hat."[360] Doch Elise rechnete damit, dass sie „heraus müssen".[361] So wäre es doch besser, vorher die Bücher, die sie nicht mehr mitnehmen konnten, zu Geld zu machen, das ihnen so nötig fehlte. Sie begann Bücherlisten anzulegen.

In einem der letzten Kapitel ihrer Erinnerungen schrieb Elise Richter: „Der Gedanke, dass wir unser Schicksal mit Hunderttausenden teilen, erscheint mir wenig tröstlich. Auch der nicht, dass dieses Geschick so gänzlich unverdient ist. Wer für seine Überzeugung leidet, hat in ihr einen Halt. Wer ungerecht leidet, kann nicht umhin, verbittert zu sein."[362]

***

1941 wurde Dr. Löwenherz zum Leiter der „Zentralstelle für jüdische Auswanderung" eingesetzt. Er erhielt den Befehl, die vollständige Aussiedlung der Juden Wiens in die Wege zu leiten. Gemeinsam mit dem Rabbiner Dr. Benjamin Murmelstein schuf Löwenherz eine Organisation, die die administrative Arbeit, das Anlegen von Listen und das Zusammenstellen und Abfertigen der Transporte vorzunehmen hatte. Diese Organisation der „Juden-Evakuierung" hatte auf Zimmer acht der Wiener IKG ihren Sitz.[363] Der Dienststelle wurden sämtliche Karteiblätter der in Wien gemeldeten Juden übergeben. Alle noch in Österreich lebenden Juden waren in die Hauptstadt des Gaues „Groß-Wien" umgesiedelt worden. Bereits im Jahr 1940 hatte es Transporte Richtung Polen gegeben, wo die Wiener Juden in neugeschaffenen Ghettos zusammengepfercht wurden.

Diese Maßnahmen wurden 1941 verschärft; es mussten pro Woche etwa 1.000 Menschen deportiert werden, um Wien bis 1942 „judenrein" zu machen. Umgehend begannen die regelmäßigen „Aushebungen", um die Transporte zusammenzustellen. Dazu wurden die meisten Juden in einer Art Stellungsbefehl einberufen. Für diejenigen, die sich nicht „freiwillig" stellten, gab es eine Abteilung so genannter Rechercheure, später auch „Ordner" genannt.[364] Alle Juden waren mittlerweile leicht als solche zu identifizieren, denn seit dem 14. September 1941 waren sie gezwungen den „Judenstern" zu tragen.[365] Die Polizeiverordnung schrieb vor, wie dieser auszusehen hatte: „Der Judenstern besteht aus einem handtellergroßen, schwarz ausgezogenen Sechsstern aus gelbem Stoff mit der schwarzen Aufschrift ‚Jude'. Er ist sichtbar auf der linken Brustseite des Kleidungsstücks fest aufgenäht zu tragen."[366] Ein leichtes Vergehen, das Vergessen der Kennkarte, das versehentliche Verdecken des Judensterns oder das Aufheben einer Zigarettenkippe genügten jetzt, um auf der Stelle ergriffen zu werden. Ohne Gepäck und ohne eine Nachricht hinterlassen zu können, konnte man von der Straße weg in ein Sammellager verschleppt werden.[367] Monat für Monat wurden die Menschen verhaftet und abtransportiert. Hugo Gold schildert, wie sich in Wien ein „System" entwickelte: „Ein Lastauto fuhr vor dem Hause vor, zwei Ordner besetzten das Tor und ließen keinen Juden mehr aus dem Gebäude. Andere Ordner begaben sich nach ihren Listen in die jüdischen Wohnungen und forderten deren Insassen auf, die Wohnungsschlüssel abzugeben, die Dokumente vorzubereiten und die Entscheidung des die Aushebung leitenden SS-Mannes abzuwarten. Danach blieb ein Ordner bei jeder Familie und hatte dafür zu sorgen, dass diese in etwa 3–4 Stunden mit ihrem Gepäck zum Abtransport bereit sei. Zuerst fanden die Aushebungen tagsüber statt. Da aber Ordner oft stundenlang auf die Heimkehr der jüdischen Opfer warten mussten, nachts jedoch für Juden Ausgehverbot bestand, waren bald nächtliche Aushebungen eingeführt worden."[368]

Der stetig steigende Wohnungsbedarf in Wien verschärfte die Deportationsmaßnahmen zusätzlich. Im Oktober 1941 wurden 4.995 Juden in das Ghetto Litzmannstadt (Lodz) gebracht.[369] Darauf folgten Transporte nach Riga und Minsk. Eine „freiwillige" Auswanderung wurde den Juden ab diesem Oktober, angesichts der Gefahr, die sie in Kriegszeiten darstellte, verboten.[370] Es war nicht nur in Österreich der Auftakt zur „Endlösung". Jedoch kam Wien weiterhin die Rolle des Modells zu. Am 20. Januar 1942 wurde auf der so genannten „Wannsee-Konferenz" offiziell die „Endlösung der Judenfrage" beschlossen. „Endlösung bedeutete die Deportation von insgesamt 11 Millionen Menschen in den Osten. Reinhard Heydrich bestimmte in dieser Sitzung, dass „ein Großteil für „[…] schwerste Zwangsarbeit eingesetzt werden sollte, was ihre Zahl natürlich erheblich reduzieren würde. Der Restbestand würde, – da es sich bei diesem zweifellos um den widerstandsfähigsten Teil handelt, entsprechend behandelt werden müssen – ".[371] Juden von über 65 Jahren, Kriegsinvalide und Juden, die mit dem Eisernen Kreuz ausgezeichnet worden waren, würden in das neugegründete „Altersghetto" Theresienstadt evakuiert werden.[372]

***

Am 10. März 1942 mussten Elise und Helene Richter ihre Wohnung verlassen. Man ließ ihnen drei Stunden um zu packen. Nur wenige Habseligkeiten konnten sie mitnehmen, alles andere blieb zurück. Die Schlüssel ihrer Wohnung waren dem Beauftragten der Israelitischen Kultusgemeinde zu übergeben. Einer Aussage zufolge soll Frau Wild, die die alten Damen bis dahin vor allen Versuchen sie aus der Wohnung zu verdrängen geschützt hatte, die beiden zur Straßenbahn begleitet und ihnen Mut zugesprochen haben.[373] Sie wurden in das jüdische Altersheim in der Seegasse 16 im IX. Bezirk (Alsergrund), das im Nazi-Jargon nach dem bis 1939 bestehenden Fond „Gildemeester-Altenheim"[374] benannt war, einquartiert. Das überfüllte Altersheim wurde für die nächsten Monate ihr Zuhause. Frau Wild soll die Schwestern auch hier besucht und mit Lebensmitteln versorgt haben.[375] Leider hat Elise Richter keine weiteren Tagebuchaufzeichnungen hinterlassen. Der letzte nahezu unleserlich erhaltene Tagebucheintrag stammt vom 1. Januar 1942. An diesem Neujahrstag vermerkt sie: „Sie [wahrscheinlich Else Lewinsky, Anm. d. Verf.] sagt, doch ein Wunder, dass wir noch da sind. Vielleicht die Absicht, uns zu schonen. Frau Ra[?] aus Polen abtransportiert. So viel Liebe erfahren gerade in diesen schm[?] Monaten. Nur Domes nicht. Offenbar Widerwillen gefasst, denn einmal hätte sie doch auch kommen können."[376]

Der Aufenthalt im jüdischen Altersheim war nur eine Zwischenstation. Sieben Monate später mussten Elise und Helene Richter Wien für immer verlassen. In ihrer Heimatstadt blieb, sicher verwahrt bei der Freundin Dr. Rohr von Denta, ihre Lebensgeschichte zurück, deren letztes Kapitel eine spätere Generation schreiben sollte. Am 9. Oktober 1940, auf den Tag genau zwei Jahre vor ihrer Deportation in Konzentrationslager, hatte Elise Richter ihre „Summe des Lebens" mit folgenden Worten abgeschlossen:

Als Frau habe ich jedenfalls so viel gegeben als empfangen. Ich empfing den Weg, was gewiss nicht gering zu schätzen ist, aber ich ging ihn, und hier darf ich wohl sagen, in vorbildlicher Weise. Denn ich war mir bewusst, dass von dem ersten Eindruck der Maturantin, der Studentin, der Dozentin, viel abhing. Ich gab den Frauenrechtlerinnen das erste Beweisstück, auf das sie sich stützen konnten, eben weil ich alles Frauenrechtlerische und ‚Kriegerische' ganz vermied und mich reinsachlich vorarbeitete. In der Geschichte der Frauenbewegung wird daher mein Name eine gewisse Bedeutung erhalten.

Sehr leidvoll gewiss, aber auch sehr freudvoll, kampfbewegt, reich an Inhalt war dieses Leben. Es war wert, gelebt zu werden.

Theresienstadt

Mehr als 450 Kilometer von Wien entfernt, nahe dem Fluss Eger, liegt die ehemalige österreichische Festung Theresienstadt (tschechisch Terezín). Im Herbst 1941 beschloss SS-Obergruppenführer Reinhard Heydrich, in diesem nur 60 Kilometer von Prag entfernten

Städtchen, ein Sammellager für die Juden des Protektorats Böhmen und Mähren, dessen stellvertretender Reichsprotektor er war, errichten zu lassen. Umgehend fand daraufhin die Räumung des Ortes von der tschechischen Zivilbevölkerung statt. Im Januar 1942 war Theresienstadt, mit dessen Gründung und Verwaltung wiederum Adolf Eichmann betraut wurde, in der „Wannsee-Konferenz" explizit als Lager für alte Menschen bestimmt worden.[377] Der Plan war die Errichtung eines „Vorzeigelager", das als „Alterssitz" für Juden aus dem Protektorat, aus Deutschland und aus Österreich dienen sollte. In Wirklichkeit war Theresienstadt eine Durchgangsstation, konzipiert als Konzentrations- und als Sammellager. Ständig fuhren von dort Transporte, an manchen Tagen waren es bis zu zehn Züge, in die Vernichtungslager ab. Die meisten gingen nach Auschwitz, viele aber auch nach Treblinka, Sobibor und Belzec.[378] Insbesondere als die Ankündigung der Einlieferung von tausenden Juden aus Deutschland und Österreich bekannt wurde, musste Platz geschaffen werden. Noch mehr Transportzüge wurden eingesetzt. Gnadenlos wurden die Menschen zur Vernichtung verladen. „Nichts konnte jedoch die Jungen wie die Alten vor der Deportation schützen", schreibt Friedländer.[379]

Im März 1942 bestimmte Eichmann, dass mit der Abschiebung von 20.000 Prager und 18.000 Wiener Juden begonnen würde. Dezidiert führt er im Hinblick auf einzelne Stapostellen aus: „Damit sie der Versuchung, ihnen unbequeme ältere Juden mit abzuschieben, nicht weiter ausgesetzt sind, sei zur Beruhigung gesagt, dass diese im Altreich verbleibenden Juden höchstwahrscheinlich schon im Laufe dieses Sommers bezw. [sic] im Herbst nach Theresienstadt abgeschoben würden, das als „Altersghetto" vorgesehen sei."[380]

Der Aufenthalt im jüdischen Altersheim endete für Elise und Helene Richter im Oktober 1942. Sie wurden nicht evakuiert, sondern es fand eine „Wohnsitzverlagerung"[381], wie es im pervertierten Amtsdeutsch hieß, statt. Den alten Leuten wurde weisgemacht, nun kämen sie in ein richtiges Altersheim, ein Prominenten-Ghetto. Das Lager unterstand einer jüdischen Selbstverwaltung. Für alle Belange wäre dieser Judenrat zuständig, so als gäbe es dort keine Nazi-Schergen. Es sollte dort Wohnungen geben, für die Verpflegung der Menschen war gesorgt und im Krankheitsfall stand ihnen ärztliche Hilfe zur Verfügung. Selbstredend musste man sich in ein solches Altersheim einkaufen. Das restliche Vermögen musste zurückbleiben. Im Reichsfinanzministerium legte man dazu folgendes Verfahren fest:

„Der für die Umsiedlung nach Theresienstadt bestimmte Jude schließt mit der Reichsvereinigung der Juden[382] einen Vertrag über seine Aufnahme in das Alterghetto Theresienstadt (Heimkaufsvertrag). [...] Durch diesen Vertrag verpflichtet sich die Reichsvereinigung, den Juden bis an sein Lebensende in Theresienstadt zu unterhalten. Der Jude überweist als Gegenleistung der Reichsvereinigung sein aus Bargeld, Bankguthaben, Wertpapieren und Forderungen bestehendes Vermögen. Die der Reichsvereinigung auf diese Weise zustehenden Mittel werden an den Judenältesten in Theresienstadt überwiesen [...]."[383]

Elise und Helene Richter verfügten nur noch über wenig Bargeld. Das einzige, womit sie sich in Theresienstadt hätten „einkaufen" können, war eine ausstehende Forderung über insgesamt 6.000 Reichsmark. (Dazu mehr im Kapitel: Der Verkauf der Bücher). Allerdings spielte das bereits wenige Wochen nachdem sie ins Altersheim gebracht worden waren keine Rolle mehr. Im Sommer 1942 wurde beschlossen, die Insassen von jüdischen Heimen aller Art sollten ab jetzt nach Theresienstadt deportiert werden, ob mit oder ohne zuvor abgeschlossenem Heimvertrag.[384]

Mit der „Umsiedlungsaktion" war die Israelitische Kultusgemeinde beauftragt worden.[385] Ab dem 21. Juni 1942 begann der Abtransport der alten Menschen aus Wien. Jeder Transport umfasste, wie geplant, 1.000 Personen.[386] Die Vorbereitungen zu den Deportationen der Juden unterlagen strengster Geheimhaltung, was bedeutete, der Abtransport traf die Betroffenen unvorbereitet und die Aktionen konnten widerstandslos durchgeführt werden.[387] Bis zum Oktober kamen insgesamt 13 Züge in Theresienstadt an. Das durchschnittliche Alter der Menschen, von denen 2/3 Frauen waren, betrug für alle, ab 1942 von Wien nach Theresienstadt Verschleppten, 69 Jahre.[388] Unter den letzten 1.323 Juden, die im Jahr 1942 im Transport IV/13 aus Wien deportiert wurden, befanden sich auch Elise Richter (Nummer 598) und Helene Richter (Nummer 599).[389] Falls überhaupt, so hatten sie vierundzwanzig Stunden zuvor, die Aufforderung der IKG bekommen, sich am nächsten Tag, dem 9. Oktober 1942, auf dem Aspang-Bahnhof einzufinden. Auch in welchen Waggon sie einzusteigen hatten, wurde ihnen mitgeteilt. So sah es die schriftlich fixierte Verfahrensweise vor.[390] Möglicherweise wurde ihnen, die für beide übermenschliche Anstrengung mit ihrem Gepäck zum Bahnhof zu kommen „erspart", da man teilweise dazu übergegangen war, die Menschen nicht erst zu bestellen, sondern sie gleich abzuholen und zu verladen.[391] Sie durften einen Koffer oder einen Rucksack mit Kleidung und einem Bettbezug mit Decke mitnehmen. Maximales Gewicht waren 50 Kilo. Regelungen gab es sogar für das Essgeschirr. Erlaubt waren Teller oder Topf und ein Löffel, nicht aber Messer und Gabel.[392] Auch Reiseproviant war „tunlichst" mitzunehmen. Elise Richter besaß an diesem Tag noch 25 Reichsmark an Bargeld. Helene war im Besitz von 22 Reichsmark.[393] Dieses Indiz beweist die völlige Verarmung der Schwestern, denn laut den damals geltenden Bestimmungen wäre es ihnen erlaubt gewesen, einen höheren Betrag „pro Jude" mitzunehmen.[394]

Im Altenheim war es Elise und Helene noch möglich gewesen, ihre brieflichen Kontakte aufrechtzuerhalten, mit dem Abtransport nach Theresienstadt verstummen sie und wir müssen andere Quellen zur Hilfe nehmen, die uns eine Vorstellung davon geben können, was die Schwestern im „Prominentenlager" erwartete.

Noch vor der Abfahrt wurden die Gepäckstücke durchsucht und die Menschen einer Leibesvisitation unterworfen, um eventuell versteckte Wertsachen den zuständigen Finanzämtern abzuliefern.[395] „Wertvoll" und zur Beschlagnahmung vorgesehen waren sogar alltägliche Dinge, wie Schirme, Handtaschen, Armbanduhren, Füllfederhalter und vieles andere mehr.[396] Über den Transport, in dem sich Elise und Helene Richter befanden, ist der anonyme Bericht eines Mithäftlings erhalten geblieben: „Mein Transport verließ Wien am 9. Oktober [1942] mit 1.323 Personen. Ich durfte nur einen Rucksack mit fünfundzwanzig Kilo mitnehmen. Was packt man ein, wenn man nicht weiß, was man benötigt. Mit einem Zug sind wir nach Prag gefahren, dann nach Bauschowitz in einem Viehwaggon und nach Theresienstadt mussten wir zu Fuß gehen. Am Straßenrand blieben zwanzig Tote liegen. Schwer drückte mich der Rucksack, der alles enthält, was ich vom heutigen Tag an bis wahrscheinlich an mein Lebensende benötige. Der gelbe Stern leuchtet auf meiner Brust und die Nummer baumelt an mir wie ein Stück Vieh. So heiß [sic] ich von nun an. Die Nummer bin jetzt ich. Ausgelöscht sind Name und Vergangenheit. Ich gehe ins Dunkel."[397]

Der Bahnhof „Bauschowitz" (tschechisch: Bohušovice) des ummauerten Ghettos in Theresienstadt lag etwa drei Kilometer vom Lager entfernt. Der Weg dorthin musste von allen zu Fuß zurückgelegt werden. In ihrem Buch: „Die Hoffnung erhielt mich am Leben" beschreibt Ruth Elias die Ankunft eines Transportes: „Für uns waren es nicht einige Kilometer, sondern eine Ewigkeit. Es empfingen uns am Bahnhof junge Männer, welche Regenmäntel mit einem in der Taille gebundenen Gürtel, Schildmützen und Stiefel anhatten. Diese Gruppe, „Spedition" genannt, war bei jedem Transport, welcher ankam oder auch abfuhr, anwesend und hatte auch alle ins Ghetto kommenden Waren abzuladen und ins Ghetto zu schaffen. Außer der Speditions-Gruppe waren noch tschechische Gendarmen, welche auch den Zug begleitet hatten, und deutsche SS-Männer anwesend. Wir mussten eine Schlange bilden, zu dritt oder zu viert nebeneinander gehen, und jeder musste selbst sein Gepäck tragen. Im Transport waren Alte, welche unter der Last zusammenbrachen, nicht mit uns Schritt halten konnten und, wenn sie zurückblieben, von den SS-Leuten mit Gewehrkolben geschlagen wurden. Um dies zu vermeiden, halfen wir Jüngeren diesen armen Menschen und hatten so außer unserem Gepäck auch noch deren Gepäck zu tragen."[398]

Als Elise und Helene in Theresienstadt ankommen, befanden sich im Lager rund 58.000 Menschen, der Höchststand, den dieses KZ je zu verzeichnen hatte.[399] 14.000 zumeist alte Jüdinnen und Juden stammten aus Österreich. Die Sterblichkeit unter den alten Leuten war immens hoch. Im September 1942 waren allein ein Zehntel der anwesenden Häftlinge aus Österreich gestorben.[400]

Im Lager eingetroffen, wurden die Juden auf die Gebäude der ehemaligen Kaserne, in die Wohnhäuser der vertriebenen Zivilbevölkerung, aber auch in Notunterkünften wie Baracken und Kasematten und vor allem auf die Dachböden der Kasernen verteilt. Vorwiegend die alten Menschen (ca. 6.000) wurden dort untergebracht. Die durchschnittliche Wohnfläche für einen Häftling betrug 1,6 Quadratmeter, was für die Dachböden keinesfalls zutraf. Sie waren die schlechteste Unterkunft von allen. Dort gab es weder Heizung noch Wasser.[401] Die Menschen litten Hunger. Wiederum traf dies die Alten besonders hart. Sie hatten den Strapazen wenig entgegenzusetzen und würden diese Zuständen nicht lange überleben. Genau das entsprach den Plänen der SS. Als Elise und Helene in Theresienstadt eintrafen, betrug der Anteil der über 65jährigen knapp 50 Prozent.[402] Um der Überfüllung schneller Herr zu werden, wurde in der Folge die Altersgrenze, die die Menschen bislang vor der Deportation in die Vernichtungslager geschützt hatte, aufgehoben. In den Monaten September und Oktober 1942 wurden daraufhin ca. 18.000 Häftlinge in den so genannten „Alterstransporten" nach Treblinka gebracht. Auch das „Altersghetto" Theresienstadt war nur eine Station auf dem Weg in die Vernichtung. Zu all dem entsetzlichen Elend, das Elise und Helene dort vorfanden, kam die Angst hinzu, in einem anderen Lager „vernichtet" zu werden. Denn man wusste 1942 auch als Gefangener, was es bedeutete, noch einmal für einen Transport nach Osten eingeteilt zu werden.[403]

Aus einem weiteren Zeitzeugenbericht[404] geht hervor, dass es einen „Prominenten-Status A und B" gegeben hat. Zu den wenigen „A-Prominenten" gehörten diejenigen, die sich im früheren Leben um Deutschland verdient gemacht hätten. Den Status eines „B-Prominenten" vergab der jüdische Ältestenrat vor Ort. Zu ihnen gehörten die Mitglieder dieses Ältestenrats selbst, sowie auch Universitätsprofessoren.[405] Konnte Elise als erste Universitätsprofessorin Deutschlands und Österreichs auf eine bevorzugte Behandlung hoffen? Ihr erster Biograph, der Romanist Hans Helmut Christmann, hatte in dieser Frage den Holocaust-Experten H.G. Adler in London angeschrieben. Der antwortete ihm: „Wir wissen, dass die meisten Ankömmlinge aus Wien elend und oft tagelang transportiert wurden, oft waren sie schon lange vorher in Sammellagern untergebracht. In Theresienstadt kamen sie hungrig, krank und meist verlaust an. Sie wurden jammervoll untergebracht und kaum im Lager bekannt, selbst wenn es sich um angesehene Persönlichkeiten handelte. Ich kann es nicht sicher behaupten, dass Frau Richter nicht als „prominent" geführt wurde, halte es aber für sehr unwahrscheinlich."[406]

Wir wissen nicht, wo Elise und Helene Richter in Theresienstadt einquartiert wurden. Doch auch in den anderen Häusern waren die Zustände kaum besser. In den Kasernen wurden bis zu sechzig Menschen in einem Raum untergebracht, Es gab kaum Betten. Die meisten schliefen auf einer Matratze auf der Erde. Viele besaßen nicht einmal das. Als Kopfkissen diente der Koffer oder der Rucksack. Die hygienischen Zustände waren katastrophal. „Am Ende eines jeden Ganges befand sich eine Toilette mit zwei bis drei Kabinen, welche sich bei dieser Menschenüberlastung als viel zu klein erwies. Besonders wenn schwere Durchfälle, hervorgerufen durch das ungewohnte Essen, die Insassen befielen, spielten sich ganz menschenunwürdige Szenen dort ab. Auf jeder Etage war nur ein Waschraum mit trogartigen Behältern, über welchen zwei Reihen von Wasserhähnen liefen. Selbstverständlich rann dort nur kaltes Wasser, was im Winter besonders unangenehm war. Wollte ich mich selbst und meine Wäsche waschen, war ich gezwungen, ganz zeitig früh aufzustehen, damit ich nicht so lange in der Reihe warten musste."[407]

Mehr als 16 Prozent der Menschen, die über fünfundsechzig Jahre alt waren, starben binnen einem Monat nach der Ankunft im Lager. Zu den 2.209 Todesfällen[408] des Monats November 1942 gehörte auch Helene Richter. Sie starb am 8. November. Bis zum September 1942 hatte es in Theresienstadt einen Friedhof gegeben. Doch selbst die vormals angelegten Massengräber reichten nicht aus, um der Flut der Leichen Herr zu werden. Als Helene Richter starb, hatte das neugebaute Krematorium seit einem Monat seinen Betrieb aufgenommen. Dafür war ein Teil der Kasematten zu Leichenhallen umfunktioniert worden. Dorthin wurden die Toten gebracht. In zwei bereitgestellten Räumen, einem für die Juden, einem für die Christen, die nach den Nürnberger Gesetzen zu Juden bestimmt worden waren, durfte Abschied von den Angehörigen genommen werden[409]. Für alle an einem Tage einzuäschernden Juden wurde die Trauerfeier für 9 Uhr angesetzt. Für die Angehörigen christlicher Bekenntnisse fand die schlichte Feier um 10 Uhr morgens statt. Der Ort, die „Zeremonienhalle" in der Südstraße 5, lag außerhalb der Lagergrenze. Das bedeutete, Elise Richter musste um einen Durchlass-Schein bitten, um „zur Zentralleichenkammer und zurück"[410] gehen zu dürfen.

Im diesem zweiten Raum wird sich Elise Richter von ihrer Schwester, von der sie in siebenundsiebzig Jahren bis auf wenige Wochen nie getrennt war, verabschiedet haben. Helenes Sarg wurde wie die anderen auf ein offenes Pferdefuhrwerk geladen. Die Wache zog den Schlagbaum hoch und der Wagen rollte zum vor der Stadt gelegenen Krematorium. Die Trauernden mussten vor dem Schlagbaum zurückbleiben.[411] Weiter konnte sie die Schwester nicht begleiten. Im Krematorium bewahrte man die Asche sämtlicher Toten in Pappschachteln auf. Diese Pappurnen wurden mit dem Namen und der Nummer des Verstorbenen versehen und im nicht zugänglichen Kolumbarium aufgestellt. Die zurückbleibenden Häftlinge hofften, wenn das Martyrium vorüber sei, würden sie die Asche ihrer Lieben finden und sie in einem anständigen Grab bestatten können.[412] Doch auch diese Hoffnung war vergeblich. Ende 1944 befahlen die Deutschen die Vernichtung dieser „Spuren". Der Befehl lautete, das Kolumbarium zu leeren, und die Asche der Toten in den nahe gelegenen Fluss Eger zu streuen.[413]

Nach dem Tod der Schwester hielt Elise Richter dem Ungeziefer, der Unterernährung, den Krankheiten und vor allem der seelischen Qual noch weitere acht Monate stand. Sie starb am 21. Juni 1943.

Elise und Helene Richter gehörten zu den 7.502 Menschen aus Österreich, die in Theresienstadt starben und nicht (mehr) in ein Vernichtungslager deportiert wurden. Von den insgesamt 15.265 aus Österreich nach Theresienstadt deportierten Menschen erlebten nur 1.318 am 8. Mai 1945 ihre Befreiung aus diesem KZ.[414]

In memoriam

1948 begründete Leo Spitzer, der an der John Hopkins University in Baltimore lehrte, in Kalifornien die Zeitschrift „Romance Philology", die in der University Press der Universität Berkeley erschien. Gleich im ersten Jahrgang 1947/48 veröffentlichte er gemeinsam mit Helene Adolf den Artikel „In Memoriam Elise Richter". Die beiden Schüler Elises, von denen sich Leo Spitzer als der älteste noch lebende Schüler bezeichnete, verfassten die Erinnerung an ihre damalige Dozentin in deutscher Sprache. Bezeichnend ist außerdem, dass es die beiden Emigranten waren, die auf diese Weise die Öffentlichkeit darüber informierten, dass Elise und Helene Richter die Verfolgung durch die Nationalsozialisten nicht überlebt hatten. 1946 hatte Spitzer einen Brief, den er an die Wiener Adresse der Schwestern gesandt hatte, mit dem Vermerk „verzogen, ohne Adresse anzugeben" zurückerhalten. Erst nachdem sich Spitzer mit der ebenfalls nach Amerika emigrierten Helene Adolf in Verbindung setzte, erfuhr er vom Schicksal der ehemaligen Dozentin. Helene Adolf teilte ihm „die mehrfach verbürgte Nachricht [mit], dass, entgegen Gerüchten aus Deutschland, die von Vergasung meldeten, Elise Richter, ebenso wie ihre Schwester, die Anglistin Helene, nach einem Zwangsaufenthalt in einem Wiener Altersheim im Konzentrationslager Theresienstadt eines natürlichen Todes gestorben ist."[415] Diese Nachricht nahm der gebürtige Wiener Leo Spitzer, den ein ähnliches Schicksal in Deutschland erwartet hätte, zum Anlass, als erster das Andenken Elise Richters zu würdigen. Er schrieb: „Damit wird es ihren Schülern zur Pflicht, dass Andenken an die gelehrte Frau wachzuhalten, die, wie vor ihr Carolina Michaëlis de Vasconcellos, eine Vorkämpferin der wissenschaftlichen Gleichberechtigung der Frau auf dem Gebiete der romanischen Philologie gewesen ist."[416] Spitzer erinnerte sich wehmütig: „Doch bald wurde die Existenz dieser beiden ‚Richtertanten', dieses gütigen, prinzipientreuen, bürgerlich-kunstfreudigen Schwesternpaares, das wir heute ‚typisch viktorianisch' nennen würden, inmitten des sich in Revolution und Inflation umschichtenden Nachkriegs-Österreichs ein Anachronismus. Die Welt um sie vergröberte sich zusehends und fiel von den aristokratischen Kulturidealen Altösterreichs ab; […] sie lebten, nach dem Verlust ihres Vermögens von einer Rente, die ihnen ein Kohlenmagnat gegen Zusicherung des Heimfalls ihres Hauses an ihn aussetzte. Der Einbruch der Barbaren hat dann auch solchen ‚Arrangements' ein Ende bereitet. Das Herz krampft sich einem zusammen, wenn man an das Ende der beiden Achtzigjährigen in einem Nazilager denkt, die ihr Leben in bürgerlicher Geborgenheit und Achtung, in geistigem Streben, von zivilen Formen und Schönheit umgeben, verbracht hatten. in ihnen starb Österreich – es war schon lange vor ihrem Tod gestorben."[417]

Auf den folgenden Seiten würdigte Leo Spitzer Elise Richters sprachwissenschaftliche Arbeit. Hatte er zu Beginn Elise Richter noch gemeinsam mit Carolina Michaëlis de Vasconcellos erwähnt, zeigte Spitzer im Rückblick auf Elises wissenschaftliches Werk den großen Unterschied zwischen den Forscherinnen auf. „Elise Richter blieb in wunderbarer Selbsttreue und fester Zielsetzung Sprachvergleicherin, sie wurde nicht etwa Gallizistin oder Hispanistin, blieb Linguistin, wurde nicht Literaturhistorikerin wie die große Carolina." Dann beschreibt er Elises wissenschaftliche Vita, erwähnt ihre grundlegenden Arbeiten und schließt: „Elise Richter aber wird das Verdienst bleiben, an totem spätlateinischem Gestein [Spitzer nutzt „Gestein" als Wortspiel einer einst von Elise Richter genutzten Metapher zur Phonologie] den sich vorbereitenden neuen Sprachrhythmus des Romanischen erlauscht zu haben: für diese Epoche der Sprachentwicklung wusste sie wirklich, wo die Steine liegen und wie sie zu packen sind – ich würde sagen: kraft ihres esprit de finesse."[418]

Helene Adolf, die als Professorin für Germanistik am Pennsylvania State College lehrte, schloss sich Leo Spitzers Gedenken an. Sie erinnerte auf den nachfolgenden Seiten an den „[…] liebenswerten Menschen, dem ich Jahre hindurch als Schülerin nahestand. Schüchtern und kühn zugleich, hat Elise sich stets als führend empfunden. Dass eine

Selbstbeschreibung von ihr im Sammelbund ‚Führende Frauen Europas' erschien, musste sie als eine selbstverständliche Huldigung betrachten. Das wofür sie im Grunde kämpfte, war die Anerkennung einer bestimmten Lebensform – der unverheirateten Frau, die in Reinheit und voll Hingabe geistigen Zwecken dienen will."[419] Nach diesen einführenden romantischen Worten kommt Helene Adolf bald auf Elises realistisches Naturell zurück. Sie beschrieb die Dozentin: „An ihr jedoch schätzten wir den treuen Dienst an der Wirklichkeit. Wir bewunderten ihre Arbeitskraft. Konnte sie sich doch rühmen, niemals ein Kolleg wiederholt zu haben. Vor unseren Augen erarbeitete die fast Sechzigjährige sich das ihr neue Wissensgebiet der Phonetik […]. Unsere Gefolgschaft belohnte sie dadurch, dass die unablässig unser Gesichtsfeld erweiterte. Zeitlich wie örtlich führte sie uns kreuz und quer durch die Romania. Die Geschichte der Motive verfolgend (z.B. das vom gegessenen Herzen), wanderten wir zurück bis in die fernste Vorzeit. Aus den Gebieten des Physikalischen und Physiologischen stiegen bis dorthin, wo die Probleme der Sprachphilosophie sichtbar werden. Wohl besaß sie jene Liebe zum ‚Logos', ohne den ein Philolog [sic] nur Kärnerarbeit leisten kann. ‚Sprachgeschichte ist Menschheitsgeschichte!' hörten wir sie sagen, ‚alles Menschliche spiegelt sich in der Sprache'. Und dieses Menschliche selbst – wo führte es hin? Gab es eine Entwicklung, einen Aufstieg in der Spirale? Noch haftet mir ihre Antwort im Gedächtnis: ‚Es gibt einen Fortschritt, weil wir ihn denken können!' "[420]

Die Grausamkeit die das Lebensende der Schwestern auszeichnete, benannte Helene Adolf 1948 nicht. Sie beendete den Aufsatz mit den Worten: „Eine spätere Zeit wird vielleicht den Schleier lüften, der über dem Lebensende von Elise und Helene Richter liegt. Uns ziemt es jedenfalls, Halt zu machen vor dem Geheimnis des Leidens, dessen höhere Weihen die beiden Schuldlosen empfingen."[421] Der letzte Satz birgt die sprachlose Angst vor der Vorstellung und der Verbalisierung dieses „Geheimnisses des Leidens", das längst keines mehr war und das niemals „Weihen" für die geschundene Kreatur bereithielt.

Helene Adolf, die wie Leo Spitzer dem Naziterror entrinnen konnte, beschwor noch einmal das Bild von Elise Richter herauf, so wie es in Erinnerung behalten werden sollte und auch heute noch behalten werden soll: Jenes Bild, „[…] wie es uns aus den guten Jahren erinnerlich ist: Würdig, angeregt, heiter unter dem Diadem ihrer weißen Haare; von der Höhe des Katheders wie aus der Weite ihres Hauses immer gebend, jugendlich noch im Altern weil offn Augs [sic] und warmen Herzens immer dem Leben verbunden."[422]

Bemerkenswert ist, dass Helene Adolf auch vom Typskript der „Summe des Lebens" Nachrichten erhalten hatte. Leider gibt sie die Quelle nicht an, nach deren Aussage sich Elise Richters Erinnerungen bei Frau Dr. Elisabeth Serelman-Küchler, der Tochter des Romanisten Walter Küchler[423] befunden hätten. Auch ging Helene Adolf 1948 davon aus, dass die Geschichte(n) ihres Lebens – „eine letzte Gabe Elises an ihre Heimat"[424] – demnächst in einem österreichischen Verlag erscheinen würden. Es sollte jedoch noch 50 Jahre dauern, bis es so weit war!

Die Briefe und Postkarten sowie weitere persönliche Dokumente und das Typskript der „Summe" waren weiterhin im Besitz von Christine Rohr von Denta verblieben. Sie wartete jahrelang auf ein Lebenszeichen der Schwestern, bis sie 1947, als weitgehend sicher war, dass keine der beiden überlebt hatte, den Nachlass den Städtischen Sammlungen Wien überantwortete. Heute befindet sich der über 1.600 Teile umfassende Nachlass in der Wienbibliothek.[425] Ob Christine Rohr mit Elisabeth Serelman-Küchler in Verbindung stand und möglicherweise die Veröffentlichung der „Summe des Lebens" – ohne Zustimmung von Elise Richter – nicht wagte, muss Spekulation bleiben.

***

Es gab kein Lebenszeichen der Schwestern, aber auch kein Sterbenszeichen. Niemand suchte nach ihnen. So begann nach Spitzers Würdigung von 1948 die Erinnerung an sie zu verblassen. Erst über 30 Jahre später schrieb der Romanist Hans Helmut Christmann die Biographie „Frau und ‚Jüdin' an der Universität. Die Romanistin Elise Richter".

Doch was war mit den Dingen geschehen, die einst ihnen gehört hatten? Da war zunächst das Haus, das zwar seit 1923 nicht mehr in ihrem Besitz gewesen war, in welchem ihnen aber einst ein lebenslanges Wohnrecht garantiert worden war. Was war mit den Möbeln und anderen persönlichen Dingen geschehen, die Elise und Helene zurücklassen mussten?

Seit dem 1. März 1943 war die ehemalige Wohnung der Schwestern vermietet worden.[426] Mieter war der 1941 aus Köln an die Universität Wien berufene Jurist Professor Hans Planitz. Er hatte sich bereits während Elises und Helenes Anwesenheit um deren Wohnung im Hause der Eheleute Wild bemüht. Es war den Schwestern bekannt gewesen, dass er die Wohnung haben wollte, und es hatte sie damals in höchste Angst versetzt. Möglicherweise war es Ludmilla Wild zu verdanken, dass sie den Auszug der Schwestern bis zum Frühjahr 1942 verhindern konnte. Danach stand die Wohnung fast ein Jahr lang leer. Das war äußerst ungewöhnlich, zumal der Wohnraum in Wien knapp war, und es zur intensiven Arisierungen kam, um die rund 70.000 einstmals von Juden bewohnten Wohnungen „Ariern" und „reichsdeutschen" Zuwanderern zu überlassen. Der 1938 errechnete Bedarf an Wohnraum für diese privilegierten Gruppen entsprach genau der Menge von 70.000. Wiederum galt Wien als vorbildlich in der Umsetzung solcher Aktionen. Bis zum Ende des Jahres 1938 konnten durch die erzwungene Emigration und die „wilden" Arisierungen bereits 44.000 Wohnungen von „Ariern" bezogen werden.[427] Sicherlich verzichtete Frau Wild nur ungern auf Mieteinnahmen, und so scheint der Hinweis[428], dass außer Hans Planitz auch die „Wehrmacht" ihr Interesse an der Wohnung bekundete, glaubhaft. Anscheinend zog sich neben der Räumung der Wohnung dieser bürokratische Streit über Monate hin.

Das Haus in der Weimarer Straße hatte den Krieg unzerstört überstanden. Doch stellte sich nun, nachdem die nationalsozialistische Diktatur Geschichte war, die Frage, wer der rechtmäßige Eigentümer war. Im von den Alliierten besetzten Deutschland und Österreich begannen die Wiedergutmachungen. Wie Tausende andere, die von den Arisierungen profitiert hatten, musste auch die Hausbesitzerin Ludmilla Wild nun Rechenschaft ablegen. Die Anmeldung erfolgte aufgrund der Vermögensentziehungs-Anmeldeverordnung (VEAV), welche die „Entzieher (Ariseure)" von Vermögenswerten verpflichtete, diese entzogenen Werte bei den Bezirksämtern anzumelden. Für die Erfassung des damaligen Unrechts waren recht simple „Fragebogen" geschaffen worden. In vier Rubriken wurde der Eigentumsübergang vom „Geschädigten Eigentümer – Berechtigter" über den „Ersten Erwerber" bis zu „Weiteren Eigentumsübergängen" erfasst. Stichtag des ursprünglichen Eigentumsübergangs – der Enteignung – war der 13. März 1938. Unter diesem Datum ist die Österreichische Kontrollbank bereits als erste Erwerberin eingetragen. Anzumelden waren „Vermögenschaften und Vermögensrechte, [...] sei es eigenmächtig, sei es auf Grund gesetzlicher oder anderer Anordnungen – aus sogenannten rassischen, nationalen oder anderen Gründen den Eigentümern (Berechtigten) [die] im Zusammenhang mit der nationalsozialistischen Machtübernahme entzogen worden sind."[429] Zu den Vermögenschaften zählten sowohl entgeltliche als auch unentgeltliche Erwerbungen. Anmeldungen waren auch dann zu erstatten, wenn Zweifel über die Anmeldepflicht bestanden.

Frau Wild reichte 1946 beim Magistratischen Bezirksamt für den XIX. Wiener Gemeindebezirk die „Anmeldung entzogener Vermögen" ein. Insgesamt legte sie drei Akte vor, die heute nach Ablauf der dreißigjährigen Schutzfrist der Öffentlichkeit zugänglich sind.[430] Die Vordrucke, die Frau Wild für Möbel und das Haus Weimarer Strasse 83 ausfüllte, tragen die Eingangsstempel vom 16. und 18. November. Korrekt gibt sie den von ihr damals gemäß der „Preisbestimmungstabelle" gezahlten Betrag an. Auch das Wohnrecht der Schwestern zählt sie in der Rubrik: „Allfällige Gegenleistung mit der Angabe, in welcher Weise erbracht" auf. Sie ist die erste, die schriftlich festhält, dass das Wohnrecht durch den „Tod der Frauen Prof. Dr. Elise und Dr. Helene Richter" erloschen ist.

Neben der Verpflichtung zur VEAV lag der Rückstellungskommission beim Landgericht für ZRS Wien der Antrag der Gebrüder Gutmann auf Rückerstattung des Hauses vor. Rudolf Gutmann lebte mittlerweile in Royal Oak in Kanada, sein Bruder Wolfgang zu dieser Zeit in Sao Paulo in Brasilien. Die Rückstellungskommission stellte am 5. Dezember 1947 fest, dass die Antragsgegnerin den Antragstellern die Liegenschaft sofort zurückzustellen hat. Die Begründung dieses Urteils lautete: „Die Antragsteller waren bis zur Besetzung Österreichs durch das Deutsche Reich Eigentümer der gegenständlichen Liegenschaft. Der eine der Antragsteller war im Sinne der damaligen Rassengesetze Volljude, der zweite Geltungsjude." Es folgt der Bericht des damaligen zweifachen Hausverkaufs und der weitere Wortlaut der Begründung: „Dass es sich im vorliegenden Falle um die Arisierung jüdischen Vermögens handelte, war der Antragsgegnerin aus dem Grundbuche bekannt. Die Eigentümer (geschädigten) waren als Juden politischer Verfolgung durch den Nationalsozialismus unterworfen und liegt [sic] somit eine Vermögensentziehung im Sinne des § 1 Abs. 1 3. Rückstellungsgesetz vor. Die Antragsgegnerin hat in ihrer Gegenäußerung nicht einmal die Behauptung aufgestellt, dass die Vermögensübertragung an sie auch unabhängig von der Machtergreifung des Nationalsozialismusses [sic] erfolgt wäre, viel weniger den Beweis hierfür erbracht, der einzig und allein sie von der Rückstellung der Liegenschaft befreien könnte. Ihre Einwendungen gehen einzig und allein dahin, dass sie redliche Erwerberin dieser Liegenschaft ist, über welche in einem späteren Verfahren zu entscheiden sein wird."[431]

Es ist bemerkenswert, dass man hier Ludmilla Wild geradezu ihre Ehrlichkeit vorwarf, indem man in einer Urteilsbegründung angab, dass sie nicht einmal die Behauptung (was schließlich einer Lüge gleichgekommen wäre) aufgestellt hatte, das Haus, unabhängig von den damaligen Zuständen, hätte kaufen wollen! Welch sonderbare Entrüstung.

Obwohl das Urteil seit März rechtskräftig und vollstreckbar war, blieben die Wilds weiterhin in der Weimarer Straße wohnen. 1952 schlossen sie mit den Brüdern Gutmann einen Vergleich. Ludmilla Wild, die einst den von den Nationalsozialisten festgesetzten Preis bezahlt hatte, erhielt von den Gutmans einen Betrag ausbezahlt, der ungefähr den von ihr in der Zwischenzeit geleisteten Investitionen am Haus entsprach.

Nicht nur die jüdischen Wohnungen, sondern auch die darin zurückgelassenen Möbel waren wertvolle Güter, die im „Dritten Reich" der Volksgemeinschaft zugute kommen sollten. Wurden in der Nachbarschaft Wohnungen „frei", ergab sich oft die Gelegenheit, günstig „einzukaufen". Die Auktionen fanden häufig in den Häusern der Opfer statt. Was übrigblieb, ging in die „Verwertung" über, beispielsweise um ausgebombten Mitbürgern den Neustart zu erleichtern.

Auch Frau Wild meldete 1946 Möbel an, die sie in den Jahren 1941 und 1942 erworben hatte. In der Lannerstraße, auf deren Eckgrundstück zur Weimarer Straße das ehemalige Richtersche Haus steht, wohnte der emeritierte Universitätsprofessor Dr. Guido Adler. Der Begründer des Musikwissenschaftlichen Instituts an der Universität Wien verstarb dort im Jahr 1941. Zu seiner Hinterlassenschaft gehörten neben einer umfangreichen Bibliothek auch eine wertvolle Autographensammlung und die komplette Wohnungseinrichtung. Die Erbin war seine Tochter Dr. Melanie Adler. Nach Guido Adlers Tod begann jedoch „[…] das unwürdige Schauspiel um sein Vermögen, d.h. seine Bibliothek und seinen Nachlass."[432] Die Gestapo war sofort zur Stelle, um den Nachlass bis zum Abschluss der Verkaufsverhandlungen in Gänze staatspolizeilich sicherzustellen. Besonderes Interesse hatte die Nationalbibliothek angemeldet, die einen engen Kontakt zur Wiener Gestapozentrale pflegte.[433] Zunächst hieß es, dass die Gestapo die Hinterlassenschaft bis zu den „Verkaufsverhandlungen" sicherstellte. Dazu ist es jedoch nie gekommen, da sich die „Interessenten" – hinzugekommen war nun auch das Musikwissenschaftliche Seminar der Universität Wien – auf die „Verordnung über die Einziehung volks- und staatsfeindlichen Vermögens im Lande Österreich vom 18. November 1938" beriefen. Das bedeutete, dass das gesamte bewegliche und unbewegliche Vermögen sowie alle Rechte und Ansprüche der Tochter Melanie Adler eingezogen würden.[434] Nachdem die Nationalbibliothek und das Musikwissenschaftliche Seminar zufrieden gestellt worden waren, schien Melanie Adler doch noch in der Lage gewesen zu sein, Möbel aus dem Nachlass ihres Vaters zu verkaufen. So gibt Ludmilla Wild an, sie habe 1941 Mobiliar aufgrund eines persönlichen Angebots von Frau Dr. Adler erworben und „rund 4.000 RM an Frau Dr. Adler ausbezahlt".[435]

Im April 1942 befanden sich in der verlassenen Wohnung der Richter-Schwestern noch deren Möbel. Auch hier kauften die Wilds Möbelstücke für „rund 4.000 RM"[436]. Zu diesem Zeitpunkt befanden sich Elise und Helene Richter seit etwa vier Wochen im jüdischen Altersheim. Wiederum gibt Frau Wild den Rechtsgrund des Eigentumsübergangs genau an: „Kaufangebot d. Fürsorge Aktion f. christl. u. konfessionslose Nichtarier, Wien I, Wollzeile 7 mit Wissen u. Einverständnis u. angeblich zu Gunsten der im Altersheim IX., Seeg. 16 untergebrachten Frauen Prof. Dr. Elise u. Dr. Helene Richter." Mit der Aussage „angeblich" hatte Ludmilla Wild recht. Ob eine Rückerstattung an die Erbin Guido Adlers erfolgte, ist nicht bekannt. Im Fall der Schwestern Richter konnte bereits damals aufgrund fehlender Erben keine Restitution erfolgt sein.

Ludmilla Wilds Gatte Friedrich wurde als Beamter 1945 zunächst aus dem Universitätsdienst entlassen. Obwohl Kollegen und Bekannte Wilds absolute politische Unbedarftheit bezeugten, erhielt er erst 1955 seinen Lehrstuhl zurück. Beide wohnten bis zu ihrem Tod, Friedrich Wild starb 1966, Ludmilla Wild 1969, in der Weimarer Straße 83.

Die Eheleute Wild, deren Verhalten in der Zeit von 1940 bis 1952 an dieser Stelle explizit aufgeführt worden ist, stellen keineswegs einen Einzelfall dar. Sie nahmen wie viele andere „Arier" im „Dritten Reich" die gegebenen Möglichkeiten wahr und bewegten sich guten Gewissens im keineswegs „rechtsfreien" Raum.

***

In dem vorausgegangenen Rechtsverkehr war das im Grundbuch eingetragene Wohnrecht für Elise und Helene Richter nicht ausgetragen worden. Bis 1972 galten beide noch nicht offiziell für tot erklärt. Das fiel jedoch erst auf, als das Haus Weimarer Straße 83 erneut veräußert werden sollte. Der lastenfreien Übergabe, als Verpflichtung der Vertragsparteien im Kaufvertrag vereinbart, stand dieses alte Recht im Weg. Folglich musste der Verkäufer zunächst gerichtlichen Antrag stellen. Im Laufe des daraufhin einsetzenden Verfahrens wurde Helene Richter am 13. Dezember 1972 offiziell vom Landesgericht für ZRS Wien für tot erklärt. Das gleiche Verfahren galt für Elise Richter. Als letzter Wohnsitz wurde das Altersheim in der Seegasse 16 angegeben. In Ermangelung konkreter Daten wurde der Tag des Abtransports als Todestag angegeben. Die Begründung für diese Festsetzung lautete: „Helene Richter ist am 9. Oktober 1942 aus rassistischen Gründen von Wien nach Theresienstadt gebracht worden und scheint in der Rückkehrerkartei der Israelitischen Kultusgemeinde Wien nicht auf. Seither fehlt jede Nachricht. Auf Grund der festgestellten Tatsachen hat sich die verschollene Person in Lebensgefahr (§ 7 Todeserklärungsgesetz) befunden. Nach dem Ergebnis der Ermittlungen liegen Anhaltspunkte für einen wahrscheinlichen Zeitpunkt des Todes […] nicht vor. Es war daher […] der Beginn der Lebensgefahr als Zeitpunkt des Todes festzustellen. Da die Todeszeit nur dem Tage nach festgestellt ist, so gilt nach § 9 Abs 4 TodeserklGesetz 1950 das Ende des Tages als Zeitpunkt des Todes."[437]

Der Antragsteller hatte neben der Angabe des Datums der Deportation zusätzlich ausgerechnet, dass Helene im Jahr 1972 mittlerweile 111 Jahre und Elise Richter 107 Jahre alt gewesen wären. Dem im September eingereichten Antrag konnte niemand Nachrichten über den Verbleib der Schwestern in der dazu festgesetzten Kundmachungsfrist bis zum November 1972 hinzufügen. Die Todeserklärung wurde damit rechtskräftig, und der Eintrag des lebenslangen Wohnrechts im Grundbuch konnte endlich gelöscht werden. Jedoch konnte die Akte Richter nicht endgültig geschlossen werden, denn mittlerweile wurde doch noch nach den Frauen gesucht.

Im hessischen Bad Arolsen hat der Internationale Suchdienst (ITS) seinen Sitz. Die Hauptaufgabe dieser Organisation, die zum Ende des Zweiten Weltkrieges gegründet wurde, ist die Suche nach Personen, die während des Krieges vermisst oder verschleppt wurden. Anfang der achtziger Jahre ermittelte das IST schließlich auch das genaue Todesdatum von Helene Richter. 1981 übersandte das Sonderstandesamt Arolsen die Sterbeurkunde mit dem korrekten Todesdatum, dem 8. November 1942. Dieses Rechercheergebnis wurde nicht nur nach Wien, sondern auch an das Standesamt I Berlin: Buch für Todeserklärungen gemeldet.

Es dauerte allerdings noch bis 2005, bis sich auch das Schicksal Elise Richters endgültig klärte. Auf ihrem Dokument der Todeserklärung im Landesgericht Wien finden sich mittlerweile insgesamt drei Sterbedaten. Zuerst eingetragen und handschriftlich durchgestrichen und berichtigt war der 31. Dezember 1947. Darunter wurde das Deportationsdatum, 9. Oktober 1942, vermerkt. Erst vor drei Jahren erfolgte die letzte amtliche Berichtigung ihres Todestages, dem 21. Juni 1943.

***

Heute sind Elise und durch sie auch Helene Richter fest im kulturellen Gedächtnis verankert. Das war nicht immer so. Erst viele Jahre nach ihrem Tod wurde Elise Richter „wiederentdeckt". Heute gedenkt die wissenschaftliche Welt Österreichs und Deutschlands ihrer auf mannigfache Weise. Dazu zählen Veranstaltungen, Preisverleihungen und Ausstellungen. In etlichen Publikationen der letzten Jahre wurden Aspekte ihres Lebens dargestellt, häufig vor dem Hintergrund der NS-Provenienzforschung. Ihre langjährige Wirkungsstätte, die Universität Wien, gedenkt ihrer in eindrucksvoller Weise, so trägt ein Sitzungssaal heute den Namen „Elise-Richter-Saal". Die Philosophische Fakultät führt ihren Namen auf der Ehrentafel im Foyer des Universitätsgebäudes auf. Leider steht die im Ehrenhof aufgestellte Büste der Wissenschaftlerin nicht explizit für Elise Richter, sondern für die weiblichen Heroen der Universität schlechthin. Eine Büste findet sich jedoch im Institut für Romanistik der Universität Wien. Dort wurde 2005 außerdem ein wissenschaftsgeschichtlicher Arbeitskreis mit Schwerpunkt Elise und Helene Richter gegründet, dessen Ergebnisse in einem Weblog[438] publiziert werden. Auch die Wienbibliothek, die den persönlichen Nachlass Elises besitzt, ehrte 2005 das Andenken mit einem „Abend für Elise Richter". Österreichs zentrale Einrichtung zur Förderung der Grundlagenwissenschaft, der Fonds zur Förderung der wissenschaftlichen Forschung (FWF), veranlasst seit 2006 ein Elise-Richter-Programm zur Förderung etablierter Wissenschafterinnen.

Auch in Deutschland wird die Erinnerung an die österreichische Wissenschaftlerin gepflegt. Der Deutsche Romanistenverband initiierte und vergibt alle zwei Jahre den „Elise-Richter-Preis" für herausragende wissenschaftliche Leistungen im Bereich der Romanischen Philologie. Ein besonderes Engagement zeigt das Institut für Romanische Philologie der Philipps-Universität Marburg. In der dort entstandenen „Galerie der Romanistinnen" finden sich viele Dokumente zum Leben und Werk von Elise Richter sowie eine umfassende Bibliographie ihrer Schriften in einem ausführlichen Webangebot.

Auch Helene Richter wird seit kurzem auch als Einzelperson wahrgenommen und in Erinnerung an ihr wissenschaftliches Werk geehrt. So initiierte der Anglist und Literaturwissenschaftler Professor Dr. Franz K. Stanzel anlässlich der jährlich stattfindenden Shakespeare-Tage die Stiftung „In memoriam Helene Richter (1861–1942)".

2008 wurde das Schicksal Elise und Helene Richters und ihrer Bücher anlässlich der internationalen Tagung „Bibliotheken in der NS-Zeit: Provenienzforschung und Bibliotheksgeschichte" in Wien thematisiert und in der zeitgleich stattfindenden Ausstellung der Universitätsbibliothek Wien „Bibliotheken der Universität Wien in der NS-Zeit" sowie in der Nachbar-Ausstellung der Wienbibliothek „Bedenkliche Erwerbungen: Zur Provenienzforschung der Wienbibliothek " dargestellt.

***

Voraussetzung für das Gedenken ist die Erinnerung. Für die hier betrachtete Zeit war dies eine Erinnerung, die auf der Basis dessen, was noch vorhanden war, von den Nachkriegsgenerationen erst im Sinne eines kulturellen Gedächtnisses rekonstruiert werden musste. Erinnerung benötigt Objekte, Dinge, die man fassen kann. Diese Objekte waren im Fall Richter die noch vorhandenen Akten und Bücher. Ohne diese Dinge wäre die Erinnerung nicht möglich gewesen. Alle weiteren Besitztümer der Schwestern sind fort oder dem Zugriff entzogen. So waren es die schriftlichen Zeugnisse, die eine Erinnerung überhaupt erst möglich machten.

Das Hauptzeugnis ist Elise Richters eigenes Buch, die „Summe des Lebens". Es wurde 1997 von ihren Nachfolgerinnen im Verband der Akademikerinnen wiederentdeckt und anlässlich des 75jährigen Gründungsjubiläums aus der Archivschachtel genommen und veröffentlicht. Dieses Buch hinterließ viele Fragen. Fragen, die teilweise durch die Geschichte anderer Bücher gelöst werden konnten. Zu diesen anderen Büchern gehören die Bände der einstigen Bibliothek der Schwestern Richter. Stellen Dinge wie Bücher den Anlass zur Erforschung und die Voraussetzung für die Recherche dar, so muss zur Rekonstruktion der Erinnerung ein weiterer wichtiger Faktor hinzukommen: die Verschriftlichung. Allein der Namenseintrag in einem Buch, der Stempel auf der Rückseite eines Titelblattes, ein eingeklebtes Exlibris eröffnet überhaupt erst die Möglichkeit, der Besitzgeschichte nachzugehen. Durch die Pflicht der Besitzangabe findet sich Verschriftlichung immer im Bestand der so genannten öffentlichen Hand, sei es durch Stempel, Inventarnummern, Zeichen oder Namenseinträgen in und auf den Objekten selbst, aber auch durch Akten über die Objekte. Der Erwerbungsvorgang durch ein Museum oder eine Bibliothek wird in der Regel durch Dokumente begleitet. Das galt auch für die in der Zeit des Nationalsozialismus erworbenen Gegenstände. Im Gegensatz dazu stehen beispielsweise die vielen namenlosen Objekte, die einst von Großvater, Vater, Onkel oder Bruder aus dem Krieg (oder den Kriegen) mitgebracht worden waren und die sich heute in privaten Haushalten befinden. In den meisten Fällen könnte gar nicht mehr geklärt werden, welche Besitzgeschichte diese Objekte haben. Trotzdem bleibt die Provenienzforschung in Museen und Bibliotheken eine mühevolle und längst nicht immer von Erfolg gekrönte Arbeit. Das eingangs geschilderte Szenario ist gleichwohl der Idealfall; denn zweifelsohne werden auch öffentliche Einrichtungen wie Bibliotheken Bücher in ihrem Besitz behalten, deren Provenienz sie nie klären können. Hinzu kommt, dass durch Kriegsverlust vieles von dem Material, das uns heute weiterhelfen würde, verloren ist.

Doch im Fall der Bücher aus der Bibliothek von Elise und Helene Richter waren ideale Voraussetzungen gegeben. Bücher ihrer Bibliothek waren nachweislich in Köln und in Wien vorhanden, und Akten über die Vorgänge waren ebenfalls an beiden Orten erhalten geblieben. Nun bedurfte es eines Auslösers, um mit den Recherchen zu beginnen und anhand der „wiederentdeckten" Bücher die Geschichte von Elise und Helene Richter zu Ende zu erzählen.

Ein Impuls ging von Österreich aus. 1998 beschloss das Österreichische Parlament das Bundesgesetz über die Rückgabe von Kunstgegenständen aus den österreichischen Bundesmuseen und Sammlungen.[439] Dieses „Kunstrückgabegesetz" verpflichtete die genannten Einrichtungen, ihre Erwerbungen aus der Zeit von 1938 bis 1945 zu überprüfen und im Falle von NS-Raubgut diesen Besitz an die rechtmäßigen Besitzer oder deren Rechtsnachfolger zu restituieren. Zu diesen Einrichtungen gehören neben den Museen auch Bibliotheken. Insbesondere die Österreichische Nationalbibliothek, die während der NS-Zeit eine immense Erwerbungstätigkeit verfolgt hatte, kam der gesetzlichen Aufforderung in vorbildlicher Weise nach. So wurde im Zuge dieser Provenienzforschung auch die Erwerbung von Teilen der Richter-Bibliothek „entdeckt" und dokumentiert. Im Fall Richter stellte sich heraus, dass der größte Teil der Bibliothek damals an die Universitäts- und Stadtbibliothek Köln gelangt war, eine Tatsache, die in Köln freilich bekannt gewesen ist. Der Impuls, der drei Jahre später in der Universitäts- und Stadtbibliothek Köln zur Aufarbeitung der Erwerbungsgeschichte führte, war nicht durch den Gesetzgeber vorgegeben, sondern entsprang dem Engagement einer bundesweiten Gruppe von Bibliothekarinnen und Bibliothekaren, die sich im „Hannoverschen Appell" von 2002 an die Verantwortlichen des deutschen Bibliothekswesens gewandt hatten, die Suche nach Raubgut zu unterstützen. Die Aufarbeitung der Erwerbungsgeschichte der Bibliothek von Elise und Helene Richter wurde das erste Projekt der NS-Provenienzforschung an der Universitäts- und Stadtbibliothek Köln.

Zwei Jahre dauerte es, die Richter-Bibliothek zu rekonstruieren. (Siehe Kapitel C: Die Richter-Bibliothek in der USB Köln).

Im Jahr 2004 schloss die Österreichische Nationalbibliothek ihre umfassenden Recherchen zur NS-Provenienzforschung ab. Zurzeit betreibt die Universitätsbibliothek Wien, die keine Bundeseinrichtung ist und somit nicht dem österreichischen Kunstrückgabegesetz unterliegt, aus eigenem Antrieb NS-Provenienzforschung. Dabei wurden in den dortigen Fakultätsbibliotheken auch Bücher der Bibliothek der Richter-Schwestern gefunden. Diese NS-Provenienzforschung führt uns heute grenzübergreifend zusammen. So konnten aus den Wiener und Kölner Erkenntnissen die Hintergründe der Richter'schen Bibliothekserwerbung erhellt und vertieft werden.

Die im Folgenden geschilderte Erwerbung der Richter-Bibliothek durch die Kölner Universitäts- und Stadtbibliothek in Zusammenarbeit mit der Österreichischen Nationalbibliothek stellt in der Gesamtheit der Raubgut-Züge der Nationalsozialisten keinen außergewöhnlichen Fall dar, jedoch ist der erhaltene Briefwechsel in seiner Komplexität vermutlich nahezu einzigartig. Er dokumentiert als eine Erinnerungsfigur[440] weit mehr als den Bücherkauf; er ist ein Zeitzeugnis der besonderen Art, der noch einmal deutlich macht, in welchen Räumen sich die handelnden Personen befanden.

B. Der Verkauf der Bücher

1. Die Vermittlung

Die finanzielle Notlage, in der sich die Schwestern kurz nach dem Anschluss Österreichs befanden, führte zwangsläufig auch zum Verlust ihrer umfangreichen Bibliothek. Bereits 1938/39 hatte Elise begonnen die wertvollsten Bände zu verkaufen. 1941 bot sich die Gelegenheit, die restliche Bibliothek im Ganzen zu veräußern. Es blieb ihnen neben dem finanziellen Aspekt, der ein Überleben ermöglichen sollte, wohl nur das tröstliche Bewusstsein, dass die über Jahrzehnte gewachsene wertvolle Sammlung weiterhin der Wissenschaft dienen würde.

„Der Bücherverkauf bedeutet natürlich eine kleine Lebensverlängerung, jedenfalls eine Sterbenserleichterung für uns."[1]

Dieser Satz stammt aus einem handschriftlichen Brief, den Elise Richter am 24. August 1941 an den „Sehr geehrten Herrn Professor" schrieb. Der Brief ist, chronologisch betrachtet, das erste Dokument von ihrer Hand, das in der USB Köln vorhanden ist. Mit diesem Brief beginnt der Erwerbungsvorgang.
Allerdings gibt der Brief aus verschiedenen Gründen Rätsel auf, wenn es um die Klärung der Frage geht, wer den Bücherkauf durch die Kölner Universitätsbibliothek vermittelte.

Als Empfänger kommen drei Professoren in Frage, an die dieser Brief adressiert gewesen sein könnte: Professor Hermann Corsten, Direktor der Universitäts- und Stadtbibliothek Köln, Professor Fritz Schalk, Ordinarius des Romanischen Seminars der Universität Köln, oder Professor Eugen Lerch, Professor für Romanische Philologie an der Universität Münster.

In den bis heute erschienenen Publikationen zur Bibliothek von Elise und Helene Richter sind seither alle drei der oben genannten Herren unabhängig voneinander als Adressat des Briefes bestimmt worden. Eine abschließende Klärung dieser Frage soll an dieser Stelle versucht werden.

Bevor der Inhalt des Briefes thematisiert wird, werden zunächst die genannten Herren vorgestellt. Mit allen drei möglichen Empfängern muss man sich zur Klärung der Frage, wie es zum Kontakt zwischen einer Wiener Professorin und der 1.000 Kilometer entfernten Kölner Universitäts- und Stadtbibliothek kam, beschäftigen.

Wer war der Adressat?

Professor Dr. rer. pol. Dipl.-Ing. HERMANN CORSTEN (1889–1968)

Hermann Corsten wurde am 18. Juli 1889 in Geilenkirchen als Sohn des Kreisamtmanns Johannes Corsten geboren. Er studierte von 1912 bis 1921, unterbrochen vom Krieg und wegen einer schweren Verwundung, Mathematik, Physik, Chemie, Maschinenbau und Elektrotechnik an der Technischen Hochschule in Aachen. Im Ersten Weltkrieg, von Januar 1915 bis Ende 1918, war Hermann Corsten Soldat. Als Offizier im Dienstrang eines Vize-Wachtmeisters der Feldartillerie wurde er am 6. November 1918 schwer verwundet und verlor den rechten Unterschenkel.[2] 1922 folgte der Studienabschluss als Diplom-Ingenieur. In den Jahren 1925 bis 1927 studierte er Volks- und Finanzwirtschaft an der Universität Köln. Er schloss dieses Studium 1927 mit der Promotion zum Dr. rer. pol. ab. Nach dem Studienabschluss in Köln begann er 1927 in der Universitätsbibliothek Bonn das Volontariat für den höheren Bibliotheksdienst. Im darauf folgenden Jahr legte er seine Fachprüfung ab und ging für ein Jahr als Bibliothekar an die Technische Hochschule in Berlin-Charlottenburg. 1929 wechselte er an die Preußische Staatsbibliothek in Berlin, wo er 1931 zum planmäßigen Bibliothekar ernannt wurde[3]. Dort widmete er sich unter anderem erfolgreich der Neubearbeitung der technischen Kataloge. Die Berliner Zeit währte nicht lange, denn bereits am 1. Oktober 1933 wurde Hermann Corsten im Alter von 44 Jahren zum Nachfolger für den im März verstorbenen Klemens Löffler zum Direktor der Universitäts- und Stadtbibliothek Köln ernannt.

Zu seinen Hauptverdiensten in der Zeit als Direktor der Kölner Universitätsbibliothek gehört zuallererst die sofort nach Dienstantritt in Angriff genommene Zusammenlegung des auf drei Standorte verteilten Bestandes. Diese eigenständigen Bibliotheken waren in verschiedenen Kölner Stadtteilen untergebracht. Corsten gelang es 1934, die Abteilung I (Bestand der ehemaligen Stadtbibliothek) und die Abteilung II (Bibliothek der ehemaligen Handelshochschule) im neuen Hauptgebäude der Universität aufstellen zu lassen. Die dritte Abteilung, die den Grundstock der heutigen Deutschen Zentralbibliothek für Medizin bildet, beließ er vorausschauend in den Räumen der Universitätsklinik (Lindenburg).[4]

Weitere Verdienste der Vorkriegszeit sind auch seine bibliographischen Arbeiten. Dazu zählen insbesondere die Gründung der Reihe „Kölner bibliographische Arbeiten", zu der er selbst den zweiten Band „Hundert Jahre deutscher Wirtschaft in Fest- und Denkschriften" beisteuerte und die „Rheinische Bibliographie", erschienen 1940.

Eine seiner erfolgreichsten Unternehmungen, die die Universitäts- und Stadtbibliothek Köln nach 1945 als einzige große nordrhein-westfälische Bibliothek ohne massive Kriegsverluste überleben ließ, war die „[...] rechtzeitige, wohlüberlegte, planvoll durchgeführte Evakuierung der Bestände aus dem bombenbedrohten Köln"[5]. Ohne sich vom Widerstand höherer Stellen beirren zu lassen, setzte er die Auslagerung der Bücher an 17 verschiedene Orte durch.[6] Die Evakuierung erfolgte in den Jahren 1943 bis 1944. Nur ein kleiner Rest verblieb in der Universitätsbibliothek, darunter vermutlich auch die Bücher, deren Bearbeitung noch ausstand. Wahrscheinlich gehörten auch etliche Bände aus der Bibliothek Richter dazu.

Nach der Auslagerung der Bücher wurde die Universitätsbibliothek geschlossen; die Bibliotheksverwaltung nahm ihre Aufgaben von Bacharach am Rhein aus wahr.[7] Bei den wenigen tausend Bänden, die in Köln verloren gingen, handelte es sich größtenteils um an Benutzer ausgeliehene Bücher. Nach dem Krieg war der Rücktransport der ausgelagerten Bestände äußerst mühsam. Er dauerte Monate und gestaltete sich fast schwieriger als die vorherige Auslagerung.[8] Der gerettete Bestand und seine Kataloge bildeten später den Grundstock des am 20. März 1947 durch Landtagsbeschluss gegründeten „Zentralkataloges für die wissenschaftlichen Bibliotheken des Landes Nordrhein-Westfalen", der 1973 dem Hochschulbibliothekszentrum NRW (hbz) angegliedert wurde.[9]

Als ein weiteres Beispiel für Corstens organisatorisches Geschick ist seine Hilfestellung gegenüber der Bibliothek des Dominikanerklosters St. Albert zu Walberberg erwähnenswert. Das Kloster war 1941 von der Gestapo enteignet und beschlagnahmt worden. Trotzdem gelang es Corsten neben der Rettung der eigenen Bestände, die wertvollen Bücher des Klosters ebenfalls auszulagern. Rüdiger Aust schreibt darüber im Handbuch der Historischen Buchbestände: „Vor Kriegsschäden und dem Zugriff der Gestapo [...] wurde die Bibliothek durch rechtzeitige Auslagerung der wertvollsten und wichtigsten Bestände (unter Mithilfe des Direktors der Kölner Universitäts- und Stadtbibliothek, Hermann Corsten) nach Süddeutschland, aber auch in die nähere Umgebung Walberbergs nach Brühl bewahrt".[10] Ob die Auslagerung gelang, weil sie zeitlich vor den Gestapomaßnahmen durchgeführt wurde, oder ob Corsten in Absprache mit dem Reichssicherheitshauptamt handelte, ist bislang ungeklärt. Jedenfalls scheinen keine Bücher aus Walberberg in die Bibliothek des RSHA verbracht worden zu sein.[11]

Neben seiner Tätigkeit als Direktor der Universitäts- und Stadtbibliothek hielt Hermann Corsten seit dem Wintersemester 1934/35 Vorlesungen an der Philosophischen Fakultät im Fach Bibliothekswesen (später Buch- und Bibliothekswesen). Am 28. Juli 1938 folgte seine Ernennung zum Honorarprofessor. Nach seinem Entnazifizierungsverfahren wirkte Corsten weiterhin als leitender Direktor der Kölner Universitäts- und Stadtbibliothek. Mit der Erreichung der Altersgrenze am 1. August 1954 endete seine über zwanzigjährige Direktorentätigkeit, in welcher die Bibliothek Zeiten der größten Not und tief greifender Veränderungen erlebt hatte. Vierzehn Jahre später starb Hermann Corsten am 23. Juli 1968 im Alter von 79 Jahren. Im Nachruf erinnerte sich der Rektor der Universität Köln: „Der Verstorbene war eine harmonische Persönlichkeit: grosszügig [sic], konziliant, voll rheinischen Humors und von souveräner Gelassenheit auch in widrigen Situationen".[12]

Bibliotheksdirektor in der NS-Zeit

Laut Zentraler Mitgliederkartei der NSDAP wurde Hermann Corsten bereits im Jahr der Machtergreifung am 1. März 1933 in die NSDAP aufgenommen.[13] Der Vorgang war in dieser Zeit nichts Außergewöhnliches; waren doch höhere Beamte und Akademiker bis 1933 als Parteimitglieder sogar überrepräsentiert.[14] Das galt nicht für die oberste Führungsebene im deutschen Bibliothekswesen, wo zwischen 1933 und 1945 nur rund ein Drittel (12 von 34) der Bibliotheksdirektoren des Reiches in den Grenzen von 1937 Parteigenossen waren.[15] Zweifellos versprach der (frühe) Parteieintritt Karrierechancen. Ohne Parteibuch hätte Corsten kaum Direktor der Universitäts- und Stadtbibliothek Köln werden können. Doch sagt die Tatsache der Parteimitgliedschaft, welche Beweggründen auch immer den Einzelnen zum Parteieintritt bewogen hatten, über Gesinnung oder gar Schuld zunächst nichts oder zumindest wenig aus.

Hans-Gerd Happel, einer der ersten, der sich mit dem Bibliothekswesen im Nationalsozialismus beschäftigte, schrieb 1989 zu Hermann Corstens politischer Haltung: „[…] dass auch bei Hermann Corsten pro-nationalsozialistische Äußerungen oder aktiver politischer Einsatz für den Nationalsozialismus nicht anzutreffen waren. Diese Haltung wird auch in den vollkommen wertneutralen Publikationen von Hermann Corsten und – während seiner Verwaltungstätigkeit – im Spiegel der Akten deutlich […]".[16]

Zu dieser Aussage ist anzumerken, dass die Existenz der „Akte Richter" dem Verfasser damals nicht bekannt war. Folglich zählt er die Richter-Bibliothek in seiner Publikation auch zunächst wertneutral als eine von mehreren „eingegangenen Bibliotheken" während der Amtszeit Corstens auf. Dennoch ist er sich sicher, dass es sich bei den Richterschen Büchern um beschlagnahmtes Bibliotheksgut handelt, während er die erworbenen Klosterbibliotheken[17] als ‚wahrscheinlich' beschlagnahmtes Gut einschätzt.

Professor Dr. phil. FRITZ SCHALK (1902–1980)

Fritz Schalk wurde am 17. Januar 1902 in Wien als Sohn des Buchhändlers Friedrich Schalk geboren. Er studierte in Wien, Marburg und Freiburg Romanische Philologie, Klassische Philologie und Philosophie. Mit 25 Jahren promovierte er an Universität seiner Heimatstadt. Anschließend war Fritz Schalk fünf Jahre lang der Assistent von Walther Küchler, seinem Doktorvater, dem er an die Universität Hamburg gefolgt war. 1932 habilitierte er sich. Noch im gleichen Jahr (Dezember 1932)[18] erhielt Schalk den Ruf als Extraordinarius an das Romanische Seminar der Universität Rostock. An dieser Universität lehrte er bis zu seiner Versetzung an die Universität Köln am 1. November 1936. In Köln wurde er der Nachfolger des im Mai 1933 suspendierten und später entlassenen Professors für romanische Sprachwissenschaft Leo Spitzer[19]. Auch Schalks ehemaliger Lehrer Walther Küchler war 1933 in Hamburg in den vorzeitigen Ruhestand versetzt worden[20]. Vorausgegangen waren massive Denunziationen von nationalsozialistischen Studenten. Ähnlich erging es den Fachkollegen Eugen Lerch an der Universität Münster und Leonardo Olschki in Heidelberg. Sie alle wurden 1933 aufgrund des Gesetzes zur Wiederherstellung des Berufsbeamtentums[21] entlassen. Viktor Klemperer ereilte die Entlassung an der Technischen Universität Dresden erst 1935, da er Weltkriegsteilnehmer war.[22]

Im Jahr 1937 wurde Fritz Schalk Nachfolger von Leo Spitzer als Institutsdirektor des Romanischen Seminars in Köln.

Nach 1939 bestimmte der fortschreitende Krieg immer mehr das Alltagsgeschehen. 1942 begannen die schweren Luftangriffe auf Köln. Auch die Universität blieb vom Bombenhagel auf die Stadt nicht verschont. Tapfer versuchte man, unter schwierigsten Bedingungen den Lehr- und Forschungsbetrieb aufrecht zu erhalten. Ab Oktober 1944 musste jedoch der Lehrbetrieb endgültig eingestellt werden. Eine ‚Ausweichstelle' wurde unter der Leitung des Philosophen Professor Heinz Heimsoeth im vom Kriegsgeschehen verschonten Marburg eingerichtet. Offiziell wurde die Kölner Universität durch Erlass des Reichserziehungsministers von der Universität Marburg aufgenommen. In der Hauptsache folgten aber überwiegend die Juristische sowie die Wirtschafts- und Sozialwissenschaftliche Fakultät diesem Aufruf.[23]

Dass Fritz Schalk in Marburg Vorlesungen gehalten hat ist eher unwahrscheinlich, denn bereits am 6. Januar 1945 wurde er vom Reichsministerium für Wissenschaft, Erziehung und Volksbildung (REM) als Vertreter für den Romanisten Gerhard Moldenhauer an die Universität Wien abgeordnet[24]. Noch Monate nach Kriegsende weilte er in seiner Heimatstadt. In einem Schreiben vom Oktober 1945 beklagt der kommissarische Dekan der Philosophischen Fakultät der Universität Köln in einem Brief an Eugen Lerch, dass „[…] bisher all unsere Bemühungen, mit Herrn Schalk in Verbindung zu treten, erfolglos gewesen sind […]".[25]

Die Kölner Universität nahm Ende November 1945 den Vorlesungsbetrieb wieder auf.[26] Fritz Schalk kam erst zum Sommersemester 1946 nach Köln zurück. Wenig später erhielt er im August 1946 den Ruf sowohl von der Universität Hamburg als auch von der Universität Innsbruck. Beide lehnte er ab. Drei Jahre später, 1949, folgte ein Ruf der Universität Wien. Auch diesen Ruf lehnte er ab. Insgesamt erreichten Fritz Schalk fünf Rufe anderer Universitäten. Der Kölner Universität gelang es ihn mit etlichen Zugeständnissen zu halten.

Dazu gehörte beispielsweise auch die Gründung des Petrarca-Instituts, das 1949 eröffnet wurde. Bis zu seiner Emeritierung am 31. März 1970 leitete Fritz Schalk beide Kölner Institute. Während seiner langen Tätigkeit förderte er besonders die Bibliotheken seiner Seminare.

Fritz Schalk war Mitglied verschiedener Akademien der Wissenschaften und Träger des französischen Wissenschaftsordens ‚Palmes académiques'. Ein Jahr vor seinem Tod wurde ihm die höchste deutsche Auszeichnung für einen Wissenschaftler zuteil: als Nachfolger von Ernst Robert Curtius und Hugo Friedrich wurde er 1979 in den Orden „Pour le mérite" gewählt und 1980 feierlich aufgenommen. Wenige Monate später verstarb er am 20. September 1980 in Köln. Im folgenden Jahr wurde seine umfangreiche Privatbibliothek von der Universität zu Köln erworben. Die Bücher kamen der Universitäts- und Stadtbibliothek, dem Romanischen Seminar und dem Petrarca-Institut zugute. Teile des privaten Briefnachlasses vermachte er schon zu Lebzeiten der Universitäts- und Landesbibliothek Bonn.

Professor und Publizist in der NS-Zeit

Als frisch gekürter Herausgeber der „Romanischen Forschungen", die er 1935 übernommen hatte, musste sich Fritz Schalk schon bald gegen üble politische Nachrede verteidigen. Es erging ihm nun wie zwei Jahre zuvor seinem Lehrer Walther Küchler. Die nationalsozialistischen Studenten in Rostock griffen ihn an. Hintergrund war die Veröffentlichung eines Aufsatzes von Hugo Friedrich, den er in seinem ersten Jahr als Herausgeber der „Romanischen Forschungen" publizierte[27] und gegen den die Studenten massiv polemisierten. In dieser prekären Situation rechnete Schalk sogar mit dem Verlust seiner Professur, auch wenn er sein Verhalten gegenüber den Rektoren der Universitäten Rostock und Köln sowie gegenüber dem Ministerium in Berlin rechtfertigte.[28]

Es ist anzunehmen, dass Schalks Versetzung nach Köln mit diesen Studentendenunziationen zusammenhängt: „Man hielt es wohl für geschickt, ihn ins ‚katholische' Rheinland abzuschieben, wo weniger Widerstand seitens der nationalsozialistischen Studenten gegen ihn und seine Lehrinhalte zu erwarten war."[29] Es war eine Strafversetzung, die die Universität in Köln akzeptierte, weil Schalk bereits 1934 auf der Liste der Kölner Berufungsvorschläge stand.[30]

Für seine Haltung als Herausgeber sprach auch, dass er keine Beiträge von nazihörigen Romanisten abdruckte und auch nicht davor zurückscheute, Aufsätze von dem Regime unliebsamen Wissenschaftlern zu drucken. So publizierte er noch 1941 eine der letzten Rezensionen von Elise Richter.[31] Es gelang ihm „[...] noch 1941 und 1943 Beiträge von Verfolgten (E. Richter, W. Krauss) zu publizieren, während systemtreue Autoren wenig Chancen hatten, gedruckt zu werden".[32]

Schalk blieb bis zu seinem Tod im Jahr 1980 insgesamt fünfundvierzig Jahre lang der Herausgeber dieser bedeutenden romanistischen Fachzeitschrift.

Fritz Schalk war Mitglied der Nationalsozialistischen Volkswohlfahrt (NSV), aber nie Mitglied der NSDAP. Auf diesen Umstand wies der „Dozentenführer" der Universität Köln mehrfach argwöhnisch hin. Schalk fühlte sich ständiger Bedrohung ausgesetzt.[33] Mehrfach sollten ihm Reisen ins Ausland verboten werden. So wurde eine bereits vom Rektorat und von der Philosophischen Fakultät befürwortete Dienstreise Schalks nach Portugal in einem Brief des Dozentenführers an das Rektorat abgelehnt: „Ich erwähne nochmals, das [sic] Schalk nicht Mitglied der NSDAP ist und von der Dozentenführung nicht als repräsentativer Vertreter der deutschen Wissenschaft angesehen werden kann".[34] Man traute ihm nicht, da er über viele Kontakte im Ausland verfügte, die als „nicht als völlig einwandfrei" angesehen wurden.[35] Schalk musste versuchen sich zu schützen und wurde möglicherweise Mitglied in der NSV, um nicht Mitglied der Partei werden zu müssen.[36]

Der Romanist Frank-Rutger Hausmann, der in vielen Publikationen die Rolle der Romanistik in Zeiten des Nationalsozialismus untersucht hat, urteilt über Fritz Schalks Verhalten in den Jahren 1933 bis 1945: „In der Zeit des Naziunrechts hat Schalk aber moralisch und geistig die ihm auferlegten Prüfungen so nobel bestanden wie nur wenige Fachgenossen."[37] Ähnlich würdigt auch Isolde Burr aus Köln, die als langjährige Mitarbeiterin den Nachlass von Fritz Schalk gemeinsam mit dessen Schwester Hilde Schalk aus Wien verwaltete, „die komplexe Persönlichkeit und das vielseitige Engagement [...] sowie das gradlinige Festhalten an wissenschaftlichen und humanen Werten auch in dunkler Zeit" des älteren Kollegen.[38]

In seinen Erinnerungen an Fritz Schalk schreibt Professor Harri Meier, der mit ihm zweiundfünfzig Jahre lang in kollegialer und freundschaftlicher Verbindung gestanden hat und der 1935 auch sein erster Habilitand war: „Dass Fritz Schalk das totalitäre Regime ablehnte, war kein Geheimnis, hat er es doch in Rostock, eingemietet bei der Witwe eines jüdischen Kollegen, in Vorlesungen und Gesprächen, durch die Wahl seiner persönlichen Beziehungen und durch Fernbleiben aus den Organisationen der Partei deutlich genug zu verstehen gegeben."[39]

Als Student war Fritz Schalk auch Schüler von Elise Richter gewesen. Die Verbindung zur einstigen Dozentin blieb über all die Jahre bestehen. Der gebürtige Wiener reiste jedes Jahr in seine Heimatstadt und war bei diesen Gelegenheiten oft Gast bei den regelmäßig stattfindenden „jours" der Schwestern Richter.[40]

Professor Dr. phil. EUGEN LERCH (1888–1952)

Der dritte mögliche Empfänger des Briefes ist Eugen Lerch[41]. Er wurde am 25. Dezember 1888 in Berlin als Sohn des Kaufmanns Philipp Lerch geboren. Lerch studierte ab 1909 romanische, germanische und englische Philologie sowie Philosophie in Berlin, Marburg und München. Er war Schüler bei Adolf Tobler in Berlin und später bei Karl Vossler an der Universität München, bei dem er 1911 promovierte. Seine Habilitation folgte im Jahr 1914. Nach dem Ersten Weltkrieg wurde er außerordentlicher Professor in München, ab 1930 ordentlicher Professor in Münster.

Aufgrund der „Nürnberger Rassengesetze", insbesondere durch die „Erste Verordnung zum Reichsbürgergesetz"[42], die anordnete, dass die Juden keine Reichsbürger sein können und im Sinne dieser Definition bis zum Jahresende 1935 als Beamte in den Ruhestand zu versetzen seien, wurde Eugen Lerch zwangspensioniert.[43] Zwei Jahre zuvor war auch er bereits seines Amtes enthoben worden. 1937 erreichte ihn der Ruf an die Universität Saint Louis in Missouri, USA, aber Eugen Lerch nahm diese Gelegenheit, in Sicherheit zu kommen, nicht wahr; er lehnte den Ruf ab und blieb weiterhin in Deutschland. Münster hatte er 1935 verlassen und war nach Köln gezogen. Erst spät, im Jahr 1942, nachdem seine Wohnung durch Bomben zerstört worden war, verließ er Köln und erlebte das Kriegsende im Riesengebirge.

Nach dem Krieg kam er für kurze Zeit ins Rheinland zurück. Im Wintersemester 1945/46 hielt er die Vorlesungen „Einführung in die romanische Philologie" (3 Stunden) und „Übungen zu Verlaine" (2 Stunden) als Vertretung für den in Österreich weilenden

Schalk an der Kölner Universität.⁴⁴ Im Anschluss bemühte sich Lerch, der zu diesem Zeitpunkt eine Anstellung als Dolmetscher im Rathaus von Passau inne hatte, um die Anstellung an der Kölner Hochschule. Er ging davon aus, dass Fritz Schalk an der Universität in Wien verbleiben würde. Auch das ihm bekannt war, dass dessen Vorgänger Leo Spitzer es weiterhin vorzog, in den Vereinigten Staaten zu bleiben, veranlasste ihn, sich für den verwaisten Kölner Lehrstuhl der romanischen Philologie zu bewerben.⁴⁵ Das Dekanat der Philosophischen Fakultät wünschte sich Fritz Schalk zurück, bot aber unterdessen Eugen Lerch die Lehrstuhlvertretung für den abwesenden Ordinarius an. Eugen Lerch kehrte erneut nach Köln zurück. Seine Zeit an der Universität währte allerdings nur kurz. Im folgenden Jahr kam Fritz Schalk zurück. Daraufhin setzte der Dekan Lerch am 30. April 1946 davon in Kenntnis, dass seiner Mitwirkung nicht länger bedurft wurde.⁴⁶ Eugen Lerch verließ Köln und ging zunächst für ein Semester (Sommersemester 1946) nochmals an die Universität Münster zurück. Schließlich rief ihn die Johannes Gutenberg-Universität in Mainz zum Wintersemester 1946/47 auf den Lehrstuhl für romanische Philologie. Dort lehrte er in den folgenden fünf Jahren. Am 16. November 1952 starb Eugen Lerch im Alter von 63 Jahren.

Anlässlich der akademischen Trauerfeier der Johannes Gutenberg-Universität am 24. Februar 1953 erwähnte Edmund Schramm in seiner Gedächtnisrede, dass „den Eingeweihten die Tatsache nicht unbekannt [ist], dass Eugen Lerch sehr ausgeprägte und eindeutige politische Überzeugungen hatte. […] Er hat in der Zeit nach dem ersten Weltkrieg daran geglaubt, dass es möglich sei, in Europa eine neue politische Gesinnung zu begründen. Schon damals war ihm die französisch-deutsche Verständigung Herzenssache. […] Er fühlte sich als ein lebendiges Glied des damaligen demokratischen Staates, und er hat schwer darunter gelitten, dass dieser Staat zerschlagen wurde. […] Er hat einigen deutschen Romanisten ihre seinerzeitige antisemitische Einstellung nie verziehen."⁴⁷

Auch für Eugen Lerch war Elise Richter keine ferne Fachkollegin. Zu ihrem 60. Geburtstag, am 2. März 1925, würdigte er sie in der Zeitschrift „Die neueren Sprachen" mit einem ausführlichen Artikel.⁴⁸

Der erste Brief von ELISE RICHTER – 24. August 1941

Zurück zum Brief von Elise Richter. Bei der Ermittlung des Empfängers steht nun zumindest eine Tatsache fest: die in der Anschrift genannte Stadt war Köln.

Zuerst aber zur formalen Analyse des Briefes, der sich heute in der Autographensammlung der USB Köln befindet. Es handelt sich um ein 31 x 22 cm großes Schreiben, das zweimal (auf ungefähre Postkartengröße) gefaltet gewesen war. Auf dem Originalbrief wurde mit rotem Korrekturstift Elise Richters Wiener Adresse „Weimarer Str. 83" sowie der Name „Lersch" [sic] hinzugefügt. Interessanterweise sind die Anmerkungen „Weimarer Str. 83" und „Lersch" auf einer Xero-Kopie des Briefes nicht zu erkennen. Nur mittels Scannen des Originals konnten diese Zusätze auf einer Reproduktion sichtbar abgebildet werden. Auf der Briefkopie, die zu einem späteren Zeitpunkt der Akte Richter lose hinzugefügt worden war, fehlten diese Angaben!

Zunächst ist ungewöhnlich, dass sich der Brief in der Autographensammlung befindet und nicht in der Akte Richter.[49] Der Vermerk der Anschrift bzw. lediglich der Vermerk der Straße lässt darauf schließen, dass der Empfänger einerseits den Briefumschlag nicht aufbewahrt hat und dass ihm andererseits der Rest der Richterschen Anschrift „Wien XIX" bekannt gewesen sein könnte. Die Briefumschläge der Briefe, die Elise Richter später per Einschreiben oder via Luftpost an die Direktion der Universitäts- und Stadtbibliothek schickte, sind in der Richter-Akte erhalten geblieben. Trotz der Tatsache, dass die Verwaltung der Bibliothek nur Briefumschläge bei außergewöhnlicher Zustellung aufbewahrte, ist auffallend, dass im Gegensatz zu den seit siebenundsechzig Jahren im Aktenordner abgehefteten Schreiben von Elise Richter der Brief in der Autographensammlung sehr starke Knickfalze aufweist. Diese Tatsache beweist, dass dieser Brief über lange Zeit in gefaltetem Zustand aufbewahrt wurde. Das wiederum spricht gegen die Aufbewahrung in einem Aktenordner.

Wer den Straßennamen und den Namen Lerch in der falschen Schreibweise „Lersch" hinzugefügt hat, ist unbekannt. Ein Hinweis ist möglicherweise, dass demjenigen die Person Eugen Lerch unbekannt war und dass der Schreibfehler eine phonetische Ursache hat: in Köln wird das ‚ch' eher als ‚sch' gesprochen, folglich akustisch so verstanden und möglicherweise deshalb falsch geschrieben. Trotzdem ist die Ergänzung des Namens „Lersch" ein wichtiges Indiz, wenn es darum geht, den Empfänger des Briefes zu identifizieren. Denn fest steht, dass die Namensergänzung in Ermangelung des Briefumschlages (mitsamt dem korrekt geschriebenen Namen des Absenders) erfolgte, als der Brief in die USB Köln gelangte.

Eindeutiger zuzuordnen sind die später auf der Kopie des Briefes neben und im Text hinzugefügten Signaturvermerke von Büchern der Kölner Bibliothek. Sie stammen von Gunter Quarg, der den Brief seinerzeit bearbeitete und die im Schreiben erwähnten Bücher im Bestand der Universitätsbibliothek Köln überprüft hatte. Eines der Bücher Richterscher Provenienz hat er im Rahmen der Einbandforschung untersucht und beschrieben.[50] In einer ebenfalls im Jahr 2002 erschienenen Publikation[51] erwähnte er neben zwei Büchern der Richter-Bibliothek auch den vorliegenden Brief. Hier wird der Brief als „[…] Begleitbrief zu dem nicht mehr greifbaren Katalog der 1941 zum Verkauf stehenden Bibliotheken der Wiener Sprachwissenschaftlerinnen Helene (1861–1942, Anglistin) und Elise Richter (1865–1943, Romanistin), die damals wegen jüdischer Abstammung verfolgt wurden.", beschrieben.[52]

Der Bestimmung als Begleitbrief widerspricht allerdings, dass ein solches Schreiben Eingang in die Akte Richter gefunden hätte und sich auch heute noch bei den existierenden Bücherlisten befinden würde. Er wäre somit auch nicht erst nach 1980 in den Besitz der USB Köln gelangt.

***

Nach diesen formalen Informationen folgt nun der Inhalt des Originaltextes. Anmerkungen und Einschübe sind in Klammern dargestellt. Die im Originalbrief unterstrichenen Zeilen sind auch im dargestellten Text unterstrichen worden. Diese Darstellungsart gilt für alle weiteren Brieftexte. Besondere Ausdrucksformen oder orthographische Fehler sind mit [sic] als solche gekennzeichnet.

24. Aug. 1941

Sehr geehrter Herr Professor,

unserem schwachen Gesundheitszustand entsprechend komme ich erst heute mit der Herstellung der Listen zurande, die einen ungefähren Einblick geben können. Es befinden sich wenige Originalausgaben darunter, immerhin A. W. Schlegel's Observations sur la langue et la litterature provençale 1818 und Schlegels Vorlesungen über dramatische Kunst etc 1808, Seltenheiten, wie die neapolitanischen Erzählungen v. Masillo Reppone, Posilecheata, in schachtelartigem Einband (18. Jahrh.), Angelo Poliziano, Le stanze, Parma 1792 in schönem Ledereinband aus der Zeit u. s. w.

Aus der <u>englischen</u> Bibliothek meiner Schwester die 1938/9 schon 1700 Bände verkaufte, sind noch 750 Bände, z. T. wirkliche Seltenheiten und größere Ausgaben, wie Byron (Ausg. Procero e Coleridge) 13 Bde, <u>Arden-Shakespeare 32 Bände</u> u. s. w., mehrere grosse Wörterbücher.

[Am Rand vermerkt:] Bädecker Sammlung 50 Bde, und etwa 150–200 Reisehefte (unserer [fehlt]

<u>Germanistik, deutsch-wissenschaftliche (Literatur, Kunst, Philosophie, Geschichte), Biographien</u> und <u>Briefwechsel</u>, endlich <u>schöne Literatur</u> (zusammen wohl auch immerhin 1000 Bände) könnten wir namentliche Verzeichnisse einschicken, wenn erwünscht.

Auf <u>Blatt 2</u> ⁵³ habe ich gesondert vermerkt, was die Bibliothek wahrscheinlich schon besitzt obzwar Rolland selten ist. Diese Werke sind sehr teuer gewesen. Gilliéron kostete, obzwar ein Zufallskauf, 800 Kronen, d. i.   = heutige 800 Mk
dazu der Einband   120
*   920 –*

Die Schwierigkeit für die folgende Behandlung dieser Angelegenheit ist nun diese:
Ich gehöre, wie Sie wissen, zu den Rechtlosen, die nicht freihändig verkaufen dürfen, sondern einen beeideten Schätzmeister zu rate ziehen müssen. Der bekommt 10 % des Schätzwertes gezahlt. Da wir nun leider durchaus nicht in der Lage sind, eine Summe auszulegen, die ein Vielfaches unseres Monatseinkommens beträgt – wir sind durch einen Willkürakt, gegen den wir keine Abwehr sehen, kürzlich auf eine Monatsrente von – 138 Mk für Beide! gesetzt worden – sehe ich nicht ab, wie wirs anstellen sollen. Der Bücherverkauf bedeutet natürlich eine kleine Lebensverlängerung, jedenfalls eine Sterbenserleichterung für uns. Könnte der Herr Direktor als Vertreter einer staatlichen Anstalt etwa jemanden ernennen, der die Bücher besichtigt und schätzt? Jedenfalls könnten wir die Schätzungstaxe nur dann aufbringen, wenn wir sicher

sind, dass die Bücher auch wirklich gekauft werden, so dass wir die Taxe leihen und sofort nach Erhalt der ersten Rate zurückzahlen könnten,
Es tät uns natürlich furchtbar leid, wenn diese Schwierigkeit Herrn Direktor abekeln und wenn ich Sie in eine unangenehme Lage gebracht hätte. Auf jeden Fall danke ich Ihnen in meiner Schwester und meinem Namen herzlichst für ihre freundliche Bemühung. Immer Ihre
   Elise Richter

Welche Indizien liegen also vor, die für oder gegen die Annahme eines möglichen Empfängers sprechen?

Im ersten Satz wird deutlich, dass der vorliegende Brief Stellung zu einem bereits angelaufenen Verfahren, der Herstellung der Bücherlisten, nimmt: „[…] *unserem schwachen Gesundheitszustand entsprechend komme ich erst heute mit der Herstellung der Listen zurande, die einen ungefähren Einblick geben können.*" Für den Verkauf der Bibliothek war es unerlässlich, Listen zu erstellen. Im genannten Kontext spricht Elise aber die Erstellung von Listen an, die ein bestimmtes Kaufinteresse: „[…] *die einen ungefähren Einblick geben können*" unterstützen sollen. Die in der USB Köln tatsächlich vorhandenen Listen geben allerdings keinen ungefähren Eindruck wieder, sondern es handelt sich dabei um dezidiert nach Fächern aufgeteilte Bestandslisten, in denen sogar wenige Seiten umfassende Sonderdrucke oder einzelne Zeitschriftenhefte aufgeführt wurden. Es wäre sicherlich unnötig gewesen, ihre Fachkollegen Lerch und Schalk mittels Erstellung von ausführlichen Listen von der Qualität ihrer Bibliothek zu überzeugen. Davon abgesehen ist zumindest sicher, dass Fritz Schalk die Bibliothek von Elise und Helene Richter kannte, da er über Jahre Gast im Hause Richter war. Daneben hinterlässt der Brief den Eindruck, eine Art schriftlicher Bestätigung auf eine im Vorfeld erfolgte kurze Kontaktaufnahme oder Absprache zu sein: „[…] *entsprechend komme ich erst heute mit der Herstellung der Listen zurande* […]".

Im zweiten Teil des Schreibens erläutert Elise Richter, nachdem das Buchangebot beschrieben wurde, dezidiert ihre schwierige Lage. Diese war dem Empfänger zum Zeitpunkt des Briefes anscheinend nicht bewusst. In Ermangelung eines vorausgehenden Schreibens sollte man auch ein Telefonat, das im Vorfeld geführt worden sein könnte, selbst wenn die Richter-Schwestern seit Anfang 1941 keinen eigenen Telefonanschluss mehr hatten[54], in Betracht ziehen.

Seit meinen ersten Rekonstruktionsversuchen neigte ich dazu, den Kölner Bibliotheksdirektor Hermann Corsten als Adressat des Briefes anzusehen.[55] Ein wichtiges Indiz für diese Annahme ist, dass Corsten selbst bestätigte, dass er bereits am 15. August 1941 Verhandlungen mit den Damen bezüglich des Verkaufs geführt habe.[56] Für ihn spricht außerdem die Tatsache, dass er als Direktor der Universitäts- und Stadtbibliothek („*Direktor* […] *einer staatlichen Anstalt*") und letztlich als Kaufinteressent der Ansprechpartner für Elise Richter war. Darauf könnte sich ebenso der oben genannte erste Satz beziehen, in dem sie gezielt Bezug auf die Listen nimmt, „[…] *die einen ungefähren Einblick geben können*", und im Folgenden einige Selten- und Kostbarkeiten ihrer Sammlung aufführt. Die erwähnten Exemplare von Schlegel „*A. W. Schlegel's Observations sur la langue et la litterature provençale 1818 und Schlegels Vorlesungen über dramatische Kunst etc 1808"* sind allerdings in der USB Köln nicht nachzuweisen. Das einzige vorhandene Exemplar der „Observations" stammt nachweislich nicht aus dem Besitz von Elise Richter.

Daneben sind auch die Anreden im Brief als direkter Appell interpretierbar: *„Könnte der Herr Direktor als Vertreter einer staatlichen Anstalt etwa jemanden ernennen, der die Bücher besichtigt und schätzt?"* und *„Es tät uns natürlich furchtbar leid, wenn diese Schwierigkeit Herrn Direktor abekeln und wenn ich Sie in eine unangenehme Lage gebracht hätte"*.

Auch die Erläuterung: *„Ich gehöre, wie Sie wissen, zu den Rechtlosen, die nicht freihändig verkaufen dürfen, sondern einen beeideten Schätzmeister zu rate ziehen müssen"* ist gegenüber Eugen Lerch sicherlich obsolet, geht man davon aus, dass ihm diese Situation nur allzu gut bekannt gewesen sein dürfte. Dass Elise Richter ihre Lebensumstände dem Direktor der Universitäts- und Stadtbibliothek erklärt, ist neben den Schwierigkeiten, den Schätzmeister zu bezahlen, auch im Hinblick auf die spätere Abmachung der Ratenzahlung, auf die sie wegen der zu leistenden Sondersteuer bestehen muss, einleuchtend.

Gegen Hermann Corsten als Adressat spricht zunächst, dass der Brief nicht in der Akte Richter aufbewahrt wurde. Auch der heutige Standort in der Autographensammlung und die Knickfalze sprechen gegen eine damalige Bearbeitung durch die Bibliotheksverwaltung. Es ist aber nicht auszuschließen, dass sich der Brief in Corstens Privatbesitz befunden hat und erst nach seinem Tod, gemeinsam mit anderen Stücken, von seiner Familie an die Bibliothek übergeben wurde.

War Fritz Schalk der Empfänger? Für ihn spricht die Tatsache, dass er als Wiener auch über seine Studienzeit hinaus den Kontakt zu Elise Richter gehalten hat. Ebenso ist die bereits erwähnte Publikation von Elise Richters Rezension in den Romanischen Forschungen im Jahr 1941 ein Zeichen für einen immer noch bestehenden Kontakt. Hinzu kommt der sicherlich vorhandene Wunsch Fritz Schalks, seiner Kollegin helfen zu wollen. Leider hat er in seinem Nachlass diesbezüglich keine schriftlichen Quellen hinterlassen. Die Aussage wird allerdings durch Frau Professor Isolde Burr gestützt, die über Jahre mit Fritz Schalk zusammengearbeitet hat.[57] Eine These, die für den Schalk-Besitz des Briefes spricht, ist die, dass das Schreiben zusammen mit Schalks Büchern in die USB Köln gekommen sein könnte. Ein Indiz dafür bilden die Spuren der jahrelangen Knickung – so als wäre der Brief in einem Buch aufbewahrt worden. Das würde bedeuten, der Brief wurde erst in den achtziger Jahren gefunden und in die Autographensammlung der USB aufgenommen. Leider fehlt dafür der Beweis, da die Autographen nicht mit Aufnahmedatum, Lieferant oder Fundort akzessioniert werden.

Ein gewichtiger Hinweis spricht für Eugen Lerch als Empfänger des Briefes. Es handelt sich um einen Tagebucheintrag von Elise Richter. Am 15. August 1941, neun Tage vor der Abfassung des Briefes, notierte sie: *„Lerch, Angebot, Bücher im Ganzen Bibliothek Köln zu verkaufen, mit lebenslänglicher Benützung"*.[58] Zu dieser Zeit lag noch kein schriftlich erhaltenes Kaufangebot von Hermann Corsten vor. Trotzdem begann Elise Richter laut Tagebucheintrag am 25. August 1941 (der Brief stammt vom 24. August) mit der Anfertigung von Listen. Wenige Tage zuvor hatte sie auch bereits eine Schätzung ihres Bestandes versucht: *„Z, AL, Rolland allein schon 1000 Mk. wenigstens wert"*.[59]

Thierry Elsen und Robert Tanzmeister äußern sich verständlicherweise angesichts dieser aussagekräftigen Quelle verwundert darüber, dass es „in den bisherigen Darstellungen heißt, der Verkauf sei über den Kölner Romanisten Fritz Schalk [...] gelaufen."[60] Einen Beweis dafür, dass Fritz Schalk der Vermittler zwischen Elise Richter und der Universitäts- und Stadtbibliothek Köln war, liefert Hans Helmut Christmann. In seiner Veröffentlichung über Elise Richter gibt er an: „Wie mir Fritz Schalk (Köln) schreibt, vermittelte er, der Elise Richter seit 1927 regelmäßig jedes Jahr besuchte, auf ihre Bitte den Kauf ihrer Bibliothek durch die Kölner Universitätsbibliothek."[61]

Eugen Lerch war als zwangspensionierter Professor sicherlich nicht mehr in der Lage, tatkräftige Hilfe für die ebenfalls von ihrer Universität entfernte Elise Richter zu leisten. Aber er wohnte in Köln. Der Weg zur dortigen Universität war folglich ein kurzer. Und dieser Weg wird wahrscheinlich (auch) zu seinem Fachkollegen Schalk geführt haben, der in weitaus besserer Position und auch willens war, den Richter-Schwestern zu helfen. Sollte also Eugen Lerch im Besitz des Briefes gewesen sein, wäre es möglich, dass er ihn Fritz Schalk gezeigt und eventuell sogar überlassen hat. Für Schalk war es leicht, Hermann Corsten auf dem Dienstweg zu unterrichten.

Fest steht, dass sich Direktor Corsten umgehend um die Angelegenheit kümmerte und dass er vom Engagement Eugen Lerchs wusste. Jedenfalls erwähnt Corsten ihn im ersten Brief, der in der Akte Richter erhalten ist: *„Es war mir leider nicht möglich, in der vergangenen Woche nach Wien zu kommen, wie Herr Professor Lerch Ihnen mitgeteilt hat"*.[62]

Möglicherweise wird sich der tatsächliche Adressat des Briefes nicht mehr ganz zweifelsfrei bestimmen lassen. Wichtig ist, dass Eugen Lerch und Fritz Schalk, vielleicht sogar gemeinsam, mit der Kölner Universitäts- und Stadtbibliothek Verbindung aufnahmen und den Kauf der Bücher durch die Bibliothek in die Wege leiteten.

2. Die Verhandlungen

Die Akte Richter stellt in ihrer Komplexität einen der wenigen dokumentierten Erwerbungsvorgänge aus der Zeit vor 1945 dar. Nach der Auslagerung der Bestände erfolgte die die kriegsbedingte Schließung der Universitäts- und Stadtbibliothek. Die Bibliotheksdirektion versuchte von Bacharach aus, die Geschäfte notdürftig weiterzuführen. Auch Teile der Verwaltungsakten verließen Köln. Nicht alles konnte nach Kriegsende zurückbeschafft werden. Zu den Verlusten zählen nahezu alle Erwerbungsakten.[63] Die Originalakte Richter blieb erhalten, da Direktor Corsten sie vermutlich zu Hause aufbewahrte. Sie beinhaltet 55 paginierte und 21 ungezählte Dokumente. Es handelt sich um die Korrespondenz zwischen Hermann Corsten und Elise Richter sowie zwischen Corsten und dem stellvertretenden Generaldirektor der Österreichischen Nationalbibliothek in Wien Dr. Robert

Teichl. Auch ein Brief von Professor Gregor, dem Leiter der theaterwissenschaftlichen Sammlung der Nationalbibliothek Wien, ist enthalten.

Der Akte beigefügt ist außerdem der Hauptteil der Bücherlisten; ein kleinerer Teil fand sich in einem Sammelordner von Aktenresten aus der Zeit vor 1945 in der Erwerbungsabteilung.

Wie bereits angemerkt, meldete sich Hermann Corsten bereits Mitte September 1941 bei Elise Richter. Berücksicht man, dass der oben behandelte Brief vom 24. August datiert ist, und dass in der Zwischenzeit die Kontaktaufnahme und die Bearbeitung mit bzw. durch die USB stattfand, liegen gerade 22 Tage zwischen den Briefen. Das beweist das umgehende Handeln aller beteiligten Personen. Der Kölner Bibliotheksdirektor wollte die Bibliothek der Schwestern persönlich in Augenschein zu nehmen. In seinem ersten Brief informierte er Elise Richter, dass er seine Reise nach Wien jedoch erst später als geplant (geplant war also ein noch zügigeres Handeln!) antreten konnte, um „[...] *mit Ihnen die Bibliotheksangelegenheiten zu besprechen.*"[64] Er reiste schließlich, gemeinsam mit seiner Ehefrau, am Samstag, dem 20. September 1941 für eine Woche nach Wien[65]. Am 23. September beschrieb Elise Richter die Corstens in ihrem Tagebuch als *„nette Leute"*.[66] Demnach musste der Besuch am 23. oder bereits am 22. September stattgefunden haben. Wahrscheinlicher ist Dienstag, der 23. September, denn an diesem Abend wurde im Burgtheater der „Alpenkönig und der Menschenfeind" von Ferdinand Raimund aufgeführt[67] und Elise Richter erwähnte in ihrem wenige Tage später verfassten Brief: *„Hoffentlich war der ‚Alpenkönig' eine schöne Vorstellung und Sie sind mit einem freundlichen Eindruck von Wien geschieden"*.[68] Dieser Satz gibt außerdem einen Hinweis darauf, dass Corsten Wien kurz darauf wieder verlassen wollte. Folglich kann ausgeschlossen werden, dass Hermann Corsten erst am 23. September nach Wien reiste und am gleichen Tag noch bei Elise Richter vorstellig geworden war.[69] Vor der endgültigen Rückkehr nach Köln am Samstag, dem 27. September 1941, hatte das Ehepaar noch ein paar Tage Aufenthalt in Würzburg eingeplant.[70] Dies unterstreicht den Hinweis von Elise Richter, dass die Corstens Wien bereits am Donnerstag, dem 25. September, wieder verlassen hatten.

Vor seinem Besuch bei Elise und Helene Richter hatte er zunächst Kontakt zur Österreichischen Nationalbibliothek aufgenommen. Die größte österreichische Bibliothek hatte wenige Tage nach dem „Anschluss" massive personelle Veränderungen erfahre. Der seit 1923 leitende Bibliotheksdirektor Josef Bick war aus dem Amt entfernt worden. Sein Nachfolger wurde Paul Heigl, ein überzeugter Nationalsozialist, den Seyß-Inquart bereits am 12. März 1938 telefonisch aus Berlin nach Wien rufen ließ. Vier Tage später war der ehemalige Fachreferent der Preußischen Staatsbibliothek bereits kommissarischer Leiter der Nationalbibliothek.[71] Der 1883 im Sudentenland geborene Robert Teichl ist eine recht ambivalente Gestalt im Bibliothekswesen dieser Zeit. Heigl beließ den erst 1938 in die NSDAP eingetretenen Stellvertreter Bicks im Amt. Obwohl unter dem Direktorat Bicks (1923–1938) keine Nationalsozialisten im wissenschaftlichen Bibliotheksdienst eingestellt worden waren, war Teichl ein Sympathisant Hitlers und äußerte sich in der Folge auch als überzeugter Antisemit.[72]

Hermann Corsten wurde bei seinem Besuch nicht vom Generaldirektor Heigl, sondern vom Hofrat Robert Teichl empfangen. Dieser ließ den Kollegen jedoch von Paul Heigl herzlich grüßen. Ob es zwischen Corsten und Teichl bereits vor diesem Treffen persönliche Kontakte gab, ist nicht bekannt. Es entwickelte sich jedoch spätestens über den „Fall Richter" eine nahezu freundschaftliche Atmosphäre. Bei diesem Wiener Besuche wurde jedenfalls auch der private Kontakt gepflegt. So kam es auch zu einem Treffen der Corstens mit Robert Teichl und dessen Gattin. Beide Herren versicherten sich später in ihren Briefen, der *„[…] liebenswürdige[n] Aufnahme […]"*[73] bzw. *„[…] die angenehme Erinnerung an den lieben Besuch in Wien"*.[74]

Es ist bemerkenswert, mit welchem Eifer sich Corsten auf den Weg nach Wien und an die Aufgabe machte, alle Formalitäten zügig zu erledigen. Persönlich kontaktierte er die zuständigen Behörden, um den Kauf zu ermöglichen, erst danach schaute er sich das eigentliche Kaufobjekt an. Gerne hätte er wohl noch rascher gehandelt, denn er schrieb am 15. September an Elise Richter:[75]

„Sehr geehrte Frau Professor!
Es war mir leider nicht möglich, in der vergangenen Woche nach Wien zu kommen, wie Herr Professor Lerch Ihnen mitgeteilt hatte. Ich konnte dienstlich nicht abkommen und habe nun vor, Sie anfangs [sic] nächster Woche in Wien aufzusuchen, um mit Ihnen die Bibliotheksangelegenheit zu besprechen.
Ihr sehr ergebener C[orsten]"

Was trieb ihn an, die weite Reise nach Wien zu machen, nur um eine Professorenbibliothek, über deren Bestände ihn höchstens die Gespräche mit Schalk und/oder Lerch unterrichtet haben konnten, zu erwerben? Denn dass die Reise strapaziös war, teilte er Teichl brieflich mit: „*Die Rückreise liess* [sic] *an Schwierigkeiten nichts zu wünschen übrig"*.[76] Im Juni 1941 hatte das Unternehmen Barbarossa, der Krieg gegen die Sowjetunion, begonnen. Hermann Corsten, der auch während der Kriegsjahre häufig unterwegs war, wusste, dass die Beförderung der Zivilbevölkerung, gerade in diesen Monaten und besonders in Richtung Osten, hinter der Beförderung der Wehrmacht zurückstehen musste. Die Reisenden mussten beispielsweise stundenlange Wartezeiten in Kauf nehmen.

Der Briefwechsel

In der Woche nach Hermann Corstens Rückkehr begann schließlich der Briefwechsel, der uns heute vorliegt. Diese Briefe dokumentieren das weitere Geschehen. Im Folgenden werden in chronologischer Reihenfolge wichtige Passagen einzelner Briefe zitiert. In der

Mehrzahl werden jedoch die kompletten Briefinhalte wiedergegeben. In ihnen spiegeln sich die damaligen Umgangsformen wie Höflichkeit und Konvention, aber auch Angst, Verzweiflung, Hoffnung, Gier, Rassismus und die kalte Technokratie des damaligen deutschen Verwaltungshandelns wider.

Die Brieftexte wurden so übernommen, wie sie im Original vorliegen. Als Zugeständnis an die neue deutsche Rechtschreibung und für eine leichtere Lesbarkeit, sind einige Wörter umgeschrieben worden. In der Regel betrifft dies die in den Originalen unterschiedliche Verwendung des Buchstabens „ß" bzw. der Buchstaben „ss". Das oftmals verwendete "Ue" anstatt „Ü" wurde in der Schreibweise der Briefe übernommen. In den Originalbriefen unterstrichene oder anderweitig hervorgehobene Passagen sowie Zusammenschreibungen und Abkürzungen sind entsprechend wiedergegeben.

Mit [sic] wird folglich nur eine besondere Ausdrucks- oder Schreibweise hervorgehoben.

Alle Textpassagen der Briefe erscheinen kursiv. Wenn sich zitierte Textpassagen nahtlos an vorher zitierte Zeilen anschließen, wurde das Auslassungszeichen [...] nicht verwendet. Eine Einfügung erfolgte nur dann, wenn die ausgelassenen Sätze für die Beurteilung keine wesentliche Aussage darstellten oder diese bereits im Erläuterungstext beschrieben wurde.

Bei den Briefen von Hermann Corsten handelt es sich um die für die Akten der Kölner Universitäts- und Stadtbibliothek vorgesehene Zweitschrift. Aus diesem Grund ist als Unterschrift nur seine Paraphe „C" angegeben. In den dargestellten Brieftexten wird Corstens Namenszug folglich mit C[orsten] angegeben. Bei den Briefen, die Elise Richter auf ihrer defekten Schreibmaschine geschrieben hatte, wurde bei der Darstellung des Textes wie im Original der Buchstabe „i" statt der Ziffer „1" verwendet.

01. OKTOBER 1941–16. DEZEMBER 1941

1. Oktober 1941

Weitere Eindrücke der Wienreise liefern vier Briefe vom 1. Oktober 1941. Es sind die Schreiben mit denen Robert Teichl und Elise Richter bezüglich des Bücherverkaufs an Hermann Corsten schrieben, sowie dessen Briefe an Teichl und an das Kuratorium der Universität Köln.

Es beginnt mit den Resultaten aus Corstens Besuch bei Elise und Helene Richter. Die Einigung über den Bücherverkauf an die Kölner Bibliothek scheint in freundschaftlicher Atmosphäre stattgefunden zu haben. Elise Richter jedenfalls beendete ihren diesbezüglichen Brief vom 1. Oktober mit folgenden Worten:[77]

Sehr geehrter Herr Professor,
Nach einigen aufregungsvollen Tagen kam ich erst Montag [29. September, Anm. d. Verf.] zur Sichtung der Bücher, will aber trotzdem ich damit nicht fertig bin, nicht länger zögern, Ihnen zu schreiben, damit Sie nicht im Zweifel sind, dass ich der Abmachung treu bleibe. Die gesammten [sic] Romanica gehören Ihnen, aber ein kleiner Teil – ich denke 500 Bände – folgt erst später nach. Es wäre mir nun sehr wichtig, zu wissen, welche Bücher Ihnen als Doubletten [sic] ohnehin wertlos sind und ich erlaube mir daher, Ihnen beigefügten Fragezettel beizulegen, den Sie so gütig sein wollen, mir beantwortet zurück zu schicken. Verzeihen Sie die Bemühung. Für mich ist das jetzt eine Lebensfrage.
Zu den Listen „Theater" und Broschürenkatalogen kommen nun noch demnächst
Die Listen 1) über Bädecker [sic] (Landkarten, Führer, Prospekte)
  2)   " Anglistik
  3) die Romanica-Doublette. In allen Dreien werden die Bücher, die wir –
    vorläufig – zurückbehalten, rot angestrichen sein.
Ist ihnen eine Sammlung Sonderabzüge von meinen eigenen Arbeiten erwünscht? Auch eine Exemplar meines „Ab im Romanischen" könnte ich geben.
Ich kann nicht schliessen, ohne meiner Freude Ausdruck zu geben, dass es uns vergönnt war, die so angenehme persönliche Bekanntschaft mit Ihnen und Ihrer verehrten Frau Gemahlin machen zu können. Hoffentlich war der ‚Alpenkönig' eine schöne Vorstellung und Sie sind mit einem freundlichen Eindruck von Wien geschieden.
   Ihre sehr ergebene Elise Richter"

Nachdem Hermann Corsten die für ihn in Frage kommenden Bücher in der Richterschen Wohnung kurz in Augenschein genommen hatte, denn mehr als ein flüchtiger Blick wird bei dem Besuch nicht möglich gewesen sein, bot er Elise Richter 4.000,- Reichsmark für die romanistischen Bücher an. Sie stimmte zu. Zuvor hatte Corsten geregelt, dass er bei dieser Gelegenheit als anerkannter Schätzer handelte. Da er als Käufer die Schätzung vornahm, fiel somit die Zahlung der Schätzungstaxe, das Geld, das sich Elise Richter hätte leihen müssen, weg.

Der Brief bekräftigte die Absicht Elises, den Kauf noch einmal zu bestätigen: *„damit Sie nicht im Zweifel sind, dass ich der Abmachung treu bleibe."*

Obwohl die Schwestern zu diesem Zeitpunkt bereits Bücher ihrer Bibliothek veräußert hatten, wird deutlich, dass Elise erst nach dem Besuch des Schätzers die Sichtung der nun verkauften Bücher vornahm. Auch Hermann Corsten hatte, ohne konkret über bestimmte Titel gesprochen zu haben, mit ihr vereinbart, dass sie eine Reihe von romanistischen Büchern zunächst behalten und erst später nachsenden würde. Elise Richter nennt im oben genannten Schreiben 500 Bände. Insgesamt doch recht pauschale Abmachungen, die gegenüber dem Aufwand der Wienreise zu dieser sehr flüchtigen Besichtigung im Widerspruch standen.

Ihrem Brief fügte Elise einen *„Fragezettel"* hinzu. Das war eine kurze Liste von 16 Sammlungen[78] unter der Überschrift: *„Besitzt die Köln. Univ. Bibliothek?"*[79] und bittet um Überprüfung und Antwort. Diese Liste wurde in der USB sogleich bearbeitet. Dabei stellte sich heraus, dass die Sammlungen zum großen Teil vorhanden waren. Viele der romanistischen Titel befanden sich schon damals durch die der Universitätsbibliothek im Jahr 1908 testamentarisch vermachte unfangreiche Bibliothek des Privatiers Johannes Fastenrath (1839–1908)[80] im Kölner Bestand.

Man hatte im September aber nicht nur über die romanistischen Bücher gesprochen. Elise, die an der Erfassung der Bücherlisten arbeitete, kündigte Corsten in diesem Schreiben auch schon die Liste „Theater- und Broschürenkatalog" an. Die Bände, die die Schwestern noch ein wenig zurückbehalten wollen, würden in den folgenden Listen (darunter Reiseführer und Anglistik) rot angestrichen sein. Folglich interessierte sich Direktor Corsten von Anfang an auch für andere Titel der Bibliothek und nicht ausschließlich für die romanistischen Bücher.

Corsten wandte sich nach seiner Rückkehr in seinem Schreiben an das Kuratorium der Universität zu Köln und berichtete dort am 1. Oktober 1941 von seiner „[…] *Dienstreise nach Wien zur Besichtigung der im Besitz der nicht-arischen früheren Professorin Elise Richter befindlichen romanischen Bibliothek.*" Außerdem erklärte er, dass der Generaldirektor der Österreichischen Nationalbibliothek Dr. Paul Heigl ihm die Kontaktaufnahme zu den „[…] *in Frage kommenden Dienststellen in Wien, der Regierung, der Vermögens-Verkehrsstelle Wien und der Gestapo […]* " vermittelt hatte, mit denen er sich nach seiner Ankunft in Verbindung gesetzt hatte. Sie erteilten Corsten die Zulassung als „[…] *Schätzer in Angelegenheit einer deutschen Behörde […].*" Erst danach habe er „[…] *die Bibliothek von Frau Richter eingehend geprüft und festgestellt, dass es sich um eine etwas über 3000 Bände umfassende wertvolle romanische Bibliothek handelt. Sie besteht in der Hauptsache aus französischer, italienischer, spanischer, portugiesischer, rumänischer, ladinischer und sardischer Literatur, weist also Bestände auf, die in unserer romanischen Abteilung so gut wie ganz fehlen und für das romanische Studium an der hiesigen Universität unbedingt notwendig sind. Frau Richter habe ich, vorbehaltlich der Genehmigung des Kuratoriums, einen Preis von RM 4000,--- für die gesamte Bibliothek geboten. Das würde einem Preis von RM 1,30 für das Einzelwerk bedeuten. Dieses Angebot hat Frau Richter angenommen. Die Bibliothek könnte somit zu einem Spottpreise in unseren Besitz übergehen. Sie würde einen wertvollen Zuwachs unserer Bestände darstellen. Über die Notwendigkeit, gerade die sprachwissenschaftlichen Fächer hier auszubauen, habe ich mich schon bei früherer Gelegenheit schriftlich und mündlich geäußert. […] Es hängt mit der geschichtlichen Entwicklung der Stadtbibliothek zusammen, dass diese Fächer in Köln in nur ganz geringem Maße ausgebaut worden sind. Ich bitte daher das Kuratorium den Ankauf dieser wertvollen Bibliothek genehmigen zu lassen.*" [81]

Bei der Betrachtung der einzelnen Aussagen ist Folgendes festzustellen: die eingehende Prüfung hat sicherlich nicht in der angegebenen Form stattgefunden. Seine Aufzählung der Fächer entspricht nahezu genau den Titeln der von Elise Richter angekündigten Listen.

Die meisten dieser Bücher – auch die Romania – waren 1941 bereits in der USB Köln vorhanden. Auch die Bibliothek von Schalks Romanischem Seminar in der Universität Köln besaß einen großen Teil dieser Literatur.

Obwohl Corsten sich unter anderem auch für die anglistischen Bücher interessierte, erwähnte er gegenüber dem Kuratorium nur die romanistische Bibliothek. Warum bleibt unklar, denn seine Aussage bezüglich des gewünschten Ausbaus der sprachwissenschaftlichen Fächer traf zu. Bereits 1937 hatte Corsten in seinem Vortrag „Die Universitätsbibliothek Köln, Werden und Gestaltung" anlässlich der 33. Versammlung des Vereins deutscher Bibliothekare in Köln berichtet: „Viel, wenn nicht alles bleibt jedoch noch zu tun für die Sprachwissenschaften, sowohl die klassische Philologie als auch die neueren Sprachen. Hier soll noch in diesem Jahre durch die Bereitstellung eines entsprechenden Betrages mit einer umfassenden und systematischen Ergänzung eingesetzt werden, um im Laufe der folgenden Jahre die Bibliothek auf diesen Gebieten auf das Niveau einer mittleren Universitätsbibliothek zu bringen."[82]

Ein schwerwiegendes Argument, mit dem Hermann Corsten dem Kuratorium den Kauf empfahl, ist das mittlerweile schon mehrfach in anderen Publikationen[83] zitierte Wort vom „Spottpreis". In diesem Kontext wäre es eine eigene Untersuchung wert, die Wertschätzung von NS-verfolgungsbedingt entzogenem Raubgut zu untersuchen. Letztlich ist der Begriff „Spottpreis" nur im Vergleich mit ähnlichen „Käufen" zu bewerten. Deshalb sollen an dieser Stelle als Vergleichszahlen zum Preis der Bibliothek Richter die Notverkäufe der Bibliotheken des Theaterkritikers und Schriftstellers Alfred Kerr, der Industriellenfamilie Petschek und die Sammlung von Hugo Friedmann Erwähnung finden. Bei der erst kürzlich in der Staatsbibliothek zu Berlin Preußischer Kulturbesitz wiedergefundenen Privatbibliothek von Alfred Kerr (sie galt als verschollen) hat der Historiker Karsten Sydow herausgefunden, dass Kerr seine Sammlung „offenbar unter großem finanziellem Druck für 100 Reichsmark abgegeben [hatte]".[84] Das entsprach ca. 0,60 Pfennig pro Band. Dabei handelt es sich um Bände, von denen etliche Titel Widmungen aufweisen.[85]

Ganz andere Summen spielen im Fall der Bibliothek Petschek eine Rolle. Hier zahlte die Reichstauschstelle für etwa 300 Bände französischer und englischer Literatur den Preis von ca. 10.000 Reichsmark.[86] Die Reichstauschstelle war im Jahr 1943 vom Reichsministerium für Wissenschaft, Erziehung und Volksbildung mit 5 Millionen Reichsmark für den Ankauf von Literatur ausgestattet worden. Mit diesem Geld sollte dafür gesorgt werden, dass ein Wiederaufbau von durch Luftangriffe zerstörten oder beschädigten Bibliotheken erfolgen konnte.[87]

Abschließend sei noch die Sammlung äußerst wertvoller Bücher von Hugo Friedmann, einem Fabrikanten aus Wien, erwähnt. Die seiner Vermögensmeldung aus dem Jahr 1938 beigefügte Schätzung gibt den Gesamtwert mit „RM 4.098,10" an. Darunter befand sich eine Vergil-Inkunabel aus dem Jahr 1499, die mit RM 15,- angegeben wurde.[88]
Wenn auch nicht repräsentativ, so sind doch die Unterschiede der Preisgestaltung frappant, das Wort vom Spottpreis somit indifferent.

Das Kuratorium der Universität Köln stimmt dem Kauf zum Preis von 4.000 Reichsmark zu und setzt den Direktor der Universitäts- und Stadtbibliothek am 13. Oktober 1941 davon in Kenntnis. Die Finanzierung sollte durch Stiftungsmittel ermöglicht werden. Für die „Flüssigmachung der Mittel ist das Zinsenkonto der Stiftung ‚Rheinische Wirtschaft, 550 Jahrfeier für allgemeine Universitätszwecke' in Anspruch zu nehmen".[89] Die Durchschrift der Anweisung erhielt den Wiedervorlagevermerk „Stand der Angelegenheit" für den 1. Dezember 1941. Interessant ist ein handschriftlicher Vermerk, welcher auf dem Antragsschreiben von Corsten an das Kuratorium seitlich angebracht wurde. Der zuständige Sachbearbeiter hatte hier vermerkt, dass auf dem oben genannten Konto noch 8401,59 Reichsmark zur Verfügung standen.

In der Ausfertigung des Genehmigungsschreibens an den Direktor der Universitätsbibliothek bat man darum: „[…] *zu erwägen, ob es möglich ist, in den einzelnen Bänden einen Vermerk, etwa in der Form eines Ex libris* [sic], *aufzunehmen, dass die Beschaffung aus Stiftungsmitteln erfolgt ist.*"[90]

Das bedeutete, man war gewillt zu kaufen. Das Geld dazu stand in ausreichendem Maß zur Verfügung. Der Wiedervorlagevermerk besagte außerdem, dass sich Corsten bei Nichtverwendung des Geldes dem Kuratorium gegenüber hat rechtfertigen müssen.

Direktor Corsten wusste allerdings schon vor dem offiziellen Schreiben, dass das Kuratorium dem Kauf zustimmen würde. Denn am gleichen Tag, an dem er sich schriftlich an das Kuratorium wendet, schreibt er auch an Robert Teichl und berichtet ihm bereits von der Zusage. Außerdem erwähnt er die theaterwissenschaftliche Sammlung:[91]

„Da das Kuratorium der Universität mit dem Ankauf einverstanden ist, werde ich dann mit Frau Richter endgültig abschliessen und ihr wegen der theaterwissenschaftlichen Sammlung ein besonderes Angebot machen. Es bleibt selbstverständlich in dieser Hinsicht bei unseren Abmachungen."

Hier findet zum ersten Mal Helenes theaterwissenschaftliche Sammlung eine schriftliche Erwähnung. Dies offerierte die Abmachung, die Teichl und Corsten in Wien getroffen hatten. Dass die bekannte Theaterkritikerin eine bedeutende Sammlung besaß, war Teichl also bekannt, möglicherweise auch durch den Bericht Corstens. Er zeigte großes Interesse dafür, die Theatermappen für die Nationalbibliothek zu bekommen. War es nicht das Einfachste, Corsten auch diesen Kauf tätigen zu lassen? Hermann Corsten jedenfalls sah darin anscheinend kein Problem und glaubte zu dieser Zeit noch an ein zügiges Abschließen der Angelegenheit: Elises Bücher nach Köln, Helenes Theatermappen in die Nationalbibliothek Wien. Alles auf getrennter Rechnung an die Kölner Bibliothek, einpacken, versenden, bezahlen und untereinander abrechnen.

In der Praxis sah dies jedoch ganz anders aus. Etliche Briefe sollten im Folgenden noch zwischen Wien und Köln gewechselt werden.

Auch Teichl schrieb am 1. Oktober, also noch bevor ihn der Brief von Corsten erreichte, nach Köln. Sein Brief enthält eine Passage, in der er beschreibt, wie die USB das Geld für die Bibliothek Richter bezahlen sollte. Anscheinend war diese Art der Begleichung Corsten nicht geläufig. Teichl schreibt:[92]

„Lieber Herr Corsten!
[...] Generaldirektor Dr. Heigl sendet Ihnen herzliche Grüsse und lässt Ihnen mitteilen, dass Sie nach Einigung über den Ankauf der Bibliothek Richter den Betrag sonst ohneweiteres [sic], aber nur auf ein Sperrkonto einzahlen können, das Ihnen die Verkäuferinnen selbst angeben müssen und von dem sie dann abheben dürfen; dieses Sperrkonto sichert der Behörde die Übersicht. Über den 'Einsatz des jüdischen Vermögens' gibt es mehrere Verordnungen, die letzte (5) vom April 1941; in der ersten Verordnung sollen die Sie interessierenden Vorschriften stehen."

Robert Teichl bezieht sich auf die Verordnungen zu dem am 15. September 1935 auf dem Nürnberger Reichsparteitag beschlossenen und verkündeten „Reichsbürgergesetz"[93]. Die Ausführungsbestimmung „Verordnung über den Einsatz des jüdischen Vermögens" erhielt durch die Verkündigung am 3. Dezember 1938 auch in Österreich Rechtsgültigkeit.[94] Der Artikel V. der Verordnung regelt die Vorgehensweise unter dem Titel „Allgemeine Vorschriften", in § 15 Abs. 1: „Die Genehmigung zur Veräußerung jüdischer Gewerbebetriebe, jüdischen Grundbesitzes oder sonstiger jüdischer Vermögensteile kann unter Auflagen erteilt werden, die auch in Geldleistungen des Erwerbers zugunsten des Reichs bestehen können." Die angesprochene fünfte Verordnung vom 25. April 1941[95] bestimmt unter anderem im § 2: „Die Ankaufstelle [für Kulturgut, Anm. d. Verf.] hat nur die Aufgabe, zu bestimmen, ob Schmuck- und Kunstgegenstände aus jüdischem Besitz freihändig veräußert werden können."

Befremdlich ist, dass die Behörden, die Corsten in Wien aufgesucht hatte, ihm anscheinend keine dezidierten Anweisungen im Hinblick auf sein Vorgehen gegeben haben. Doch Heigl und Teichl konnten diese Informationslücke augenscheinlich leicht schließen. Im zweiten Teil des Briefes kommt Robert Teichl wieder auf seinen Chef zurück:

„[...] Für Ihr verständnisvolles Entgegenkommen in der Angelegenheit der Theaterbestände sagt Ihnen Dr. Heigl besonderen Dank. Sobald Sie es für zeitgerecht halten, werden wir diese Sammlung besichtigen."

Für was mag Corsten den Wienern verständnisvoll entgegenkommen sein? Dafür, dass die wertvolle theaterwissenschaftliche Sammlung unbedingt in Wien verbleiben müsse? Besonders interessant ist an dieser Stelle, dass es auch in Köln eine bedeutende theaterwissenschaftliche Sammlung, die des Kölner Universitätsprofessors Dr. Carl Niessen, gab und dass Niessen ein Jahr zuvor (1940) eine heftige Auseinandersetzung mit der Österreichischen Nationalbibliothek gehabt hatte. Grund dafür war die im Oktober 1939 von der Gestapo beschlagnahmte Sammlung des Wiener Theaterkenners und Sammlers Fritz

Brukner. Im Anschluss an die Beschlagnahmung waren die Kisten in die Nationalbibliothek gebracht worden, obwohl Carl Niessen seit Mitte 1938 ein Vorkaufsrecht seitens Brukners besaß. Der Kölner Professor machte seinen Anspruch gegenüber Heigl daraufhin vehement geltend, allerdings es nutzte nichts, die Sammlung verblieb in Wien. Brukner verlangte nun für die Graphiken, Manuskripte, Handschriften und Bücher 45.000 Reichsmark von der Nationalbibliothek. Generaldirektor Heigl setzte Brukner unter Mithilfe der Gestapo unter Druck. Am Ende bot Fritz Brukner der Nationalbibliothek seine Sammlung für nur noch 5.000 RM an. Dieses Angebot wurde angenommen.[96]

Bemerkenswert ist in diesem Zusammenhang auch, dass Corsten es für „*zeitgerecht*" halten sollte, bevor man in Wien daran ging, Helenes Sammlung zu besichtigen. Wollte man den Druck noch etwas steigern, indem man abwartete, die Not noch größer werden ließ, um noch günstiger zu erwerben? Denn im Folgenden schreibt Teichl:

[…] Ich wurde von einer Seite, die Frau Helene Richter kennt, aufmerksam gemacht, dass sich diese Dame von ihrer Schwester Elise unvorteilhaft unterscheidet und besonders auf ihren Vorteil bedacht ist. Die gleiche Dame, die ihr Wolter-Material[97] *von Helene Richter aus politischem Gegensatz im März 1938 zerschnitten zurückerhielt, teilte mit, das Helene Richter auch viele Autographen und einige Manuskripte von Lewinsky*[98] *besitzt, von dem sie viele Photos übernommen hat. War von den Briefen und Handschriften die Rede?"*

Und er beendet das Schreiben mit:

„*Heil Hitler !*
Mit freundlichsten Empfehlungen an die verehrte Frau Gemahlin bin ich Ihr ergebener
    Teichl"

Leider ist nicht überliefert, warum die Denunziantin Streit mit Helene Richter hatte, der in einer solchen rüden Aktion endete. Immerhin schien er ausgereicht zu haben, um der Österreichischen Nationalbibliothek von Helenes Autographen und Manuskripten zu erzählen.
    Corsten interpretierte die Frage Teichls jedenfalls richtig, denn in seinem übernächsten Schreiben an Elise Richter fragt er sie nach Autographen und Manuskripten.[99] Zunächst aber ließ er ihr lediglich eine kurze Mitteilung zukommen.[100]

4. Oktober 1941

„*Sehr geehrte Frau Professor !*
Ich bestätige den Eingang Ihres Schreibens vom 1. ds. Mon. Da ich im Begriff stehe, nach Berlin zu reisen, bin ich erst Ende nächster Woche in der Lage, Ihnen die gewünschten Angaben zu machen.
    Mit ergebenen Grüssen C[orsten]"

10. Oktober 1941

Am neunten Oktober kehrte Corsten aus Berlin zurück. Am nächsten Tag verfasste er ein ausführliches Schreiben an Elise Richter.[101] Zunächst ging er dezidiert auf die einzelnen Titel des von Elise beigefügten „Fragezettels" ein. Bis auf wenige Ausnahmen war der Rest in der Universitätsbibliothek Köln bereits vorhanden: *„von den aufgeführten Gruppen 1–16 ist hier alles vorhanden"*. Dann folgt die Aufzählung der in der USB vorhandenen Werke von Friedrich Dietz[102], damit Elise Richter diese Dubletten von vornherein behalten konnte. Zum Schluss kommt Corsten auf den weiteren Bibliotheksbestand der Richter-Schwestern zu sprechen:

„Sehr geehrte Frau Professor!
[…] Als Ausgleich für die Ihnen überlassenen romanischen Bände wollten Sie mir die englische Literatur zur Verfügung stellen, deren Liste Sie mir ankündigten.
Im übrigen [sic] erwarte ich auch gern die in Aussicht gestellten Kataloge betreffend Theater und Bädecker. Selbstverständlich sind für uns eine Sammlung der Sonderabzüge Ihrer eignen [sic] Arbeiten und ein Exemplar Ihres Buches ‚Ab im Romanischen' von großem Interesse."
Dann folgt die bereits oben genannte Frage: *„Darf ich mir die Frage erlauben, ob Sie auch über Autographen und Manuskripte von Gelehrten und sonstigen bedeutenden Persönlichkeiten verfügen? Da wir bei dem Ausbau unserer Handschriftenabteilung sind, könnte auch zu deren Erwerb Stellung genommen werden.*
Ihrer baldigen Antwort sehe ich gerne entgegen und bin
  mit ergebenen Grüssen
  C[orsten]".

Gleich im Anschluss schrieb er an Teichl[103]. Zunächst ließ er Generaldirektor Heigl grüssen:

„Lieber Herr Teichl!
[…] Ich lasse ihm für seine Mitteilungen bezüglich der Zahlungsweise an Frau Richter bestens danken." Dann nahm er Stellung zu Teichls Charakterisierung von Helene Richter: *„Auch die sonstigen Angaben betr. Frau Helene Richter waren für mich aufschlussreich. Sie trat bei meinen Verhandlungen mit ihrer Schwester kaum in Erscheinung, da sie vollkommen taub ist und eine Unterhaltung mit ihr nicht möglich war. Frau Richter zeigte mir ihre Theatermappen von Autographen und Manuskripten. Von Lewinski [sic] sprach sie nicht. Wohl machte sie auf eine wunderschöne Marmorbüste von Lewinski aufmerksam. In meinem heutigen Schreiben an Frau Richter habe ich angefragt, ob sie über Autographen und Manuskripte von Gelehrten und anderen bedeutenden Männern verfügte und ob sie diese verkaufen wolle."*
Mit seiner Taktik offenkundig zufrieden schrieb er: *„Das Wort ‚Gelehrte' habe ich eingefügt, um meine Absicht nicht gar zu deutlich durchscheinen zu lassen. Selbstverständlich halte ich Sie auf dem Laufenden und bin, wie ich schon sagte, gern bereit, die in Frage kommenden*

Dinge für Sie zu erwerben.
Mit den besten Empfehlungen und Grüssen an Ihre verehrte Frau Gemahlin, bin ich mit
   Heil Hitler!
   Ihr sehr ergebener C[orsten]"

15. Oktober 1941

Auf einem 22 x 14,5 cm großen Blatt verfasste Elise Richter ihren nächsten Brief an Direktor Corsten[104]. Ihre Handschrift bedeckt die Vorder- und Rückseite dieses eher als Zettel denn als Briefbogen zu bezeichnenden Stück Papiers. Sie fügte dem Schreiben die Kataloge: […] *1) Reisebücher und Prospekte, 2) Theater 3)Anglistik, letzteres umfangreicher als wir zuerst dachten"* bei.

Dann schilderte sie unbefangen, welche Autographen sie besitzt:

„Sehr geehrter Herr Direktor,
[…] Was die Autographen anbelangt, so ist die Sache so, dass ich allerdings eine Korrespondenz mit fast allen Romanisten der letzten 45 Jahre hatte, aber sie ist zum größten Teil von biographisch-persönlichem Wert. Es ist eine schöne Sammlung <u>als Ganzes</u>, sie enthält rund 160 Namen mit mindestens 600 Briefen und Karten, √*[Einfügungszeichen. Texteinschub siehe unten] die ich meinen Lebenserinnerungen beigepackt habe, die möglicherweise in späterer Zeit für die Geschichte des Frauenstudiums und unserer ganzen Epoche nicht ganz uninteressant sein werden, jetzt aber vergraben bleiben müssen. Ich könnte z.B. ein Päckchen Briefe von Hugo Schuchardt*[105] *nennen, eines von Caroline Michaelis de Vasconcellos*[106] *[sic], ein sehr schöner Brief von Romain Rolland*[107]*, einige von Barbusse*[108]*, ich besitze einen Brief v. Stucken*[109]*, einige nicht an mich gerichtete Autographen, wie Mommsen*[110]*, Storm*[111]*, Betty Paoli*[112]*, meine Schwester hat von Paul Heyse*[113] *einige dreissig z. T. sehr fesselnde und charakteristische Briefe, die werden Sie aber nicht haben wollen. Ich sehe Ihrer Meinungsäußerung entgegen und begrüsse Sie und Ihre Frau Gemahlin aufs Herzlichste*
   Ihre
   Elise Richter"

Am linken Rand des Textes, gekennzeichnet durch ein Einfügungszeichen, vermerkte sie außerdem: *„Hiervon etwa 100 andere Gelehrte (z.B. Brugmann*[114] [unleserlich da der Brief an dieser Stelle gelocht wurde], *Meinhof*[115]*) mit einer beträchtlichen Anzahl von Briefen und Karten."*

Elise Richter, die bereits 1940 ihren autobiographischen Bericht abgeschlossen hatte, ordnete und plante ihren Nachlass. Dabei sollte ihre umfangreiche private Korrespondenz mit ihren Lebenserinnerungen zusammenbleiben. Hatte sie an eine Bibliothek als Aufbewahrungsort gedacht? Jedenfalls sollte es ein Ort sein, an dem das Typskript der „Summe" und die Briefe und Karten als Forschungsgrundlage *„in späterer Zeit"* genutzt werden konnten. Die „Summe des Lebens" war aus diesem Grund, ganz abgesehen von den realen Möglichkeiten, die Elise Richter ab 1940 blieben, von ihr nie für den Druck vorgesehen. Der Hinweis, dass diese Dinge jetzt noch „*vergraben bleiben müssen*", bezieht sich sicherlich in der Hauptsache auf diese Erinnerungen, denn dort berichtet Elise Richter in zum Teil schonungsloser Offenheit von sehr privaten Dingen.

Genau so offen ist sie in diesem Brief. Sie zählte drei Arten von Autographen auf: die ihrer Kollegen und Freunde (Schuchardt, Michaëlis de Vasconcelos), die ihr aus den friedensbewegten Nachkriegsjahren bekannten Rolland und Barbusse und abschließend die Schätze ihrer Schwester, darunter etliche Schreiben, die Helene von Paul von Heyse, dem ersten Deutschen, der 1910 den Literatur-Nobelpreis für belletristische Literatur erhalten hatte. Allerdings endet der Satz, indem sie von dessen „*fesselnden*" und „*charakteristischen*" Briefen schreibt, sehr abrupt: „[…] *die werden Sie aber nicht haben wollen*". Das erscheint wie eine Art Notbremse. Hatte sie den Satz schon begonnen und wollte ihn durch diese Bemerkung wieder rückgängig machen, weil Helene sie einst hatte schwören lassen, nichts zu verkaufen, was sie noch zur Arbeit brauchen konnte.[116]

Ehrlich zählte Elise ihre Besitztümer auf. Recht naiv vertraute sie Corsten diese Dinge an. Sie schrieb ihm auch von den objektiv wertvollen Briefen der dritten Gruppe, den Autographen, die nicht an sie persönlich gerichtet waren. Sie gehörten zu ihren (Kindheits-) Schätzen: Autographen von Mommsen und Storm. Diese müssten auch nicht wie die Erstgenannten „*vergraben bleiben*", die wollte er bestimmt haben.

An diesem 21. Oktober erwiderte Hermann Corsten, wie schon in der Woche zuvor, zuerst Elise Richters Brief[117] und schrieb anschließend an Robert Teichl.

Zunächst dankte er ihr für die Übersendung der Kataloge und bekundet sein Interesse an den Beständen der Anglistik und der Theaterwissenschaft. Er fügte sogleich ein Angebot bei und kündigte den Schwestern den Bibliothekar der Nationalbibliothek an:

21. Oktober 1941

„*Sehr geehrte Frau Professor!*
[…] *Für die geschlossene Sammlung der anglistischen Bücher biete ich Ihnen die Summe von RM 500,--. Für die Theaterwissenschaftlich* [sic] *Sammlung bin ich als Nicht-Fachmann leider nicht in der Lage, Ihnen ein Angebot zu machen. Ich habe daher den mir befreundeten Herrn Hofrat Dr. Teichl in Wien gebeten, sie entweder selbst einzusehen oder sie durch einen Fachmann prüfen zu lassen und Ihnen ein Angebot zu machen.*"

Genau genommen war Corsten auch nicht der Fachmann für romanistische und anglistische Bücher. Demnach hätte er die theaterwissenschaftlichen Monographien genauso wie die anderen Werke schätzen können. Für den Inhalt von Helenes Theatermappen trifft seine Bescheidenheit sicherlich zu; und letztlich ging es um sie und nicht um die Theatermonographien. Der „*Freund*" Robert Teichl war spätestens seit diesem Monat angeblich kein Unbekannter mehr für Elise Richter: Murray G. Hall und Christina Köstner schreiben in ihrem Buch: „… Allerlei für die Nationalbibliothek zu ergattern…", dass Elise „[…] sich im Oktober 1941 an den stellvertretenden Generaldirektor der NB, Robert Teichl, gewandt [hatte], um die anglistischen Bücher schätzen zu lassen."[118]

Es verwundert allerdings, dass, wenn eine solche Anfrage gestellt worden ist, weder Elise Richters Anfrage noch ein Antwort Teichls vorliegt. Darüber hinaus, dass er nur wegen der Anglistik-Bücher befragt worden war, und warum überhaupt Teichl dann nicht selbst mit Elise und Helene Richter über die für die Nationalbibliothek so interessante Theater- und Autographensammlung verhandelt hatte. Die Antwort auf die letzte Frage gibt Elise Richter selbst. Sie erwähnt Teichl in ihrem Tagebuch: *„Brief v. Rohr: lieber auf Verkauf verzichten, als Teichel* [sic] *kommen zu lassen"*.[119] Die Freundin Christine Rohr von Denta, die seit Jahren in der Nationalbibliothek arbeitete, warnte Elise also vor ihrem Vorgesetzten, dem stellvertretenden Generaldirektor Robert Teichl. Geht man davon aus, dass Elise die Freundin vor einer Kontaktaufnahme befragte, scheint es unwahrscheinlich, dass es zu einem persönlichen Kontakt zwischen Elise Richter und Robert Teichl gekommen ist.

Hermann Corsten jedenfalls kündigt den Schätzer Dr. Teichl nun konkret an: *„[…] In der Hoffnung, dass Sie mit diesem Vorschlag einverstanden sind, möchte ich Sie bitten, Herrn Teichl die Einsicht in die Sammlung zu ermöglichen."*

Dann schrieb er in eigener Angelegenheit. Er formulierte den Kaufvertrag für die romanistischen Bücher: *„Da Sie sich in Ihrem Brief vom 1.10. mit meinem mündlichen Angebot von RM 4000,-- für die romanistische Sammlung einverstanden erklärt haben, wäre hiermit der Kauf perfekt und könnte der Abtransport der Bücher in die Wege geleitet werden. Dieserhalb* [sic] *werde ich mich mit einer Wiener Firma in Verbindung setzen. Auch dabei bitte ich um Ihre freundliche Unterstützung.*

Betreffs der Zahlungsweise erwarte ich Ihre Vorschläge. Ihrem mündlichen Vorschlag entsprechend bin ich zu Ratenzahlungen bereit und sehe der Angabe der Anschrift, an die das Geld überwiesen werden soll, gern entgegen. Nach unseren Bestimmungen ist eine Zahlung erst dann möglich, wenn die Bücher in unseren Besitz gelangt sind, doch will ich Ihnen entgegenkommender Weise eine entsprechenden Ratenzahlung zukommen lassen, wenn ich durch die Speditionsfirma die Mitteilung von der Verladung erhalten habe. Auch hier erhoffe ich Ihr Einverständnis."

In ihren Briefen hatte Elise Richter die Ratenzahlungen bisher nicht erwähnt. Dieses Vorhaben war demnach beim Besuch der Corstens vereinbart worden. Die Kaufsumme in Raten zu erhalten, war für die Schwestern äußerst wichtig: von dem Geld würden sie das Meiste an jährlichen Sondersteuerleistungen entrichten müssen. Bei einer Aufteilung in Raten hätten sie die Last auf ein weiteres Jahr (1942) verteilen können. In späteren Schreiben (25.10. und 28.10.1941) erläuterte Elise Richter diese Notwendigkeit.

Hermann Corsten kam ihrem Wunsch nach getrennten Zahlungen nach, und wollte sich dabei auch nach den von ihr vorzuschlagenden Terminen richten. Bemerkenswerterweise fragte er nach einer *Anschrift*, die Elise Richter ihm für die Überweisung nennen sollte, und nicht nach einem Sperrkonto, wie es ihm von Teichl berichtet worden war. Dachte er an eine „normale" Zustellung via Postanweisung durch den Geldbriefträger?

Auch die Bereitschaft zu zahlen, obwohl zunächst nur Teile der Sammlung in seinen Besitz übergehen würden, sowie die Zahlung zu veranlassen, sobald ihm das Verladen gemeldet worden ist, war ein Zugeständnis. Und dafür *erhofft* er sich außerdem ihr Einverständnis! Das spricht für wenig Praxis im Umgang mit solchen (NS-)Erwerbungsformen.

Auf der zweiten Seite des Schreibens kam Corsten dann auf die Autographen zurück:
„[…] Zu der Frage der Autographen möchte ich noch Einiges bemerken. Die Sammlung der Autographen ist nach wie vor für mich von Interesse. Sie könnten mir dieselbe überlassen mit der Auflage einer von Ihnen zu bestimmenden Sperrfrist für evtl. Veröffentlichung.
Indem ich um baldige Rückäusserung [sic] *zu den von mir angeschnittenen Fragen bitte, bin ich mit ergebenen Grüssen C*[orsten]"

Hermann Corsten fügte die Kopie des Briefes an Elise Richter sowie Elises Brief an ihn vom 15. Oktober seinem Schreiben an Robert Teichl vom gleichen Tage bei. Bei den Autographen ging er nicht auf Elises Vorbehalte bezüglich ihrer privaten oder als für ihn uninteressant beschriebenen Korrespondenz ein. Wenngleich er Elise Richter gegenüber so tat, als läge die Erwerbung der Autographen in seinem Interesse, so konnte er ja nicht entscheiden, was sie behalten durfte. Ohne Rücksprache mit der Nationalbibliothek in Wien, aber Rücksicht nehmend auf Elises Hinweis des „Vergraben-Bleiben-Müssens", räumte er ihr immerhin die Möglichkeit einer Sperrklausel als Bedingung ein. Auch wenn sie in ihrer Situation dieses Recht im Falle von Nichtbeachtung wahrscheinlich niemals hätte durchsetzen können, so kann man Corstens Geste positiv bewerten. Anderseits machte der Hinweis auf eine Sperrfrist deutlich, dass keinerlei Autographen vom Verkauf ausgenommen werden sollten.

Neben seinem eigenen Brief an Elise fügt er dem Schreiben auch den Brief von Elise Richter vom 15. Oktober hinzu und hielt damit Teichl, wie versprochen, in seinen Bemühungen um die Theater- und Autographensammlung auf dem Laufenden. Allerdings war jetzt von Teichl als Schätzer keine Rede mehr. Corsten schlug stattdessen den Leiter der theaterwissenschaftlichen Sammlung der Nationalbibliothek als Fachmann vor: [120]

„Lieber Herr Teichl!
[…] Es würde sich vielleicht empfehlen, wenn sich Professor Gregor selbst die Sache ansähe und ein Angebot machte. Aber ich muss es Ihnen überlassen, aus der Kenntnis der Verhältnisse heraus, die Angelegenheit zu regeln."

Dem Theaterwissenschaftler und Schriftsteller Joseph Gregor (1888–1960)[121], der auch in dem bereits beschriebenen Fall Fritz Brukner eine entscheidende Rolle spielte, war die Sammlung von Helene Richter, der langjährigen Theaterkritikerin, zumindest vom

Hörensagen bekannt. Sein Interesse, auch diese Sammlung in die von ihm seit 1921 aufgebaute Theatersammlung der Nationalbibliothek einzufügen, war sicherlich groß.

Im zweiten Teil kam Corsten dann auf die Richter-Bücher für seine Bibliothek zu sprechen:
„Dürfte ich nun die Bitte an Sie richten, den Abtransport der Romanistik und Anglistik zu überwachen? Ich bin selbstverständlich bereit, einen von Ihnen zu bestimmenden Aufsichtsbeamten für seine Mühe zu honorieren. Heute noch setze ich mich mit einer Kölner Transportfirma in Verbindung, die zu einer in Frage kommenden Firma in Wien Beziehungen aufnehmen wird. Sobald ich etwas Näheres weiss, gebe ich ihnen Nachricht.
Indem ich Sie um eine kurze Antwort bitte, bin ich mit herzlichsten Grüssen und Empfehlungen, auch für Ihre verehrte Frau Gemahlin
     Ihr C[orsten]"

Die Sätze, die den Abtransport und den möglicherweise zu honorierenden Beamten betrafen, erscheinen zunächst etwas befremdlich. Wahrscheinlich ging Corsten davon aus, dass die Bücher für Köln ohne Umweg über die Nationalbibliothek versendet werden sollten. Daher würde es Sinn machen, dass vor Ort ein Mitarbeiter der Wiener Bibliothek dafür Sorge tragen würde, dass die Bücher, die in Wien verbleiben sollten, direkt in die Nationalbibliothek, der Rest nach Köln abtransportiert würden.
    Allerdings sollte der Ablauf in dieser Weise nicht vonstatten gehen.

22. Oktober 1941

Einen Tag nach seinem Briefkonvolut sendete Corsten[122] nur eine kurze Nachricht:

„Lieber Herr Teichl!
[…] übersende ich Ihnen hiermit noch 2 Listen der Richter'schen Sammlung zur Theatergeschichte, die ich übersehen hatte. Sie bieten immerhin für den Sachkenner eine gewisse Orientierung."

Es folgte ein zweiseitiger handgeschriebener Brief von Robert Teichl auf dem Briefpapier der Generaldirektion der Nationalbibliothek, den er an die Privatadresse von Hermann Corsten sendete. In diesem Brief[123] kam er zunächst auf Professor Gregor zu sprechen:

24. Oktober 1941

„Lieber Herr Corsten !
Für Ihre beiden freundlichen Briefe schönen Dank! Professor Gregor hat an die Damen geschrieben, dass er auf Ihren Wunsch die Theaterbibliothek begutachten werde und hat sich für Montag [27.10.1941, Anm. d. Verf.] angesagt. Ich glaube in Ihrem Sinne zu handeln, wenn

die Erwerbung auch dieses Teiles der Bibliothek offiziell durch Sie erfolge und unsere Institute erst dann sich über die einzelnen Objekte einigen. Professor Gregor tritt daher nur als Begutachter auf, dem noch keine Nummer bekannt ist und der nur Ihren Ankauf fördern soll."
Dann ging er sofort zum Abtransport über:
„Wenn es dann zum Abtransport kommt – wir werden gerne intervenieren – schlage ich vor, die Theaterbücher u. ähnl. (also die Schauspielerbilder etc.) getrennt von der Romanistik und Anglistik verpacken und die schon 2 Kisten Theatralia zwar mit den anderen abholen, aber, auf Grund unseres Kistenzeichens Th, in die NB befördern zu lassen. Hier würden sie noch auf unsere Interessen für [sic] gesichtet werden, was in Ruhe geschehen muss. Da die Vorbereitungen für die Mozart-Ausstellung (Eröffnung 29/11.41) die Theaterabt. stark beschäftigen, würde das Material hauptsächlich erst anfangs Dezember durchgearbeitet sein.
Den Transport von Richters [sic] in die NB zahlt natürlich die NB, die nach Sichtung und Einigung das Übrige an Sie leiten würde.
Da auch die Hauptbestände wohl erst in den ersten Novemberwochen an Sie abgehen würden, bedeutet die vorgesehene Zwischenlandung keine allzu große Verzögerung.
Eine frühere Abzweigung der von uns zu übernehmenden Bestände sollte wohl vermieden und der Gesamtankauf durch Köln wohl aufrecht erhalten werden. In diesem Sinne treten wir Richter gegenüber auf. Die Institute haben natürlich nachher die Möglichkeit, sich zu einigen. Wir sind ihnen für Ihr freundliches Entgegenkommen dankbar. Ich glaube, dass Sie unserem Standpunkt zustimmen werden, dass wir nur Begutachter nicht Käufer sind woran wir Richters gegenüber festhalten wollen.
Alles Liebe dafür!
Heil Hitler!
    Herzlichst Ihr Teichl "

In diesem fast beteuernden Brief wird eines deutlich: wenn Teichl *glaubt* in Corstens Sinn zu handeln, *glaubt,* dass dieser seinem Standpunkt zustimmen wird, er Corstens freundliches Entgegenkommen betont, dann trifft wahrscheinlich alles andere als das zu. Mann kann davon ausgehen, dass es Corsten nicht recht war, dass die Bücher zunächst in die Nationalbibliothek gebracht wurden, und es wird ihn auch nicht erfreut haben, dass man dort „*in Ruhe*" eine Sichtung vornahm. Leider vervollständigte Teichl diesen Satz nicht: auf „*unsere Interessen für*" folgt eine Lücke. Der Satz ging auf der nächsten Seite mit „*gesichtet werden*" weiter.

Mit den „*Hauptbeständen*" meinte er die für Köln bestimmten romanistischen und anglistischen Bücher. Diese in Kisten verpackt, die wahrscheinlich auch ein entsprechendes Kennzeichen trugen, wurden also auch zunächst in die Nationalbibliothek gebracht. Aus dem Brief Teichls geht hervor, dass nur die theaterwissenschaftlichen Bücher daraufhin gesichtet werden sollten, ob die Nationalbibliothek davon etwas gebrauchen konnte. In der Hauptsache ging es um Helenes Theatermappen („*Schauspielerbilder etc.*") Das „*Übrige*", die Bücher, wäre dann wohl für die Kölner Bibliothek bestimmt worden, denn die Listen der Theaterbücher sind nach wie vor in der USB Köln vorhanden. Sie wurden folglich damals nicht zurückverlangt, oder zurückschickt. Letztlich ist jedoch kein einziges der Theaterbücher nach Köln gekommen. Im Besitz der Nationalbibliothek lässt sich zumindest ein Buch aus Helene Richters Theaterbuchbesitz nachweisen.[124]

So wie sich Robert Teichl ausdrückte, hatte es den Anschein, als würden die *„Hauptbestände"* nicht gesichtet. Für sie sollte lediglich eine *„Zwischenlandung"* in der Nationalbibliothek erfolgen, von wo aus sie dann *„in den ersten Novemberwochen"* nach Köln abgehen sollten. Eine in der Tat recht kurze Zwischenlagerung, bedenkt man, dass Teichl dies am 24. Oktober schrieb. Doch trotz der wenigen Tage konnten sich die Mitarbeiter außerhalb der Theaterabteilung offenbar früher als ihre Kollegen den Richter-Büchern widmen; die Kisten für Köln wurden jedenfalls nicht nur zwischengelagert, sondern auch gesichtet. Den Beweis dafür liefert die umfassende NS-Provenienzforschung der ÖNB Wien. Sie konnte unter anderem auch romanistische Titel aus dem Besitz von Elise Richter aufspüren. Zunächst wurden 87 Titel aus Richterbesitz angegeben, mittlerweile ist diese Zahl auf drei Richter-Bücher gekürzt worden.[125]

Leider bleibt unklar, warum sich damals solche Mühe gegeben wurde, die Mitarbeiter der Nationalbibliothek lediglich als Begutachter der Theatersammlung in Erscheinung treten zu lassen (Teichl betonte dies ausdrücklich im vorliegenden Brief). Ebenso beflissen erwähnte er die Möglichkeit der späteren Einigung der Institute. Fast grotesk erscheint der Hinweis, *„Den Transport von Richters in die NB zahlt natürlich die NB"*. Wollte er Corsten beruhigen und wenn ja, warum? Fraglich bleibt auch, warum er an Corstens Privatadresse und nicht an seine Dienstadresse schrieb, wie sonst üblich?

Hermann Corsten jedenfalls antwortete Teichl am 30. Oktober mit einem kurzen und recht geschäftsmäßigen Schreiben:[126]

„Lieber Herr Teichl!
Ich bestätige den Eingang Ihres Schreibens vom 24. ds. Mon. und danke Ihnen herzlichst für Ihre Bemühungen. Mit all Ihren Maßnahmen bin ich einverstanden und möchte Sie nun noch wegen der Dringlichkeit der Angelegenheit bitten, einen Wiener Spediteur mit dem Abtransport der Bücher zu beauftragen. Mir wurde als besonders geeignet die Wiener Firma Schenker Co. genannt, doch überlasse ich das ganz Ihrem Ermessen.
    Mit herzlichem Dank und vielen Grüßen
    Heil Hitler!
    Ihr C[orsten] "

Der Kölner Bibliotheksdirektor stimmte allen Maßnahmen zu. Nur wegen *„der Dringlichkeit der Angelegenheit"* bat er Teichl, den Abtransport zu forcieren. Waren die Kisten erst einmal in der Obhut der Nationalbibliothek, dann bestand für ihn vordergründig allerdings kein besonderer Grund, darauf zu drängen, dass der Abtransport eilig durchgeführt werden musste. Aber da er Elise Richter versprochen hatte, die erste Rate zu zahlen, wenn er vom Spediteur die Mitteilung der Verladung erhielt, drängte er Teichl, den Abtransport durch den Wiener Spediteur „*Schenker Co.*" vornehmen zu lassen. Er wusste, dass Elise Richter noch im Jahr 1941 einen Teil des Geldes bekommen musste, denn ihre Steuerschuld wurde nach dem Einkommen des Vorjahres berechnet. Warum hätte sie ihn sonst um die Ratenzahlung bitten sollen?

Nach diesem Vorgriff auf Hermann Corstens Antwort nun zurück zur Chronologie des Briefwechsels. Robert Teichl hatte Hermann Corsten also davon unterrichtet, dass sich Professor Gregor bei den Damen zwecks Begutachtung der Theatralia und zur Förderung des Kaufes durch die Kölner Bibliothek schriftlich angemeldet hatte. Als nächstes Dokument der Akte Richter folgt nun die bestürzte Reaktion von Elise Richter, die unbedingt verhindern wollte, dass Joseph Gregor sich auf den Weg zu ihr machte. Zum ersten Mal in diesem Briefwechsel nutzte sie eine Schreibmaschine, deren ziemlich abgenutztes Farbband die Buchstaben teilweise recht schwach übertrug, für ihren Brief an den Leiter der Theaterabteilung der Österreichischen Nationalbibliothek.

25. Oktober 1941

„*Sehr geehrter Herr Professor* [Gregor],
Ihr gütiger Vorschlag, für den Ich Ihnen bestens danke, kommt mir ganz überraschend. Dass Professor Corsten für einen geringfügigen Umstand einen solchen Apparat in Bewegung setzt, beruht offenbar auf einem Misverständnis [sic]. *In Frage kommt ja für uns ausschliesslich die Veräusserung einer bescheiden Büchergruppe zum Zweck der Steuerzahlung für das nächste Jahr. Dass in dem Bücherverzeichnis, das wir ihm zu seiner Orientierung schickten, auch ein kleiner _ (sehr kleiner!)_ Absatz 'Theater' überschrieben war, mag ihn veranlasst haben, einen Sachverständigen des Faches heran zu ziehen. In Wirklichkeit sind unsere paar armseligen Theaterbücher so unbedeutend, dass ihre Besichtigung Ihnen als ärgerlicher oder lachhafter Missbrauch Ihrer Zeit erscheinen müsste. Sie erinnern sich ja vielleicht noch, dass meine Schwester immer mit den Beständen <u>Ihrer</u> Sammlung gearbeitet hat. Ich hoffe, diese Zeilen _ von einer telefonischen Verständigung, die ja erfahrungsgemäss in der Nationalbibliothek schwer erreichbar, möchte ich absehen_ treffen rechtzeitig bei Ihnen ein, um Ihnen eine Bemühung zu ersparen, die mir meinerseits ganz unbescheiden erschiene.*
    Ihre sehr ergebene Elise Richter"

Lief bislang alles im Sinne der beteiligten Herren nahezu reibungslos ab, kam es mit diesem Brief erstmalig zu Komplikationen. Elise Richter wollte zwei Dinge verhindern: dass Professor Gregor zwecks Besichtigung der Theaterbücher in ihre Wohnung kam und, vor allem, dass er die Theatermappen sah.

In den Theaterlisten, die als Typoskript erhalten sind, sind tatsächlich neben wenigen Programm- und Zeitschriftenheften ausschließlich Bücher aufgeführt. Es handelt sich um insgesamt drei Blätter „Theater" mit 118 Titeln und ein Blatt „Aufsätze" mit 19 Titeln.

Diese, wie sie schrieb, „armseligen" und „unbedeutenden" Theaterbücher bedurften tatsächlich nicht der Schätzung einer Koryphäe wie Joseph Gregor, von dem übrigens auch ein Werk in dieser Sammlung vorhanden war.[127] Gregor lag das Verzeichnis „Theater" (einschließlich der Seite „Aufsätze") außerdem ein heute in Köln nicht mehr erhaltenes Verzeichnis „Theatermappe" vor. Es handelt sich wahrscheinlich um die beiden von Corsten nach Wien zurückgesandten Listen.[128] In ihren Briefen hatte Elise Richter die Theatermappen ihrer Schwester nie erwähnt. Es war Robert Teichl, der in seinem Brief vom 1. Oktober 1941 Helenes „*viele Autographen und einige Manuskripte von Lewinsky, von dem sie viele Photos übernommen hat*" gegenüber Corsten beschrieb. Und er beendete diesen Brief denn auch mit der Frage: „*War von den Briefen und Handschriften die Rede?*"

Bei seinem Besuch in Wien hatte Elise Richter Hermann Corsten die Theatermappen ihrer Schwester gezeigt. Helene selbst trat bei dem Besuch, laut Corsten behindert durch ihre Taubheit, nicht in Erscheinung. Elise hatte ihn zwar auf die Büste von Joseph Lewinsky[129] aufmerksam gemacht, aber weiter nicht von diesem Schauspieler gesprochen. Obwohl sie ihm die Mappen zeigte, wird sie Hermann Corsten gegenüber deutlich gemacht haben, dass diese Dinge nicht zum Verkauf anstünden. Er war ja auch wegen der romanistischen Bibliothek gekommen. Verhängnisvoll war allerdings, dass sie das Verzeichnis „Theatermappe" den Listen der Theaterbücher beifügt hatte. So gelangte es auch in die Hände von Joseph Gregor.

Elise Richter betonte im oben genannten Schreiben, dass die Theatermappen der Schwester gehörten. Sie schrieb das besitzanzeigende Wort „Ihre" sogar groß und unterstrich es: Er möge sich doch erinnern, dass Helene immer mit „*Ihrer Sammlung gearbeitet hat*". Die ältere Schwester wollte ihre Sammlung anscheinend nicht verkaufen, und Elise hatte kein Recht deren Besitz zu veräußern. Der Hinweis auf Helenes immerwährende Arbeit mit der Sammlung könnte bedeuten, dass sie wegen der ständigen Nutzung für Gregor wertlos war, aber dass darin die Bitte der Schwester eingeschlossen war, ihr diese Dinge nicht zu nehmen. Denn der Theaterwissenschaftler Gregor kannte Helene Richter und ihre Arbeit seit Jahren.

Wie auch immer, es nutzte nichts. Die Herren Teichl und Gregor wussten von Helenes Sammlung und wollten sie haben. Der oben zitierte Brief enthält etliche Bleistift-Unterstreichungen, wahrscheinlich von Gregors Hand. Besonders stark unterstrichen wurden die Wörter: "*bescheidenen Büchergruppe, _ (sehr kleiner !_), Theaterbücher*". Die Zeilen mit den letzten beiden Einträgen wurden am Rand mit einem Fragezeichen markiert. Am Seitenrand kommentierte ein Ausrufezeichen die unterstrichenen Wörter: „*ärgerlicher oder lachhafter Missbrauch*". Am oberen Rand vermerkte er handschriftlich: „*erh. 27. X.41. Die Besichtigung unterblieb Gregor*".

Eine Besichtigung wäre für Gregor von Nutzen gewesen, aber es ging auch ohne einen Besuch bei den Damen. Er erstellte sein Gutachten anhand der ihm vorliegenden Listen.

Das Gutachten[130] wurde nicht auf dem offiziellen Briefpapier der Nationalbibliothek verfasst. Der Text wurde ebenso wie der Briefkopf mit der Schreibmaschine geschrieben:
27. Oktober 1941

„Theaterabteilung der Nationalbibliothek."
Der Leiter der Theaterabteilung

Gutachten
Über die beiden Verzeichnisse ‚Theatermappe' und ‚Theater' aus dem Besitz von
Elise und Helene Richter.

Wiewohl das Schreiben von Elise R i c h t e r vom 25. ds. <u>nur von Theaterbüchern</u> spricht, enthält das Verzeichnis ‚Theatermappe' eine Reihe kostbarer <u>Graphik</u>. Sowohl in der Graphik als unter den Büchern wurden Stichproben vorgenommen, die allerdings ergaben, dass der Grossteil dieses Materials in der Theaterabteilung bereits vorhanden ist. Gleichwohl würde die Theaterabteilung auf folgende Unica Gewicht legen:
Carl von V e s q u e-P ü t t l i n g e n: Das alte Burgtheater. Aquarell 1829.
L e w i n s k y als ‚Richard III.' Karikatur [sic] von Gaul.
Josef K a i n z mit Sarah Hutzler im Ostendtheater. 10 Momentaufnahmen.

Darüber hinaus sind aber auch die anderen Graphiken, die grösstenteils Doppelstücke darstellen, für die Theaterabteilung von Interesse, nach dem sich gewiss unter ihnen viele Varianten vorfinden, die nicht vorhanden sind. Ohne die Möglichkeit einer genauen Besichtigung und Überprüfung kann auch nicht ausgesagt werden, ob sich nicht vielleicht doch erwünschte Stücke unter den Graphiken befinden.

Was den Abschnitt ‚T h e a t e r' (Druckwerke) anlangt, so wäre für die Theaterabteilung die offenbar als Sonderdrucke behandelten Aufsätze, z.B. Roller: ‚Bühne und Bühnenausdruck', G r e g o r: Historische Tage des Theaters in der Josefstadt' erwünscht, da Sonderdrucke das Auffinden sehr erleichtern. Auch in diesem Fall könnte über den Umfang der Desideraten [sic] der Theaterabteilung nur eine Besichtigung Näheres bringen.

An sich ist die Sammlung gewiss sehr wertvoll. Helene R i c h t e r hat nicht nur mit genauer Kenntnis des wiener [sic] Theaters, sondern auch auf Grund reicher Beziehungen gesammelt und besitzt gewiss keine nebensächlichen Stücke.

Ich würde einen Übernahmepreis von RM 1000.- (Tausend Reichsmark) verständlich finden, der gewiss nicht hoch ist, aber angesichts der Sachlage wahrscheinlich das Richtige trifft.
Prof. Dr. Joseph Gregor
Wien, 27. Oktober 1941.

Der Text spricht für sich. Angemerkt sei aber, dass Gregor seinen eigenen Aufsatz, den Helene Richter wohl als Sonderdruck besaß, für so wichtig hielt, dass er die Beschaffung desselben im Gutachten betont und im Gegensatz zum Verfassernamen des zweiten dringend erwünschten Sonderdruck, seinen Namen gesperrt darstellte.[131]

Elise Richters Originalbrief an Joseph Gregor, das Gutachten und sieben Blätter des Richterschen Verzeichnisses wurden einen Tag später von Robert Teichl an Hermann Corsten[132] (zurück-) geschickt. So kamen das vierseitige Verzeichnis „Theater" (der Theaterbücher und -aufsätze) und das dreiseitige Verzeichnis der „Theatermappen", das nicht in der Akte Richter vorhanden ist, nach Köln zurück.

28. Oktober 1941

Im begleitenden Brief bereitete Robert Teichl Hermann Corsten auf den beigefügten „[…] *merkwürdige*[n] *Brief der Frau Elise Richter an Prof. Gregor* […]" vor. Er erläuterte auch Elise Richters Verhalten: „[…] *Frau Richter scheint vergessen zu haben, dass sie ein 3 Seiten langes Verzeichnis ihrer Theatermappen an Sie geschickt hatte.* […]"

Es führte kein Weg am Verkauf der Sammlung mehr vorbei, allerdings musste sich nun Hermann Corsten, der offizielle Käufer, darum kümmern, den Richter-Schwestern dies bewusst zu machen, denn Teichl teilte ihm mit:

„*Ich muss die Klärung dieses Missverständnisses Ihnen überlassen, bin aber nach wie vor bereit, Ihnen behilflich zu sein und unsere Theater-Abteilung an der Erwerbung teilnehmen zu lassen.*"

Am gleichen Tag erhielt Corsten eine weitere Mitteilung aus Wien. Elise Richter übersandte ihm einen zwei Seiten langen Brief, indem nun auch Corsten für seinen Teil der Richter-Bibliothek Komplikationen angekündigt wurden. Zunächst aber ging sie auf ihre Autographensammlung ein. Auch für dieses Schreiben benutzte sie die bereits erwähnte defekte Schreibmaschine.[133]

„*Sehr geehrter Herr Direktor,*
Bestens dankend für Ihren Brief vom 2i. Oktober, sende ich Ihnen i) vor allem die zwei Namenslisten meiner Korrespondenten. Ich würde diese Briefsammlung gern als Ganzes abgeben, da eben die Gesammtheit [sic] der vertretenen Namen_ von den kaum flügge gewordenen bis zu den Altmeistern_ ein hübsches Bild der Romanistik der fünf Jahrzehnte giebt [sic]. Was mich etwas beengt ist die Tatsache, dass ich so sehr im Mittelpunkt dieser Zuschriften stehe, und das ist der einzige Grund, warum mir ihre Veröffentlichung peinlich wäre. Im Uebrigen ergäbe sich weder für mich, noch für einen der Briefschreiber kaum eine Indiskretion aus der Einsichtnahme. An Veröffentlichung im Sinne der Drucklegung denke ich dabei nicht, da mir ja die betreffenden Rechtsfragen bekannt sind. Eine Sperrfrist auf zehn Jahre würde für alle Fälle genügen.
  Ich besitze ferner: ein Kollegienheft von Mussafia _(großes Bruchstück seiner altfranzösischen Lautlehre)_ würdig, in einem Archiv zu ruhen, und ein Notizbuch mit Studien, wie ich glaube, über die Mundart von Ormea, seine letzte Beschäftigung. Auch habe ich die fesselnde

Rundfragenkorrespondenz bezüglich der Meyer-Lübke-Festschrift,[134] *1908-11, deren Schriftführerin ich war. Die sich ergebenden Schwierigkeiten und deren Behandlung durch Ettmeyer, Pușcariu, Bartoli, Herzog*[135] *u.a. bedeuten die Geburtswehen einer solchen Schrift im allgemeinen [sic] und geben Anlass zu geistreichen Auseinandersetzungen.*
Ich bitte also um ein Angebot für den gesamten Autographenkomplex.
2) In Bezug auf den Bücherverkauf muss ich Ihnen leider mitteilen, dass er sich nicht genau in der von Ihnen geplanten Form abwickeln kann. Ich habe _zu meinem Bedauern erst am 26. d. M. die Weisung erhalten, dass im Augenblick nur so viel veräussert werden darf, als die Deckung der Steuerschuld des kommenden Jahres erfordert: das ist 1000_1100 M. Der ganze Verkauf im Sinne Ihres Vorschlags wäre nur im Falle eines besonderen Ereignisses möglich. Die Sache liegt also jetzt so, dass Sie <u>fürs Erste</u> eine Auswahl treffen mögen, die _ mit den Autographen_ zusammen die Summe von 1000-1100 M. erreicht, und dass Sie sich das Uebrige für das Jahr 1942 vormerken. Zur Erleichterung schicke ich meine Listen ein, in die ich <u>rot</u> eingezeichnet habe, was ich vorläufig noch gern zur Arbeit zurückhielte. In die Rubrik der hier verbleibenden Bücher möchte ich noch die <u>Rumänischen</u> einbeziehen, deren Liste ich nicht doppelt besitze. In die Listen: <u>Phonetik</u> und <u>Wörterbücher</u> habe ich <u>Schwarz</u> eingezeichnet, <u>was sofort frei wäre</u>.
Für die Reisebücher fehlt Ihr Angebot. Sind sie ganz wertlos? Falls Sie sie in Betracht ziehen, so bitte ich ‚Oesterreich 1926' auszunehmen.
Die Schätzung der Theaterbücher habe ich in Folge der eingetroffenen Verkaufsvorschrift sofort abgesagt. Diese geringfügigen Bestände hätten auch einen solchen Apparat nicht verlohnt.
Bei Ihrer Auswahl bitte ich schliesslich noch recht sehr, alles aufzuschreiben, was als Doublette für Sie ohnehin weniger Wert hat.
3) Ist die Broschurensammlung von vorneherein im Preis inbegriffen, oder habe ich Ihnen die beiden Katalogbücher erst später gegeben? Von den Brochuren blieben (nach der neuen Abmachung) vorläufig hier: ausser den Doubletten, die Sammlung Meyer-Lübke und die Phonetik. Hingegen sind jetzt noch dazu gekommen:
1) rund 100 Broschuren
2) ein Konvolut politische Zeitungsausschnitte (1919–24)
3) die neuprovenzalische Zeitschrift ‚Prouvènce', drei einhalb Jahrgänge, von der Begründung 1905 bis 1909. Einzelne Nummern fehlen,
4) ein Konvolut katalanischer Zeitungeh, [sic] wie die provenzalischen für sprachwissenschaftliche Uebungen gut verwendbar.
4) Wollten Sie die diesjährige Auswahl lieber in anderer Form treffen, werden wir Ihren Wünschen gewiss gern entgegen kommen. Alles von Ihnen Gewünschte bitte ich in den hier mitfolgenden Katalogen <u>blau</u> einzuzeichnen und sie mir zurück zu schicken./1–12 [Zahlen sind handschriftlich eingefügt.]
5) Die Zahlung wäre in zwei Raten erbeten; die erste (vierhundert Mark) vor dem 1 Dezember, die zweite (siebenhundert Mark) zum 1 Februar 1942. Falls ihnen die Anschrift eines sehr gut empfohlenen Spediteurs willkommen ist, kann ich ihnen Friedrich Zechmeister Wien XXV, Rodaun, Liesingerstradde [sic] Nr. 15 nennen. Er liefert auch Kisten. Der Auftrag zur Verpa-

1 Meldungsbuch der Studentin Elise Richter

2 Elise Richter (1865–1943)

3 Helene Richter (1861–1942)

4 Büste von Adolf Mussafia (1835–1905) im Ehrenhof der Universität Wien

5 Fritz Schalk (1902–1980).
Professor für Romanische Philologie
an der Universität zu Köln
(1936–1970)

6 Eugen Lerch (1888–1952).
Professor für Romanische Philologie
seit 1930 an der Universität Münster.
1935 zwangspensioniert.

7 Hermann Corsten (1889–1968). Leitender Direktor der Universitäts- und Stadtbibliothek Köln (1933–1954)

8 Robert Teichl (1883–1970).
Stellvertretender Direktor
der Österreichischen
Nationalbibliothek bis 1945.

9 Josef Gregor (1888–1960).
Leiter der Theatersammlung
der österreichischen
Nationalbibliothek
(1921–1953)

10 Briefumschlag des Eilbriefes
    vom 14.12.1941

11 Brief vom 14.12.1941

12 Exlibris der Richter-Bibliothek mit dem Lebensmotto von Elise Richter
der „Gaya Scienza" der „fröhlichen Wissenschaft"

ckung kann zwei Tage nach Abgang Ihres Bescheidens an mich über Ihre getroffene Auswahl der Bücher erfolgen.
Mit den besten Empfehlungen Ihre
  Elise Richter "
14 Beilagen
[Den Gruß fügte sie handschriftlich hinzu]

Der Stil dieses Briefes ist resolut und entschlossen. Im ersten Teil äußerte sie sich auch nicht mehr so zögerlich zu ihrer Autographensammlung. Sie erwähnte erneut Adolf Mussafia und ihren anderen Lehrer, Wilhelm Meyer-Lübke. Sie hatte bei der vorgenommen Durchsicht dieser Korrespondenz im Hinblick auf den Verkauf festgestellt, dass insbesondere das Entstehen der Meyer-Lübke-Festschrift für die nachfolgenden Generationen der Romanistik von Bedeutung wäre und man dem *„Vergraben"* durch eine Sperrfrist von höchstens zehn Jahren gerecht würde. Ihr Plan, diese Korrespondenz als Teil ihrer Lebenserinnerungen zu fassen, ist somit hinfällig. Die Geldbeschaffung überschattete alles andere. An ihren Lebenserinnerungen war man auch nicht interessiert.

In dem mit der Ziffer *„2)"* beginnenden Teil wurde Corsten der geänderte Ablauf der Transaktion mitgeteilt. Die zuständigen NS-Behörden in Wien waren ja durch ihn vom Verkauf der Bücher informiert worden. Nun erhielt Elise Richter also die Weisung, nur soviel zu veräußern, als es *„[…] die Deckung der Steuerschuld des kommenden Jahres erfordert: das ist 1000-1100 M."* Zur Erinnerung, Elise erwähnte in ihrem ersten Brief, dass beide gemeinsam eine Monatsrente von 138 Reichsmark bekamen. Nach Abzug der Steuern für das Jahr 1942 würde den alten Damen der Betrag von maximal 656 bzw. bei einer Steuerlast von 1.000 Reichsmark die Summe von 556 RM für das ganze Jahr zum Leben verbleiben, wenn sie nichts zu Geld machen könnten! Die Vorgehensweise beinhaltete, dass Teile des verbliebenen Besitzes veräußert werden durften, aber nur, um die Steuerlast zu decken, und nicht, um den Betroffenen einen finanziellen Vorteil, in diesem Fall ein finanzielles Überleben, zu ermöglichen. Das bedeutete, sie verkauften nur, um das Geld gleich wieder zu verlieren. Nichts konnte diesen Teufelskreis durchbrechen, denn ging das Geld nicht als Steuerleistung an den Staat, so kam es zur Enteignung durch Beschlagnahmung. Verloren war das Eigentum in jedem Fall. Der einzige Vorteil der geleisteten Steuerzahlung bestand darin, dass Elise und Helene Richter hofften, von weiteren Repressalien verschont zu bleiben. Solange sie Bücher verkauften, würde es irgendwie weitergehen können. Deshalb bat sie um relativ kleine Beträge als erste Zahlungen und aus diesem Grund betonte und unterstrich sie auch, dass diese Regelung nur *„fürs Erste"* galt. Deshalb erfolgte wahrscheinlich nun auch das bereitwillige Angebot der Autographen. Das *„Übrige"* würde Corsten im nächsten Jahr erhalten. Das neue Jahr 1942 brach ja auch bereits in etwas mehr als zwei Monaten an. Eine unzumutbare Verzögerung stellte das Verfahren insofern für Corsten nicht dar. Der *„ganze Verkauf"* in seinem Sinne, würde nur durch ein *„besonderes Ereignis"* möglich sein. Es bleibt unklar, was sie mit diesem Ereignis meint.

Elise Richter sah jedoch die Chance, die diese Verzögerung mit sich brachte und versuchte, weitere Bücher für ihre Arbeit zurückzubehalten. Insbesondere die phonetischen Werke und die Wörterbücher führte sie jetzt an. Sie hatte ja bis zum endgültigen Verbot an ihren phonetischen Untersuchen im Phonogrammarchiv gearbeitet und schien sich zu Hause weiterhin mit diesen Forschungen zu beschäftigen. Wiederum schickte sie Bücherlisten, in denen sie die gewünschten Titel entsprechend markiert hatte.

Zielstrebig brachte Elise zum Ausdruck, dass sie jetzt für die Zukunft vorsorgen wollte, andererseits aber Corsten als potentiellen Käufer nicht verschrecken mochte. Sie insistierte auf ein Angebot für die Reisebücher, war aber unsicher, ob sie (ihm) überhaupt etwas wert waren. Zusätzlich bot sie ihre Broschürensammlung[136] an. Bemerkenswerterweise zog sie jedoch die ihr als relativ wertlos erscheinenden Theaterbücher sofort vom Kauf zurück. Das ließ auf interne Auseinandersetzungen mit Helene schließen.

Nun lagen der Kölner Universitätsbibliothek also nur beunruhigende Nahrichten aus Wien vor. Für Hermann Corsten nahm die Angelegenheit eine unerwünschte Wendung an. Konnte er sich selbst noch aus der Sache heraushalten, indem er mit allen Maßnahmen seitens der Nationalbibliothek einverstanden war, so musste er sich jetzt sowohl um Teichls Theatralia als auch um seine Romanistikbücher kümmern. Während er Teichl am 30. Oktober schrieb, hatte ihn Elises Brief vom 28. Oktober noch nicht erreicht. Als das der Fall war, verfasste Corsten eine Antwort an sie, die er seinem Schreiben an Teichl vom gleichen Tag hinzufügte.
Zunächst der Brief an Robert Teichl: [137]

1. November 1941

Lieber Herr Teichl!
Ich bestätige dankend den Eingang Ihres Schreibens vom 28. Oktober ds. Js. und bin erstaunt über die Ausflüchte, die plötzlich in Angelegenheit der Theater-Sammlung gemacht werden. Auch ich erlebe betr. die Romanistik z. Zt. dasselbe. Aus dem beiliegenden Durchschlag meines Briefes an Frau Richter werden Sie aber ersehen, dass ich nicht gewillt bin, mir das gefallen zu lassen. Evtl. muss wohl schärfer geschossen werden. Herrn Professor Gregor danke ich besonders für seine Bemühungen. Entsprechend seinem Gutachten habe ich RM 1000,-- geboten. Von der Antwort werde ich Ihnen sofort Nachricht zukommen lassen.
  Mit verbindlichem Dank und vielen herzlichen Grüssen bin ich
  Ihr C[orsten]

Die Akte Richter enthält in diesem einmaligen Fall neben der Durchschrift des Briefes auch den handschriftlichen Briefentwurf von Hermann Corsten. Zwei Wörter hat er dort ausgetauscht: zuerst hatte er im zweiten Satz das Wort „Schwierigkeiten" geschrieben, das er dann allerdings strich und stattdessen das Wort „Ausflüchte" wählte. Auch das Wort „erlebe" im dritten Satz erscheint zunächst als „erfahre" im Entwurf. Er entschloss sich also für eine härtere Variante, und, auch um Teichl sein autoritäres Auftreten gegenüber Richters zu demonstrieren, schrieb er im gleichen Tonfall: *„Evtl. muss wohl schärfer geschossen werden."* Das zwei Tage vorher noch verwendete *„Heil Hitler!"* ließ er diesmal allerdings weg.

Im Brief an Elise Richter[138] benutzte er nicht den Begriff „Ausflüchte", sondern das zuerst gewählte Wort „Schwierigkeiten".

„Sehr geehrte Frau Professor!
Ich bestätige den Eingang des Schreibens vom 28. 10. ds. Js. und bin erstaunt über die Schwierigkeiten, die jetzt plötzlich in der Kaufangelegenheit der Romanistischen Bibliothek auftreten. Zur Klärung der Sachlage möchte ich Ihnen nochmals die zwischen uns getätigten Kaufverhandlungen gelegentlich meines Besuches in Wien am 23. und 24. Setrember [sic] *ds. Js. vor Augen führen. Für die Romanistische Bibliothek bot ich ihnen RM 4000,--. Diesem Angebot stimmten sie mündlich zu. Am 1.10.1941 bestätigten Sie mir schriftlich den Abschluss des Kaufes, indem Sie schrieben: ‚... will aber nicht länger zögern, Ihnen zu schreiben, damit Sie nicht im Zweifel sind, dass ich der Abmachung treu bleibe. Die gesamten Romanika* [sic] *gehören Ihnen, aber ein kleiner Teil, ich denke 500 Bände, folgt erst später nach.'*
Darauf habe ich Ihnen in meinem Schreiben vom 21.10. geantwortet: ‚ ... Da Sie sich in Ihrem Brief vom 1.10. mit meinem mündlichen Angebot von RM 4000,-- für die Romanistische Sammlung einverstanden erklärt haben, wäre hiermit der Kauf perfekt und könnte der Abtransport der Bücher in die Wege geleitet werden.' Nach diesen ganz klaren mündlichen wie schriftlichen Abmachungen besteht kein Zweifel, dass die Romanistische Bibliothek am 21. 10. 1941 endgültig in das Eigentum der Universitäts- und Stadtbibliothek Köln übergegangen ist. Dazu kommt, dass ich zu der Erwerbung der Bibliothek die Zustimmung der zuständigen Behörde in Wien eingeholt und erhalten habe. Ich bitte um Angabe der Dienststelle, von welcher Sie die Weisung erhielten, dass nur ein Teil der Bibliothek verkauft werden dürfe, damit ich mich mit dieser Stelle in Verbindung setzen und sie über den Sachverhalt aufklären kann.
Durch die National-Bibliothek Wien erfuhr ich, dass Sie Herrn Professor Gregor keine Gelegenheit gegeben haben, die Theater-Sammlung zu besichtigen. Ich bedaure das im Interesse der Sache sehr, da mir an einer sachlichen Abwicklung der Angelegenheit durchaus gelegen ist. Für die Theater-Sammlung biete ich Ihnen einen Preis von RM 1000,-- und bitte um gefällige Stellungnahme.
Weiterhin bitte ich noch um Antwort auf mein Angebot vom 21. Oktober betr. die anglistischen Bücher."
    Mit besten Empfehlungen C[orsten]

Corsten kannte die Damen und deren Verhältnisse im Gegensatz zu Robert Teichl aus eigener Anschauung. Möglicherweise fragte er sich tatsächlich, ob es Elise Richter wirklich bewusst war, dass sie einen mittlerweile auch schriftlich fixierten Kaufvertrag mit der USB Köln abgeschlossen hatte. Jedenfalls wiederholte er ihr wörtlich die Vertragsklauseln. Er war nicht gewillt, Einschränkungen an seinen Besitzrechten bzw. an der Lieferung der Romanistik-Bibliothek hinzunehmen. Der Großteil des Briefes beinhaltet folglich das Zustandekommen und die Formulierungen des Kaufvertrags. Diese Ausführlichkeit sollte überdies auch Elise Richter dienen, die damit, falls erforderlich, den Behörden gegenüber einen Vertragstext vorweisen konnte.

Mit der „*Dienststelle*" wollte er aber selbst Kontakt aufnehmen. Nicht, weil er Elise Richter nicht glaubte, so wie es das Wort „*Ausflüchte*" im Brief an Teichl vermuten ließ, sondern weil er sich keinen Erfolg davon versprach, wenn die 76-jährige Jüdin selbst mit den Verantwortlichen verhandelte.

Was die angesprochene Weigerung der Richter-Schwestern bezüglich der Besichtigung durch Professor Gregor betraf, musste er, auch in Hinblick auf die mitlesende Nationalbibliothek, sein Gesicht wahren. Er beließ es allerdings bei dem Hinweis, dass ihm „[...] *an einer sachlichen Abwicklung der Angelegenheit durchaus gelegen ist*", und bot ihr den von Joseph Gregor empfohlenen Preis an. Er schloss seinen Brief diesmal allerdings nicht mit „ergebenen" Grüssen, sondern „*mit den besten Empfehlungen*".

Elise Richter kommentierte Corstens wachsende Ungeduld in ihrem Tagebuch: „*Brief v[on] Corsten. Will wissen, an welcher ‚Dienststelle' es* [hängt] *sichtlich unwirsch. Bietet 1000 MK f*[*ür*] *Theatersamml.*"[139] Auch das Verhalten der Schwester bereitete ihr Probleme. So schreibt sie weiter: „*H*]elene] *desparat, da an Rose geschr*[ieben]*, dass sie es ihm gibt. Alles so schwierig.* [Margarete, Anm. d. Verf.] *Rösler und Else* [Lewinsky, Anm. d. Verf.] *da. Beide gesagt, man muss es nach Cöln geben. Ganzen Tag Broschüren sortiert.*"[140]

Postwendend antwortete Elise Richter nach Köln.[141] Selbstverständlich wollte sie den Kaufvertrag mit Corsten aufrecht erhalten. Sie musste, es blieb ihr doch gar keine andere Hoffnung. Nun bemühte sie sich, ihm die Schwierigkeiten zu erläutern, die alles so verkompliziert hatten.

Alle nun folgenden Briefe werden in Gänze wiedergegeben.

5. November 1941

„*Sehr geehrter Herr Direktor,*
Da meine Andeutungen offenbar missverständlich waren, muss ich Ihnen die Einzelheiten der mir gewordenen [sic] *Unterweisung mitteilen, die ich Ihnen gern erspart hätte. Ein Hindernis für den Ankauf oder Verkauf besteht _wie Sie sich ja erkundigt haben_ selbstverständlich nicht. Aber laut Vorschrift der Devisenstelle haben die unter das Nürnberger Gesetz Fallenden die Verpflichtung, sobald sie an Bargeld mehr als 500 M. besitzen, dies anzuzeigen, und ein Sperrkonto zu errichten, aus dem ihnen _ ausser den Steuergeldern_ nur monatlich i5oM gegen Rechungsvorlegung über die Verwendung herausgegeben wird.*[142] *Das Sperrkonto, in das jede Einnahme fliesst, unterliegt der Besteuerung nach dem höchsten Steuersatze und einer Vermögensabgabe. Das Ergebnis des Bücherverkaufs beliefe sich unter diesen Umständen also ziemlich auf leere*

Regale. Die Anschrift für Zahlungen, von der im Herbst gesprochen wurde, gilt nur für unseren Todesfall, denn Arier dürfen wohl Nichtarier beerben, aber zu deren Lebzeiten nichts von ihnen annehmen oder gar ihnen beispringen. So scheint mir, nach wie vor, ein offenes, ehrliches Vorgehen wie es Käufer und Verkäufer erstreben, nur auf dem Wege ruckweiser Abfuhr der Bücher möglich. Jedoch könnte wol [sic] *ein zweiter Ruck schon im Mai-Juni 1942 stattfinden.*

Meine Schwester (Dr. Helene Richter) und ich halten unverändert an dem mit Ihnen geschlossenen Kaufvertrag fest, ohne jede Absicht, an Bedingungen zu rühren, mit denen wir uns einverstanden erklärt haben. Und zwar:
1) Viertausend Mark für Romanica (worin, wie ich aus ihrem Briefe zu entnehmen glaube, die Broschurensammlung inbegriffen ist
2) Eintausend Mark für die Theatersammlung
3) Fünfhundert Mark für Anglistik.
Die Reisebücher scheiden Sie, wie Ihr Stillschweigen andeutet, offenbar aus.
Für die Autographensammlung fehlt noch ein Angebot.
Die Anschrift unserer Freundin, _nur für den Fall unseres Todes (oder im in [sic] *einem von uns zu bestimmenden Falle) benützbar_ ist: Frau Else Lewinsky-Krause, Wien XIX Billrothstrasse 3i.*
Ich bitte um Rücksendung des ihnen am 28. Oktober überschickten zweiten Exemplar der Bücherverzeichnisse, um mich, gleichviel, wie Ihre Auswahl der im ersten Schube abzuliefernden Bücher ausfalle, genau daran halten zu können.
Mit den besten Empfehlungen Ihre
      Dr. Elise Richter "
[Der Gruß wurde handschriftlich hinzugefügt]

Elise Richter schilderte detailgetreu die (un-)rechtliche Situation, in der sie sich befanden. Es war ihr völlig klar, dass jede andere Form der Transaktion, welche die Einrichtung eines Sperrkontos verlangen würde, sich, wie sie schreibt auf „[…] *unter diesen Umständen also ziemlich auf leere Regale* […]" beliefe. Daher ihre Bitte, die erste Rate im November nur in Höhe von 400 Reichsmark zu zahlen. Dafür wäre dann kein Sperrkonto nötig; man könnte ihnen das Geld tatsächlich an ihre Adresse per Postanweisung überbringen lassen. Wie sie die Einrichtung eines Sperrkontos für die im Februar 1942 erbetenen 700 Reichsmark umgehen wollte oder ob überhaupt, bleibt unklar. Selbst wenn für die zweite Überweisung ein Sperrkonto eingerichtet würde, so konnte der Betrag von 700 RM die Steuerschuld nicht decken.

Damit war Corstens Vermutung, dass sie sich der vorausgegangenen Absprachen nicht mehr bewusst wäre, widerlegt.

Elise Richter war bemüht, Hermann Corsten weiterhin von ihrem „*offenen*" und „*ehrlichen Vorgehen*" zu überzeugen; erneut betonte sie, dass die Schwestern unverändert am geschlossenen Vertrag festhielten. Unterstrich sie ihren guten Willen, indem sie nun auch ihre Broschürensammlung, die sie im letzten Brief erwähnte, ohne gesonderten Preis den romanistischen Büchern beifügte?

In diesem Brief klärte sich jedenfalls die Frage von Hermann Corsten nach der Anschrift für die Überweisung (siehe Brief von Hermann Corsten vom 21. Oktober 1941). Was sie ihm im vorliegenden Brief noch einmal mitteilte, ist die Anschrift der Freundin Else Lewinsky-Krause. Daraus lässt sich schließen, dass schon bei dem Besuch Corstens in Wien darüber gesprochen worden war. Sie betonte, dass diese Anschrift „[…] *nur für den Fall unseres Todes (oder in einem von uns zu bestimmenden Falle) benützbar ist*". In diesem Brief wies Elise Richter Frau Else Lewinsky-Krause somit als beider Erbin aus. Sie teilte ihm diese Tatsache also ein zweites Mal – schriftlich – mit.

Betrachtet man die letzten beiden Briefe, so lassen sich, bis auf den Hinweis der verweigerten Besichtigung durch Joseph Gregor, keine gravierenden Misstöne feststellen. Es waren keine „Ausflüchte" seitens der Schwestern, sondern es waren tatsächlich „Schwierigkeiten", wenn ein solch harmloses Wort diese Umstände überhaupt beschreiben kann!

Zwölf Tage später schrieb eine nahezu aufgelöste Elise Richter einen Brief nach Köln, der eine Situation schilderte, der die beiden alten Damen nicht mehr gewachsen waren. Helene Richter ließ sich von Elises Transaktionen nicht abhalten, eigene Schritte in Bezug auf möglichen Gelderwerb zu unternehmen. In ihrem Tagebucheintrag vom 3. November hatte Elise bereits erwähnt, dass ihre Schwester diesbezüglich Kontakt zu einem Herrn Rose aufgenommen hatte.[143] Leider ist unbekannt, wie der Kontakt zwischen Helene Richter und dem Herrn aus Berlin zustande kam. Desgleichen wissen wir nicht, woher Herrn Roses Kenntnis von Helenes Theatersammlung stammte. Helene Richter war jedenfalls eine zeitlang gewillt, ihre Mappen an ihn zu verkaufen. Diese Aktion ist sicherlich dem Alter, aber vor allem auch der wachsenden Verzweiflung der Schwestern zuzuschreiben.

In ihrer Angst, für den geschilderten Vorfall als wortbrüchig angesehen zu werden, sandte Elise ihren Brief per Flugpost.[144] Zum letzten Mal benutzte sie im vorliegenden Briefwechsel ihre alte Schreibmaschine. Mittlerweile waren etliche Buchstaben nicht mehr lesbar. Auch war der Besitz von Schreibmaschinen den Juden zukünftig verboten worden.

17. November 1941

„Sehr geehrter Herr Direktor,
ich fühle mich verpflichtet, Sie von einem Vorfall in Kenntnis zu setzen, den ich aufs Tiefste bedauere, und dessen Mitteilung schon einer Busse gleichkommt. Ich glaube aber, dass mein freiwilliges Eingeständnis des begangenen Verstosses dem Schein der Inkorrektheit, den wir auf uns geladen, noch am besten steuert. Erwägen Sie, bei Ihrer Beurteilung des Vorganges, dass das Mass der Aufregungen, die seit drei Jahren auf uns einstürmen, auch abgesehen von Krankheit und Alter, eine Sinnesverwirrung begreiflicher macht als die Bewahrung des seelischen Gleichgewichts.
Am 24. Oktober sagten wir Herrn Professor [Gregor, Anm. d. Verf.] für den 27 angebotenen Besuch aus persönlichen (schriftlich nicht zu erörternden) Gründen ab. Nebenbei bemerkt, ein

gemeinsamer Bekannter billigte unsere Gründe. Ich schrieb Ihnen bei diesem Anlass, dass wir ehen [sic] von dem Mitverkauf der Theatralia mit der übrigen Bücherei absähen.
Am 26 Oktober besuchte uns der uns bisher vollkommen fremde Direktor des Berliner Ostende (jetzt Rose-)Theaters, Herr Rose, um von meiner Schwester etwaige Einzelheiten über das Gastspiel von Kainz an dem einstigen Ostendetheater zu erfragen, empfing von ihr leihweise eine Sammlung von Kainzbildern aus der Theatermappe und erbot sich schliesslich, die Sammlung zu kaufen. Meine Schwester erbat sich Bedenkzeit. Am 29 Oktober machte Herr Rose aus Berlin das schriftliche Angebot von 200 M für die Mappe und i00 M. für die das Theater betreffenden Bücher und meine Schwester ging darauf ein, obgleich es uns minderwertig erschien.
Tags darauf kam Ihr Brief, [Schreiben Corstens vom 1.11.41, Anm. d. Verf.] in dem Sie die Theatralia in den Verkauf einbeziehen. Er brachte uns Klarheit in zwei wesentlichen Punkten: i) dass wir Ihre Absage der Theatralia nicht abgewartet hatten, ehe wir darüber verfügten. 2) dass wir ohne vorhergegangene Schätzung zu keinem Verkauf berechtigt waren. Ueber den uns erwachsenden materiellen Schaden spreche ich nicht, so sehr tritt er zurück hinter der uns (hinterher unfasslichen Unkorrektheit unserer unbedachten Machenschaft. [sic] Selbstredend schrieb meine Schwester umgehend an Herrn Rose mit der inständigen Bitte, von dem Abschluss zurückzutreten. Geld hatten wir ja nicht erhalten, und Jappe [sic] und Bücher befinden sich bei uns. (bis auf die Kainzbildchen). Er lehnte ab [der letzte Satz ist handschriftlich ergänzt. Anm. d. Verf.] In unserer freundschaftlichen Beratung mit unserem früheren Rechtsanwalt, der uns öffentlich nicht mehr vertreten darf, erfuhren wir, dass wir durch den Rechtssatz der ‚laesio enormis' auch vor dem Gesetz berechtigt sind, von einem eingegangenen Kauf zurück zu treten, wenn das Angebot unter der Hälfte des Wertes bleibt. Dies hat meine Schwester am i4. Novemb. getan. Die Antwort steht bisher aus. Vielleicht fällt sie nach Wunsch aus. Ich brauche Ihnen nicht zu sagen, dass wir, selbst für den Fall, dass der Berliner Herr sich zu dem entsprechenden Mehrangebot aufschwingen sollte, die Erwerbung unserer Bücher als Ganzes durch eine Universitätsbibliothek unvergleich [sic] wünschenswerter ist als Veräusserung an einen Privatmann. Aber die qualvolle Empfindung, dass wir durch _ soll ich sagen, senilen_ Leichtsinn die Integrität unseres Vorgehens in schiefes Licht gebracht haben könnten, drängt mich, Ihnen zu ihrer Orientierung für alle Fälle den ganzen Sachverhalt zu beichten. Ich werde Sie von allem Weiteren in Kenntnis setzen.
Verzeihen Sie, dass wir Sie in ungebührlicher Weise behelligen.
   Ihre Elise Richter "

Es folgte die Antwort von Hermann Corsten an Elise Richter und das In-Kenntnissetzen Robert Teichls vom Vorgefallenen. In der Akte Richter wurde der Brief an Teichl als Nr. 27 vor dem Brief an Elise Richter (Nummer 28/29) eingeordnet. Wahrscheinlich hatte Corsten den Brief an Teichl auch zuerst formuliert, denn das wird im folgenden Satz im Brief an Elise Richter deutlich: „*Um nun allen Schwierigkeiten und Auseinandersetzungen mit diesem Herrn aus dem Wege zu gehen, habe ich mich entschlossen, die Nationalbibliothek Wien mit meiner rechtlichen Vertretung zu beauftragen und ihr eine Beschlagnahme und*

Sicherstellung der Theater-Sammlung vorgeschlagen." Er sandte sein Schreiben an die Nationalbibliothek per Eilpost nach Wien.

Zunächst soll aber sein Brief an Elise Richter[145] wiedergegeben werden und im Anschluss daran der Brief an Robert Teichl.

20. November 1941

„Sehr geehrte Frau Professor!
Von einer längeren Dienstreise ins Ausland zurückgekehrt, komme ich erst heute dazu, Ihnen auf Ihr Schreiben vom 5.11.1941 zu antworten. Ich erkläre mich mit Ihren Vorschlägen einverstanden und bin bereit, die an mich verkaufte Bibliothek Romanica und Anglistik schubweise zu übernehmen. In dem Preis von RM 4000,-- für die Romanica ist die Broschurensammlung eingeschlossen. Als erstes erbitte ich die Uebersendung der gesamten Anglistik zum Preis von RM 500,--. Aus der Gruppe der Romanica möchte ich zunächst die gesamte Portugiesische, Rätoromanische und Rumänische Literatur geschlossen übernehmen. Es sind insgesamt 198 Bände, die mit einem Preis von RM 500,-- als abgegolten anzusehen sind.
Für die Autographensammlung mache ich Ihnen ein Angebot von RM 500,--
Ein Verzeichnis der portugiesischen, rätoromanischen und rumänischen Literatur liegt bei, ebenfalls ein Verzeichnis der Anglistik.
Mit der Abnahme des zweiten Schubes im Mai-Juni 1942 bin ich einverstanden.
Ich wäre ihnen sehr dankbar, wenn Sie den von ihnen genannten Spediteur Friedrich Zechmeister, Wien XXV, Rodau, Liesingstr. 15, beauftragten. Der Betrag von RM 1000,-- wird Ihnen nach Versandtmitteilung durch den Spediteur überwiesen.
Inzwischen traf ihr Schreiben vom 17.11. mit der überraschenden und mich betrübenden Nachricht betr. der Theater-Sammlung hier ein. Ich habe das Gefühl, dass Sie einem sehr geschäftstüchtigen Manne in die Hände gefallen sind, dass der Verkauf aber rechtlich anfechtbar ist. Um nun allen Schwierigkeiten und Auseinandersetzungen mit diesem Herrn aus dem Wege zu gehen, habe ich mich entschlossen, die Nationalbibliothek Wien mit meiner rechtlichen Vertretung zu beauftragen und ihr eine Beschlagnahme und Sicherstellung der Theater-Sammlung vorgeschlagen. Damit sind auch Ihre wohlverstandenen Interessen am besten gewahrt. Der von mir zugebilligte Betrag von RM 1000,-- für die Sammlung ist Ihnen sicher. Ich bitte Sie, bei dieser Massnahme alle persönlichen Gefühle beiseite zu lassen und nur die eigenen Interessen im Auge zu behalten.
   Ihr sehr ergebener gez. Corsten" [gez. Corsten auf der Durchschrift]

„Lieber Herr Teichl![146]
Nach längerer Abwesenheit von Köln – ich war mehrer Wochen in Belgien und Frankreich – komme ich wieder zu der Richter-schen [sic] Angelegenheit, die nun plötzlich, was die Theatersammlung anbelangt, eine merkwürdige Wendung genommen hat. Alles Nähere ersehen Sie aus dem beigefügten Originalschreiben der Frau Richter an mich. Helene Richter, die 80 Jahre alt und stocktaub ist, scheint geistig nicht mehr ganz auf der Höhe zu sein. Sie ist einem

sehr geschäftstüchtigen Berliner in die Hände gefallen, der die Situation sofort erkannte und sie zu seinen Gunsten ausnutzte. Rechtlich ist, wie ich glaube, der Kauf anzufechten, da er eine masslose Benachteiligung der Frau Richter darstellt. Mir kam nun der Gedanke, ob die Sache nicht am besten durch Beschlagnahme und Sicherstellung der Theatermappe in der National-Bibliothek zu regeln wäre. Bei meiner Unterhaltung mit Herrn Regierungsrat Dr. Blaschke, an den mich damals Herr Generaldirektor Heigl verwies, machte dieser mir das Angebot die gesamte Sammlung beschlagnahmen zu lassen. Da ich aber die Tragweite dieser Frage von hier aus nicht übersehe, dürfte es sich zum mindesten empfehlen, mit Herrn Blaschke Rücksprache zu nehmen.
Aus der beiliegenden Abschrift meines Schreibens an Frau Richter ersehen Sie, dass alles andere in Ordnung ist und ich eine etappenweise Ueberführung der Romanistik und der Anglistik mit ihr vereinbart habe.
Für die Autographen-Sammlung, die vielleicht auch für Sie von Interesse ist, habe ich ein Angebot von RM 500,-- gemacht. Die Sammlung enthält vor allem einen Schriftwechsel mit fast allen Romanisten der letzten 45 Jahre und umfasst mindestens 600 Briefe und Karten.
In der Hoffnung, dass Sie wohlauf sind, sende ich Ihnen herzliche Grüsse und bleibe mit den besten Empfehlungen, auch an Herrn Heigl,
    Ihr „[Die Paraphe C fehlt diesmal]
N.B. Ich bitte um baldige Rückgabe des Originalbriefes von Frau Richter.

Ein Satz, wie der vom geschäftstüchtigen Berliner, der „[…] *die Situation sofort erkannte und sie zu seinen Gunsten ausnutzte*" führt uns heute erneut die Ungeheuerlichkeit dieser Notverkäufe vor Augen. Herr Rose aus Berlin bot für die Theatermappen nur 200 und für die Theaterbücher 100 Reichsmark an – wenn man berücksichtigt, dass sogar Professor Gregor, der den Kauf der Sammlung für 1.000 Reichsmark empfahl, diese Summe als „*gewiss nicht hoch*" bewertete. Herrn Roses Angebot wird als „*eine masslose Benachteiligung der Frau Richter*" gesehen. Elsen und Tanzmeister schreiben, dass Rose trotz Elise Richters Absage weiterhin die Theatersammlung fordert. Sie zitieren aus Elises Tagebuch, dass diese Herrn Roses Verhalten als „*grosse Schweinerei*" [Tagebucheintrag vom 8.11.1941] empfand. Sie vermuten, dass Corsten selbst in Berlin interveniert hatte.[147] Die Akte Richter beinhaltet allerdings diesbezüglich kein Schreiben. Letztlich trat Rose jedoch von seinem Angebot zurück.

Eines wird ganz klar deutlich: Probleme bereitet Corsten bislang nur die Beschaffung der Theatersammlung für die Österreichische Nationalbibliothek. Denn was seine eigenen Transaktionen mit den Richter-Schwestern angeht, so akzeptierte er (auch gegenüber Herrn Teichl als Vertreter der Nationalbibliothek) alle von Elise Richter gewünschten Modalitäten: „*Aus der beiliegenden Abschrift meines Schreibens an Frau Richter ersehen Sie, dass alles andere in Ordnung ist und ich eine etappenweise Ueberführung der Romanistik und der Anglistik mit ihr vereinbart habe.*"

Selbst den von ihr empfohlenen Spediteur Friedrich Zechmeister zieht er seiner eigenen Empfehlung, der Fa. Schencker und Co, vor. Für ihn ist also (noch) alles in Ordnung, wäre da nicht die Theatersammlung, für die er Heigl und Teichl gegenüber im Wort stand. Fatal ist selbstredend, dass es sein „*Gedanke*" ist, der die Büchse der Pandorra öffnet, indem er der Nationalbibliothek die „*Beschlagnahme und Sicherstellung der Theatermappe*" als beste Art der Regelung vorschlägt. Anderseits ist dies ein für die Nationalbibliothek längst gängiges Verfahren. Wie bereits im Fall des Nachlasses von Guido Adler geschildert, arbeitete die Direktion der NB eng mit der Gestapo zusammen.

Elise Richter gegenüber rechtfertige Corsten dieses Vorgehen damit, dass „[…] *auch Ihre wohlverstandenen Interessen am besten gewahrt sind. Der von mir zugebilligte Betrag von RM 1000,-- für die Sammlung ist Ihnen sicher.*"

Hatte er keine Ahnung, was es bedeutete, die Geheime Staatspolizei ins Haus der Richters zu schicken? Das ist durchaus möglich, denn er gab in seinem Brief an Teichl zu, dass er das Angebot von Herrn „*Blaschke, […] an den mich damals Herr Generaldirektor Heigl verwies, […] die gesamte Sammlung beschlagnahmen zu lassen*" nicht in seinen Folgen einschätzen kann: „*Da ich aber die Tragweite dieser Frage von hier aus nicht übersehe, dürfte es sich zum mindesten empfehlen, mit Herrn Blaschke Rücksprache zu nehmen.*" Befremdend erscheint auch seine Bitte an Elise Richter: „[…] *bei dieser Massnahme alle persönlichen Gefühle beiseite zu lassen und nur die eigenen Interessen im Auge zu behalten.*"

Ihre eigenen Interessen waren zwar, ihre Bücher in der Universitätsbibliothek aufgestellt zu sehen, aber vor allem Geld in die Hände zu bekommen, um so unauffällig wie möglich, dies auch durch die pünktlich gezahlte „Judensteuer", weiterleben zu können!

Corsten zeigte Verständnis für diese „Interessen", deren Wahrung er zweimal erwähnte, und er wollte die Bücher kaufen und bezahlen. Für die nach Köln zu sendenden Bücher sollte demnach auch keine Sicherstellung vorgenommen werden. Zu diesem Zeitpunkt empfahl er die Beschlagnahmung nur für die Theatermappen, nicht für die (Theater-) Bücher.

Bei dem im Brief genannten „Blaschke" handelt es sich um Oberregierungsrat Dr. Alfons Blaschko von der Gestapo-Leitstelle in Wien.[148] Generaldirektor Heigl hatte Hermann Corsten bei dessen Besuch an diesen Freund verwiesen. Heigl selbst arbeitete seit 1938 eng mit der Gestapo zusammen. Der Leiter der zuständigen Dienststelle war Blaschko und diese gewohnte Kooperation war tatsächlich für Heigl „die naheliegendste Vorgangsweise".[149] Die Gestapo versorgte die Nationalbibliothek ausgiebig mit geraubten Büchern. Erwiesen ist auch, dass, auf persönlichen Wunsch von Generaldirektor Heigl, die Nationalbibliothek die Beschlagnahmung in etlichen Fällen initiierte und die Gestapo dann die Enteignung in Amtshilfe ausführte.[150] Im vorliegenden Fall war es jedoch Blaschko und nicht Heigl, der Corsten anbot, die ganze Sammlung beschlagnahmen zu lassen.[151]

Elise Richter war spätestens jetzt bewusst, dass ihr ursprüngliches Vorhaben, die Nationalbibliothek nicht in den Verkauf einzubeziehen, gescheitert war. Von den Plänen einer möglichen Beschlagnahmung ihrer Bücher ahnte sie nichts. Gleich nach Eintreffen des Eilbriefes aus Köln antwortete sie handschriftlich auf einem 17 x 12 cm großen Zettel.[152]

22. November 1941

„*Sehr geehrter Herr Direktor,
Der Eilbrief ist erst heut, soeben, eingetroffen. Wir erklären uns mit all Ihren Vorschlägen einverstanden. Ich wollte sofort die Doublette des Theatralia-Kataloges zurecht legen, für die Übergabe an die Nationalbibliothek, ich finde sie aber nicht und vermute, dass sie versehentlich mit den anderen Katalogen, die ich Ihnen neulich sandte, ‚mitgelaufen' ist. Ich vermute, dass die Bibliothek ein Inventar verlangen wird und möchte jetzt alle Hindernisse nach Kräften vermeiden. Darf ich also bitten, mir den Katalog der Theatralia zusenden zu wollen, oder der Nat. Bibliothek?
Dem Spediteur schreiben wir. Er soll Ihnen den Kostenüberschlag vorlegen.
    Ihre ergebene
        Elise Richter
Berlin hat sich nicht gemeldet.*"

Bezüglich „Berlin" konnte sie schon am folgenden Tag Entwarnung geben. Wiederum auf einem Zettel (18 x 13 cm) schrieb sie an Hermann Corsten:[153]

23. November 1941

„*Sehr geehrter Herr Direktor,
Soeben trifft ein Brief von Direktor Rose ein, der vollkommen zurücktritt. Doch wünscht er sich sehr, den Sardanapal v. Byron in Kainz' Übersetzung*[154] *zu erwerben und ich setze voraus, dass Sie einverstanden sind, wenn wir ihm das Bändchen übersenden. Die Kainz-Bilder wird er zurückschicken. Die Sache, die uns so schmerzhaft aufgeregt hat, löst sich also in Wohlgefallen auf. Wünschen Sie nun vielleicht als erste Sendung die Theatralia?
Mit besten Empfehlungen
    Ihre
        Elise Richter*"

Nach der Aufregung schien der Verkauf, einschließlich der Theatralia, nun endlich ablaufen zu können. Die Zeilen von Elise Richter lassen eine Ahnung zu, wie erleichtert die Schwestern nach dem Rücktritt von Rose gewesen sein müssen.

Nun aber folgte die Reaktion der Nationalbibliothek zu Corstens Vorschlag, wegen der Beschlagnahme der Theatermappen Herrn Blaschko zu befragen. Auf dem offiziellen Briefpapier des Generaldirektors der Nationalbibliothek traf Robert Teichls erstaunliche Replik als Expressbrief ein.

25. November 1941

„Lieber Herr Corsten!
Ihren Eilbrief vom 20. d. M. erhielt ich Samstag, den 22. als ich gerade beim Generaldirektor war. Wir lasen den Brief gemeinsam und waren nicht wenig erstaunt und über das Verhalten der Frau Richter und des Herrn Rose empört. Generaldirektor Heigl hat gestern persönlich in der Gestapo vorgesprochen, doch verlief dieses Unternehmen leider ergebnislos.
Unter diesen Umständen und da die Nationalbibliothek Ihre Vertretung nicht übernehmen kann, bittet der Generaldirektor, die Nationalbibliothek aus diesem Konflikt und Geschäft auszuschalten.
Sicher ist, daß eine laesio enormis hohen Grades vorliegt und daß Ihr Angebot bereits abgegangen war, als Fr. Richter dem Rose zusagte. Die laesio ist umsomehr gegeben, als der Rücktritt der Fr. Richter vom Verkauf an Rose diesen nicht materiell schädigen würde, da es sich um eine Liebhabersache handelt, die für Rose nicht lebenswichtig ist. Auch ist es klar, dass Fr. Richter in einem <u>wesentlichen Irrtum</u> befangen war, als sie, die Ihr Interesse auch für die Theatralia kannte und Ihnen die Liste schickte, die die Grundlage für das Gutachten Prof. Gregors bildete, voreilig dem Herrn Rose zusagte, dessen Besuch sie 1 Tag nach Ablehnung einer persönlichen Vorsprache Prof. Gregors erhielt, denn sie wartete weder Ihre Entscheidung ab, noch war sie sich über den Wert im klaren [sic], noch ließ sie vorher eine Schätzung vornehmen.
Diese beiden Grundsätze, die laesio enormis und der Irrtum in wesentlichen Punkten könnten nach Auffassung eines Juristen die Sache zugunsten der Fr. Richter wenden, wenn auch der Kauf nur von der Preisseite anzufechten wäre.
Den Brief der Frau Richter, den wir uns photokopiert haben, stelle ich im Original wieder zurück.
Die Nationalbibliothek hat, wie Sie richtig vermuten, tatsächlich Interesse für die Autographen-Sammlung Richter.
[Handschriftlich] *Heil Hitler!*
   Herzlichst Ihr Teichl"

Die Generaldirektion war erstaunt und empört und hielt sofort Rücksprache mit der Gestapo. Jedoch diesmal ohne Erfolg. Blaschko versagte Heigl die Unterstützung. Obwohl Blaschko Corsten im September noch angeboten hatte, die Sammlung beschlagnahmen zu lassen, schien ein solches Vorgehen nun nicht mehr zulässig. Heigl, der persönlich bei der Gestapo vorsprach, wird korrekt berichtet haben, dass die Richters bzw. Elise Richter einen gültigen Kaufvertrag mit der Universitäts- und Stadtbibliothek Köln geschlossen hatten und trotzdem nun einen zweiten Kaufvertrag mit einem Berliner Händler eingegangen waren. Er wird klargestellt haben, dass die Sammlung Teile enthielt, die für die Nationalbibliothek bestimmt waren, und dass die nötige Transaktion mit der Kölner Bibliothek beschlossene Sache war. Man musste also verhindern, dass ein Verkauf nach Berlin zustande kam. Anzunehmen ist, dass Blaschko sein Ansinnen ablehnte, weil Heigls Bitte darauf abzuzielen schien, dass die Gestapo hier vordergründig einer Jüdin ihr Recht durch „Sicherungs"-Beschlagnahme verschaffen sollte. Wahrscheinlich ist, dass Heigl ein solches, niemals ernsthaft gewolltes Vorhaben erst durch Blaschko bewusst gemacht wurde. Jedenfalls versuchte er im Anschluss an seinen Besuch bei der Gestapo die brenzlige Situation rasch zu beenden, in dem er bestimmte, dass die Nationalbibliothek Corstens Vertretung nicht länger übernehmen könne, und folglich aus dem „Konflikt" und dem „Geschäft" ausstieg.

Ausführlich klärte Vizedirektor Teichl im Folgenden Direktor Corsten über den rechtlichen Grundsatz der laesio enormis[155], der im deutschen Recht als Grundsatz so nicht vorkommt, und über den Irrtum auf. Doch so schnell, wie man bereit war, auf die Theatralia zu verzichten, so sehr interessierte man sich doch für die Autographen-Sammlung. Die Rechtsüberzeugung der Herren führt erneut vor Augen, dass diese Art der Bibliothekseinkäufe für sie eine rechtlich völlig einwandfreie und legale Angelegenheit war.

Nach der erfreulichen Nachricht, dass Herr Rose aus Berlin vom Kauf zurückgetreten war, hatte Hermann Corsten diesbezüglich sogleich ein Telegramm nach Wien gesandt. Er wird sich ausgerechnet haben, dass sich das Telegramm und der Eilbrief von Teichl überschnitten haben mussten, denn der Inhalt von Robert Teichls Schreiben wird Hermann Corsten wahrscheinlich recht ratlos zurückgelassen haben: hatte er doch genau das vorgeschlagen, was ihm vor acht Wochen empfohlen worden war. Nun konnten Sie ihn nicht mehr vertreten?! Es lag doch im Interesse der Nationalbibliothek, die Theatermappe von Helene Richter zu erwerben. Das sollte er im Auftrag erledigen. Dieser Auftrag wurde jetzt zurückgenommen. Anderseits bekundete man Interesse an der Autographen-Sammlung. Galten die alten Auftragsbedingungen der Theatralia nun auch für die Autographen? Seine (neue) Position erläuterte ihm Teichl in diesem juristisch gefärbten Schreiben jedenfalls nicht, er bezeichnete im Folgenden Corstens Vertretung der Wiener Interessen auch nicht als Auftrag, sondern als freundliches Entgegenkommen.

Am nächsten Tag beeilte man sich die Aufkündigung der Partnerschaft wieder zurück zu nehmen. Robert Teichl telegrafiert nach Köln[156]:

26. November 1941

„UEBER DRAHTNACHRICHT ERFREUT BESCHLAGNAHME NICHT EINGELEITE [T] *BRIEFE UNTERWEGS HALTEN BETEILIGUNG AUFRECHT TEICHL"*

Man blieb also Geschäftspartner, aber erst der angekündigte handschriftliche Brief von Teichl erläuterte Corsten die Hintergründe:[157]

„Lieber Herr Corsten!
Eben traf ihr Telegramm ein, das mich sehr freute. Mein gestriger Express-Brief ist dadurch natürlich überholt, besonders auch, was den von Dr. Heigl gewünschten Rücktritt von unserer

Vereinbarung betrifft. Er tat dies unter dem Eindruck der Schwierigkeiten und wollte in keinen Prozeß verwickelt werden.
Reg. R. Blaschko (jetzt Dr. Rosse) hatte ihm erklärt, dass eine Beschlagnahme jetzt nicht mehr möglich sei, dass sich Fr. Richter nur im Rechtswege Geltung verschaffen könne.
Ich konnte natürlich in dem ‚offiz.' Briefe nicht so schreiben, wie jetzt u. bitte Sie, diese Zeilen in dieser Richtung privat zu behandeln.
Dass wir unter den geänderten Umständen von ihrem freundlichen Entgegenkommen dankbar Gebrauch machen, ist selbstverständlich. Ebenso, dass wir Ihnen beim Abtransport behilflich sein werden.
Ich denke, dass wir es so machen, wie ich es seiner Zeit vorschlug: die Kisten mit Theatralia-Material werden dort mit Th. bezeichnet u. gehen zunächst zu uns; wir sichten sie, setzen uns mit Ihnen in Verbindung u. leiten die Kisten dann im Dez. an Sie weiter. Der Weg Richter-NB belastet natürlich uns.
Ich freue mich, dass sich nun doch alles in Wohlgefallen auflöst u. die Sachen in öffentl. Institute kommen.
    Alles Schöne daheim.
    Heil Hitler!
    Ihr Teichl"

Das Private des Briefes unterstrich Robert Teichl zusätzlich, indem er den Briefkopf der Generaldirektion durchstrich. Hermann Corsten ließ das Schreiben trotzdem in die Akte Richter einfügen.

Die Gestapo konnte also leider nicht durch eine Beschlagnahme helfen. Die Richters müssten sich auf dem zivilen Rechtsweg Geltung verschaffen und die Nationalbibliothek wollte keinesfalls in einen „*Prozeß*" verwickelt werden.

Am 27. November schrieb Corsten erneut zwei Briefe nach Wien. Zuerst an Robert Teichl,[158] dann an Elise Richter.

27. November 1941

„*Lieber Herr Teichl!*
Ich nehme an, dass mein Telegramm vom 26. ds. Mon. inzwischen in Ihren Besitz gelangt ist, wodurch ich Sie unterrichtete, dass sich die Frage der Theater-Sammlung geklärt hat und Herr Rose von seinem Kauf zurückgetreten ist. Damit wäre die Sammlung gerettet und in das Eigentum unserer Bibliothek übergegangen. Für Ihre und Herrn Generaldirektor Heigl's Bemühungen in dieser Angelegenheit möchte ich meinen herzlichsten Dank hiermit aussprechen. Die Sammlung steht Ihnen selbstverständlich zur Auswertung ganz zur Verfügung. Ich bitte Sie hierin nach Ihrem Gutdünken zu handeln. Ueber die finanzielle Seite werden wir uns zweifellos leicht einigen. Was die Uebernahme anbelangt, so besteht immerhin die Schwierigkeit, dass die Behörde nur eine schubweise Ueberführung der Richter'schen Bibliothek zulässt, wie

mir scheint, um die Steuereinnahmen sicher zu stellen. Ich glaube aber, dass keine Bedenken bestehen, die Theater-Sammlung noch weiterhin im Hause der Frau Richter zu belassen, jedoch werde ich anordnen, dass Frau Richter Herrn Professor Gregor oder seinen Vertreter zur Einsichtnahme zulässt, bzw. die Sammlung in die National-Bibliothek geholt werden darf.
Die beiden letzten Schreiben der Frau Richter lege ich in Abschrift mit der Bitte um gefällige Kenntnisnahme bei.
Bezüglich der Autographen-Sammlung habe ich noch keine Antwort erhalten. Nach Eingang werde ich Sie sofort verständigen.
Nochmals herzlichen Dank für Ihre freundlichen Bemühungen.
Mit vielen Grüssen und besten Empfehlungen, auch an Herrn Heigl,
 Ihr C[orsten]

Fast den gleichen Text übersandte er Elise Richter:[159]

„Sehr geehrte Frau Professor,
Ich bestätige den Eingang Ihrer Schreiben vom 22. bzw. 23. ds. Mon. und freue mich, dass sich die Angelegenheit mit der Theater-Sammlung jetzt so angenehm gelöst hat. Damit wäre also der Kauf auch in dieser Hinsicht perfekt und die Sammlung in das Eigentum unserer Bibliothek übergegangen. Sie wollen nun Herrn Professor Gregor oder seinem Vertreter die Einsichtnahme in die Sammlung ermöglichen bzw. ihm die Sammlung auf Anforderung zur Einsichtnahme in den Räumen der National-Bibliothek zu treuen Händen überlassen.
Gegen die Abgabe des Bandes Sardanapal von Byron in Kainz Uebersetzung an Herrn Dr. Rose habe ich nichts einzuwenden, bitte jedoch um die Kainz-Bilder besorgt zu bleiben.
Als erste Sendung erwarte ich, wie ich Ihnen bereits in meinem Schreiben vom 20. November mitteilte, die Anglistik, die portugiesische [,] rätoromanische und rumänische Literatur. Ein Angebot der Wiener Spedition liegt noch nicht vor.
Der gewünschte Theater-Katalog liegt bei.
Bezüglich der Autographen-Sammlung warte ich noch auf Ihren Bescheid.
 Mit den besten Empfehlungen
 C[orsten]"

Seine Anordnung, Professor Gregor Zugang zu den Theatermappen zu gewähren, erfolgte in der Betonung, dass der Kauf somit perfekt und die Universitäts- und Stadtbibliothek Köln nun die Besitzerin der Theatralia sei. Nachdem Elise Richter beteuert hatte, „[…] *jetzt alle Hindernisse nach Kräften [zu] vermeiden*" und auch schon die Theaterkataloge für die „[…] *Übergabe an die Nationalbibliothek*" bereitlegen wollte, war in dieser Sache ohnedies keinerlei Widerstand mehr zu erwarten.

Wenige Tage später schrieb Elise Richter in diesem Kontext nach Köln.[160]

30. November 1941

*„Sehr geehrter Herr Direktor,
Ihren soeben eingetroffenen Brief vom 27. Nov. beantwortend, erlaube ich mir nun folgendes mitzuteilen:
1) Die Theatralia gehen in den Besitz der Universitätsbibliothek Köln über. Da wir, wie in meinem Brief vom 5 Nov. besprochen, vor Juni nicht wieder Geld bekommen können, ist mit Auslieferung und Bezahlung der Theatralia der Ankauf des Jahres 1942 abgeschlossen, womit wir vollkommen einverstanden sind.
Von der Nationalbibliothek hat sich niemand gemeldet.
2) Die Kainzbilder sind vollständig und unversehrt schon am 24. in unserem Besitz gewesen.
3) Der im Büchertransport erfahrene Spediteur Zechmeister war wegen grosser Beschäftigung erst gestern bei uns. Er wollte Ihnen heut schreiben.
4) Die Überweisung des Geldes durch den Spediteur ist uns willkommen.
5) Mit dem Angebot von 500 Mk für die Autographensammlung erkläre ich mich einverstanden. Ich habe noch drei Verse von Theodor Storm und einen Brief von Betty Paoli dazugelegt.
6) Bezugnehmend auf ihren Brief vom 10 Okt. behalte ich also die Ihnen wertlosen Doubletten aus Serienwerken zurück. Dadurch entfällt aus der rätoromanischen Reihe Beiheft zur R. Ph. N⁰ 71(Lutta[161]) [d. i. Zeitschrift für romanische Philologie/Beihefte ; 71.1923, Anm. d. Verf.] und ebd. N 73 (Gartner Ladinisch[162]),, [d. i. Zeitschrift für romanische Philologie/Beihefte ; 73.1923, Anm. d. Verf.] rumänisch Puscariu-Breaza[163] (Rom. Übungstexte 29) [d.i. Sammlung romanischer Übungstexte ; Bd. 29, Anm. d. Verf.]
7) Haben Sie auch die Sammlung romanischer Grammatiken, in der Gartner's
a) Rätoromanische Grammatik erschienen ist. Kann ich sie zurückbehalten? Hierauf erbitte ich baldige Antwort, denn ich vermute, dass die Verpackung doch in 8–10 Tagen erfolgen wird.
b) Ist Muret-Sanders, enzyklop. WB der englischen Sprache[164], für Sie eine Doublette? Können wir es zurückhalten?
c) Wir wünschen sehr gerne L. Kellner Handwörterbuch der engl. Sprache[165], bis auf weiteres [zu] behalten. Späterhin bekommen Sie ja dann alles nachgeliefert.
8) Beim Herrichten der Bücher zur Verpackung finde ich, dass das Bändchen Sonette v. Camoes übersetzt von von Taube (Inselbücherei N 264[166]) irrtümlich aufgenommen wurde. Es ist nicht mein Eigentum, ich muss es zurückgeben.
    Mit den besten Empfehlungen
       Ihre
          Elise Richter"*

Die Ehrlichkeit und Korrektheit lassen uns sprachlos zurück. Auf ihre Wörterbücher und Grammatiken konnten die passionierten Sprachforscherinnen jedoch noch nicht verzichten.

Der Brief des Spediteurs Zechmeister kam tatsächlich bereits am nächsten Tag an.[167] Auch dieses aus zwei Sätzen bestehende Schreiben soll in Gänze wiedergegeben werden. Es zeigt, dass eine Frau Professor immer noch etwas Ungewöhnliches war:

1. Dezember 1941

„Werter Herr Direktor!
Im Auftrage von Herrn Professor Richter in Wien, XIX. Weimarerstraße 83, teile ich Ihnen mit, dass sich der Transport der Bücher samt Kisten und Verpackung, sowie die Zustreifung zum Bahnhof auf RM 85.- (fünfundachtzig) stellen würde.
Sollte ihnen der Preis konvinieren, so bitte ich Sie um baldige Antwort.
    Heil Hitler
    Friedrich Zechmeister"
[Zechmeisters Unterschrift erfolgte über seinem Firmenstempel]

Fünf Tage später antwortete Corsten:

5. Dezember 1941

„Ich bestätige den Eingang ihres Schreibens vom 1. ds. Mon. und erkläre mich mit Ihrem Preisangebot von RM 85,--für den Transport der Bücher einschl. Kisten und Verpackung einverstanden. Sie erhalten hiermit den Auftrag, die Bücher von Frau Professor Richter, Wien, Weimarerstasse 83, nach Köln zu befördern und die Unkosten zu erheben.
Indem ich um kurze Mitteilung über die erfolgte Absendung der Bücher bitte, bin ich mit
    Heil Hitler!
    C[orsten]"

Würde die kurze Benachrichtigung der Absendung eintreffen, dann wollte der Kölner Bibliotheksdirektor über den Spediteur Elise Richter die erste Rate von 400 Reichsmark zukommen lassen. Corsten, der bislang allen Wünschen von Elise Richter zugestimmt hatte, ließ ihr in diesem Schreiben recht kleinlich antworten. Er hatte die in ihrem Brief angegebenen Bücher überprüfen lassen; das Schreiben weist die Bearbeitungsvermerke „nicht vorh." bzw. „vorh." auf. Von den fünf angegebenen Werken waren in der Kölner Universitätsbibliothek drei Bücher nicht vorhanden. Diese forderte die Direktion der Kölner Bibliothek nun ein. Das Schreiben wurde nicht von Corsten sondern vom stellvertretenden Direktor der USB Köln, Dr. Paul Körholz, unterzeichnet.[168] Ob Körholz zuvor Rücksprache mit dem abwesenden Corsten hielt ist nicht bekannt.

8. Dezember 1941

„Sehr geehrte Frau Professor!
Ich bestätige hiermit den Eingang ihres Schreibens vom 30. vor. Mon. und freue mich, dass damit auch der Kauf der Autographensammlung perfekt ist.
So gerne ich bereit bin, Ihren Wünschen auf eine möglichst lange Weiterbenutzung Ihrer Bibliothek entgegen zu kommen, so muss ich mich betr. der Abberufung der romanistischen Werke doch nach den hiesigen Bedürfnissen richten, da ja sonst für mich keine Veranlassung gewesen wäre, überhaupt Ihre romanistische Bibliothek zu erwerben. Ich werde daher im nächsten Jahre zu gegebener Zeit mitteilen, welche Bücher in der 2. Sendung nach hier abgehen sollen. Von den von Ihnen als Doubletten bezeichneten Stücken aus Serienwerken sind hier nicht vorhanden:
1. rumänisch, Puscariu-Breaza (Rom. Uebungstexte 29)
2. Sammlung romanische Grammatiken, Gartner's Rätorom. Grammat.
3. Handwörterbuch der englischen Sprache von L. Kellner.
Ich bitte daher, diese Werke der nächsten Sendung beizufügen. Gegen die Entnahme des Bänd'chens ‚Sonette von Camoes' übersetzt von Taube Inselbücherei Nr. 264 habe ich nichts einzuwenden. Das Werk Muret-Sanders kann zunächst dort bleiben. Sie wollen es einer späteren Sendung beilegen.
Mit den besten Empfehlungen
KZ" [Körholz, Vertreter von Professor Corsten]

Man bestimmte immerhin, dass die in Köln nicht vorhandenen Werke erst mit der nächsten Sendung, also nicht vor Mai-Juni 1942, abgesandt werden sollten. Die romanistischen Übungstexte waren zu der Zeit allerdings doch in der USB Köln vorhanden, denn das Exemplar, das aus Elises Beständen stammt, wurde 1942 als zweites Exemplar eingestellt. Die Sammlung romanischer Grammatiken ist bis heute nicht in der USB vorhanden, auch Leon Kellners Englisches Handwörterbuch ist letztlich nicht in den Bestand gekommen.

Kurz vor dem Ziel, erreichte die Richter-Schwestern die Nachricht einer neuen Verordnung, wonach Juden nichts mehr verkaufen durften. Trotzdem war Elise willens, ihren Vertrag mit der Universitäts- und Stadtbibliothek zu erfüllen. Sie schrieb:[169]

„Sehr geehrter Herr Direktor,
Ich erfahre soeben, dass vor etwa 3 Tagen eine Verordnung erlassen wurde, wonach Juden nicht verkaufen dürfen. Nun denke ich zwar, da
1) unser Kaufvertrag seit 21[.] Okt. besteht
2) die Bücher (noch dazu Fachbücher!) an den Staat abgegeben werden,
3) das eingenommene Geld an den Staat (als Steuern) abgegeben wird,
dass uns aus dem Verkauf keine Schwierigkeiten erwachsen können, die in Wegnahme des Geldes und Verhängung einer Strafe bestehen dürften. Ich möchte Sie aber doch noch um eine

entsprechende Zuschrift bitten, die ich für alle Fälle als Ausweis in der Hand hätte. Verzeihen Sie die Bemühung. Zechmeister hat noch nicht gemeldet, wann er mit den Kisten kommt.
    Ihre sehr ergebene
        Elise Richter"

Noch bevor dieser Brief in Köln eingetroffen war, fragte die Direktion der Kölner Bibliothek noch einmal explizit nach der Überweisungsadresse[170]:

9. Dezember 1941

„*Sehr geehrte Frau Professor!*
Im Nachgang zu meinem gestrigen Schreiben bitte ich noch um umgehende *Mitteilung der Adresse, an die der Betrag von RM 1000,-- überwiesen werden soll.*
    Mit den besten Empfehlungen
        KZ" [Dr. Paul Körholz, Vertreter von Professor Corsten]

Daraufhin antwortete Elise Richter[171] auf einem 18 x 13 cm großen Zettel:

13. Dezember 1941

„*Sehr geehrter Herr Direktor,*
Wie ich in meinem Brief vom 30 Nov. 41 schrieb, ist uns Überweisung durch den Spediteur ganz recht. Wenn dies irgendwelche Schwierigkeiten bereitet, kann das Geld bei den eingetretenen (äusserst drückenden) Verhältnissen auch direkt an uns kommen, und zwar
D^r. Helene Richter, 500 MK Weimarerstr.83
Dr Elise Richter , 500   "   XIX
Da der Erlass vom 1. Dez. rückwirkend bis 15 Okt. gilt, muss jede Veräusserung öffentlich, d. h. bei der Polizei gemeldet und dort genehmigt werden. Mit besten Empfehlungen
Ihre Dr Elise Richter

Die Situation verschärfte sich. Schon einen Tag später sah sich Elise Richter gezwungen, erneut einen Brief per „Flugpost" nach Köln zu schicken. Auf dem Briefumschlag vermerkte sie in der linke oberen Ecke den Satz: *„Bitte sofort eröffnen und beantworten"*. Die Rückseite des Briefumschlags weist den Stempel „Köln-Lindenthal 1 16.12.1941–10" auf.
Sie schrieb:[172]

14. Dezember 1941

„Sehr geehrter Herr Direktor,
Ich bitte Sie, mir umgehend eine Bestätigung zu schicken, dass der Verkauf unserer romanistischen und anglistischen Bücher mit Ihnen mündlich am 17 Sept. festgelegt wurde, da ich diese Erklärung am Donnerstag (18 t) morgens zur Abgabe der Erklärung betreffend Verfügungsverbote dringend benötige. Bitte ausdrücklich zu sagen, dass die Bücher unser <u>beider</u> Eigentum sind (Dr Helene Richter – Anglistik
   – Elise – Romanistik)
Hoffentlich wird dann alles glatt gehen. Ich schicke zur Abkürzung des Verfahrens eine Luftposthülle bei [sic]
  Mit besten Empfehlungen Ihre
   Elise Richter"

Es war eine äußerst gefährliche Situation für die Richter-Schwestern entstanden, denn für Delikte wie „Vermögensverschleppung" und „betrügerische Juden" waren drakonische Strafen vorgesehen. Mit einer Haftstrafe war in jedem Fall zu rechnen, und von dort aus führte der Weg unweigerlich in die Konzentrationslager.

Hermann Corsten reagierte sofort. Er sandte die gewünschte Bestätigung gleich selbst sowohl an die Vermögensverkehrsstelle als auch an Elise Richter. Für letztere nutzte er den von Elise beigelegten und bereits adressierten Flugpostumschlag. Es lässt sich nicht mehr ermitteln, ob tatsächlich am 17. September ein Telefonat zwischen Elise Richter und Hermann Corsten stattgefunden hat. In seiner Antwort erwähnte Corsten jedenfalls nun sogar den 15. August 1941 als Beginn der Verhandlungen.

Zunächst sei aber der Brief an die Vermögensverkehrsstelle wiedergegeben, den er auf den 15. Dezember vordatierte:[173]

15. Dezember 1941

„Ich habe am 21. Oktober ds. Js. aus dem Besitz der Juden Dr. Helene und Elise Richter, Wien XIX, Weimarerstrasse 83, eine wissenschaftliche Büchersammlung (romanistische und anglistische etc. Werke, sprachwissenschaftlichen Inhalts) zum Preis von RM 5500,- käuflich erworben. Einer mündlichen Anweisung des Herrn Regierungsrat Dr. Blaschko entsprechend, den ich sr. Zeit in Wien von meiner Kaufabsicht mündlich in Kenntnis setzte, bitte ich hiermit um gefällige Genehmigung des Kaufs. Die 1. Rate im Betrag von 1000,- soll an die Genannten ausgezahlt werden. Kann der Betrag direkt überwiesen werden oder muss der Betrag an eine bestimmte Kasse gezahlt werden? Die Büchersammlung ist für die Universität Köln bestimmt.
   gez. Corsten
   (Professor Dr. Corsten)"

Mit dem korrekten Tagesdatum versehen, ging sein Schreiben an Elise Richter ab:[174]

16. Dezember 1941

„Zur Verwendung bei den in Frage kommenden Dienststellen zwecks Abgabe der Erklärung betr. Verfügungsverbote
----

Nachdem ich seit dem 15. August mit Dr. Elise Richter und Dr. Helene Richter, Wien XIX, Weimarerstrasse 83 wegen Erwerb ihrer romanischen und anglistischen Bibliothek Verhandlungen geführt hatte, habe ich diese Sammlung in einer mündlichen Kaufverhandlung am 21. September 1941 zum Preis von RM 4000,-- gekauft. Dieser Kauf wurde mir unter dem 21. 10. 1941 schriftlich bestätigt. Nach dieser Zeit wurden weitere Kaufverhandlungen geführt wegen einer in Besitz der oben Genannten befindlichen Theater- und Autographen-Sammlung. Der Preis für diese Sammlungen beträgt RM 1500,--. Die entsprechenden Kaufverträge sind unter dem 27. 11. bzw. 8. 12. schriftlich bestätigt. Eine Zahlung ist bisher nicht erfolgt.
    Dr. Corsten
    Direktor der Universitäts- und Stadtbibliothek Köln"

Die angegebenen Zeitpunkte der schriftlich fixierten Kaufverträge sind korrekt. Gemeint ist damit die briefliche Bestätigung des Kaufes durch Corsten (21.10.1941 Romanistik und Anglistik; 27.11.1941 Theater; 8.12.1941 Autographen). Separate Kaufverträge hat es nicht gegeben. Corsten gab den 21. September als Termin der mündlichen Kaufverhandlung an; irrte er sich um zwei Tage? Hatte er Elise und Helene Richter doch gleich nach seiner Ankunft in Wien, an einem Sonntag, aufgesucht, noch bevor er in der Nationalbibliothek gewesen war? Dies ist eher unwahrscheinlich, wie am Anfang des Kapitels rekonstruiert wurde. Elise Richter wünschte sich in ihrem Brief die Angabe des 17. Septembers. Als Lösung käme in Betracht, dass an beiden oder zumindest an einem der genannten Tage miteinander telefoniert worden war. Interessant ist allerdings die Angabe von Hermann Corsten, dass er bereits am 15. August Verhandlungen mit Elise Richter bezüglich des Verkaufs geführt habe. Wenn das stimmt, dann spräche dieses Faktum dafür, dass der zu Anfang erwähnte Brief, den Elise am 24. August an den „Sehr geehrten Herr(n) Professor" schrieb, den „Vertreter einer staatlichen Anstalt", tatsächlich an Professor Corsten, Direktor der USB Köln, gerichtet war.

    Wichtig war, dass die Bestätigung, dass mündliche Verhandlungen bereits vor dem September aufgenommen wurden, erfolgte.
    Die erste Bescheinigung schickte der Kölner Direktor an die Vermögensverkehrsstelle. Bei der Vermögensverkehrsstelle hatten die Anmeldung und die Entgegennahme des Judenvermögens zu erfolgen. Hier mussten Veräußerungen gewerblicher, land- und forstwirtschaftlicher Betriebe von Juden zur Genehmigung angemeldet werden. Anmeldepflichtig waren in- und ausländische Vermögenswerte wie Immobilien, Betriebsvermögen, Wertpapiere, Forderungen, Spargurhaben, Einkommen, Renten, Versicherungen, Wert-

sachen, Schmuck, Kunstgegenstände, Urheber- und Patentrechte und Schulden, in der Regel auch die Höhe der bezahlten Reichsfluchtsteuer und der „Judenvermögensabgabe".[175] Bücher gehörten nicht dazu!

Der Brief an die Vermögensverkehrsstelle enthielt einen fatalen Fehler: die Anschrift war falsch. Die angegebene Adresse: Wien, Mortzingplatz 4, war die der Gestapo. Die korrekte Anschrift der Vermögensverkehrsstelle lautete: Salvatorgasse 10. Die Gestapo kümmerte sich selbstverständlich trotzdem um den Inhalt des Briefes, und somit drohte nun die Beschlagnahmung, diesmal jedoch nicht der Bücher, sondern des zu zahlenden Kaufpreises! Knapp vier Wochen nach Versendung des unglücklichen Schreibens meldete sich die entsetzte Elise Richter per eingeschriebenen Brief bei Hermann Corsten:[176]

13. JANUAR 1942 – 02. NOVEMBER 1942

13. Januar 1942

„*Sehr geehrter Herr Direktor,*
In meiner nicht geringen Bestürzung muss ich ihnen mitteilen, dass jetzt nach dem die Bücher seit 4 Wochen gepackt in unserem Zimmer stehen und wir schon sehr auf die Geldsendung gewartet haben, uns nichts anderes übrig bleibt, als den ganzen Bücherverkauf rückgängig zu machen.
Sie haben den Verkauf in seiner ganzen Höhe an die Vermögensverkaufstelle gemeldet, aber – wohl aus Versehen – an die Gestapo (Mortzingplatz) adressiert. Die Gestapo nun erklärte sofort, dass sie das Geld beschlagnahme, und die Vermögensverkaufstelle kann nicht eingreifen, weil wir keine Handel- und Gewerbetreibenden sind, ihr daher nicht unterstehen. Wir bitten Sie nun, möglichst umgehend an die Vermögensverkehrsstelle, I Salvatorgasse 10, zu schreiben, dass Ihre Anfrage gegenstandslos wird, weil wir vom Verkauf zurückgetreten sind.
Diese Wendung ist umso drückender, als ich bei der Ausfüllung der Formblätter bezüglich der Verfügungseinschränkungen erfuhr, das Bücherverkäufe nicht anzeigepflichtig
[..., die zweite Seite des Briefes ist nicht erhalten.] "

Alles Handeln in Bezug auf die Behörden war falsch gewesen. Die Vermögensverkehrsstelle war überhaupt nicht zuständig. In seinem Brief an das Kuratorium der Universität Köln berichtete Corsten, sich auf Vermittlung Heigls mit den infrage kommenden Dienststellen in Verbindung gesetzt zu haben, die Vermögensverkehrsstelle zählte er ebenfalls auf. Entweder hatte Corsten nicht mit den Mitarbeitern dieser Behörde gesprochen oder die Sachlage hatte sich durch neue Verordnungen völlig verändert. Sicher ist aber, dass er bei seinem Wiener Besuch mit Dr. Blaschko von der Gestapo sprach, und das dieser ihm riet, sich wegen seiner Zahlungsabsicht an die Vermögensverkehrsstelle zu wenden. Es wären also weder die Vermögensverkehrsstelle noch die Gestapo zu konsultieren gewesen.

Es ist müßig zu spekulieren, was passiert wäre, wenn die Anschrift der Vermögensverkaufstelle korrekt angegeben gewesen wäre. Man sollte aber nicht davon ausgehen, dass von dort lediglich ein Schreiben ergangen wäre, dass ein Bücherverkauf nicht in ihre Zuständigkeit fiele. Wahrscheinlicher ist, dass der Inhalt des Schreibens an die Gestapo weitergeleitet worden wäre.

Wie unerträglich muss dies alles für Elise und Helene Richter gewesen sein. Sie warteten auf die erste Rate. Am 1. Dezember hatte Spediteur Zechmeister nach Köln geschrieben, nun ließ er also bereits vier Wochen auf sich warten um die Kisten abzuholen.

Die letzte Jahreswende, die die beiden Damen in ihrem nahezu leeren Haus verbrachten, ließ an Trostlosigkeit nichts übrig. Nunmehr wäre alles Geld verloren. Sie glaubten und hofften, dass der Rücktritt vom Kauf ihnen zumindest ihre Bücher lassen würde, noch wichtiger war aber, der Aufmerksamkeit der Gestapo zu entgehen. Wie es finanziell weitergehen würde, blieb völlig ungewiss. Vielleicht ließen sich die Bücher anderweitig verkaufen. Könnte man der Gestapo noch einmal entgehen, würde das vielleicht Überleben bedeuten.

Fast zeitgleich wurden in Berlin auf der Wannsee-Konferenz die Beschlüsse zur „Endlösung der Judenfrage" gefasst.

Hermann Corsten beantwortete Elise Richters Brief neun Tage später.[177]

24. Januar 1942

„Sehr geehrte Frau Professor!
Ich bestätige den Eingang Ihres Schreibens vom 13. Januar ds. Js. und muss Ihnen mitteilen, dass ich mit einer einseitigen Kündigung des Kaufvertrages nicht einverstanden bin. Die Bibliothek ist lt. den Kaufverträgen vom 21.10., 27. 11. und 8. 12. 1941 Eigentum der Universitäts- und Stadtbibliothek Köln geworden. Ich bitte Sie daher, die mit Schreiben vom 27. 11. vor. Js. angeforderten Bücher dem Spediteur zum Transport nach hier frei zu geben.
    C[orsten]"

Recht kurz, und mit keinem Wort die Vermögensverkaufsstelle oder die Gestapo erwähnend, lehnte Corsten die Kündigung ab. Daraufhin schrieb Elise Richter am 30. Januar nach Köln:[178]

30. Januar 1942

„Sehr geehrter Herr Direktor,
Ihre Antwort auf meine Zuschrift vom 13 Jan. ist erst am 28 d. M. angelangt. Mittlerweile haben wir, einem Rat von bestunterrichteter Seite folgend, auch der Vermögensverkehrsstelle, I Salvatorgasse 10 unseren Rücktritt von dem beabsichtigten Bücherverkauf angezeigt. Es war, wie ich Ihnen schon neulich mitteilte, der einzige mögliche Schritt, uns vor der Beschlagnahme zu schützen. Sie werden verstehen, Herr Direktor, dass wir nie an den Verkauf der Bücher

gedacht hätten, wenn wir nicht das Geld so nötig brauchten. Wir müssen also jede Vorsicht anwenden, dass wir es vielleicht doch nicht einbüssen. Nachdem der unselige Fall eingetreten ist, dass Sie die Aufmerksamkeit der Gestapo auf uns gelenkt haben, die wir durch zurückgezogenstes, stillstes Dasein uns eine gewisse Sicherheit zu bewahren trachten, steht die Sachlage jetzt anders. Wenn Sie von dem Kaufvertrag nicht ganz zurückzutreten gewillt sind, so müssen wir die Verhandlung nun mehr aufs Neue und mit besonderer Einschränkung einfädeln. Wir sind bereit, den am 20 Nov. v. J. von Ihnen ausgesuchten Teil unserer Bibliothek, der noch in Kisten verpackt steht, an Sie abgehen zu lassen, mit der von Ihnen selbst in dem selben Brief vorgeschlagenen, ja ganz üblichen Zahlungsform der <u>Nachname durch den Spediteur</u> womit wir uns im Brief vom 30 Nov. vollkommen einverstanden erklärten.
Ich muss Sie um eine Zuschrift bitten, worin Sie zur Kenntnis nehmen, dass wir zwar von dem Bücherverkauf als Ganzes zurückgetreten sind, aber den schon am 20 Nov. v. J. festgelegten Verkauf von 200 Bänden Romanistica und
         500 " Anglistica
durchführen.
Wann späterhin etwa ein weiterer Verkauf stattfinden kann, muss von den weiteren Umständen abhängig gemacht werden. Ich möchte nochmals betonen, dass wir nach wie vor geneigt wären, Bücher zu verkaufen, dass wir aber nicht in der Lage sind, auf das Geld zu verzichten. Bücherverkauf ist, wie ich schon am 13 Jan. mitteilte, nicht anzeigepflichtig.
    Dr Elise Richter"

Corsten antwortete 14 Tage später:[179]

13. Februar 1942

[Keine Anrede]
„Zu Ihrem Schreiben vom 30. Januar ds. Js. teile ich Ihnen mit, dass ich nicht gewillt bin, von unserem Kaufvertrag zurückzutreten, Ihnen also auch keine Rücktrittserklärung zugehen lassen kann. Alle Schwierigkeiten, die bei der Abwicklung des Verkaufs entstanden sind, wurden durch Ihre ständigen Abänderungs- und Umgehungsversuche des zwischen uns klar und eindeutig getätigten Kaufvertrages hervorgerufen. Daher behalte ich mir vor, schon demnächst wegen der im Jahre 1942 fälligen Büchersendung an Sie heranzutreten, da die jetzt angeforderten Bände noch auf das Konto des Jahres 1941 gehen. Ich bitte Sie, den Versand dieser Bücher (200 Bände Romanica, 500 Bände Anglistik) sofort in die Wege leiten zu wollen. Das Geld geht ihnen, wie schon im Brief vom 20. November 1941 mitgeteilt, zu, <u>nachdem ich die Mitteilung des Spediteurs über die erfolgte Absendung der Bücher erhalten habe.</u>"
[Auf der Zweitschrift ist nur Corstens Paraphe vermerkt.]

Dem Bibliotheksdirektor waren die Hintergründe der Richterschen Wünsche anscheinend völlig unklar. Er scheint ungeduldig, verärgert und versteht die ganze Problematik nicht: Warum kündigte Elise Richter den Vertrag, um ihm dann wiederum den Bücherverkauf der Romanica und Anglistica anzubieten, die er doch längst gekauft hatte? Warum ließ sie die Kisten nicht endlich abholen, damit er ihr das Geld überweisen konnte? Dass Corsten, der seiner Meinung nach richtig gehandelt hatte, nun ziemlich ratlos war, wird in einem Brief deutlich, den er noch am gleichen Tag an Robert Teichl schrieb:[180]

14. Februar 1942

„Lieber Herr Teichl!
Sie werden sich gewundert haben, dass Sie solange nichts von mir hörten. Es sind vielerlei Gründe, besonders aber mein Gesundheitszustand, der in der letzten Zeit viel zu wünschen übrig lässt, und der mich zwingt, mich in der nächsten Woche infolge meiner Kriegsverletzung einem operativen Eingriff zu unterziehen.
Es wird Sie interessieren, dass die Richter'sche Angelegenheit unterdessen auf Schwierigkeiten gestossen ist. Ich hatte, nachdem der Kaufvertrag am 21.10, 27.11. und 8.12.1941 sowohl über die romanistischen und anglistischen Bücher, wie auch über die Autographen- und Theater-Sammlung, perfekt geworden waren, meine Zahlungsabsicht der Vermögensverkehrsstelle mitgeteilt, wie mir sr. Zt. Dr. Blaschko aufgetragen hatte. Dies nimmt nun Frau Richter zum Anlass, ihrerseits vom Kaufvertrag zurückzutreten. Ich habe ihr darauf erklärt, dass ich damit nicht einverstanden sein könnte und an dem Vertrage festhielte. Sie ist dann in einem Schreiben vom 30. Januar 1942 insofern näher gekommen, als sie zunächst 200 romanistische und 500 anglistische Bücher absenden will. Meine Antwort darauf geht ihnen hiermit in Abschrift zu und ich hoffe, dass die Sache nun doch endlich in Fluss kommt. Immerhin würde es mir von Wichtigkeit sein, Ihre Meinung in der Angelegenheit zu hören und Sie zu fragen, ob Sie es für richtig halten, die Sache radikal zur Entscheidung zu bringen.
In der Hoffnung, dass Sie und die Ihren wohlauf sind, sende ich Ihnen herzliche Grüsse.
  Mit Heil Hitler!
  Ihr C[orsten]"

Was auch immer Hermann Corsten mit der Frage an Teichl, „die Sache radikal zur Entscheidung zu bringen" meinte, so drohte er Elise Richter keineswegs mit der Gestapo.[181] Generalstaatsbibliothekar Teichls Antwort an Hermann Corstens Frage datierte vom 21. Februar 1942[182]. Sie soll an dieser Stelle der chronologischen Reihenfolge vorgezogen werden, bevor der letzte Brief von Elise Richter wiedergegeben wird.

„Lieber Herr Corsten
Für Ihr Schreiben vom 14.d.M. danke ich wärmstens; ich wünsche herzlichst baldige volle Genesung.
Das Verhalten der beiden Jüdinnen entspricht durchaus ihrer Rasse und verdient schärfstes Vorgehen, das Sie ja bereits eingeleitet haben und dem Generaldirektor Dr. H e i g l durchaus zustimmt. Wenn auch in Ihrem Brief an Frau Richter die Autographen und Theatralia nicht erwähnt sind, von denen Sie in ihrem Briefe ausdrücklich sprechen, so sind sie wohl als selbst-

verständlich in die Erwerbung einbezogen, über deren gemeinsame Durchführung wir uns ja schon geeinigt haben.
Wenn wir Sie beim Abtransport unterstützen können, so sind wir gerne dazu bereit.
Ich freue mich, dass die Ihren wohlauf sind, wünsche herzlichst einen guten Heilungsverlauf und kann von uns berichten, dass unser Sohn nach der Matura, also Ende März, als Kriegsfreiwilliger einrücken wird.
 Heil Hitler!
  Ihr ergebener
   Teichl"

Der perfide Satz bezüglich des Verhaltens der beiden Jüdinnen wurde im Buch von Murray G. Hall und Christina Köstner: „… allerlei für die Nationalbibliothek zu ergattern …" zur Kapitelüberschrift des Falles Elise und Helene Richter gewählt.

 Was hatte Corsten bereits eingeleitet? Über einen Beschlagnahmungswunsch seitens der USB Köln an die Gestapo gibt es in der Akte Richter keinen Hinweis. Lediglich ein kurzes Schreiben der Vermögensverkaufsstelle, Arbeitsgruppe Abwicklung, vom 4. März 1942[183] folgt dort auf Teichls Brief. Die Nachricht galt jedoch Corstens Schreiben vom 15. Dezember. Es wurde ihm darin mitgeteilt, *„[…] dass mir die beiden oben genannten Jüdinnen mit Schreiben vom 27.1.42 zur Kenntnis gebracht haben, dass sie den beabsichtigten Bücherverkauf an die Universitätsbibliothek Köln rückgängig gemacht haben und die Direktion dieser Bibliothek mittels eingeschriebenen Briefes vom 13.1.42 hievon* [sic] *verständigt haben. Somit ist das dortige obige Schreiben gegenstandlos geworden."*

Es folgte der letzte Brief, den Elise Richter an die Kölner Universitätsbibliothek schrieb.[184] Sie glaubte noch immer an das Zustandekommen des Verkaufs. Sie hatte ihren Teil der Abmachungen erfüllt. Nun musste sie ohnmächtig mit ansehen, wie sich alles durch Zechmeisters Verzögerungen und die Sperre der Bahn unerträglich in die Länge zog.

20. Februar 1942

„Herrn Direktor Corsten, Köln
Die in Ihrer Zuschrift vom 13 Febr. d. J. stehende Beschuldigung von ‚Abänderungs- und Umgehungsversuchen' weise ich in aller Form zurück. Die ‚Abänderungen' sind auf die sich häufenden immer neuen Verordnungen zurückzuführen, die ‚Umgehungen' auf die Bemühung, den ersteren doch beizukommen. Was die Verzögerungen anbelangt, so haben <u>Sie</u> meinen Brief vom 5 Nov. v. J., nach dem wir täglich die Expedition der Bücher erwarteten, erst am <u>20 Nov.</u> beantwortet, wie auch den vom 13 Jan. am 24,
  den vom 30 " " 13 Febr. } macht 40 Tage
Zechmeister kam erst 14 Tage nach der Bestellung und brachte die Nachricht, dass die Bahn bis nach Neujahr gesperrt sei (also 32 Tage). Die Kisten, die von uns aus seit Mitte Nov. expediert

sein könnten, stehen seit Mitte Dez. gepackt im Zimmer, keineswegs zu unserem Vergnügen. Auch der Zwischenfall mit der Gestapo ist nicht unser Verschulden.
Was nun den Abverkauf der weiteren Bücher anbelangt, so erkläre ich, dass ich von dem Kaufvertrag als Ganzes am 13 Jan. zurückgetreten bin und nunmehr unter dem Zwang handele, dass Sie Ihrerseits von diesem Vertrag nicht zurücktreten wollen. Sie sind jedoch im Irrtum, wenn Sie annehmen, das Devisenamt kümmere sich darum, was ich im Dezember hätte haben können und nicht hatte. Maassgebend [sic] ist ausschliesslich der im gegebenen Augenblick vorhandene Bargeldbestand. Wie ich schon wiederholt mitteilte, darf dieser Barbestand nicht 500 MK je Person erreichen. Folglich kann ich die 2te Rate nicht früher auf die erste folgen lassen, als ich schon öfters auseinandersetzte. Kommt nun die erste Rate im März (statt im Nov.), so darf die zweite frühestens im Sept. eintreffen. Es wäre denn, dass Sie eine kleine Sendung für höchstens 500 MK zusammenstellen. Es ist mir indessen nicht unwillkommen, wenn ich Ihre Auswahl schon früher kenne.
Zechmeister ist verständigt, die Kisten abzuholen und raschest zu expedieren.
    Prof. D Elise Richter"

Sie kämpfte, sie rechtfertigte sich und setzte ihm noch einmal das Ratensystem auseinander, zu dem sie gezwungen war. Vehement wies sie seine Beschuldigungen von sich. Ihr Hinweis auf die Bahnsperre wurde Corsten ein paar Tage später von Zechmeister selbst bestätigt, der ihn am 6. März 1942 informierte:[185] „[…] *zu meiner Rechtfertigung muss ich mitteilen, dass es mir bisher wegen der Bahnsperre nicht möglich war die Bücherkisten, deren Transport ich übernommen habe, abzuschicken. Sowie die Bahnen wieder Gepäck zur Beförderung übernehmen, werde ich die Kisten sofort aufgeben.*" Auch grüsste sie in ihrem letzten Brief nicht mehr ergeben, sondern als Professor Dr. Richter!

Wahrscheinlich hatte Hermann Corsten Elise Richters Brief vom 20. Februar erst viel später erhalten, denn zu dieser Zeit unterzog er sich einer mehrwöchigen Behandlung im Herz Jesu Krankenhaus in Trier. Von dort kehrte er erst zweieinhalb Monate später nach Köln zurück. In Trier erreichte ihn ein Brief von Robert Teichl, den Hermann Corsten am 13. März beantwortete. Auch dieser Brief soll vollständig wiedergegeben werden, um die bereits im Buch: „Geraubte Bücher: die Österreichische Nationalbibliothek stellt sich ihrer NS-Vergangenheit" zitierte Passage: „[…] *halte es für richtig, einen entscheidenden Schritt zu tun, indem ich beim Wiener Polizeipräsidium beantragen werde, die Bücher zu beschlagnahmen* […]." im Zusammenhang betrachten zu können:[186]

13. März 1942

„Lieber Herr Teichl!
Ihre Zeilen vom 21.2.42 haben mich sehr erfreut, da sie mir über eine nicht ganz leichte Zeit hinweghalfen. Es geht mir jetzt nach einigen Rückschlägen so gut, dass ich schon anfange, Gehversuche zu machen und ich hoffe, in etwa 14 Tagen zu Hause zu sein.

Die Richtersche Angelegenheit bekommt jetzt durch das Eingreifen eines früheren Kölner Professors ein ganz neues Gesicht. Es handelt sich um den Kölner Rechtshistoriker Prof. Dr. Hans Planitz, der im vorigen Semester nach Wien versetzt worden ist und dem das Richtersche Haus, Wien XIX, Weimarerstr. 83, als Wohnung zugeteilt wurde. Dieser beantragt in einem Schreiben an mich die möglichst baldige Räumung des Hauses. Besonders sind ihm die Bücher sehr im Wege. Im übrigen [sic] ist er sehr erfreut, dass diese an uns gekommen sind. Ich sehe in dieser Tatsache eine Gefährdung unserer romanischen Bibliothek, Theatersammlung usw. und halte es für richtig, einen entscheidenden Schritt zu tun, indem ich beim Wiener Polizeipräsidium beantragen werde, die Bücher zu beschlagnahmen und an einem sicheren Ort, möglichst der Nationalbibliothek Wien, sicherzustellen.
Es wäre mir besonders angenehm, wenn Sie als mein Beauftragter diese Aktion für mich durchführen würden da ich z Zt. unmöglich nach Wien kommen kann. Ich werde Herrn Prof. Planitz auch sofort schreiben. Eine Vollmacht geht Ihnen über Köln aus zu, da ich der Meinung bin, dass das Siegel beigedrückt werden muss.
    Mit herzlichen Grüssen an Sie und die Ihren
    Dr. Corsten."

Darauf folgt die am nächsten Tag ausgestellte Vollmacht:

14. März 1942

„An das Polizeipräsidium Wien
Am 21.10.41, am 27.11.41 und am 8.12.41 habe ich von den beiden Schwestern Dr. Helene Sara Richter und Prof. Dr. Elise Sara Richter eine Sammlung romanischer, anglistischer Bücher, sowie eine theater- und Autographensammlung gekauft. Da die Wohnung, in der sich diese Sammlungen befinden, Wien XIX, Weimarerstr. 83, plötzlich geräumt werden muss, besteht Gefahr, dass die Sammlungen Schaden leiden.
Da ich selbst infolge Krankheit nicht in der Lage bin, nach Wien zu kommen, habe ich Herrn Generalstaatsbibliothekar Hofrat Dr. Teichl von der Nationalbibliothek Wien gebeten, für mich die Sicherstellung dieser von mir gekauften Bibliothek und Sammlung vorzunehmen. Ich bitte, ihm bei diesem Vorgehen polizeilichen Schutz zu gewähren.
    Heil Hitler!„
Der Rechtshistoriker Hans Planitz, ehemaliger Rektor der Universität Köln, wurde 1941 an die Universität Wien als Professor für Deutsches, Bürgerliches und Handelsrecht berufen. Zu dieser Zeit lebte er mit Frau und Tochter in einer Wiener Pension.[187] Sein Interesse an der Richterschen Wohnung war groß. Seit 1940 war die Wohnung der Schwestern mehrfach besichtigt worden. In ihrem Tagebuch vermerkte Elise Richter im Juli 1941: *„Wieder Wohn[un]g besichtigt worden. Vorm[ittag] F[rau] W[ild] da, exponiert sich was sie kann. Der Gestrige hat gesagt, müssen alle weg: Kurator hat telefoniert, Wohn[un]g soll f. Uni. Prf. reserviert werden. Sie gefragt, ob wir nicht irgendwo hin gehen könnten, bei H[elene] nicht gesagt. Aber H[elene] selbst: Wenn wir freiwill[i]g gingen. Aber wohin? Beide geweint, u[nd] elend."*[188]

Auch wenn Hermann Corsten zu diesem Zeitpunkt noch nicht wusste, dass Elise und Helene ihre Wohnung bereits verlassen mussten, so war ihm klar, dass dies nur noch eine Frage der Zeit sein würde. Wenn Planitz sich wegen der Bücherräumung bereits an ihn gewandt hatte, war Eile geboten. Durch seinen Krankenhausaufenthalt waren ihm jedoch die Hände gebunden. Er konnte nicht selbst nach Wien reisen. Deshalb die Bitte um „Durchführung der Aktion" und die Vollmacht an Robert Teichl.

Von der Abholung der Schwestern erfuhr Corsten erst durch einen privaten handschriftlichen Brief, den ihm Teichl am 18. März schickte:[189]

18. März 1942

„Lieber Herr Corsten!
Heute trafen Ihr Schreiben aus Trier vom 13. und Ihre Vollmacht aus Köln vom 14. d. M. ein und wurden mir telefonisch übermittelt, da ich Wolfis Einrückung (21/3)wegen, ein paar Tage vom Resturlaub genommen habe.
Ich fuhr sofort in die Inkermann Straße, wo mir nach längerem Stürmen die Gattin des Univ.-Prof. Wild (Engl.) öffnete und mir mitteilte, dass die Schwestern Richter vor 1 Woche binnen 3 Stunden sich fertig zu machen hatten, um ins jüdische Altersheim gebracht zu werden; sie hatten es kommen sehen und waren, wie Fr. Prof. Wild mitteilte, besonders darauf bedacht, dass die von Ihnen gekauften Bücher Ihnen zukommen. Tatsächlich war auch ein Teil von Ihrem Spediteur am gleichen Tag (10.3.) abgeholt worden. Das sonderbare Verhalten der 2 Frauen soll nach Mitteilung von Fr. Wild darauf zurückgehen, dass sie erfahren hatten, dass sie über die Bezahlung nicht frei verfügen könnten, worauf sie den Kauf rückgängig machen und die Bücher der Universität Wien schenken wollten.
Sie haben sich aber dann besonnen u. wollten auch noch den Rest an Sie senden lassen, als sie die Wohnung räumen mussten, um die jetzt noch Prof. Planitz mit der Wehrmacht kämpft. Tatsächlich sind außer Möbeln und Kleinigkeiten auch Bücher an die Richters selbst und von ihnen bestimmte Personen abgegeben worden, angeblich aber nur solche, über die sie frei verfügen konnten. Radierungen von Landschaften etc. (nicht Theatralia) sind nebst anderen Gegenständen geschätzt und verkauft worden.
Ich habe nun veranlasst, dass
1) die Gestapo die NB ermächtigt hat, alle Bücher und Mappen sicherzustellen und in die NB bringen zu lassen, wo wir dann als Treuhänder Ihre Rechte wahren und den Rest den Verfügungsberechtigten ausfolgen werden, soweit wir nicht selbst als Käufer einzelner Bücher dieses Restes auftreten sollten.
2) dass soeben ein Beauftragter in die Weimarer Straße gefahren ist, um den Umfang abzuschätzen und den Abtransport technisch einzuleiten, der schnellstens erfolgen soll. Die Wohnung ist versperrt, die Schlüssel verwahrt im Auftrage der Gestapo ein Beauftragter der Kultusgemeinde, der ebenfalls instruiert ist.
Ich werde über alles informieren und lasse nun nicht locker. Sobald ich weiteres erfahre, schreibe ich wieder.

Von ganzem Herzen wünsche ich innigst baldige volle Genesung und dann eine <u>ruhige</u> Erholung in Köln. Ich dachte beim letzten Angriff viel an Sie alle und hoffe, dass alle wohlauf sind. Innigste Wünsche!
   Heil Hitler!
      Ihr aufrichtig ergebenster
         Teichl"

Wahrscheinlich hatte Elise erfahren, dass sie das Geld vollständig für ihren „Heimeinkaufsvertrag"[190] abgeben mussten. Damit war alles zwecklos gewesen und es lag gewiss nahe, die Bücher zu verschenken. Andererseits war ihr sicherlich bewusst bzw. wurde ihr wahrscheinlich durch Drohungen bewusst gemacht, dass es keinen Ausweg gab. Eine wirkliche Entscheidung war ihr gar nicht mehr möglich. Trotzdem ist ihre Reaktion allzu verständlich, wenn man sich vor Augen hält, in welcher unerträglichen Situation sich die Schwestern befanden. Elise besann sich und bestimmte, dass alle restlichen Bücher nun an die USB Köln gehen sollten. Immerhin befanden sich neben den bereits für Köln gepackten Kisten noch ungefähr 2.000 weitere Bücher in der Wohnung. Wie ernst es ihr damit war und wie genau sie ihre Abmachungen einhielt, zeigt eine Postkarte an, die zwei Monate später in der Kölner Universitätsbibliothek ankam.[191]

13. Mai 1942

„Sehr geehrter Herr Professor,
Vor 2 Tagen sandte ich an Sie – im Auftrage der Verfasserin, Dr. H.R. – ein maschinengeschriebenes Exemplar ihres letzten Buches (3 Tragödinnen..). Darf ich Sie um eine Bestätigung des Empfangs bitten?
Bestens dankend – mit deutschem Gruß – D. Weißel"

Am Rand der Postkarte ist vermerkt, dass am 23. Juni 1942 eine Antwort auf die Bitte erfolgte. Das Typoskript des Buches „Die drei grossen Tragoedinnen [sic] des Burgtheaters im XIX. Jahrhundert" wurde im Sommer 2008 in der USB gefunden. Nach der Restaurierung des Originals wird die USB Köln dieses letzte Buch von Helene Richter veröffentlichen.

Ende Mai kehrte Hermann Corsten nach Köln zurück. Zwischenzeitlich hatte Robert Teichl ihm erneut bezüglich der Theatermappen geschrieben. Dieser Brief ist in der Akte Richter nicht enthalten, wohl deshalb, weil Corsten noch nicht wieder im Dienst war, als er Teichl antwortete. Aus seinem Rückschreiben nach Wien geht allerdings deutlich hervor, worum es nach wie vor ging: die Jagd nach den wertvollen Teilen der Theatermappe:[192]

15. Mai 1942

„Lieber Herr Teichl!
Ich bin vor einigen Tagen aus Trier zurückgekehrt und möchte mich heute zu Ihrem Schreiben vom 29.4. ds. Js. betr. die Burgtheatermappe äußern. Es ist sehr zu bedauern, dass diese Angelegenheit noch immer nicht geklärt ist. Ich schliesse mich nach meinen Erfahrungen in den Verhandlungen mit den Richter'schen Damen Ihren Vermutungen an, dass sie betr. der Alt-Skizze nicht ehrlich sind. Vielleicht aber findet dies eine Entschuldigung in ihrem hohen Alter. Immerhin haben wir die Sache soweit in der Hand, als Zahlungen unsererseits bisher nicht erfolgt sind und auch vor Klärung der Dinge nicht geleistet werden. Wenn die Skizze nicht beigebracht wird, wäre ein neuer Preis zu vereinbaren. Immerhin aber interessiert es mich von Ihnen zu erfahren, ob die Mappe auch ohne Alt-Skizze für die National-Bibliothek wertvoll ist. Die Autographen-Sammlung überlasse ich Ihnen gern. Sie gehört ja wohl, wie Sie festgestellt haben, nach ihrem Inhalt durchaus nach Wien. Ein Erbschein wurde bisher von Frau Lewinski nicht eingesandt.
In unserer Bibliothek sind nun zum 3. Male durch Bombenabwurf die Fenster zertrümmert worden. Sonst hat sie keinen Schaden gelitten. Dagegen wurde in der Stadt großes Unheil angerichtet.
Ich selbst bin noch nicht vollkommen erholt und gedenke nicht vor Anfang Juni den Dienst wieder aufzunehmen, Die Operation hat mich doch mehr mitgenommen, als zunächst zu vermuten war. Aber ich hoffe, dass sich die letzten Auswirkungen der Krankheit bald verlieren.
Für Herrn Magazinmeister Zimmermann und seine Gehilfen gehen heute RM 40,-- an Ihre Adresse ab. Ich möchte Sie bitten Herrn Zimmermann herzlichen Dank für seine Bemühungen [zu] sagen."
[Zweitschrift ohne Paraphe]

Am 9. März 1942 hatte Spediteur Zechmeister fünf Kisten mit Büchern am Wiener Westbahnhof aufgegeben und den Direktor der Kölner Universitätsbibliothek am Samstag, den 14. März davon unterrichtet.[193] Der von Corsten für die Anweisung der Zahlung an Elise Richter gewünschte Bescheid lag also vor, allerdings war der Bibliotheksdirektor zu dieser Zeit nicht im Dienst. Es erfolgte keine Zahlungsanweisung. Der stellvertretende Direktor Dr. Körholz hatte in dieser Angelegenheit nichts unternommen, möglicherweise auch nichts unternehmen dürfen.

Anscheinend hatte sich bereits Frau Else Lewinsky mit der Österreichischen Nationalbibliothek in Verbindung gesetzt. Corstens Einwand: „*Ein Erbschein wurde bisher von Frau Lewinski nicht eingesandt*" weist darauf hin, dass Frau Lewinsky sich an die Kölner Bibliothek wenden würde. Wahrscheinlich versuchte die Tochter der engen Freundin von Elise und Helene Richter als Erbin das Geld für die Bücher zu erhalten. Die Richter-Schwestern wohnten zu dieser Zeit immer noch im Jüdischen Altersheim, von wo aus es ihnen möglich war, mit Freunden Kontakt zu halten. Ob und in wie weit Else Lewinsky jedoch von

Elise und Helene Richter autorisiert worden war, ein Erbe zu fordern, bleibt Spekulation. In ihrem Brief vom 5. November 1941 hatte Elise Frau Lewinsky als ihrer beider Erbin angegeben, allerdings „*nur für den Fall unseres Todes (oder im in* [sic] *einem von uns zu bestimmenden Falle)*". Welchen Fall sollte sie noch bestimmen können? Eine Erbin musste einen Erbschein vorlegen, und das setzte voraus, dass der Erblasser nicht mehr lebte.

Im Briefwechsel der Akte Richter folgen zwei Quittungen des Magazinmeisters Zimmermann für jeweils 40 Reichsmark für das Einpacken der restlichen Richter-Bücher.

Wichtig blieb der Inhalt der Theatermappe. Eine Alt-Skizze hatte Professor Gregor im Gutachten nicht erwähnt. Dort wird lediglich ein Aquarell des alten Burgtheaters von Carl von Vesque-Püttlingen aufgeführt. Im Folgenden schrieb Teichl nach Köln:[194]

5./26. Juni 1942

„Lieber Herr Corsten!
Seit Ihrem letzten Schreiben vom 15. Mai d. J., für das ich bestens danke, haben Sie wieder schwere Tage erlebt! Ich nehme innigen Anteil an den furchtbaren Heimsuchungen Ihrer herrlichen Stadt und hoffe, dass sie Ihnen und ihrer Bibliothek erspart geblieben sind und bleiben werden. Auch wünsche ich herzlich, dass Sie schon voll genesen sind!
Dass Sie der Nationalbibliothek bei Erwerbung der Richterschen Autographen-Sammlung *den Vortritt lassen, dafür sage ich Ihnen, auch im Namen unseres Hauses, schönen Dank.*
  Ich werde Ihnen die Durchschrift eines Briefes an Fr. Richter senden, der die Klärung herbeiführen helfen will. Solange diese nicht erfolgt ist, setzt eben auch die Bezahlung aus, was Fr. Richter wohl auch schon von Ihnen erfahren haben wird.
  Auch ist es selbstverständlich, dass für die Burgtheatermappe *ein neuer Preis zu vereinbaren sein wird; die in der Mappe vorgefundenen Porträts (z. T. von Kriehuber), die im Verzeichnis, das der Schätzung zugrunde lag, nicht enthalten waren, erhöhen den Wert der Mappe, der an sich schon recht hoch ist. Allerdings ist jetzt die Perle herausgebrochen, falls es wirklich ein ‚echter Alt' war; im bejahenden Falle müßte eben ein neuer, höherer preis angesetzt werden, da der ‚Alt' im Verzeichnis nicht genannt war.*

Corsten kehrte am 30. Mai in die Universitäts- und Stadtbibliothek Köln zurück. In der folgenden Nacht von Samstag auf Sonntag, (30./ 31. Mai 1942) war die Stadt Köln dem Tausend-Bomber-Angriff ausgesetzt.
  Bevor der Briefwechsel zwischen Robert Teichl und Elise Richter wiedergegeben werden soll, zunächst Corstens Antwort vom 26. Juni auf Teichls oben zitierten Brief:[195]

„Lieber Herr Teichl!
Ich komme erst heute zur Beantwortung Ihres Schreibens vom 5. ds. Mon. Die Gründe für diese Verspätung werden Ihnen sicher verständlich sein. Am 30. Mai kehrte ich nach Köln zurück,

um den Dienst wieder aufzunehmen, und kam gerade recht, um den furchtbaren Angriff der Engländer mit zu erleben. Gott sei Dank sind die Meinen und ich verschont geblieben. Die Bibliothek und auch die gesamte Universität hat [sic] wiederum mehrere 1000 Fenster und Türen verloren. Die Bestände selbst haben keinen Schaden gelitten. Zur Zt. sind wir dabei grosse Abteilungen des Magazins sicher zu stellen.
Zur Autographen-Sammlung Richter möchte ich Ihnen sagen, dass ich mit Frau Elise Richter dafür einen Preis von RM 500,-- und für die Theater-Sammlung einen Preis von RM 1000,-- festgelegt habe. Es liegt nun bei Ihnen und Ihrem sachkundigen Urteil, ob diese Preise nach der Lage der Dinge zu hoch sind und ob Sie gegebenenfalls in neue Verhandlungen mit Frau Richter eintreten wollen. Ich würde es mir sehr überlegen, Frau Richter einen höheren Preis zu zahlen, da sie sich mit den Preisen einverstanden erklärt hatte,
    Mit den besten Grüssen für Sie und die Ihren
       Ihr ergebener
       C[orsten] "

Soweit der gute Rat des Freundes aus Köln. Vizegeneraldirektor Teichl hatte tags zuvor seinen Brief an Elise Richter nach Köln gesandt. In diesem einzigen Brief, den Robert Teichl persönlich an Elise Richter sandte, informierte er sie über seinen Aufenthalt in ihrer Wohnung und den Abtransport der noch vorhandenen Bücher. Außerdem fahndet er nach der Alt-Skizze:[196]

10. Juni 1942

„*Frau*
Professor Dr. E. R i c h t e r
<u>*Wien IX*</u>
Seegasse 16
Jüd.Altersheim

[Keine Anrede]
Wie Ihnen durch Fr. Prof. Wild und den Abgesandten des H. Fasal (Schächter) bekannt ist, habe ich anlässlich des Abtransportes Ihrer an die Universitäts- und Stadtbibliothek Köln verkauften Bücher im Einvernehmen mit dieser zu treuen Handen [sic] am 30.März d. J. in die Nationalbibliothek bringen lassen:
1.) Die ‚<u>Burgtheatermappe</u>*' und die* <u>*Theater-Literatur,*</u> *die nach Köln verkauft sind. Vorher aber von der Nationalbibliothek gesichtet werden sollen. Dies ist inzwischen mit folgendem Ergebnis geschehen, das nach Köln berichtet wurde: In der ‚*<u>Burgtheatermappe</u>*' ist wohl eine Reihe von Schauspielerbildnissen vorhanden, die in Ihrem Herrn Direktor Corsten vorgelegten Verzeichnis fehlen, doch vermissen wir in der Mappe auch eine Aquarellskizze, das Alte Burgtheater darstellend, die auf einem weißen, gekörnten Papier aufkaschiert war, auf dessen linkem oberen Rande der Bleistiftvermerk* <u>*R.v.Alt*</u> *stand. An diese Situation erinnern wir, Fr.Dr.*

Doublier, die mich begleitete und ich, uns ganz genau. Ob es wirklich ein R.v.Alt war, konnten wir natürlich in der kurzen Zeit nicht feststellen, während welcher wir in Gegenwart der Fr.Prof. Wild und des Herrn Schächter die Mappe durchblätterten, die irrtümlich zu den für Sie persönlich bestimmten Büchern gelegt worden war. Ich stelle weiterhin fest, dass nach Eintreffen der Mappe in der Nationalbibliothek nur die mit Puttlingen bezeichnete Aquarellskizze des Alten Burgtheaters und der große bekannte Stich dieses Hauses nach R.v.Alt vorhanden waren; während die 2 letztgenannten Bilder auch in ihrem Verzeichnis enthalten waren, trifft dies für die mit R.v.Alt bezeichnete Skizze nicht zu. Unabhängig davon, ob es ein echter oder ein ihm zugeschriebener ‚Alt' ist, bedarf dieser Fall unbedingt einer Aufklärung, da unsere Erinnerung absolut deutlich ist und ich die Interessen Kölns zu wahren habe. Diese Skizze sowie die ebenfalls nicht in Ihrem Verzeichnis der Burgtheater-Mappe genannten, oben erwähnten Porträts gehören aber gleichwohl zu dem Ankauf Prof.Corstens, da ihm die Burgtheater-Mappe als Ganzes verkauft wurde. Wird dieses am 23.März d.J. tatsächlich von Zeugen gesehene Bild zustandegebracht, so wird die frühere Schätzung der Burgtheater-Mappe revidiert und für diese Skizze, wenn sie tatsächlich von Alt stammt, ein entsprechender Preis vereinbart werden. Bemerken muss ich, dass Ihre ehemalige Wohnung XVIII, Weimarerstraße 83, nur in Gegenwart der Bevollmächtigten des Herrn Fasal betreten wurde.

2.) Die Autographen-Sammlung, die mit Briefen rein familiären Charakters vermischt war, wurde von diesen abgesondert und kommt für die Nationalbibliothek zum Ankauf in Betracht, da Herr Direktor Corsten diese Autographen als nach Wien gehörig anerkannt hat und der Nationalbibliothek daher den Vortritt lässt. Ich ersuche um Bekanntgabe ihrer Bedingungen. Die Familienbriefe werden Ihnen nach Abschluss der ganzen Angelegenheit zurückgestellt werden, doch können Sie sie auch schon früher bekommen.

3.) Reiseführer, Pläne, Reiseprospekte und Karten, für die Ihnen die Nationalbibliothek einen Betrag von RM 10,- bietet.

4.) Ausstellungskataloge, von denen einige in der Nationalbibliothek fehlen, die sie um RM 10,- erwerben würde.

gez. T e i c h l"

Robert Teichl und seine Kollegin hatten die Wohnung in Begleitung der Hauseigentümerin und des zuständigen Bevollmächtigten der Israelitischen Kultusgemeinde (IKG) Herrn Fasal, Schächter von Beruf, betreten. Nun hatte Dr. Teichl bezüglich der Theatersammlung also „*die Interessen Kölns zu wahren*". Immerhin unterrichtete er Elise Richter, dass ihre Autographen in der Nationalbibliothek Wien verbleiben würden. Bemerkenswert ist, dass er Corstens Ratschlag nicht beherzigt, es bei dem bereits vereinbarten Preis für die Burgtheatermappe zu belassen, sondern er wollte, wenn es sich bei der Skizze tatsächlich um einen originalen Alt handeln sollte, die frühere Schätzung revidieren und einen „*entsprechenden*" Preis vereinbaren.

Elise antwortete ihm fünf Tage später:[197]

15. Juni 1942

„An den ersten Direktor der Nationalbibliothek
Herrn Hofrat
Dr Teichel [sic]

                                          In Beantwortung Ihres Briefes N 1581
                                                teile ich mit:"
ad 1) Wir haben <u>nie</u> eine Aquarellskizze von Alt besessen, und damit stimmt es auch, dass sie im Verzeichnis der Burgtheatermappe (die Dr Corsten übrigens persönlich durchgesehen hat) nicht erwähnt ist. Nach einigem Nachdenken fiel uns ein, dass eine Kohlen-Kreidezeichnung des Alten Burgtheaters nach Alt's Stich von <u>meiner Hand</u> vorhanden war. Sie stand, in Fragmente von Logenornamenten aus dem alten Hause gerahmt, auf dem Schreibtisch. In der Verwüstung, die offenbar nach unserem Auszug stattfand, wurde, wie wir erfuhren, der Rahmen zerbrochen, und das Bild mag herumgelegen haben. Sein Abgang ist bedeutungslos. Ein größerer Schaden ist es, dass die Jugendbüste Lewinskys von Kunstmann zerschlagen und der rote Sessel, der aus dem alten Burgtheater stammte und vor dem Schreibtisch stand, einfach entwendet wurde.
ad 2). Bei der ‚Autographensammlung' handelt es sich um zwei ganz verschiedene Sammlungen.
Die eine, ausschliesslich Zuschriften und Korrespondenzen von den Romanisten der letzten 50 Jahre (zB.[sic] von Mussafia und Meyer-Lübke sind je 300 Stück) und anderen Gelehrten, etwa 1500 Stück an <u>mich</u> gerichtete Briefe und Karten hatte <u>ich</u> nach Köln verkauft.
b) <u>Die zweite</u>, ein kleines Paket an <u>meine Schwester (Helene)</u> gerichtete Briefe von Künstlern, Dichtern (u.a [sic] etwa [Brie]fe von Paul Heyse) und privaten Freunden, war und ist <u>unverkäuflich</u>, um so mehr als ein Teil der Schreiber noch am Leben sind. Allerdings war es schon immer der Wunsch meiner Schwester, dass diese Briefe (u.a von Olga Lewinsky, Thimig[198], Bleibtreu[199]) in die Obhut der Nationalbibliothek übergingen, um sie vor Verlust, Entwendung und vorzeitiger Veröffentlichung durch Unberufene zu bewahren. Ich ersuche also höflich um Auskunft um was für Autographen es sich handelt.
ad 3) und 4) Wir sind damit einverstanden, dass die Ausstellungskataloge und die Reisebücher gegen je 10 MK in den Besitz der Nationalbibliothek übergehen. Bei dem ohnehin so niedrig bemessenen Preise ersuche ich jedoch, den <u>Bädecker</u> von Österreich (Ausgabe aus den 30er Jahren, in rotem [?]elumschlag) davon auszunehmen und mir zurückzustellen.
    Ich richte nun meinerseits an Sie die Frage, was denn aus der ganzen <u>vertragsmässig nicht nach Köln zu liefernden</u> Bibliothek geworden ist, für die Corsten kein Interesse hatte: a) Deutsche Literatur, Klassiker, Geschichte, Philosophie, Germanistik und andere wissenschaftliche Werke rund 2000 Bände, Bibliothek) Atlas Linguistique de la France Zeitschr. f. Romanische Philologie, 42 Bde, Littre, 5 Bde und andere romanistische Werke, für ihn Doubletten, die miteinander einen Wert von mindestens 1000 Mk darstellen.
                                      Prof. Dr Elise Richter

In der Wiedergabe des Briefes wurden nur die von Elise Richter markierten Wörter berücksichtigt. Das Schreiben weist weitere Unterstreichungen und Aufzählungszeichen auf, die während der Bearbeitung in der Nationalbibliothek erfolgten. Daran ist auch zu erkennen, dass der Brief Professor Gregor vorgelegen hatte.

Über den Verbleib der restlichen 2.000 nicht ursprünglich für die USB Köln vorgesehenen Bücher, die Elise Richter in ihrem Brief erwähnte, ist nichts bekannt. Sie müssen als verschollen gelten.

Wiederum bat sie um die Überlassung des Bädekers von Österreich. Dieses Buch hatte sie bereits Corsten gegenüber im Brief vom 28.11.1941 erwähnt. Leider ist nicht bekannt, ob die Schwestern den Österreich-Bädeker und die private Korrespondenz zurückerhielten, ebenso nicht, welche Bücher Elise und Helene Richter ins Jüdische Altersheim mitgenommen hatten.

Man kann nur hoffen, dass die ausführliche Beschreibung, die Teichl in Bezug auf die Suche nach der wertvollen Alt-Skizze gegeben hat, die in Wirklichkeit „nur" eine Zeichnung von Elises eigener Hand war, die Damen noch einmal hat lächeln lassen.

Die letzten fünf Briefe der Akte Richter sind Schreiben von Hermann Corsten, Joseph Gregor und Robert Teichl. Der Vollständigkeit halber sollen sie hier wiedergegeben werden.

Der nächste Brief in der Chronologie ist ein kurzes Schreiben von Teichl an Corsten[200]. Dieser letzte Brief des Jahres 1942 datiert vom 2. November. Elise und Helene befanden sich zu diesem Zeitpunkt bereits in Theresienstadt.

2. November 1942

„Lieber Herr Corsten!
Von den furchtbaren Heimsuchungen Kölns habe ich wiederholt gelesen und noch Schwereres von Augenzeugen gehört. Das traurige Schicksal dieser herrlichen Stadt, die Sorge um Sie, Ihre Familie und Ihre Bibliothek gehen mir sehr nahe. Ich hoffe herzlich, daß Sie verschont geblieben sind!
Am 7. November wird Kollege Prof. Gregor einen Vortrag in Ihrer Universität halten. Da wird wohl Gelegenheit sein, daß er Ihnen unsere wärmsten Grüße und Wünsche übermittelt und mit Ihnen die Liquidierung der Sache Richter bespricht.
Mein Sohn steht seit dem 6. Oktober im Kampf um Stalingrad und wir warten seitdem mit bitterer Sorge auf Nachrichten.
    Heil Hitler!
       Ihr herzlich ergebener
       Teichl"

Man traf sich am 7. November, um unter anderem die „Liquidierung der Sache Rich t e r"
zu besprechen.

Am folgenden Tag starb Helene Richter im Konzentrationslager.

22. FEBRUAR 1943–16. MÄRZ 1943

Joseph Gregor setzte das in Köln mit Hermann Corsten begonnene Gespräch vier Monate später brieflich fort. Er schrieb ihm:[201]

22. Februar 1943

„Sehr verehrter Her Direktor,
In Fortsetzung unseres Gespräches in Köln, darf ich anfragen, ob Sie bereits Bescheid wissen, wegen der Zahlung die noch von unserer Seite für die Theatermappe* und einer kleinen Zahl von Theaterliteratur [* dieses Textstück wurde handschriftlich am unteren linken Rand des Schreibens angefügt] aus dem Besitze R i c h t e r zu leisten ist. Wie Sie mir damals mitteilten, erwarten Sie noch eine Beglaubigung, dass diese Zahlung an eine Rechtsnachfolgerin zu leisten sei. Die Nationalbibliothek würde die Angelegenheit gerne noch in diesem Budgetjahre, (bis Ende März) ordnen und würde am liebsten Ihnen den Betrag zur Verfügung stellen, da die ganze Angelegenheit durch Ihre freundlichen Vermittlung ging. Hier in Wien war über das Ihnen schon Bekannte hinaus nichts mehr festzustellen. Wollen Sie uns also bitte mitteilen, ob wir Ihnen den Betrag senden können und in welcher Höhe.
Ich denke noch so gern an den schönen Tag in Ihrer Stadt zurück und danke Ihnen auch bei diesem Anlasse für Ihren so freundlichen Besuch und alle interessanten Mitteilungen.
    Mit dem Ausdruck herzlicher Verehrung und mit
        Heil Hitler!
            Ihr ergebener Gregor "

Es muss festgehalten werden, dass beide Institutionen bereit waren den Kaufpreis für die Richter-Bibliothek zu zahlen. Im Fall der Theatersammlung hatte die Nationalbibliothek die vereinbarte Summe an ihren Vertragspartner, die USB Köln, zu zahlen. Die Kölner Bibliothek hatte ihren Verpflichtungen aus dem Kaufvertrag mit Elise Richter nachzukommen. Dazu gehörte auch, die Zahlung für die Theater- und Autographensammlung zu leisten.

So wie Gregor es beschrieb, hatte Corsten es nicht eilig mit der Leistung der Nationalbibliothek an die USB Köln. Er, der das Geld an den Eigentümer oder Erben weiterzuleiten hatte, wartete noch auf die Beglaubigung, gemeint ist ein Erbschein, der diese Zahlung auslösen würde. Aus dem Brief geht darüber hinaus hervor, dass sich Corsten zwischenzeitlich erkundigt hatte. Der Satz: *„Hier in Wien war über das Ihnen schon Bekannte hinaus nichts mehr festzustellen"* kann sich nur auf den Verbleib der Richter-Schwestern beziehen.

Am 4. März, zwei Tage nach Elise Richters 78. Geburtstag, schrieb Hermann Corsten an Joseph Gregor:[202]

4. März 1943

„Sehr geehrter Herr Kollege!
Ich bestätige hiermit den Eingang Ihres Schreibens vom 22. vor. Mon. 85/43 und möchte Sie bitten, den Betrag von RM 1500,-- (RM 1000,-- für die Theater-, RM 500,-- für die Autographen-Sammlung) auf unser Postscheckkonto Köln 64093 zu überweisen. Wie ich Ihnen schon früher mitteilte, hat sich vor längerer Zeit eine Frau Lewinski [sic] *als berechtigte Erbin zwecks Zahlung der Kaufsumme für die von Richter erstandenen Werke an mich gewandt. Ich habe eine Zahlung abgelehnt mit dem Anheimgeben* [sic]*, zunächst einen notariell beglaubigten Erbschein beizubringen. Daraufhin habe ich nichts mehr gehört. Es wird das Beste sein, wenn ich den Betrag von RM 1500,-- bis zur endgültigen Regelung der Angelegenheit übernehme, da ich sr. Zt. ja auch als Käufer aufgetreten bin.*
An Ihren Besuch in Köln denke ich gerne zurück und bedaure nur, dass die Fühlungsnahme eine so kurze gewesen ist. – Wir haben hier in Köln wieder einen schweren Fliegerangriff hinter uns, bei dem die Meinen und ich, wie ein Wunder, fast ganz verschont geblieben sind.
In der Hoffnung, dass es Ihnen gut geht, sende ich Ihnen mit dem Ausdruck meiner vorzüglichsten Hochachtung die besten Grüsse.
    Heil Hitler!
    Ihr sehr ergebener C[orsten]
Grüssen Sie bitte Herrn Teichl von mir.

Corsten handelte formal völlig korrekt, indem er auf die Vorlage eines notariell beglaubigten Erbscheins bestand. Zu einer *„endgültigen Regelung der Angelegenheit"* ist es allerdings nie gekommen. Elise und Helene Richter haben keinen Pfennig Geld aus diesem Bücherverkauf erhalten.

Der letzte in der Akte Richter vorhandene Brief von Robert Teichl bringt die Sache Richter seitens der Direktion der Österreichischen Nationalbibliothek offiziell zum Abschluss:[203]

12. März 1943

„Lieber Herr Corsten!
Herr Prof. Gregor übergab mir ihr Schreiben vom 4.d.M., das die Erwerbung der Richter'schen Theater- und Autographen-Sammlung durch die Nationalbibliothek zum Abschluß bringt. Wir danken Ihnen verbindlichst für die vorgeschlagene Lösung und bitten nur noch ehestens [? Das letzte Wort wurde handschriftlich eingefügt] *um zwei Rechnungsbelege, von denen der eine auf die Theater-Abt. der Nationalbibliothek und die von ihr um 1000 RM erworbene*

Theatersammlung, der andere auf die Handschriften-Abt. der Nationalbibliothek und die von dieser um RM 500.- übernommenen Autographen-Sammlung lauten möge. Nach Eintragung der Inventar-Nummern durch die genannten Abteilungen erfolgt sodann im März d.J. die Überweisung des Gesamtbetrages von RM 1500.- auf Ihr Postscheckkonto Köln 64.093.
Wie bei jeder Meldung über Fliegerangriffe auf Köln habe ich bei der letzten Heimsuchung viel an Sie gedacht und freue mich herzlich, daß Sie und ihre Familie verschont geblieben sind. Ich hoffe, daß Ihre Einschränkung ‚fast ganz' auf keine schwere Schädigung schließen läßt.
Herr Prof. Gregor und ich erwidern die uns übermittelten freundlichen Grüße herzlichst.
 Meine Frau und ich tragen immer schwerer an unserem Leid.
  Heil Hitler!
  Ihr sehr ergebener Teichl"

Robert Teichls Sohn Wolfgang, von dem der Vater in seinem Brief vom 21. Februar 1942 schrieb, dass er nach der Matura als Kriegsfreiwilliger einrücken würde, war am 21. November 1942 in der Schlacht von Stalingrad gefallen[204]. Er war 18 Jahre alt.

Der Briefwechsel endet mit dem letzten Brief Hermann Corstens[205], dem die beiden formlosen Rechnungen beigefügt wurden.

16. März 1943

„*Lieber Herr Teichl!*
Ich bestätige den Eingang Ihres Schreibens vom 12. ds. Mon. und übersende Ihnen in den Anlagen die gewünschten Rechnungsbelege für die Theater-Abteilung und die Handschriften-Abteilung der National-Bibliothek.
Bezüglich der letzten Fliegerangriffe kann ich Ihnen mitteilen, dass wir vollkommen unversehrt geblieben sind und nur unser Haus kleine Schäden davongetragen hat. Leider hat der Fliegerangriff in Essen für die Stadt sehr viel schwerere Situationen gebracht.
Ich bitte, Ihrer Frau Gemahlin die herzlichsten Grüsse von meiner Frau und mir zu übermitteln. Wir hoffen und vertrauen fest, dass die Zeit Ihnen Beiden ein wenig Linderung in Ihrem grossen Leid bringen möge.
 Mit herzlichsten Grüssen und
  Heil Hitler!
  Ihr sehr ergebener
  C[orsten]"

            16. März 1943
<u>Rechnung</u>
für die Theater-Abteilung der Nationalbibliothek Wien.
Eine Burgtheater-Sammlung …….. <u>RM 1000,--</u>.

16. März 1943

<u>Rechnung</u>
für die Handschriften-Abteilung der Nationalbibliothek Wien.
Eine Autographen-Sammlung ……. <u>RM 500,--</u>.

Ende des Briefwechsels.

***

Was als Hilfsaktion von Fritz Schalk und Eugen Lerch beabsichtigt und initiiert worden war, scheiterte vollkommen. Hebt man den Blick von den Briefen hinweg auf die realen Verhältnisse Ende 1941 und besonders Anfang 1942, so wird uns bewusst, dass Elise und Helene Richter längst für die Deportation vorgesehen waren. Spätestens seit 1938 waren ihre Existenz und ihr Wohnsitz der Israelitischen Kultusgemeinde bekannt, und die IKG war gezwungen, die alten Damen am Ende auszuliefern. Ein freihändiger Verkauf, so wie ihn sich Elise Richter vorstellte, war zu dieser Zeit nicht mehr möglich. Auch wegen dieses heutigen Erkenntnisstands, mutet der langwierige Briefwechsel bedrückend an. Fünf Monate lang schrieben sich Elise Richter und Hermann Corsten, ohne dass es während dieser Zeit zum Versand eines einzigen Buches und insofern nicht zur Überweisung von Geld gekommen ist. Vom Standpunkt unserer gegenwärtigen Betrachtung und mit dem Wissen um die nachfolgenden Geschehnisse, ein immenser und ergebnisloser Zeitaufwand. Hinzu kam die ständige Interaktion mit der Österreichischen Nationalbibliothek.
Der reibungslose Bücherverkauf, so wie er bei der persönlichen Begegnung verabredet worden war, kam später nie zustande. Eine Ursache hierfür ist das zögerliche Verhalten auf beiden Seiten. Elise Richters wiederholte Angebote und Nachfragen nach einzelnen Büchern, die sie in ihren Briefen dezidiert aufführte und um deren Bestandsüberprüfung sie bat, berühren uns im Wissen um die letztendliche Unbedeutendheit dieser Dinge schmerzlich. Basierte doch Corstens Wissen um die speziellen Bestände ihrer Bibliothek auf ihren eigenen Bücherlisten. Elise Richter war in ihrer peniblen Korrektheit aber auch in ihrer Naivität der Situation nie gewachsen. Wie hätte sie auch!
Hermann Corstens Zögern zeigte sich in seiner Unsicherheit im Umgang mit den zuständigen Behörden. Es fehlte ihm in diesem Fall jegliches Wissen um die korrekte Vorgehensweise, dies trotz der Empfehlungen von Generaldirektor Heigl. Mehrfach fragte er bei der Nationalbibliothek an, ob und wie weiter verfahren werden sollte. Die mögliche Erklärung für dieses Verhalten ist, dass diese Art des Bücherkaufs für ihn neu war. Er hatte zwar zuvor einige Privatbibliotheken für die USB Köln erworben, doch diese unterschieden sich insofern von der Richter-Bibliothek, als dass deren Besitzer vor dem Kauf verstorben waren und es sich um Erwerbungen aus dem Buchhandel oder von den Erben handelte. Vor allem aber hatte es sich nicht um Notverkäufe von Juden gehandelt. Elise

und Helene Richter lebten und verkauften ihre geliebten Bücher aus schierer Not. Das war Corsten bewusst. Veranlasste ihn dieses Wissen, die weite Reise in das 900 Kilometer entfernte Wien anzutreten, um die nachweislich kleinste Bibliothek seiner bisherigen Erwerbungen zu besichtigen? Außer der „Bibliotheksangelegenheit Richter" hatte er in Wien, abgesehen vom persönlichen Kontakten zu Teichl, nichts weiter unternommen. Die Reise, über deren Beschwerlichkeiten er berichtete, ließ sich aus bibliotheksrelevanter Sicht auch nicht erweitern. Indes erscheint uns Corstens Verhalten bezüglich der Bezahlung anstößig. Doch handelte er richtig, als sich die vermeintliche Erbin bei ihm meldete. Wie er Teichl schrieb, wartete er darauf, dass Else Lewinsky ihm den Erbschein vorlegen würde. Corsten musste aufgrund von Frau Lewinskys Ansinnen davon ausgehen, dass keine andere Zahlungsweise als die an die Erbin in Frage kam. Dass zumindest Elise Richter zu dieser Zeit noch lebte, war ihm nicht bekannt. Else Lewinsky scheint sich jedoch nicht wieder in der USB Köln gemeldet zu haben. Dass es nach März 1943 eine Auszahlung des Geldes gegeben hat, ist folglich unwahrscheinlich. Durch den kriegsbedingten Verlust von Akten der Universitätsverwaltung kann nicht bewiesen werden, was mit den bereitgestellten Sondermitteln nach dem März 1942 geschehen ist.

***

1945 wurden sowohl Professor Dr. Hermann Corsten als auch Hofrat Dr. Robert Teichl vom Dienst suspendiert. Nach ihren Entnazifizierungsverfahren nahmen sie ihren Dienst wieder auf.

Der Generaldirektor Dr. Paul Heigl beging im April 1945 Selbstmord. Sein Nachfolger in der Österreichischen Nationalbibliothek war sein Vorgänger, Dr. Josef Bick.

C. Die Richter-Bibliothek

1. Geschichte der Bücher bis 2005

Am 9. März 1942 hatte der Wiener Spediteur Zechmeister die für die USB gepackten Bücherkisten aufgegeben. Sie waren also bereits auf dem Weg nach Köln, als Hermann Corsten seine Vollmacht für die Beschlagnahmung ausstellte. Robert Teichl berichtete am 1. April 1942, dass die restlichen für Köln bestimmten Bücher, verpackt in 14 Kisten, alsbald versandt würden. Im Mai kam die letzte Lieferung in der Universitäts- und Stadtbibliothek an.

Alle übrigen Bücher der Richter-Bibliothek, griechische, römische und deutsche Literatur, Kunst und Geschichte, blieben im Haus der Schwestern zurück.[1] Die Anzahl der für die USB Köln bestimmten Bücher wurde im Briefwechsel mit über 3.000 Bänden angegeben. Anhand der von Elise erstellten Listen ist es möglich, die Anzahl ungefähr zu bestimmen. Allerdings sind die Angaben einzelner Listen oft sehr unspezifisch. Um gleich zu Beginn der Arbeiten trotzdem eine Zahl generieren zu können, wurde ein Mittelwert von 40 Titeln pro Liste zugrunde gelegt. Das ergab die Anzahl von 2.720 Büchern. Die Summe der (zählbaren) Titel auf den vorhandenen Listen beläuft sich auf 2.196. Da mittlerweile feststeht, dass nicht alle Listen vorhanden bzw. erhalten geblieben sind,[2] kann die Ausgangszahl von rund 3.000 Bänden (nicht Büchern) als etwas zu hoch geschätzt, aber weitestgehend gesichert angesehen werden.

Das Exlibris

Die wenigen seit Jahren in der USB Köln als Richter-Bücher bekannten Werke, weisen als auffälliges Besitzkennzeichen das Exlibris der Schwestern auf. Bis zum Beginn der NS-Provenienzforschung wurden Richter-Bücher deshalb nur dann identifiziert, wenn dieses Exlibris vorhanden war.

Über die Entdeckung und Entstehung dieses bemerkenswerten Besitzkennzeichens berichtete Elise Richter in der Summe des Lebens. Das Motiv begegnete ihr 1913, als sie mit der Bearbeitung des Textes „Sejour d'honneur" des Octavien de Saint-Gelais beschäftig war. Im Zuge dieser Studien, die sie in die Bodleian Library nach Oxford, in die Bibliothek des Britischen Museums in London und in die Bibliothèque Nationale in Paris führte, fand sie in einem Prachtband der Handschrift der Heroidenübersetzung von Octavien die Miniatur, die sie zu ihrem Exlibris erkor. Sie berichtete über den zufälligen Fund: „Das schreibende Weib erschien mir sofort als das für uns vorgeschaffene Buchzeichen. Es war schwer, unter den übrigens im durchaus gleich gehaltenem [sic] Stile gekleideten Gestalten die schönste zu wählen. Schließlich siegte Hypermnestra sogar über Helena. Die in Weiß und Schwarz mit Goldverzierung gekleidete Gestalt sitzt am goldenen Tische vor goldnem Wandschmuck auf weiß-schwarz gemusterten Fliesen; der Blick öffnet sich auf grün-goldene Gartenlandschaft."[3]

Von dieser Studienreise nach Wien zurückgekehrt, beauftragte Elise den Graphiker Alfred Cossmann[4] mit der Erstellung des Exlibris. Sie beurteilte die fertige Arbeit als eines seiner schönsten Werke. Anstelle des ursprünglich vorhandenen Wappenzeichens Karls VIII. von Frankreich, lässt sie die Worte „GAYA SCIENZA" über der Abbildung einfügen. Zur Wahl dieses Sinnspruchs schrieb sie: „Das oben eingefügte Gaya scienza war schon längst eine Art Motto für mich. Stammt es gleich aus Nietzsche, hatte es mir doch eine andere Bedeutung. Nicht Nietzsches ‚Fröhliche Wissenschaft' meinte ich, sondern die frohe, froh machende, von Erdensorgen befreiende und erlösende Wissenschaft."[5] Unterhalb der Darstellung wurden die Worte „Ex Libris" und in einem geschwungenen Spruchband die Namen „Elise · Helene · Richter" eingefügt. Dieses Motto galt also gleichermaßen für Helene, und das Exlibris wurde für die Bücher der gemeinsamen Bibliothek genutzt.

Augenscheinlich weisen vorhandene Exlibris den Besitzer eines Buches aus. Die Existenz von Besitzkennzeichen ist für jede Provenienzrecherche der optimale Anhaltspunkt. Trotzdem birgt der Vorteil einer einstigen Exlibris-Verwendung zwei generelle Fragestellungen in sich:

1. Hat der Besitzer tatsächlich in alle seine Bücher ein Exlibris eingeklebt?
2. Haben sich alle vorhandenen Besitzkennzeichen erhalten?

Beide Fragen müssen in der Regel mit Nein beantwortet werden. Das gilt auch für die Richter-Bibliothek. Im Verlauf der Recherche, nachdem immer mehr Richter-Bücher gefunden wurden, kristallisierte sich ein System der Exlibris-Verwendung der Schwestern heraus, denn tatsächlich hatten sie es nicht in alle Bände eingeklebt. Befand sich im Buch eine Widmung, so bekam es kein zusätzliches Exlibris. Diese Regelung wurde allerdings nicht unbedingt stringent ausgeführt. Daneben gab es genug Bücher in der gemeinsamen Bibliothek, die bereits vor der Beschaffung des schönen Besitzkennzeichens vorhanden waren; sie wurden nicht alle nachträglich mit einem Exlibris versehen. Bücher, die auf Reisen erworben wurden, insbesondere preiswerte Taschenbücher, erhielten oftmals keinen Besitzvermerk. Auch fast alle gefundenen Rezensionsexemplare von Elise Richter haben kein Exlibris. Dann gibt es Bücher, die vom Format her zu klein sind, als dass ein Exlibris hätte eingeklebt werden können, obwohl die Schwestern an verschiedene Buchgrößen gedacht hatten und mindestens drei Formate der Gaya Scienza drucken ließen. Die meisten der gekennzeichneten Bücher weisen ein Exlibris der Größe 9,4 x 8,2 cm auf. Daneben wurden auch die Größen 10,4 x 12,4 cm und in zwei Großformaten die Größe 14 x 20 cm verwendet. Und doch gab es also Gründe, warum Elise und Helene Richter auf das Einkleben von Exlibris verzichtet hatten.

Von Beginn der Recherchen an musste außerdem beachtet werden, insbesondere in einer Gebrauchsbibliothek wie der USB Köln, dass sich nicht alle Bücher im Originaleinband mitsamt erhaltenen Provenienzmerkmalen finden lassen würden. Im Laufe der Jahre wurden etliche Bände neu gebunden, bei denen das Exlibris oftmals nicht bewahrt wurde. In einigen Fällen blieb es nur deshalb erhalten, weil es nicht auf dem Umschlag oder dem Vorsatzblatt aufgeleimt war, sondern auf einer der ersten Seiten des Buchblocks.

Fehlte ein Exlibris oder eine Widmung, erschwerte dies die Identifizierung zunächst beträchtlich. Hier mussten andere Indizien die Herkunft des Buches beweisen. Aber bevor die Suche nach den Büchern beschrieben wird, soll zunächst rekonstruiert werden, was seit 1942 mit den Büchern geschah.

Die Inventarisierung der Richter-Bücher (1942–1994)

Anhand der Inventarnummernliste, die während der Recherche nach den erhaltenen Teilen der Bibliothek von Elise und Helene Richter entstand, ist nachweisbar, dass in der USB Köln recht bald nach dem Eintreffen der Kisten mit der Inventarisierung begonnen wurde. Das erste in den Bestand der USB inventarisierte Richter-Buch trägt die Nummer 1942.7409. Der Punkt zwischen der Jahreszahl und der laufenden Nummer kennzeichnet die Erwerbungsart „Kauf". Das bedeutet, es waren zuvor 7.408 Bücher im laufenden Jahr 1942 als Kaufexemplare für den Bestand registriert worden. Dieses Indiz weist auf eine recht zügige Bearbeitung nach Ankunft der Kisten hin. Das erste Richter-Buch dieser Periode, in dem das Exlibris erhalten blieb, hat die Inventarnummer 1942.8509. Ihm gehen fünf Bücher voraus, von denen eines anhand Elise Richters Handschrift, die anderen anhand des so genannten „Richter-Indiz" zugeordnet werden. Um ein Buch aufgrund von Indizien der Richter-Bibliothek zuschreiben zu können, müssen folgende Bedingungen erfüllt sein:

1. weder ein Exlibris noch ein sonstiger Provenienzeintrag (Widmung, handschriftlicher Vermerk, Besitzstempel) sind vorhanden,
2. das Buch ist (mittlerweile) in einem USB-typischen Bibliothekseinband eingebunden,
3. das Buch ist auf einer der Richter-Listen eindeutig aufgeführt,
4. das Buch ist als einziges Exemplar in der USB vorhanden (Ausnahmen kommen nur bei 2 Standardwerken vor, wo das Richter-Indiz auch für ein zweites Exemplar der USB gilt),
5. die Inventarnummer passt in den Kontext der anderen Richter-Bücher.

Im Jahr 1942 wurden insgesamt 206 Bände der Bibliothek Richter inventarisiert. Davon sind 205 Bücher als Kaufexemplare und ein Buch als Geschenk eingearbeitet worden.[6] Bei diesem ersten „Geschenkbuch" handelt es sich um das Werk „Verkündigung" von Paul Claudel aus dem Jahr 1913, das zufällig tatsächlich ein Geschenk der Schriftstellerin Käthe Braun-Prager an die Schwestern war. Da es eine Widmung enthält, hatte man auf das Einkleben eines Exlibris verzichtet. Vielleicht hat die Widmung: „Den verehrten Schwestern zu Weihnachten 1935 von Käthe Braun-Prager[7] (aus ihrem Besitz) mit den allerbesten Wünschen" den damaligen Bibliothekar oder die Bibliothekarin dazu veranlasst, dieses Buch als Geschenk zu inventarisieren.

Auch 1943, im Jahr der kriegsbedingten Evakuierung der USB-Bestände, wurden noch 57 Richter-Bücher eingearbeitet. Davon erhielten 55 Bücher eine Kaufinventarnummer und lediglich zwei Bände wurden als Geschenk inventarisiert. Wieder findet sich in einem der Werke eine
(Geschenk-) Widmung. 1944 wurden insgesamt nur noch sechs Bücher als Kaufexemplare inventarisiert. In den Jahren 1945 und 1946, der Periode des ausgelagerten USB-Bestandes und der zeitweiligen Schließung der Bibliothek, fand keinerlei Inventarisierung mehr statt. Erst zwei Jahre später, 1947, werden wieder 16 Richter-Bücher eingearbeitet.

Bemerkenswert ist, dass in den folgenden Jahren die Zuordnung der Richter-Bücher zu Kauf- oder Geschenkerwerbung immer stärker zur Geschenkinventarisierung tendiert. Waren bis 1954 weiterhin nur vereinzelte Bücher als Geschenk ausgewiesen worden, so stehen im Jahr 1955 erstmals sechs Geschenkinventarnummern zwei Kaufinventarnummern gegenüber. Nach 1955 wurde kein Richter-Buch mehr als Kaufexemplar behandelt. Das Wissen um die „Kauferwerbung" war nicht mehr vorhanden.

Von 1956 bis 1972 wurden lediglich drei Richter-Bücher inventarisiert. Alle drei Bände weisen das Exlibris der Schwestern auf. Bis auf die Jahre 1981, 1987 und 1989 bis 1993 wurden noch in jedem Jahr Bücher der Richter-Bibliothek erfasst, oftmals allerdings nur noch ein Band pro Jahr. Die Räumung eines Kellerraumes, in dem sich noch Reste unbearbeiteter Bücher unterschiedlichster Provenienz befanden, brachte auch die letzte große Marge an Richter-Büchern zutage: 63 Bände in den Jahren 1982 bis 1985. Die letzten beiden Bände wurden 1994 inventarisiert.

Die Bücher der Richter-Bibliothek wurden nicht geschlossen im Magazin aufgestellt. Allein der lange Inventarisierungszeitraum hätte diese Form der Aufstellung erheblich erschwert. Nach Abschluss der Bearbeitung wurde, bis auf wenige Ausnahmen, der größte Teil der Bände (460) mit Signaturen versehen und in die, nach teilweise eng begrenzten Fachgebieten unterteilte, Standortsystematik der ehemaligen Abteilung I (Stadtbibliothek Köln) im Büchermagazin aufgestellt. Mit dem Umzug der Universitäts- und Stadtbibliothek in ihr eigenes Gebäude (1966/67) wurde die alte fachspezifische Aufstellung, die ständig Lücken für nachfolgende Bücher vorhalten musste, durch eine neue gruppenakzessorische Aufstellung abgelöst. Die Bücher wurden nun einer Fachgruppe, die durch einen bestimmten Buchstaben gekennzeichnet war, z.B. C für Sprache- und Literaturwissenschaft, D für Kunst, E für Geschichte, F für Rechtswissenschaft usw., zugeordnet. Innerhalb dieser Gruppe erfolgte eine Numerus Currens-Aufstellung. Aus der Richter-Bibliothek fanden sich dort 114 Bände, überwiegend in der Gruppe C.

Der Nachteil einer gruppenakzessorischen Aufstellung für die Provenienzforschung am Bestand ist, dass eine recht grobe Einteilung eines Faches zugelassen wird. Funde, die sich durch das Überprüfen der näheren Umgebung eines Buches ergeben, sind hier, im Gegensatz zur alten engeren Fächersystematik, äußerst selten. Insbesondere dann, wenn ein Buch keinen, im Fall Richter einen mindestens vor 1941 entstandenen Originaleinband, mehr aufweist, und man vor einer Wand von Bibliothekseinbänden steht, die keinen Rückschluss auf das Alter des darin eingebundenen Buches erlauben.

Die Richter-Bibliothek im Bewusstsein der USB Köln

Elise und Helene Richter und ihre Bibliothek waren in der USB Köln nie völlig vergessen. In Veröffentlichungen der Universitäts- und Stadtbibliothek wurden die Bibliothek oder einzelne Stücke der Sammlung mehrfach thematisiert. So erschien 1990 ein Artikel anlässlich des 125. Geburtstags von Elise Richter in den bibliothekseigenen Hausmitteilungen.[8] Im 1993 publizierten Teil des „Handbuchs der historischen Buchbestände/ Nordrhein-Westfalen/Köln" wurde die Richter-Bibliothek im Abschnitt über die Bestände der Stadtbibliothek (ab 1920 Universitäts- und Stadtbibliothek Köln) in der Rubrik 2.55 erwähnt. Diese Rubrik umfasst „kleinere und weniger bedeutenden Schenkungen und Erweiterungen sowie einige nicht zu spezifizierende Nachlässe, von denen keine Kataloge oder Übereignungsverzeichnisse vorhanden sind [...]". Der Eintrag zu Richter lautet: „[...] 1941 Elise und Helene Richter: zwei kleine Fachbibliotheken zur Romanistik und Anglistik".[9]

In den neunziger Jahren hatte man versucht, die Sammlung Richter zu rekonstruieren. Diese Suche fand noch nicht in der Absicht einer NS-Provenienzrecherche, aufgrund eines im „Dritten Reich" unrechtmäßig erworbenen Kulturgutes statt, denn dafür herrschte vor 15 Jahren noch kein Bewusstsein. Zur Identifikation der Bücher orientierte man sich damals allerdings nur am Exlibris als Erkennungsmerkmal. Das allein reichte, wie oben beschrieben, nicht aus, um alle noch vorhandenen Bücher zu identifizieren. Erst durch die Kombination von Besitzeinträgen, Widmungen, Buchbinderzeichen, Listen- und Bestandsabgleich konnten die Bestände wieder entdeckt werden.

Folglich waren einzelne Stücke der Sammlung bekannt. Eines dieser Bücher, eine bibliophile Kostbarkeit, fand Eingang in die Einbandsammlung der USB Köln. Es handelt sich um das Werk von Laurence Sterne: „A Sentimental Journey through France and Italy", 1790 in London erschienen. Im 2002 veröffentlichten Katalog „Vom Kettenbuch zur Collage: Bucheinbände des 15. bis 20. Jahrhunderts in der Universitäts- und Stadtbibliothek Köln" ist das Besondere des Oktav-Bändchens erläutert: „Die Pergamentdecken sind auf beiden Seiten mit einer doppelten, klassizistisch vergoldeten Bordüre geschmückt, die teils auf blauem Grund antike Ornamentformen zitiert. Der Rücken trägt außer dem blau hinterlegten Titelschildchen ein Bienenwabenmuster in Gold. Als Besonderheit befindet sich auf dem Vorderschnitt ein unter der Vergoldung verborgenes Miniaturgemälde, das nur bei einer leichten Verschiebung der Schnittkante zu erkennen ist. Die Zeichnung zeigt ein Landhaus in einer Parklandschaft, im Vordergrund einen Fluss, auf dem ein Kahn schwimmt, den ein Mann gerade an Land zieht."[10] Bei dieser Zeichnung handelt es sich um ein so genanntes „for-edge painting". Das Buch stammt aus der englischen Bibliothek von Helene Richter. Diese Rarität der englischen klassizistischen Einbandkunst war 1992 Thema eines eigenen Artikels. Der Aufsatz beschreibt im Wesentlichen die Technik der „Vorderschnitt-Bemalung". Im letzten Absatz wird jedoch auch auf die Herkunft des Buches hingewiesen. Die Vorbesitzerinnen und ihr Schicksal werden explizit genannt: „In den Bestand der UB gelangte der Band im Jahre 1942 über die Sammlung der wenig später in Theresienstadt umgekommenen gelehrten Schwestern Helene und Elise Richter, deren Exlibris sich auf der Innenseite des vorderen Buchdeckels befindet; als Wienerinnen jüdischer Abstammung durch die nationalsozialistischen Verfolgungen nach dem ‚Anschluss' in Not geraten [...] sahen sie sich zum Verkauf ihrer wertvollen Bücher genötigt."[11] Das verdeutlicht noch einmal, dass die unrechtmäßige Erwerbung und der daraus entstandene Besitz des Buches (der Sammlung) damals noch keinerlei Hinterfragung auslöste. Heute, sensibilisiert durch die Aufklärungsarbeit der letzten Jahre, zu der auch die teilweise medienwirksamen Restitutionen an Erben von jüdischen Vorbesitzern beigetragen haben, erscheint uns das Ignorieren der Erwerbungsumstände solcher Bestände eher befremdlich, aber es war tatsächlich für Bibliotheken, Archive und Museen bundesweit im wahrsten Sinne des Wortes (noch) kein Thema. Korrekterweise muss man hier anführen, dass es auch gegenwärtig noch etliche Kultureinrichtungen gibt, die den Aufruf zur NS-Provenienzforschung ignorieren.

Ein erstes Streiflicht der Erkenntnis, unter welch dramatischen Umständen die Bibliothek Richter erworben wurde, gibt erst der 2003 erschienene Band: „Kölner Sammler und ihre Bücherkollektionen in der Universitäts- und Stadtbibliothek Köln". Im Artikel über den Romanisten Fritz Schalk beschreibt Isolde Burr die bereits thematisierte Hilfe, die Schalk für die Schwestern durch den Kauf ihrer Bibliothek seitens der Universitäts- und Stadtbibliothek Köln möglich machen wollte.[12]

2. Die Suche nach den Büchern (2005–2007)

Der Beginn der NS-Provenienzforschung in der USB Köln

„Die Suche nach NS-Raubgut in Bibliotheken: Recherchestand – Probleme – Lösungswege" lautete eine Veranstaltung auf dem 94. Bibliothekartag in Düsseldorf am 17. März 2005. Der Besuch dieser Veranstaltung veranlasste die Verfasserin, am folgenden Tag eine erste Überprüfung im Magazin der USB vorzunehmen. Da die USB Köln Depotbibliothek während der NS-Zeit gewesen war, müsste sich vielleicht bei den damals verbotenen Autoren eine Spur finden lassen. Dazu bot sich die Suche bei den Büchern an, die nach der bereits beschriebenen älteren Systematik im Magazin der Bibliothek aufgestellt waren. Es dauerte nicht lange, bis sich unter den Schriften von Heinrich Mann ein Büchlein[13] fand, das einst der Bibliothek der Freien Gewerkschaften Kölns gehört hatte. Im Zuge der Zerschlagung der Gewerkschaften und ihrer Einrichtungen im Mai 1933 war das Buch in die Bibliothek der Gauverwaltung gebracht worden. Man hatte den alten Besitzstempel der Gewerkschaftsbibliothek mit dem Hakenkreuzstempel der Gauverwaltung überstempelt. Dieses und ein weiteres Buch aus der einstigen Gewerkschaftsbibliothek wurden 2008 an die Rechtsnachfolgerin, die Bibliothek der Friedrich-Ebert-Stiftung in Bonn, zurückgegeben. Damit endete die Odyssee der beiden Bücher 70 Jahre nach der Auflösung der Gewerkschaften.

Die Stichprobe lieferte den Beweis, dass auch die Kölner Universitäts- und Stadtbibliothek verfolgungsbedingt entzogene Bücher in ihren Beständen hat. Unmittelbar nach dieser Feststellung wurde das Projekt „NS-Provenienzforschung" von der Direktion der USB Köln eingerichtet. Die erste umfassende NS-Provenienzrecherche widmete sich der Rekonstruktion, Erschließung und Dokumentation der Bibliothek von Elise und Helene Richter.

Der Wunsch, die Suche nach NS-Raubgut unter den Augen der Öffentlichkeit stattfinden zu lassen, führte dazu, dass der Fortgang der Arbeiten von Beginn an online dokumentiert wurde. Ein erzielter Effekt war, dass wir ein Mitverfolgen der Rechercheergebnisse zulassen wollten. Zusätzlich sollten neben diesen Resultaten weitere Informationen angeboten werden. Es war uns wichtig, mehr als nur einen Onlinekatalog zu erstellen, der die gefundenen Bücher nachweisen würde. So entstand die „Virtuelle Bibliothek Elise und Helene Richter" als ein bibliothekseigenes Internetportal, das neben dem Katalog auch Informationen zum Projekt und zu den Richter-Schwestern unter einer Oberfläche vereint (http://richterbibliothek.ub.uni-koeln.de).

Auch der Wunsch, den Nutzern des Portals eine direkte Kontaktmöglichkeit anzubieten, konnte so verwirklicht werden.

Im Jahr 2005 lag die Entscheidung, die Richter-Bücher neben dem eigentlichen Onlinekatalog der USB Köln ein zweites Mal in einem eigenen Katalog zu erfassen, im Trend der damals noch überschaubaren Zahl der nach NS-Raubgut suchenden Bibliotheken. Heute, drei Jahre später, wird in Fachkreisen diskutiert, ob anstelle einer separaten und letztlich doppelten Erfassung in einem Spezialkatalog die Angabe von Provenienzeinträgen im eigentlichen Onlinekatalog stattzufinden habe. Die Meinungen sind geteilt, und die nächsten Jahre versprechen eine spannende Entwicklung im Bereich der Provenienznachweise in Bibliotheken. Als positiv ist heute schon anzumerken, dass der Umstand, die Herkunft von Bibliotheksgut zu beachten, und wie im Falle der Erwerbungen aus der Zeit des Nationalsozialismus, zu hinterfragen, an Bedeutung gewinnt.

Als Arbeitsinstrument für die Erfassung und insbesondere für die bereits angesprochene Identifizierung der Richter-Bücher reichten die Möglichkeiten eines klassischen Onlinekatalogs allerdings nicht aus. Deshalb wurde gleich zu Anfang eine Datenbank erstellt, die neben der üblichen Aufnahme von bibliographischen Daten, eine tiefere Erfassung erlaubte. Hier wurden zusätzlich besondere Aspekte wie Einbandart, Widmungen, Buchbindervermerke, Zustand, spezielle Merkmale und vieles mehr erfasst. Die Datenbank diente außerdem dazu, die (wieder-) gefundenen Bücher der Richter-Bibliothek an die Koordinierungsstelle für Kulturgutverluste in Magdeburg zu melden. Die Universitäts- und Stadtbibliothek Köln ist nach wie vor neben der Stadtbibliothek Essen[14] die erst zweite Bibliothek in Nordrhein-Westfalen, die ihre Funde dort gemeldet hat.

Die Listen

Bevor sich aber die Exlibris-Problematik überhaupt stellte, stand die Suche nach den Büchern im Vordergrund. Die Grundlage dafür waren die von Elise erstellten Bücherlisten, ohne die eine gezielte Recherche nicht hätte stattfinden konnte, da die Erwerbungsakten der USB Köln in den Kriegsjahren nahezu komplett verloren gegangen waren. Dieser Umstand schließt für die Zukunft die herkömmliche Suche nach weiterem NS-Raubgut mittels Inventarbüchern weitestgehend aus.

Bei den heute im Universitätsarchiv Köln aufbewahrten Originalen von Elise Richters Bücherlisten handelt es sich um 68 einzelne Blätter. Die teilweise handgeschriebenen Listen sind dezidiert nach Fächern aufgeteilte Bestandslisten, in denen sogar wenige Seiten umfassende Sonderdrucke oder einzelne Zeitschriftenhefte aufgeführt wurden. Mehrfach ließen sich jedoch Einträge nicht mehr näher verifizieren. Das galt beispielsweise für Aufzählungen wie: „Zur engl. Philologie rund 80 Broschüren und Dissertationen" oder „Cottwold Dial. 108 Broschüren und Dissertationen". Bei den maschinenschriftlich erhaltenen Listen kam als besondere Schwierigkeit hinzu, dass sie recht viele Schreibfehler enthielten. Fehler, die sich nach einer gewissen Zeit des Umgangs und der Übung als Hörfehler herausstellten. Manches ist in der Handschrift Elise Richters korrigiert worden, was der Lesbarkeit der Einträge jedoch nicht immer förderlich war. Wie konnten diese Fehler entstanden sein? Elise selbst würde sich nicht in dieser Form und Menge verschrieben haben, und Helene Richter war 1941 bereits so taub, dass das Niederschreiben der diktierten Bücherlisten für sie gar nicht mehr in Frage kam. Ein Tagebucheintrag[15] von Elise erklärt das Phänomen: Sie hatte im Herbst 1940 die Hilfe einer Bekannten angenommen, die für sie die Listen und auch ihre Erinnerungen tippte. Elise wird die Namen der Verfasser und die Titel der Bücher vorgelesen haben, und die der romanischen Sprachen unkundige Helferin schrieb sie so auf, wie sie sie hörte.

Das Konvolut gliederte sich in folgende Fachlisten:

1. Anglistik (6 Seiten, 238 Titel)
2. Romanistik (6 Seiten, 205 Titel)
3. Romanistik französische Dichtung (6 Seiten, 216 Titel)
4. Italienisch einschließlich Sardisch (6 Seiten, 159 Titel)
5. Spanisch (6 Seiten, 184 Titel)
6. Rumänisch (2 Seiten, 38 Titel)
7. Portugiesisch (3 Seiten, 82 Titel)
8. Provenzalisch (1 Seiten, 47 Titel)
9. Rätoromanisch (1 Seiten, 18 Titel)
10. Sprachwissenschaft (4 Seiten, 98 Titel)
11. Phonetik (4 Seiten, 112 Titel)
12. Linguistik (6 Seiten, 204 Titel)

13. Wörterbücher (4 Seiten, 102 Titel)
14. Folklore (3 Seiten, 94 Titel)
15. Theater (4 Seiten, 137 Titel)
16. Reisebücher (5 Seiten, 264 Titel)

Zunächst wurden alle Listen digitalisiert, um als zukünftiges Arbeitsinstrument dienen zu können. Die Suche erfolgte in mehreren Schritten. Im ersten Arbeitsgang wurden die Titel im Onlinekatalog der USB recherchiert, und alle infrage kommenden Signaturen auf der Rückseite des entsprechenden Blattes vermerkt. Waren zwei oder drei Blätter einer Liste auf diese Weise bearbeitet, fand eine erste Überprüfung im Magazin der Bibliothek statt. Alle Bücher, die entweder eindeutig als Richterbesitz oder durch die Indizien als solcher zu betrachten waren, wurden aus dem Magazin herausgenommen. Handelte es sich in der Tat um ein Buch der Richters, erfolgte die Katalogisierung für die „Virtuelle Bibliothek Elise und Helene Richter" und die Erfassung in der Datenbank für die spätere Meldung an die Koordinierungsstelle für Kulturgutverluste. Die Titelaufnahmen wurden in der Regel per Fremddatenübernahme aus dem USB-Onlinekatalog übernommen, so dass es zwar zu einer hausinternen zweiten Verzeichnung, nicht aber zu einer tatsächlichen doppelten Katalogisierungstätigkeit kam. Die war nur in einigen Fällen nötig, da noch nicht alle Bücher der USB retrospektiv für den Onlinekatalog erfasst sind. Übrig blieben alle nicht im Katalog nachgewiesenen Titel der Listen. Hinzu kamen die Bücher, von denen es zwar Exemplare im Magazin gab, die jedoch definitiv nicht aus dem Bestand der Richter-Bibliothek stammten. Für alle diese Titel wurden eigene Listen erstellt, die im Folgenden am alten alphabetischen Zettelkatalog der USB überprüft werden mussten. Zum Teil war es nötig, auch den systematischen Zettelkatalog zu Rate zu ziehen. Manches fand oder klärte sich durch diese Recherchen am Zettelkatalog. Erneut mit Signaturen versehen, ging es mit zur zweiten Überprüfung in das Büchermagazin. Wie aufwendig die Prozedur insgesamt war, lässt sich am Beispiel der Liste ‚Französische Dichtung' aufzeigen. Dieser Themenkreis umfasst viele belletristische Werke. Für die angegebenen Romanausgaben war es daher nötig, etliche Bücher zu überprüfen. Um die 215 Titel dieser Liste zu bearbeiten, mussten 436 Signaturen herausgefunden und die entsprechende Anzahl an Büchern überprüft werden. Doch der Aufwand lohnte sich, denn 50 Exemplare stammten tatsächlich aus der romanistischen Bibliothek von Elise Richter. Für viele Einträge reichte jedoch die Katalogsuche nicht aus. Bei den zum Teil ungenauen Angaben musste oftmals bibliographiert oder im Internet nach Anhaltspunkten gesucht werden. Waren alle Blätter einer Liste vollständig bearbeitet, folgten die statistische Erfassung und die Information auf den Internetseiten der Richter-Bibliothek.

Die Suche begann 2005 mit den Listen von Helenes Anglistik-Büchern. Schon bei der ersten Überprüfung am Onlinekatalog fanden sich erstaunlich viele Nachweise. Allerdings stellte sich bald heraus, dass die meisten Titel zwar vorhanden waren, allerdings nicht aus Helenes Beständen stammten. Viele der gefundenen Bücher gehörten zur einstigen

Bibliothek des Anglisten Alois Brandl. Der ehemalige Präsident der Deutschen Shakespeare-Gesellschaft war 1940 im Alter von 85 Jahren verstorben. Seine etwa 10.000 Bände umfassende Privatbibliothek war noch im gleichen Jahr von der Buchhandlung „Der Bücherwurm" in Berlin angeboten und von der USB gekauft worden. Die Kölner Universitätsbibliothek zahlte dem Buchhändler damals einen Preis von 2 Reichsmark pro Buch. Brandls Bücher wurden bereits 1941 inventarisiert und erhielten einen Besitzstempel mit dem Text „Aus der Bibliothek Alois Brandl".

Obwohl Corsten ein Jahr zuvor die vierfache Menge an anglistischer Literatur erworben hatte, war er bereit Helenes Bücher zu kaufen. Es war ihm bewusst, dass ein Großteil der Richter-Bücher für seine Bibliothek folglich Dubletten sein mussten. In Elises erstem Brief vom 24. August 1941 berichtete sie ihm von 750 Bänden aus der englischen Bibliothek ihrer Schwester. Corsten setzte für diesen Bestand 1,50 RM pro Buch an.

Bis heute wurden nur noch 49 Anglistikbücher der Bibliothek Richter in der USB. Möglicherweise finden sich zukünftig noch einige weitere Exemplare, da mittlerweile feststeht, dass die Anglistik-Listen nicht vollständig erhalten sind oder niemals vollständig vorgelegen haben. Den Beweis dafür liefern 10 aufgefundene Bücher aus Helene Richters Bestand, die nicht zu den 238 Titeln der Liste gehören.

Mit den Anglistik-Listen zu beginnen, war letztlich eine gute Wahl, denn ihre Bearbeitung zeigte gleich Schwierigkeiten auf, die es im Folgenden zu beachten gab. Gleich zu Beginn fand sich ein Band, der ein Provenienzrätsel darstellte. Das Buch,[16] das definitiv aus Helene Richters Besitz stammte, da es das Richter'sche Exlibris enthielt, wies außerdem den Brandl-Stempel auf. Was zunächst wie ein Bearbeitungsfehler der Bibliothek aussah, muss dennoch keiner sein, denn von Alois Brandl führt eine Spur zu Helene Richter. Geheimrat Brandl war als Shakespeare-Spezialist der langjährige Herausgeber des Jahrbuchs der Deutschen Shakespeare-Gesellschaft, für das Helene Richter viele Beiträge geschrieben hat. Eine briefliche, wenn nicht sogar persönliche Bekanntschaft hat demnach zwischen ihr und Alois Brandl bestanden. Ein Buch mit einer persönlichen Widmung von Helene fand sich in der Brandl'schen Bibliothek.

Die meisten Listen waren in der romanistischen Gruppe zu überprüfen. Es dauerte Wochen, bis diese teilweise handgeschriebenen oder -korrigierten Einträge bearbeitet waren. Anhand der Inventarnummer ließ sich feststellen, dass diese Bücher vorwiegend direkt nach ihrer Ankunft in Köln als Kaufexemplare eingearbeitet wurden. Die Überprüfung ergab außerdem, dass damals bereits viele der wissenschaftlichen Fachbücher vorhanden waren. Die Bücher aus Elises Besitz ergänzten diesen Bestand. Auf der Liste der rumänischen Bücher waren die Werke verzeichnet, die Elise einst noch hatte zurückhalten wollen.[17] Von den 38 aufgelisteten Bänden wurden 20 in den Bestand der USB übernommen. Ein ähnlich positives Verhältnis zwischen gelieferten und tatsächlich eingestellten Büchern weist sonst nur noch die Gruppe „Provenzalisch" auf. Hier wurden von 47 Titeln der Liste 23 Bücher übernommen.

Bei den portugiesischen Büchern wiesen einige Bände den Stempel „Oferta dos editores" auf. Solche Stempel sind meist ein Indiz für den vormals privaten Besitz des Buches, denn in der Regel wurden solche Geschenke an potentielle Rezensenten gemacht. Unter den Richter-Büchern fanden sich insgesamt 20 Rezensionsexemplare, die fast alle auch als solche gekennzeichnet waren. Zum Teil hatte Elise den Titel der Zeitschrift, für die die Buchbesprechung erbeten war, handschriftlich auf dem Buchumschlag oder dem Titelblatt vermerkt. 14 der 20 gefundenen Exemplare hat sie rezensiert. Darunter befindet sich auch das Buch von Gabriel Dubray: Gentillesses de la lange française, das 1939 in Wien erschienen war. Der Band weist, wie bei vielen Rezensionsexemplaren üblich, kein Exlibris auf. Der Originaleinband ist nicht erhalten, das Buch hat heute einen Bibliothekseinband. Aufgrund der Inventarnummer, des neuen Bucheinbandes und der Tatsache, dass Elise Richter das Werk Dubrays in der Zeitschrift: „Cultura neolatina"[18] rezensierte, wurde des der Richter-Bibliothek zugewiesen. Es handelt sich um das letzte Buch, das Elise Richter begutachtet hat. Als die Rezension in Italien erschien, war sie bereits tot.

Eine weitere interessante Gruppe innerhalb der Romanistik ist die Liste „Spanisch". Sucht man, vor dem Hintergrund der Bücherlisten, in Elises Summe des Lebens nach Spuren, fügt sich durch ihre Schilderung von Spanien ein weiterer Puzzlestein in das Gesamtbild ein. Die Schwestern hatten vor dem Ersten Weltkrieg Spanien bereist. Eine Kostprobe der damaligen Reiseatmosphäre und auch ihres Humors findet sich in Elise Richters Erinnerungen. Auf der Fahrt von Spaniens Ostküste nach Süden musste man sich „[…] *mit den Bummelzügen begnügen, die abends stehen blieben, und Passagiere in ein mehr oder weniger nahe gelegenes Gästehaus sandten und morgens ihre Ankunft abwarteten. Eile hatte man nicht, und eine solche Nachtunterbrechung am Fuße der Sierra Nevada gehört zu meinen besten landschaftlichen Eindrücken von Spanien. Auch die Bekanntschaft mit den Wirten und ihren ländlichen Gästen war keine verlorene Zeit. Weniger erfreulich allerdings die mit ihrer Küche: Ziegenmilch, Knoblauch, Porree, Zwiebel, Hammelfett –wir lebten von Orangen und roher Chokolade. Da die erste Bahnklasse von den Einheimischen fast nicht benützt wurde, saßen wir und die englischen Ladies je in einem Abteil, aber stets in Sicht. Schließlich in Ronda, in dem schönen Hotel über dem prächtigen Felsabsturz, kamen wir mit ihnen ins Gespräch. Es zeigte sich, dass die Damen immer das Wichtigste nicht gesehen hatten. „Oh!" – „Let me see!" – „I say!" – „O really!" – „I will tell our man", sagte die Ältere sehr überrascht und verärgert. Zum Glück gingen unsere Wege da schon auseinander."*[19]

Während all ihren Reisen erwarben Elise und Helene Bücher, die sie per Post nach Hause schicken ließen. Bei vielen belletristischen Büchern, die wohl auf diesen Reisen erworben wurden, die heute aufgrund der Inventarnummer der Richter-Bibliothek zugerechnet werden müssen, fehlt das Exlibris. Einige von ihnen weisen die damals üblichen kleinen Aufkleber der ausländischen Buchhandlungen auf. Bei den spanischen Büchern handelt es sich oft um schmale bereits damals recht preiswerte Bände zeitgenössischer Schriftsteller. Allein acht Bücher des Dichter Benito Pérez Galdós, die in der USB Köln einmalig vorhanden sind und folglich aus der Richter-Bibliothek stammen, haben alle kein Exlibris. Stattdessen weisen die Bücher einen künstlerischen Stempel mit dem Namenszug des Verfassers auf.

Spanische Werke der Listen, die bereits in Köln vorhanden waren, stammten zum überwiegenden Teil aus der bereits erwähnten Bibliothek von Johannes Fastenrath. Das Gleiche gilt für die wenigen Dubletten der portugiesischen Listen. Von den insgesamt 184 Büchern der Liste „Spanisch" wurden 79 Werke in den Bestand der USB aufgenommen.

Insgesamt sind jedoch von den 948 Titeln dieser romanistischen Listen etwa zwei Drittel (641) der Bücher nicht in Bestand der USB eingegangen.

In den Listen „Linguistik" und „Phonetik" war das Verhältnis ähnlich schlecht. Hier hatte Elise Richter einige einzelne Zeitschriftenhefte aufgeführt. Solche Einzelhefte werden von Bibliotheken lediglich dann inventarisiert, wenn es sich um eine Lückenergänzung des eigenen Bestandes handelt oder wenn es Sonderdrucke sind. Das traf auf die Hefte der Listen nicht zu, und folglich ging nichts davon in den Bestand der USB ein. Das Gleiche traf auch auf die Aufsätze zu, die sie anführte. Sonderdrucke wurden von Elise intensiv gesammelt und getauscht. Allein 26 dieser separat gedruckten Aufsätze und Vorträge wurden in Köln gefunden und erfasst. Der damals übliche rege Tauschverkehr eigener und fremder Schriften mit denen der Kollegen lässt sich auch anhand der vielen Widmungsexemplare nachvollziehen. So findet sich beispielsweise ein Sonderdruck mit Verfasserwidmung, der ursprünglich Leo Spitzer in Köln zugedacht war.[20] Dieser schickte den Druck später an Elise Richter weiter. Persönliche Widmungen auf Sonderdrucken finden sich unter anderem vom Schweizer Sprachwissenschaftler Charles Bally und vom italienischen Philosophen Benedetto Croce.

Von Adolfo Mussafia besaß Elise etliche Sonderdrucke und Bücher. In vielen von ihnen finden sich Widmungen. Eines seiner Werke schenkte er den Schwestern gemeinsam und schrieb ihnen die Widmung hinein: „Meinen hochverehrten Freundinnen Helene u. Elise Richter Adolf Mussafia",[21] Wahrscheinlich überreichte er ihnen das Geschenk bald nachdem sie sich 1891 in Bad Aussee kennengelernt hatten. Erhalten geblieben ist ferner ein in Leder gebundener Sammelband[22] mit Mussafia-Schriften, den Elise viel später anfertigen ließ, und dessen Inhaltsverzeichnis sie selbst verfasste. In ihrer Bibliothek waren einst wahrscheinlich alle Werke Mussafias vorhanden gewesen, und insofern war es ungewöhnlich, dass sie nur einige Arbeiten ihres Mentors aufgelistet hatte. Durch die systematische Überprüfung aller in der USB Köln vorhandenen Bücher von Adolf Mussafia konnten jedoch insgesamt 14 Bücher aus dem Besitz von Elise Richter gefunden werden. Dieser Fall lieferte den Beweis dafür, dass auch die vorhandenen Listen unvollständig waren. Zu Elises Beständen gehörten auch Bücher, die sie einst aus Mussafias Privatbibliothek, zum Teil vor, aber auch nach seinem Tod erhalten hatte. Zu seinen Lebzeiten hatte er ihr Bücher unter der Bedingung überlassen, ihm „den ihm unnützen Kram nie wieder zu bringen"[23] Wo sich der Rest seiner einst umfangreichen Bibliothek, deren Signatur in zwei Bänden erhalten blieb, heute befindet, ist unbekannt.[24]

Die übrigen Listen umfassten die Bereiche „Folklore", „Wörterbücher", „Reisebücher" und „Theater". Zu den insgesamt 94 Titeln auf der Folkloreliste gehören Märchen, Sagen und Volkserzählungen in vorwiegend englischer und deutscher Sprache. Aber auch ein norwegisches Buch gehörte zu den 19 Fundstücken.

Elise und Helene besaßen einen umfangreichen Bestand an Wörterbüchern. Die dazugehörende Liste umfasst 101 Titel, von denen sich 20 im Magazin der USB fanden. Von den mehrfach in den Briefen angesprochenen Reisebüchern und den Theaterbüchern ist kein einziges in Köln nachgewiesen. Im Fall der Reisebücher ist das zunächst erstaunlich, da die USB eine kleine Sammlung alter Reiseführer, insbesondere auch an historischen Bädekern, besitzt. Elise hatte auf fünf Seiten 264 Reisebücher, darunter auch viele Prospekte und Führer, aufgeführt. Wahrscheinlich ist aber, dass diese Bücher nie nach Köln verschickt worden sind. In ihrem letzten Schreiben an Robert Teichl hatte sie der Nationalbibliothek die Reisebücher und die Ausstellungskataloge für insgesamt 10 Mark angeboten.[25]

Über die Theaterbücher wurde ja bereits ausführlich berichtet. Sie waren einst, als der wertlose Teil der Theatersammlung für die USB Köln bestimmt gewesen. Insgesamt listete Elise Richter 137 Bände auf. Zwei dieser Bücher haben sich mittlerweile in Wien gefunden. Das Buch von Helene Bettelheim-Gabillon: Im Zeichen des alten Burgtheaters, Wien 1921, gehört zu einem der drei Bände, die die Österreichische Nationalbibliothek in ihrem Bestand ermitteln konnte[26]. Das zweite Buch von Konrad Falke: Kainz als Hamlet, Zürich 1911, fand sich unlängst in der Universitätsbibliothek Wien.[27]

Ergebnisse

Letztlich ist in der USB Köln nur noch ein Viertel der ursprünglichen Bibliothek von Elise und Helene Richter erhalten geblieben.

In Zahlen ausgedrückt: von den 2.720 (errechneter Mittelwert) gelieferten Büchern ergaben sich zwar 2.235 in der USB vorhandene Titel, doch stammen davon lediglich 534 Bücher aus der Richer-Bibliothek. Übrig bleiben rund 485 Listeneinträge, die überhaupt nicht in der USB Köln vorhanden sind oder nicht eindeutig identifiziert werden können. Einige wenige Titel sind in der USB vermisst. Ob es sich dabei um Exemplare der Richter-Bibliothek gehandelt hat, ist unklar.

Das bedeutet, von der einstmals stattlichen Bibliothek der Schwestern, die insgesamt etwa 8.000 Bände umfasste, ist nur ein Bruchteil erhalten geblieben.

Die Provenienzforschung der letzten Jahre hat im Fall der Bibliothek von Elise und Helene Richter neue Erkenntnisse geliefert. So wissen wir heute, dass nicht nur die Nationalbibliothek in Wien und die Universitäts- und Stadtbibliothek in Köln Bücher der Schwestern besitzen. Einige andere Bibliotheken sind hinzugekommen.

In der ÖNB Wien befinden sich neben den drei für die Restitution vorgesehenen Bänden und den 326 Stücken der Autographensammlung der Schwestern noch 87 weitere

Richter-Titel. Sie wurden dem österreichischen Kunstrückgabebeirat nicht vorgelegt, da sie nicht einwandfrei als Besitz der Richters identifiziert werden konnten.[28] Es handelt sich um Bücher, die den Inventareintrag „Verkauf Lewinsky 1942" aufweisen.[29] Die Nachforschungen im Zusammenhang mit diesem Vermerk, der sich auch auf Bücher bezog, die durch das Richtersche Exlibris eindeutig zu identifizieren waren, haben ergeben, dass die Nationalbibliothek Else Lewinsky als Erbin anerkannt hatte. In einem Brief an Elise Richter vom 16. November 1942 hatte Robert Teichl angefragt, ob sie ihre Zustimmung zum Verkauf von weiteren vier Büchern geben würde.[30] Die Anfrage erreichte Elise jedoch nicht mehr, da sie bereits nach Theresienstadt deportiert worden war. Als Teichl den Brief zurückerhielt, erkannte er Else Lewinsky umgehend als Erbin an, und kaufte ihr die gewünschten Bücher ab. Bereits Anfang Dezember 1942 ließ er die 87 Bücher mit dem „Lewinsky-Verkauf-Vermerk" inventarisieren. Darunter befinden sich auch „unter anderem Reiseführer".[31]

Für die Provenienzrecherche aufschlussreich ist auch der in der ÖNB vorhandene 18-bändige Sprachatlas „Atlas Linguistique de la France", an dem Hermann Corsten kein Interesse gezeigt hatte und den Elise ebenfalls Teichl anbot.[32] Die ÖNB vermutet, dass dieses Werk damals von der Gestapo beschlagnahmt und der Nationalbibliothek zugewiesen worden ist. Heute gehört der 1897–1901 entstandene wertvolle Sprachatlas zu den Werken, die neben den genannten Monographien ebenfalls zur Restitution vorgeschlagen worden sind.[33]

Die damals von der Nationalbibliothek erworbenen Theatermappen befinden sich heute im Österreichischen Theatermuseum.

In der Universitätsbibliothek Wien, die seit 2007 NS-Provenienzforschung aus eigenem Antrieb betreibt,[34] wurden bislang insgesamt zehn Bücher aus der Bibliothek Richter gefunden. Teilweise stammen die Bücher aus dem Nachlass von Elises ehemaliger Kommilitonin Margarete Rösler.

Zwei Bibliotheken erhielten Werke aus der Richter-Bibliothek über die USB Köln. So wurden Ende der achtziger Jahre Teile der Richterschen Sonderdrucke an die Bibliothek der Germania Judaica in Köln abgegeben. Es soll sich um ein Konvolut von 20–30 Sonderdrucke in- und ausländischer Zeitschriftenartikel gehandelt haben. Auch unter diesen Drucken sollen sich Widmungsexemplare für Elise oder Helene Richter befunden haben.[35] Leider hat sich damals niemand die Mühe gemacht, eine Titelliste der betroffenen Schriften anzulegen. Somit kann nur vor Ort eine sehr zeitaufwändige Suche per Autopsie vorgenommen werden.

Ein Buch konnte in der Deutschen Zentralbibliothek für Medizin nachgewiesen werden. Es handelt sich um das Buch von Branco van Dantzig: Over spraakgebreken en hunne bestrijding, Groningen 1927. Dieses in Deutschland, Österreich und der Schweiz einmalig nachgewiesene Werk besitzt heute nicht mehr seinen Originaleinband und somit auch kein Exlibris. Es wurde 1942 für die Medizinische Abteilung der USB Köln inventarisiert. Zwei weitere Bände dieses Verfassers[36] wurden ebenfalls als Richter-Bücher identifiziert. Eines davon weist eine Verfasserwidmung auf. Alle drei Bücher sind auf der Phonetik-Liste von Elise Richter aufgeführt.

Durch einen Beitrag[37] zur NS-Provenienzforschung und insbesondere durch das dort abgebildete Exlibris der Schwestern aufmerksam geworden, meldete sich ein Kollege aus der Bibliothek der Rheinisch-Westfälischen Technischen Hochschule aus Aachen.[38] Aus Köln war ein Band, von dem in der USB bereits drei Exemplare vorhanden waren, in die Aachener Bibliothek gelangt. Es handelt sich um das Buch von Eduard Meyer: England: seine staatliche und politische Entwicklung und der Krieg gegen Deutschland, Stuttgart und Berlin 1915. Das Exemplar weist das Exlibris der Richters auf. Wahrscheinlich wurde es 1984 im Rahmen des Dublettentauschs abgegeben, denn die Inventarisierungsnummer der RWTH stammt aus diesem Jahr. Es ist wiederum ein Buch, das nicht auf der Anglistik-Liste verzeichnet ist.

Seit Jahren werden im Zentralen Verzeichnis Antiquarischer Bücher (ZVAB) immer wieder Richter-Exlibris von deutschen und österreichischen Antiquariaten angeboten. Als Preis für das Bild wird in der Regel 80 bis 85 € verlangt. Manchmal wird auch ein Brief oder eine Postkarte der Schwestern angeboten. Eher selten ist die Offerte eines Buches mit dem Richterschen Exlibris. Im Jahr 2008 konnte die USB Köln ein Buch aus der Richter-Bibliothek bei einem Wiener Antiquar erwerben. Es handelt sich um eine Prachtausgabe von Richard Andree (Bearb.): Der Weltverkehr und seine Mittel. Rundschau über Schiffahrt [sic] und Welthandel. Industrie-Ausstellungen und die Wiener Weltausstellung im Jahr 1873. 2. vollständig umgearbeitete Auflage. Leipzig und Berlin: Spamer, 1875. Bei diesem Titel handelt es sich um ein Werk, das zu den etwa 2.000 Büchern gehört haben wird, die 1942 in der Wohnung zurückgeblieben waren. Die Kölner Universitäts- und Stadtbibliothek hat es erworben mit dem Ziel, die Richter-Bibliothek soweit als möglich auch physisch zu rekonstruieren. In der „Virtuellen Bibliothek Elise und Helene Richter" werden neben den Kölner Beständen alle anderen Standorte von Richter-Büchern aufgeführt werden, sofern die heutigen Besitzer mit dieser Art der Veröffentlichung einverstanden sind. Das gilt insbesondere für zwei Bücher, die sich heute im Privatbesitz befinden.

***

Was geschieht zukünftig mit den Büchern von Elise und Helene Richter? Basierend auf den Grundsätzen der Washingtoner Konferenz über Holocaust-Vermögen von 1998 gehören die Bücher zum NS-verfolgungsbedingt entzogenen Kulturgut. In der Frage der Restitution des einstigen Richter-Eigentums muss zunächst formal zwischen den heutigen Besitzern unterschieden werden, da es keine gemeinsamen Regelungen für die Rückgabe an die rechtmäßigen Eigentümer, deren Erben oder Rechtsnachfolger gibt. Für die im österreichischen Bundesbesitz vorhandenen Exemplare gilt das Kunstrückgabegesetz als Rechtsgrundlage für die Restitution. Für die in Deutschland nachgewiesenen Exemplare Richterscher Provenienz gilt primär, dass die Rückgabe einen freiwilligen Akt des Trägers der jeweiligen Institution darstellt. Ein Rechtsanspruch möglicher Erben ist nicht mehr gegeben. Das Gleiche gilt für die in privater Hand befindlichen Stücke. Das bedeutet im Falle der Richter-Bibliothek: es muss, mit Ausnahme der bereits zur Restitution bestimmten Bücher der Österreichischen Nationalbibliothek jede Einrichtung selbst entscheiden, ob sie bereit ist zu restituieren. Das Rektorat der Universität zu Köln hat auf Anfrage der Universitäts- und Stadtbibliothek einer Restitution der Bücher aus der Bibliothek von Elise und Helene Richter zugestimmt. Die nächsten Schritte in diesem Restitutionsvorgang sind die Ermittlung möglicher Erben und die Klärung der Frage, in welcher Art die Rückerstattung zu erfolgen hat.

Die Eigentümer- und Erbensuche ist ein wichtiger Bestandteil der Provenienzforschung. Allgemein gilt hier, wichtige Aktenbestände verschiedenster Behörden und Einrichtungen zu sichten und auszuwerten. Es ist eine äußerst schwierige Angelegenheit, die heute meistenteils im Ausland lebenden Erben oder Rechtsnachfolger zu finden. Im Fall von Elise und Helene Richter ist die Nationalbibliothek in Wien verpflichtet, die Erbensuche aufgrund des Kunstrückgabegesetzes zu betreiben. Die Ausgangslage für die Recherche ist jedoch schlecht. Elise und Helene waren die unverheirateten Töchter des Ehepaars Maximilian Richter und Emilie Richter, geborene Lackenbacher. Die Mutter war die die älteste von vier Geschwistern. Von Elise wissen wir, dass eine der Schwestern, Flori (~1834–19?), 1914 80 Jahre alt und wohnhaft in Berlin war.[39] Falls diese Flori Lackenbacher verheiratet gewesen ist, fehlt der Name des Ehemannes und somit jede weitere Information. Insbesondere auch die, ob aus dieser möglichen Ehe Kinder hervorgegangen sind. Das Gleiche gilt für den von Elise in ihren Erinnerungen erwähnten, nahezu unbekannten Onkel, den sie nur einmal anlässlich des Todes ihrer Großmutter Therese Lackenbacher (1801–1878)[40] trifft. Die einzige nahe Verwandte in Wien scheint lediglich die jüngste Schwester der Mutter, Pauline Lackenbacher (~1837–1918) zu sein. Von ihr hat sich ein Buch mit Widmung für die Schwestern in Köln gefunden. Tante Pauline war zeitlebens unverheiratet. Die Familie der Mutter stammte wahrscheinlich aus Baden bei Wien. Im Burgenland gibt es den Ort Lackenbach (bis 1921 zu Ungarn gehörend). Hier siedelten im 17. Jahrhundert viele Juden. Möglicherweise geht die Herkunft dieses Zweiges der Lackenbacher auf den Ort zurück. In der Datenbank yad vashem finden sich allein drei Seiten (37 Einträge) mit Lackenbacher aus Wien bzw. Baden. Ohne Ortsangabe beinhaltet das Register 78 Namenseinträge. Väterlicherseits gibt es nur einen Hinweis Elises auf ihre Verwandtschaft in Ungarn. Sie schrieb: „Ein brüderlicher Freund ist uns im Laufe der Jahre unser Vetter, Dr. Hugo Richter, Primarius und Privatdozent für Nervenkrankheiten an der Universität Budapest, geworden. Die geringe Hilfe, die wir ihm und einigen Brüdern bei der Ausbildung angedeihen ließen, erwiderte er mit lebenslanger Treue und Aufmerksamkeit. Im Weltkriege machte er es möglich, uns aus seinem Standort als Oberregimentsarzt ab und zu eine Stafette mit Lebensmitteln zu schicken, die uns über die schwerste Hungersnot hinweghalfen. Als wir uns persönlich kennenlernten, waren wir schon brieflich gute Freunde. Zur Universitätsfeier an meinem siebzigsten Geburtstag kam er auf fünf Stunden nach Wien, da er nur einen einzigen Tag von Budapest fern bleiben konnte."[41] Nachkommen dieses Mannes und seiner Brüder wären heute mögliche Erben der Richter-Bücher. Die Nachforschungen der Wiener Kollegen führten deshalb zunächst nach Ungarn und von dort in die USA, allerdings bislang erfolglos.[42] Die Recherchen sind aber keineswegs abgeschlossen. An der Suche beteiligt sich auch die Israelitische Kultusgemeinde Wien. Einen weiteren, leider sehr unspezifischen Hinweis liefert noch einmal Elise Richter: „In Paris hatten wir entfernte Verwandte, die seit mehr als einem Menschenalter dort ansässig waren, die wir nicht kannten und die wir möglichst zu umgehen beabsichtigten. Sie zeigten sich aber so liebenswürdig, und die jüngere Generation sprach so schön und war so ganz französisch, dass wir uns mit ihnen anfreundeten."[43]

Die Universitäts- und Stadtbibliothek Köln hat bezüglich der Erbensuche zusätzlich um Hilfestellung bei der Commission for Looted Art in Europe (CLAE) gebeten. Die 1999 gegründete CLAE ist eine gemeinnützige Einrichtung mit Sitz in London. Sie widmet sich der Recherche, der Identifizierung und Rückgabe von geraubtem Besitz in der Zeit des Nationalsozialismus. Ergebnisse im Fall Richter stehen bislang noch aus.

Sollten sich Erben finden, muss die Frage geklärt werden, ob die Bücher restituiert werden, ein finanzieller Ausgleich gewünscht ist oder ob es eine andere Art der Entschädigung gibt. In einigen Fällen haben Erben auf die materielle Entschädigung verzichtet und den Wunsch geäußert, die entsprechend gekennzeichneten Objekte an Ort und Stelle zu belassen.

Werden durch die österreichischen Bemühungen Erben gefunden und von der dortigen Restitutionskommission als solche zur Rückgabe vorgeschlagen, kann sich die USB Köln unter Umständen dieser Entscheidung anschließen. Sollte sich niemand finden, dessen Verwandtschaft zu den Richter-Schwestern in der Form nachgewiesen ist, die eine Restitution ermöglicht, verbleibt die Richter-Bibliothek in der USB Köln.

Unabhängig davon, ob es zukünftig zu einer Restitution der Richter-Bibliothek kommen wird, werden die in den letzten Jahren aus dem Magazin entnommenen Bände nicht wieder in die alte Aufstellungssystematik zurückgebracht. Die Bücher bleiben geschlossen an einem Sonderstandort aufgestellt. Sie stehen weiterhin für die Ausleihe in den Lesesaal der USB zur Verfügung. Dieses Verfahren beinhaltet auch die Umsignierung der Bände in eine neue Signaturengruppe „Richter". Zusätzlich werden alle Richter-Bücher eine Provenienzinformation für den zukünftigen Leser enthalten. Aber nicht allein die Bücher sollen auf ihre Spuren aufmerksam machen. Hinweise auf die Geschichte hinter den Büchern wird es auch in den verschiedenen Web-Angeboten der USB Köln geben. Im Onlinekatalog soll die Titelaufnahme eines solchen Buches über einen Link mit der „Virtuellen Bibliothek Elise und Helene Richter" verknüpft werden. Allgemeine Informationen zur NS-Provenienzforschung und insbesondere zur Richter-Bibliothek sind auf der Homepage der Universitäts- und Stadtbibliothek Köln vorhanden und nicht zuletzt soll dieses Buch dazu beitragen, das Schicksal von Elise und Helene Richter und ihrer Bücher erneut vor dem Vergessen zu bewahren.

Anhang

Anmerkungen

Einleitung

1. Mit dem 1965 vom Deutschen Bundestag verabschiedeten Schlussgesetz zum Bundesentschädigungsgesetz (Bundesgesetz zur Entschädigung für Opfer der nationalsozialistischen Verfolgung) von 1965 wurden die ursprüngliche Antragsvoraussetzungen erweitert und die Antragsfrist um 11 Jahre verlängert. Zweites Gesetz zur Änderung des Bundesentschädigungsgesetzes (BEG-Schlussgesetz) vom 14. September 1965, in: Bundesgesetzblatt. Teil I. S. 1426.
2. Die Rolle der deutschen und österreichischen Bibliotheksdirektoren und ihrer Mitarbeiter wird in den kommenden Jahren ein Schwerpunktthema für die Bibliothekshistoriker darstellen. Die Amtshandlungen einzelner Akteure, wie die der Bibliotheksdirektoren Paul Heigl in Wien, Hugo Andres Krüß und Gustav Abb in Berlin oder Joachim Kirchner als Direktor der Universitätsbibliothek München, sind bereits erforscht und publiziert worden. Eine Gesamtdarstellung steht noch aus.
3. Mężyński, Andrzej, Die Judaistische Bibliothek bei der Großen Synagoge in Warschau, in: Dehnel, Regine (Hg.), Jüdischer Buchbesitz als Raubgut. Zweites Hannoversches Symposium. Frankfurt a. M. 2006. S. 85
4. Ebd. S. 85ff
5. Zimmermann, Rüdiger: Berlin-Offenbach-Washington-Bonn, in: AKMB-News. 8, 2002, S. 16.
6. Poste, Leslie I.: Books Go Home From the Wars, in: Library Journal, 73, 1948, S. 1704.
7. Wie Anm. 1.
8. Gesetz zur Regelung offener Vermögensfragen – Vermögensgesetz (VermG) ausgefertigt am 23. November 1990. Es handelt es sich um fortgeltendes Recht der ehemaligen DDR nach Maßgabe des Einigungsvertrags vom 31. August 1990. Aktuelle Fassung in der Bekanntmachung vom 9. Februar 2005, in: Bundesgesetzblatt. Teil I. Nr. 9. S. 205.
9. Washington Conference on Nazi-Confiscated Art, released in connection with The Washington Conference on Holocaust Era Assets. Washington, DC. December 3, 1998. http://state.gov/p/eur/rt/hlest/23231.htm. [02.07.2008].
10. Zitat aus der „Erklärung der Bundesregierung, der Länder und der kommunalen Spitzenverbände zu Auffindung und zur Rückgabe NS-verfolgungsbedingt entzogenen Kulturgutes, insbesondere aus jüdischem Besitz" vom 14. Dezember 1999. S. 1. Digitale Ausg.: http://www.lostart.de [02.07. 2008].
11. Der Beauftragte der Bundesregierung für Kultur und Medien: Handreichung zur Umsetzung der Erklärung der Bundesregierung, der Länder und der kommunalen Spitzenverbände zu Auffindung und zur Rückgabe NS-verfolgungsbedingt entzogenen Kulturgutes, insbesondere aus jüdischem Besitz" vom Dezember 1999; vom Februar 2001, überarbeitet 2007. Digitale Ausg.: Digitale Ausg.: http://www.lostart.de [02.07. 2008].

A. Elise und Helene Richter

1. Die folgende Lebensgeschichte von Elise und Helene Richter erhebt nicht den Anspruch einer vollständigen Biographie. So kann die biographische Beschreibung dem wissenschaftlichen Werk von Elise und Helene Richter nicht gerecht werden. Desgleichen war auch nie beabsichtigt. Eine umfassende Würdigung der Schwestern als Wissenschaftlerinnen steht somit noch aus.
2. Richter, Elise, Summe des Lebens. Wien 1997. S. 63.
3. Richter, Elise, Erziehung und Entwicklung. in: Kern, Elga (Hg.): Führende Frauen Europas. 3. Aufl., München 1929.
4. Ebd. S. 72.
5. Richter (1997) S. 55.
6. Zitiert in Menschik, Jutta, Feminismus. Geschichte, Theorie, Praxis. Köln 1977. S. 67–68.
7. Richter (1929) S. 75.
8. Ebd.
9. Ebd. S. 77.
10. Richter (1997) S. 100.
11. Zweig, Stefan, Die Welt von Gestern. 109.–123.Tsd. Frankfurt 1982. S. 45.
12. Ebd.
13. Richter (1997) S. 63.
14. Richter (1929) S. 78.
15. Richter (1997) S. 75.
16. Ebd.
17. Wilhelm von Gutmann (1825 Leipnik in Mähren–1895 Wien) nach Bin Gurion, Emanuel (Hg), Lexikon des Judentums. Gütersloh 1967. Sp.: 264. Wilhelm von Gutman. Kohlenindustrieller. 1879 in den erblichen Ritterstand erhoben. Präsident der Wiener jüdischen Gemeinde und des Jüdischen Theologischen Seminars.
18. Adam Politzer (1835–1920), Kollege des Vaters. Dozent an der Universität Wien und Leiter der Wiener Universitäts-Ohrenklinik.
19. Richter (1997) S. 75.
20. Ebd. S. 63.
21. Richter (1929) S. 79.
22. Lujo Brentano (1844–1931) Deutscher Wirtschaftswissenschaftler.
23. Theodor Gomperz (1832–1912) Österreichischer Philosoph und Klassischer Philologe.
24. Otto Benndorf (1838–1907) Deutscher Archäologe.
25. Dohm, Hedwig, Die wissenschaftliche Emanzipation der Frau. Berlin 1874. S. 154.
26. Richter (1929) S. 80.
27. In England konnten Frauen bereits seit 1849 an der Universität studieren, die Schweiz ließ seit 1863 ordentliche Hörerinnen zu.
28. Richter (1929) S. 80.
29. Richter (1929) S. 81–82.
30. Richter, Helene, Mary Wollstonecraft. Die Verfechterin der „Rechte der Frau". Wien 1897. Ursprünglich erschienen in: Deutsche Worte: Monatshefte. Wien. Jg. 1897. Heft 7 und 8.
31. Richter, Helene, Percy Bysshe Shelley, Weimar 1898.
32. Shelley, Percy Bysshe, Der entfesselte Prometheus. Leipzig 1895.

33 Richter, Helene, Thomas Chatterton, Wien 1900.
34 Mussafia, Adolf, Die Italienische Sprachlehre in Regeln und Beispielen, für den ersten Unterricht bearbeitet. Erste Ausg., Wien 1960.
35 Richter (1997) S. 104.
36 Richter (1929) S. 84.
37 Ebd.
38 Richter (1929) S. 82–83.
39 Richter, Elise, Zur Syntax des rumänischen Possessiv-Pronomens. 3. Person, in: Zeitschrift für romanische Philologie, 25 (1901) S. 424 –448.
40 Richter (1997) S. 147.
41 Richter (1929) S. 87.
42 Richter, Elise, Ab im Romanischen, Halle: Niemeyer, 1904. Die Arbeit widmete sie Mussafia und Meyer-Lübke mit den Worten: „Meinen verehrten Lehrern".
43 Richter (1929) S. 87–88.
44 Italienischer Sprachwissenschaftler. Schüler und Freund Mussafias.
45 Richter (1997) S. 65.
46 Ebd.
47 Richter, Helene, William Blake, Strassburg 1906.
48 Brunnbauer, Heidi, Im Cottage von Währing/Döbling. Bd.2. Wien 2006. S. 245–250.
49 Richter (1997) S. 77.
50 Ebd. S. 124.
51 Richter (1929) S. 90.
52 Ebd.
53 Zweig (1982) S. 39.
54 Ebd. S. 50.
55 Richter, Helene, Kainz, Wien 1931.
56 Richter, Helene, Josef Lewinsky, Wien 1926.
57 Richter (1997) S. 52.
58 Olga Lewinsky (1853, Graz–1935, Wien). Schauspielerin. Gründerin des Vereins „Lucina: zur Begründung und Erhaltung von Wöchnerinnen-Asylen und zur Heranbildung von Wochen-Pflegerinnen". Ausführliche Informationen siehe: Österreichische Nationalbibliothek –Ariadne: Frauen in Bewegung. http://193.170.112.215/ariadne/vfb/fv_vluc.htm [04.06.2008]
59 Richter (1997) S. 81.
60 Ebd. S. 128.
61 Ebd. S. 79.
62 Hugo von Thimig (1854, Dresden–1944, Wien). Vater der Schauspieler Hermann, Hans und Helene Thimig. Helene heiratete später den Schauspieler, Regisseur und Theaterleiter Max Reinhardt, in: aeiou – Österreich-Lexikon. Digitale Ausg.: http://aeiou.iicm.tugraz.at/aeiou.encyclop.t/t387892.htm. [04.06.2008]
63 Max Kalbeck (Ursprünglich Karpeles, Pseudonym: Jeremias Deutlich, 1850, Breslau–1921, Wien), Musikkritiker bei der »Wiener allgemeinen Zeitung« und der »Neuen Freien Presse«, in: aeiou – Österreich-Lexikon. Digitale Ausg.: http://aeiou.iicm.tugraz.at/aeiou.encyclop.k/k044493.htm [04.06. 2008]
64 Ernst Scheiblreiter (1897–1973). Wiener Lyriker, Erzähler, Dramatiker, Essayist, Jugendbuch- und Hörspielautor. In den dreißiger Jahren wandte sich Scheiblreiter dem Nationalso-

zialismus zu, in: aeiou – Österreich-Lexikon. Digitale Ausg.: http://aeiou.iicm.tugraz.at/aeiou. encyclop.s/s183486.htm [04.06. 2008]
65 Caroline von Gomperz-Bettelheim (1.6.1845, Pest –13.12.1925, Wien). Bekannt auch als Karoline Bettelheim, in: Österreichisches Musiklexikon Online. http://www.musiklexikon.ac.at/ml/musik_B/Bettelheim_Karoline.xml[04.06.2008]
66 Auguste Wilbrandt-Baudius (1843, Zwickau–1937, Wien). Ehefrau des Dramatikers Adolf von Wilbrandt, in: aeiou – Österreich-Lexikon. Digitale Ausg.: http://aeiou.iicm.tugraz.at/aeiou.encyclop.w/w688953.htm [04.06.2008]
67 Ferdinande Pollak, geborene Schmittlein (1854–1915).Wiener Schauspielerin, in: Österreichisches Biographisches Lexikon 1815–1950 – Online-BL. in: http://www.biographien.ac.at/oebl/oebl_P/Pollak_Ferdinande_1854_1915.xml [04.06.2008]
68 Marianne Hainisch (1839, Baden in Niederösterreich–1936, Wien). Begründerin und Führerin der österreichischen Frauenbewegung, in: aeiou – Österreich-Lexikon. Digitale Ausg.: http://aeiou.iicm.tugraz.at/aeiou.encyclop.h/h092783.htm [04.06.2008]
69 Gisela von Berger (1878–1961)
70 Käthe Braun-Prager (1888–1967). In der Bibliothek von Elise und Helene Richter befindet sich ein Widmungsexemplar von K. Braun-Prager. Ausführliche Informationen siehe: Nachlassverwaltung der österreichischen Autoren: http://www.braun-prager.de/ [04.06. 2008]
71 Rosa Mayreder (1858–1938). Wiener Schriftstellerin. Ausführliche Informationen siehe: Nachlassverwaltung Rosa Mayreder: http://www.rosa-mayreder.de/index.htm [04.06.2008]
72 Richter (1997) S. 186.
73 Spitzer, Leo, In Memoriam Elise Richter, in: Romance Philology. 1 (1948) S. 329–341.
74 Bei einer Suovetaurilia handelt es sich um die in der römischen Antike beliebte Darstellung von Opfertieren. Die traditionelle Kombination dreier Opfertiere – Schwein (*sus*), Schaf (*ovis*) und Stier (*taurus*) –, die als Bestandteil der rituellen Reinigung (*lustratio*) um den zu lustrierenden Ort (etwa die Feldflur in Catos Werk „de agri cultura" (150 v. Chr.) oder um zu lustrierende Personengruppen herumgeführt und anschließend geopfert wurden. Ausführlich in: Der kleine Pauly, Bd. 5 (1975) Sp. 433.
75 Richter (1997) S. 188.
76 Ebd. S. 187.
77 Ebd. S. 188.
78 Ebd.
79 Ebd. S. 74.
80 Ebd. S. 188.
81 Ebd. S. 188–189.
82 Schieder, Theodor, Europa im Zeitalter der Nationalstaaten und europäische Weltpolitik bis zum 1. Weltkrieg, in: Schieder, Theodor (Hg.): Handbuch der europäischen Geschichte, Band 6. Stuttgart 1968. S. 155.
83 Richter (1997) S. 190.
84 Ebd. S. 191.
85 Ebd.
86 Ebd. S. 189.
87 Ebd. S. 193.
88 Ebd.
89 Ebd.

90 Ebd.
91 Am 28. Oktober 1918 wurde in Prag die Tschechoslowakische Republik ausgerufen.
92 Wiener Zeitung. Nr. 261, Extra-Ausg. vom 11. November 1918.
93 Zweig (1982) S. 325–327.
94 Richter (1997) S. 193.
95 Ausführlich dazu: Bauer, Rolf, Österreich. Ein Jahrtausend Geschichte im Herzen Europas. München 1980. S. 382 ff.
96 Wandruschka, Adam, Österreich von der Begründung der ersten Republik bis zur sozialistischen Alleinregierung, in: Schieder, Theodor (Hg.): Handbuch der europäischen Geschichte. Bd. 7,1. Stuttgart 1979. S. 836.
97 Richter (1997) S. 193–194.
98 Ebd. S. 192.
99 Ebd. S. 193.
100 Biographische Angaben zu Hans Horst Meyer, siehe Universität Graz, Institut für experimentelle und klinische Pharmakologie: http://www.meduni-graz.at/pharma/f-09.htm [04.06.2008]
101 Richter (1997) S. 192.
102 Ebd. S. 77.
103 Kopie des Kaufvertrages in Grundbuchsurkunden TZ 434/1923 Bezirksgericht Döbling – A10; Brunnbauer (2006) S. 245.
104 Richter (1997) S. 195.
105 Ebd.
106 Ebd.
107 Ebd.
108 Ebd. S. 203.
109 Ebd.
110 Ebd. S. 194.
111 Ebd. S. 166.
112 Ebd. S. 195.
113 Ebd. S. 203.
114 Ebd. S. 196.
115 Ebd. S. 197.
116 Ebd. S. 200.
117 Schlesinger, Therese, Rezension zu Helene Richter, Mary Wollstonecraft. Die Verfechterin der Rechte der Frau, in: Arbeiterzeitung vom 03. April 1898. Digitale Quelle: Elise und Helene weblog: http://static.twoday.net/richter/files/Schlesinger_Richter_Bernau.pdf [04.06. 2008]
118 Kant, Immanuel, Zum ewigen Frieden. Ein philosophischer Entwurf, [Nachdr. d. Ausg. Königsberg, Nicolovius, 1795], Erlangen 1984. S. 30.
119 Das Buch befindet sich heute in der Universitäts- und Stadtbibliothek Köln.
120 Ausführlich in: Hoffrath, Christiane, Die Welt von Gestern. Widmungsexemplare aus der Bibliothek von Elise und Helene Richter, in: Alker, Stefan (Hg.): Bibliotheken in der NS-Zeit. Göttingen, Erscheint voraussichtlich Oktober 2008.
121 Rolland, Romain, Jean Christophe. Bände 1–10. Paris 1904–1912.
122 Deutsche Ausg.: Barbusse, Henri, Das Feuer. Tagebuch einer Korporalschaft, Zürich 1918.
123 Zweig (1982) S. 346.

124 Ebd. S. 279.
125 Richter, Elise, Romain Rolland, in: Germanisch-Romanische Monatsschrift. VIII (1920), 299–312.
126 Richter, Elise, Henri Barbusse, in: Germanisch-Romanische Monatsschrift. VIII (1920), 353–366.
127 Richter (1997) S. 212.
128 In Elise Richters Autographensammlung befanden sich: „[…] *ein sehr schöner Brief von Romain Rolland, einige von Barbusse* […], in: Elise Richter an Hermann Corsten vom 15.10.1941. Universitätsarchiv Köln, Akte Richter. UAK.
129 Richter (1997) S. 212.
130 Ebd.
131 Ebd. S. 213.
132 Zweig (1982) S. 347.
133 Richter (1997) S. 215.
134 Richter (1997) S. 213.
135 Ebd.
136 Ebd.
137 Ebd.
138 Ebd. S. 110.
139 Christmann, Hans Helmut, Frau und „Jüdin" an der Universität. Die Romanistin Elise Richter, Wiesbaden 1980. S. 26.
140 Richter (1929) S. 91.
141 Ausführlich zu Eugen Lerch siehe Kapitel B: Der Verkauf der Bücher.
142 Richter (1997) S. 158.
143 Ebd. S. 154.
144 Ebd.
145 Ebd.
146 Lerch, Eugen, Elise Richter. Zu ihrem 60. Geburtstag am 2. März 1925, in: Die Neueren Sprachen. 23 (1925) H.2, S. 81.
147 Ebd. S. 83.
148 Richter (1997) S. 111.
149 Ebd. S. 155.
150 Christmann (1980) S. 28.
151 Ebd. S. 25.
152 Richter (1997) S. 88.
153 Ebd. S. 9
154 Ebd. S. 88.
155 Ebd.
156 Richard Kralik von Meyerswalden (1852–1934). Österreichischer Kultur- und Literaturhistoriker, Dramatiker und Lyriker.
157 Richter (1997) S. 88.
158 Ebd.
159 Ebd.
160 Spitzer (1948) S. 330.
161 Richter (1997) S. 171.

162 Ebd. S. 210.
163 Ebd. S. 117.
164 Ebd. S. 118.
165 Ebd.
166 Ebd. S. 117
167 Ebd. S. 118.
168 Ebd. S. 171.
169 Ebd. S. 89.
170 Rauchberg, Helene, „Prof. Dr. Elise Richter", in: Die Frau, 42/7 (1934/35) S. 417–419. Digitale Ausg.: http://www.romanistinnen.de/frauen/richter.html [04.06.2008]
171 Österreichische Nationalbank, Vom Schilling zum Euro. Digitale Ausg.: http://www.oenb.at/de/ueber_die_oenb/geldmuseum/oesterr_geldgeschichte/schilling/vom_schilling_zum_euro.jsp [04.06.2008]
172 Wandruschka (1979) S. 839.
173 Richter (1997) S. 215.
174 Wandruschka (1979) S. 849.
175 Vaterländische Front, in: aeiou-Österreich-Lexikon. Digitale Ausg.: http://aeiou.iicm.tugraz.at/aeiou.encyclop.v/v060931.htm [04.06.2008]
176 Ebd. S. 852.
177 Richter (1997) S. 215–216.
178 Zweig (1982) S. 435–436.
179 Wandruschka (1979) S. 854.
180 Ebd.
181 Ebd.
182 Zweig (1982) S. 437.
183 Richter (1997) S. 216.
184 Ebd.
185 Ebd.
186 Ebd.
187 Wandruschka (1979) S. 856.
188 Richter (1997) S. 215.
189 Zweig (1982) S. 415.
190 Bauer (1980) S. 410.
191 Wandruschka (1979) S. 856 ff.
192 Bauer (1980) S. 411.
193 Wandruschka (1979) S. 858.
194 Ebd.
195 Bauer (1980) S. 412.
196 Richter (1997) S. 217.
197 Neue Freie Presse vom 25. 03. 1936. S. 12. Zitiert im Elise und Helene Richter weblog: http://richter.twoday.net/topics/Vermischte+Artikel/ [04.06.2008]
198 Wandruschka (1979) S. 862.
199 Bauer (1980) S. 418.; Wandruschka (1979) S. 864 ff.
200 Richter (1997) S. 217.

201 Kurt Schuschnigg wurde gleich nach dem Anschluss unter Hausarrest gestellt und blieb bis zum Kriegsende in KZ-Haft.
202 Wandruschka (1979) S. 868.
203 Es handelt sich um eine Anspielung auf den Thronprätendenten Otto von Habsburg.
204 Bundesverfassungsgesetz über die Wiedervereinigung Österreichs mit dem Deutschen Reich ausgegeben am 13. März 1938, in: Bundesgesetzblatt für den Bundesstaat Österreich. Jg. 1938. 25. Stück. S. 259. Hitler unterzeichnete noch am gleichen Tag in Linz das „Gesetz über die Wiedervereinigung Österreichs mit dem Deutschen Reich" vom 13. März 1938 als deutsches Reichsgesetz, in: Reichsgesetzblatt Teil I. Nr. 21. S. 237–238.
205 Bauer (1980) S. 418 ff ; Wandruschka (1979) S. 864 ff.
206 Bauer (1980) S. 421.
207 Ebd.
208 Richter (1997) S. 218. Am 10. April 1938 fand in Österreich die Volksabstimmung für den Anschluss Österreichs an das Deutsche Reich statt: „Verordnung des Führers und Reichskanzlers über eine Volksabstimmung sowie über Auflösung und Neuwahl des Reichstags vom 18. März 1938", in: Reichsgesetzblatt Teil 1. Nr. 28. S. 257. Juden waren von der Volksabstimmung gemäß Paragraph 4 Abs. 2 der „Ersten Verordnung zur Volksabstimmung und zur Wahl des Großdeutschen Reichstags vom 22. März 1938" ausgeschlossen, in: Reichsgesetzblatt Teil 1. Nr. 34. S. 289. Das Ergebnis war 99,6 Prozent Ja-Stimmen bei einer Wahlbeteiligung von 99,7 Prozent. Quelle: Wandruschka (1979) S. 870. Neuere Forschungen gehen von einer Mehrheit von zwei Dritteln der Österreicher aus, die für den Anschluss gestimmt habe. Aussage von Professor Gerhard Botz, Universität Wien, im Interview zur ZDF-Sendung „Hitlers Österreich" Teil 1. Ausgestrahlt im März 2008.
209 Friedländer, Saul, Das Dritte Reich und Juden. Die Jahre der Verfolgung 1933–1939. Die Jahre der Vernichtung 1939–1945. 3. Aufl., München 2007. S. 262. Zitiert nach Benz, Wolfgang (Hg.), Dimensionen des Völkermords. München 1991. S. 68; Anm. 12: Die genannten Zahlen basieren auf der Österreichischen Volkszählung von 1934.
210 Die so genannten „Nürnberger Gesetze" umfassten insgesamt drei Gesetze vom 15. September 1935. Sie wurden auf dem 7. Reichsparteitag in Nürnberg verkündet. Es handelt sich um das „Reichsflaggengesetz" (Reichsgesetzblatt Teil 1 Nr. 100. S. 1145), das „Reichsbürgergesetz" und das „Gesetz zum Schutz des deutschen Blutes und der deutschen Ehre" (Reichsgesetzblatt Teil 1 Nr. 100. S. 1146). Die beiden letzteren Gesetze werden auch als „Nürnberger Rassegesetze" bezeichnet.
211 Benz, Wolfgang, Geschichte des Dritten Reiches. München 2000. S. 212.
212 Richter (1997) S. 218. Das Grab von Elises und Helenes Großmutter Therese Lackenbacher (1801–1878) befindet sich auf dem jüdischen Friedhof in Wien-Währing. Sie starb mit 77 Jahren am 14.11.1878.
213 Richter (1929) S. 74.
214 Richter (1997) S. 59.
215 Ebd.
216 Botz, Gerhard, Wohnungspolitik und Judendeportation in Wien 1938 bis 1945. Wien 1975. S. 66. Als „Istjuden" wurden Menschen bezeichnet, die der „Rasse" nach von mindestens drei jüdischen Großeltern abstammten. Die Staatsangehörigkeit blieb für diese „biologische" Zuschreibung außer Betracht. Rechtlich waren die „Istjuden" den so genannten „Geltungsjuden" gleichgestellt. Als „Geltungsjuden" galten deutsche Staatsangehörige, die nach einer Reihe

verschiedener gesetzlicher Bestimmungen zu Juden erklärt wurden. Siehe: Weinmann, Martin (Hg.), Das nationalsozialistische Lagersystem. 2. Aufl., Frankfurt a. M. 1990. S. XXXV.
217 Siehe Anm. 207.
218 Erste Verordnung zum Reichsbürgergesetz vom 14. November 1935, in: Reichsgesetzblatt. Teil I. Nr. 125. S. 1333.
219 Richter (1997) S 107.
220 Spitzer (1948) S. 332.
221 Staatsgrundgesetze des Kaisertums Österreich vom 21. Dezember 1867. (»Dezemberverfassung«) Volltext-Quelle: http://www.verfassungen.de/at/leiste67.htm [04.06. 2008]
222 Gold, Hugo, Geschichte der Juden in Wien. Ein Gedenkbuch. Tel-Aviv 1966. S. 32.
223 Tietze, Hans, Die Juden Wiens. Geschichte, Wirtschaft, Kultur. Repr. von 1933. 2. Aufl., Wien 1987. S. 231. Laut Hugo Gold waren es 72.200 Juden. Gold (1966) S. 35.
224 Hamann, Brigitte, Hitlers Wien. Lehrjahre eines Diktators. 3. Aufl., München 1996. S. 468
225 Ausführlich dazu: Laqueur, Walter, Geschichte des Antisemitismus. Von den Anfängen bis heute.Berlin. 2008. S. 95 ff., Gold (1966) S. 32 ff
226 Hamann (1996) S. 473.
227 Ebd.
228 Zitiert in: Hamann (1996) S. 468.
229 Ebd.
230 Laqueur (2008) S. 95.
231 Hamann (1996) S. 470. Zitiert nach Hitler, Adolf, Mein Kampf. S. 106.
232 Tagebuch der Erzherzogin Marie Valerie vom 28.7.1887, zitiert in Hamann (1996) S. 474.
233 Tietze (Repr. 1987) S. 232.
234 Hamann (1996) S. 470. Zitiert nach Goldhammer, Leo, Die Juden Wiens. Eine statistische Studie, Wien 1927. S. 37.
235 Tietze (Repr. 1987) S. 232.
236 Ebd. S. 231. Brigitte Hamann nennt die Zahl 175.300 „Glaubensjuden". Hamann (1996) S. 468.
237 Laqueur (2008) S. 95.
238 Tietze (Repr. 1987) S. 274.
239 Ausführlich bei Hamann (1996) S. 482 ff.
240 Tilly, Michael, Das Judentum. Wiesbaden 2007. S. 157.
241 Hamann (1996) S. 487.
242 Richter (1997) S. 113.
243 Ebd. 113–114.
244 Professor Dr. Karl Luick (27.1.1865–20.9.1935). Philologe und Anglist an der Universität Wien. Später Universitätsprofessor in Graz.
245 Richter (1997) S. 114.
246 Ebd. S. 85.
247 Ebd.
248 Ebd.
249 Leon Kellner (17.2.1859, Tarnow, Galizien–5.12.1928, Wien) war außerdem der langjährige englische Sekretär des Bundespräsidenten. Quelle: Bin Gurion (1967) Sp. 372.
250 Kellner, Leon: Theodor Herzls Lehrjahre. (1860–1895) ; nach handschriftlichen Quellen. Wien 1920.

251 Nach dem Ersten Weltkrieg erschienen die „Protokolle der Weisen von Zion", die wahrscheinlich in Russland um 1910 entstanden waren, in Deutschland und Österreich. Der spätere Chefideologie der NSDAP Alfred Rosenberg veröffentlichte bereits 1923 im Verlag Boepple in München einen Kommentar mit dem Titel:" Die Protokolle der Weisen von Zion und die jüdische Weltpolitik". 1941 erlebte das Werk bereits die 6. Auflage.
252 Laqueur (2008) S.132.
253 Ausführlich dazu: Friedländer (2007) S. 262 ff; Moser, Jonny: Österreich. In: Benz, Wolfgang (Hg.), Dimensionen des Völkermords. Die Zahl der jüdischen Opfer des Nationalsozialismus. München 1991. S. 67 ff; Gold (1966) S. 77 ff; Cesarani, David, Adolf Eichmann. Bürokrat und Massenmörder. Berlin 2002. S. 90.
254 Zweig (1982) S. 460–461.
255 Zitiert in: Friedländer (2007) S. 263.
256 Ebd.
257 Malkin, Peter Z.; Stein, Harry, Ich jagte Eichmann. Der Bericht des israelischen Geheimagenten, der den Organisator der „Endlösung" gefangennahm. 2 Aufl., München 1994. S. 42.
258 Völkischer Beobachter (Wiener Ausg.) vom 28. März 1938. Zitiert in Moser (1991) S. 68, Anm. 6.
259 Befehl Hermann Görings vom 28. März 1938. zitiert in: Friedländer (2007) S. 263.
260 Ben-Sasson, Haim Hillel (Hg.), Geschichte des jüdischen Volkes. Von den Anfängen bis zur Gegenwart. 3. Aufl., München 1994. S. 1253.
261 Gesetzblatt für das Land Österreich. 1938. Ausgegeben am 18. Mai 1938. S. 406.
262 Zitiert in: Friedländer (2007) S. 264.
263 Ausführlich dazu: Botz (1975) S. 57 ff.
264 Benz, Wolfgang, Der Holocaust. München 1995. S. 24.
265 Friedländer (2007) S. 264.
266 Ausführlich dazu: Cesarani (2002) S. 78 ff.
267 Ebd. 93.
268 Eichmann ließ noch in den Jahren 1944–1945 über 500.000 ungarische Juden nach Auschwitz deportieren.
269 Ausführlich dazu: Wildt, Michael, Generation des Unbedingten. Das Führungskorps des Reichssicherheitshauptamtes. Hamburg 2002. S. 607 ff.; Höhne, Heinz, Der Orden unter dem Totenkopf. Bd. 2. Frankfurt a. M. Hamburg 1969. S. 368 ff.
270 Lang, Jochen von (Hg.), Das Eichmann-Protokoll. Tonbandaufzeichnungen der israelischen Verhöre. Berlin 1982. S. 180.
271 Friedländer (2007) S. 265. Nach dem Wiener Vorbild wurde 1939 die „Reichszentrale für die jüdische Auswanderung" geschaffen. Ausführlich in: Höhne (1969), Bd. 2. S. 364 ff.
272 Lang (1982) S. 49.
273 Verordnung zur Durchführung der Reichsfluchtsteuer im Land Österreich vom 14. April 1938, in: Reichsgesetzblatt Teil 1. Nr. 60. S. 403–404.
274 Cesarani (2002) S. 97.
275 Benz (200) S. 212.
276 Ebd.
277 Gold (1966) S. 78.
278 Friedländer (2007) S. 266.

279 Ausführliche Informationen zum KZ Mauthausen: mauthausen memorial. KZ-Gedenkstätte Mauthausen. http://www.mauthausen-memorial.at [04.06. 2008]
280 Richter (1997) S. 219.
281 Wie Anm. 204.
282 Siehe auch Kapitel: Professor Dr. phil. Eugen Lerch (1888–1952)
283 Richter (1997) S. 218.
284 „Erlass des Führers und Reichskanzlers über die Einführung deutscher Reichsgesetze in Österreich vom 15. März 1938, in: Reichsgesetzblatt Teil 1. Nr. 25. S. 247–248. Diesem Erlass folgte zwei Tage später der „Zweite Erlass des Führers und Reichskanzlers über die Einführung deutscher Reichsgesetze in Österreich vom 17. März 1938, in: Reichsgesetzblatt Teil 1. Nr. 27. S. 255.
285 Zitiert in Christmann (1980) S. 37.
286 Richter (1997) S. 218.
287 Zitiert in Christmann (1980) S. 37.
288 Richter (1997) S. 219.
289 Christmann (1980) S. 37.
290 Richter (1997) S. 219.
291 Christmann (1980) S 37, Anm. 110.
292 Es handelt sich wahrscheinlich um Unterlagen vom 1936 von Elise Richter geführten Prozess vor dem Bundesgericht. Siehe Anm. 194.
293 Elise Richter gibt den Namen des Hausmädchens einmal als „Reinisser" und ein weiteres Mal als „Heinisser" an. Siehe Anm. 194.
294 Richter (1997) S. 218–219.
295 Christmann (1980) S. 38, Anm. 111.
296 Es handelt sich um die Festschrift für den Schweizer Sprachwissenschaftler Charles Bally (1865–1957), bearb. von Albert Sechehaye, Mélanges Bally. Sous les auspices de la Faculté des Lettres de l'Université de Genève par des collègues des confrères des disciples reconnaissants. Genève: Georg, 1939.
297 Richter (1997) S. 219–220.
298 Christiane Rohr Freiin von Denta (1892–1961) arbeitete bis zu ihrer Pensionierung im Jahr 1952 in der Österreichischen Nationalbibliothek. Quelle: Restitutionsbericht des Jahres 2005 der Museen der Stadt Wien und der Wiener Stadt- und Landesbibliothek. Digitale Ausg.: http://www.wienmuseum.at/pdf/Restitutionsbericht_2005.pdf [Stand: Juni 2008]
299 Hofmann-Weinberger, Helga und Bittermann-Wille, Christa, Von der ‹Palatina› zur Virtual Library – Frauenspuren, Frauenberuf, Fraueninformation, in: Der wohlinformierte Mensch – eine Utopie, Graz 1997. S. 3. Digitale Ausg.: http://www.onb.ac.at/files/festschrift_strebl.pdf [04.062008]
300 Richter (1997) S. 220.
301 Ebd.
302 Vierte Verordnung zum Reichsbürgergesetz vom 25. Juli 1938, in: Reichsgesetzblatt. Teil 1. Nr. 122. S. 969–970. Siehe auch Friedländer (2007) S. 279.
303 Friedländer (2007) S. 280.
304 Verordnung über Kennkarten vom 22. Juli 1938, in: Reichsgesetzblatt. Teil 1. Nr. 115. S. 1403–1406.

305 Fünfte Verordnung zum Reichsbürgergesetz vom 27. September 1938, in: Reichsgesetzblatt. Teil 1. Nr. 165. S. 1403–1406.
306 Friedländer (2007) S. 285–286.
307 Hans Knappertsbusch (12. März 1888, Elberfeld–25. Oktober 1965, München). Häufiger Dirigent der Wiener Philharmoniker. Ausführliche Informationen: Offizielle Webseite des Dirigenten Hans Knappertsbusch. http://www.knappertsbusch.de/ [03.08.2008]
308 Richter (1997) S. 220.
309 Ausführlich in: Ben-Sasson (1994) S. 1254.; Friedländer (2007) S. 290.
310 Diese Zahlen gibt Reinhardt Heydrich am 12. November 1938 im „Protokoll der Sitzung im Reichsluftfahrtministerium" auf die Nachfrage Hermann Görings an. Den Sach-, Inventar- und Wasserschaden gibt er mit mehreren hundert Millionen an. Zitiert in: Schoenberner, Gerhard, Der gelbe Stern. Die Judenverfolgung in Europa 1933–1945. Frankfurt a. M. 1994. S. 37.
311 Ebd. Siehe auch Friedländer (2007) S. 303.
312 Ben-Sasson (1994) S. 1254.
313 Friedländer (2007) S. 303.
314 Richter (1997) S. 220.
315 Ebd.
316 Ebd. S. 99.
317 Ebd. S. 220–221.
318 Friedländer (2007) S. 276.
319 Gold (1966) S. 98.
320 Friedländer (2007) S. 276.
321 Ebd.
322 Ebd. S. 220.
323 Ebd.
324 Ebd.
325 Professor Dr. Helene Adolf (1895–1998) emigrierte im April 1939 in die USA.
326 Richter, Elise; Adolf, Helene; Winkler, Emilie, Studien zum altfranzösischen Alexiuslied, in: Zeitschrift für Französische Sprache und Literatur, 57 (1933) S. 80–95.
327 Richter (1997) S. 221.
328 Benz (2000) S. 209.
329 Botz (1975) S. 67.
330 Dritte Anordnung aufgrund der Verordnung über die Anmeldung des Vermögens von Juden vom 21. Februar 1939, in: Reichsgesetzblatt. Teil 1. Nr. 32. S. 282.
331 Richter (1997) S. 221–222.
332 Verordnung über den Einsatz jüdischen Vermögens vom 3. Dezember 1938, in: Reichsgesetzblatt. Teil 1. Nr. 206. S. 1709.
333 Melichar, Peter, Neuordnung im Bankwesen. Die NS-Maßnahmen und die Problematik der Restitution. Wien München, 2004. S. 290.
334 Kaufvertrag Gutmann/Kontrollbank vom 1. April 1940. Bezirksgericht Döbling A10- Grundbuchsurkunden 1245/1942.
335 Genehmigung des Kaufvertrages durch die Vermögensverkehrsstelle in Wien vom 2. Juli 1940. Bezirksgericht Döbling A10- Grundbuchsurkunden 1245/1942.
336 Abschrift der Genehmigung gemäß Devisengesetz Kaufvertrag Gutmann/Kontrollbank vom 7. Oktober 1940. Bezirksgericht Döbling A10- Grundbuchsurkunden 1245/1942.

337 Ich danke Frau Dr. Brigitte Haller für den Hinweis, dass es sich bei dem in Richter (1997) S. 129 erwähnten Wenzel Wild um den Vater von Friedrich Wild handelte.
338 Hausmann, Frank-Rutger, Anglistik und Amerikanistik im „Dritten Reich", Frankfurt a. M. 2003. S. 273.
339 Ebd. S. 274.
340 Genehmigungsbescheid der Staatlichen Verwaltung des Reichsgaues Wien für die Österreichische Kontrollbank für Industrie und Handel AG vom 27. August 1940. Bezirksgericht Döbling A10- Grundbuchsurkunden 1245/1942.
341 Aly, Götz, Hitlers Volksstaat. Raub, Rassenkrieg und nationaler Sozialismus. 3. Aufl., Frankfurt a. M., 2005.
342 Kaufvertrag Kontrollbank/Wild vom 31. Juli 1940. Bezirksgericht Döbling A10- Grundbuchsurkunden 1245/1942.
343 Melichar (2004) Tab. 81, Anm. i. S. 288.
344 Aussage Robert Reiningers. Zitiert in Hausmann (2003) S. 276.
345 Pfeiffer, Karl-Ludwig, Anglistik, in: Hausmann, Frank-Rutger (Hg.), Die Rolle der Geisteswissenschaften im Dritten Reich 1933–1945, München, 2002. S. 53.
346 Die Meldebescheinigung für Ludmilla und Friedrich Wild datiert vom 28. November 1940. Auskunft der Magistratsabteilung 8 des Wiener Stadt- und Landesarchivs vom Juni 2008.
347 Hausmann (2003) S. 277.
348 Hausmann, Frank-Rutger, „Vom Strudel der Ereignisse verschlungen". Deutsche Romanistik im „Dritten Reich", Frankfurt a. M. 2000. S. 667.
349 Siehe hierzu Kapitel B. Der Verkauf der Bücher – Fritz Schalk –
350 Richter (1997) S. [VII].
351 Tagebucheintrag vom 20. 9. 1940. Wienbibliothek. I N.232.377
352 Brief von Christiane Rohr von Denta an Elise Richter vom 7. März 1941. Zitiert in: Richter (1997) S. [XII-XIII]
353 Matuschek, Oliver, Der Verkauf der Sammlungen Stefan Zweig und Sigmund Freud, in: Dehnel (2006) S. 62.
354 Ebd.
355 Zweig (1982) S. 463.
356 Richter (1997) S. 67.
357 Brief von Elise Richter an Helene Adolf. Zitiert in: Spitzer (1948) S. 340.
358 Ebd.
359 Tagebucheintrag vom 20. 9. 1940. Wienbibliothek. I N.232.377.
360 Tagebucheintrag vom 22. 9. 1941. Wienbibliothek. I N.232.378.
361 Ebd.
362 Richter (1997) S. 222.
363 Gold (1966) S. 102.
364 Ebd.
365 Polizeiverordnung über die Kennzeichnung der Juden vom 1. September 1941, in: Reichsgesetzblatt. Teil 1. Nr. 100. S. 547.
366 Ebd. § 1 Abs. 2.
367 Gold (1966) S. 102.
368 Ebd.
369 Benz (1991) S. 69–70.

370 Friedländer (2007) S. 721.
371 Zitiert in Friedländer (2007) S. 721–722.
372 Ebd. S. 722.
373 Wie Anm. 337.
374 Dieser „Fond" oder auch die „Gildemeester-Aktion" betrieb von 1938 bis 1939 den Vermögensentzug emigrierender Juden.
375 Wie Anm. 337.
376 Tagebucheintrag von Elise Richter vom 1. Januar 1942. Wienbibliothek. Signatur: I N. 233.378.
377 Lang (1982) S. 162 ff.
378 Benz (2000) S. 227.
379 Friedländer (2007) S. 734.
380 Bericht über eine Besprechung im RSHA: Deportation der Juden aus dem Reich, 9.3.1942. Zitiert in: Longerich, Peter (Hg.), Die Ermordung der Europäischen Juden. Eine umfassende Dokumentation des Holocaust 1941–1945.München 1989. S. 167 ff.
381 Lang (1982) S. 163.
382 Die 10. Verordnung zum Reichsbürgergesetz vom 4. Juli 1939 bestimmte den Zusammenschluss aller Juden in der Reichsvereinigung der Juden in Deutschland. Die Reichsvereinigung stand unter der Aufsicht der SS.
383 Vermerk aus dem Reichsfinanzministerium: Finanzierung des Alterghetto Theresienstadt, 14.12.1942. Zitiert in: Longerich (1989) S. 170–172.
384 Adler, Hans G., Die verheimlichte Wahrheit. Theresienstädter Dokumente, Tübingen 1958. S. 50.
385 Gold (1966) S. 108.
386 Theresienstädter Gedenkbuch. Österreichische Jüdinnen und Juden in Theresienstadt 1942–1945, Prag 2005. S. 73.
387 Longerich (1989). S. 168.
388 Theresienstädter Gedenkbuch (2005). S. 74.
389 Yad Vashem: The Central Database of Shoa Victims' Names. http://www.yadvashem.org; Christmann (1980) S. 44 Die Nummern zitiert Christmann aus seinem Briefwechsel mit H.G. Adler aus dem Jahr 1978. (siehe auch Anm. 355).
390 Gold (1966) S. 109.
391 Adler, Hans-G., Der verwaltete Mensch. Studien zur Deportation der Juden aus Deutschland, Tübingen 1974. S. 391.
392 Lang (1982) S. 164.
393 Die Angabe der Summe stammt aus dem anlässlich der Deportation erstellten Vermögensverzeichnis. Zitiert in: Österreichische Nationalbibliothek: Bericht zur Provenienzforschung/Personendossiers.
394 Laut Longerich (1989) S. 168 war der Betrag von 50,- RM pro Person erlaubt bzw. von der Reichsvereinigung bereit zu stellen. Hugo Gold zitiert in den Bestimmungen für die IGK Wien den erlaubten Betrag von 300,- RM pro Person. Siehe Gold (1966) S. 109.
395 Adler (1958) S. 50.
396 Ebd. S. 68.
397 Der Name des Verfassers ist unbekannt. Zitiert in: Theresienstädter Gedenkbuch (2005) S. 57, Anm. 20.

398 Elias, Ruth, Die Hoffnung erhielt mich am Leben. Mein Weg von Theresienstadt und Auschwitz nach Israel. München 1988. S. 82 ff.
399 19. September 1942, Tag des höchsten Standes. Theresienstädter Gedenkbuch (2005). S. 42.
400 Ebd. S. 79.
401 Ebd. S. 42.
402 Ebd. S. 44.
403 Zeitzeugen berichteten bereits im Januar 1942 von den Transporten nach Auschwitz und Treblinka. Man wusste auch, was dort geschah. Ausführlich in: Friedländer (2006) S. 734 ff.
404 Bernstein, Elsa, Das Leben als Drama. Erinnerungen an Theresienstadt. Hamburg 1999.
405 Ebd. S. 31 ff.
406 Christmann (1980) S. 44.
407 Elias (1988) S. 83.
408 Adler (1958) Tafel: Todesfälle, Geburt, Selbstmorde.
409 Theresienstädter Gedenkbuch (2005). S. 48.
410 Adler (1958) Abb. S. 130.
411 Ebd.
412 Friedländer (2006) S. 735.
413 Ebd.
414 Theresienstädter Gedenkbuch (2005). S. 83.
415 Spitzer (1948) S. 329.
416 Ebd.
417 Ebd. S. 332.
418 Ebd. S. 333.
419 Adolf (1948) S. 338.
420 Ebd. S. 339.
421 Ebd.
422 Ebd.
423 Siehe dazu Kapitel: Professor Dr. Fritz Schalk (1902–1980), in: Der Verkauf der Bücher.
424 Spitzer und Adolf (1948) S. 341.
425 Nachlass Elise und Helene Richter in der Wienbibliothek. Siehe: http://www.wienbibliothek.at/bibliothek/1938/richter-de.htm [03.08.2008]
426 Moritz Johann Planitz war seit dem 1. März 1943 bis zu seinem Tod im Jahr 1954 in der Weimarerstraße 83 gemeldet. Schriftliche Auskunft der Magistratsabteilung 8 des Wiener Stadt- und Landesarchivs.
427 Botz, Gerhard, Stufen der Ausgliederung der Juden aus der Gesellschaft, in: Zeitgeschichte, 14 (1986/87) S. 368.
428 Akte Richter: Robert Teichl an Hermann Corsten vom 18.03.1942. UAK.
429 Richtlinien für die Ausfüllung des Fragebogens: Gegenstand der Anmeldung. Wiener Stadt- und Landesarchiv, MA 8; Bez.: I–867.
430 Anmeldung entzogener Vermögenschaften und Vermögensrechte. Wiener Stadt- und Landesarchiv, MA 8; M. Abt. 119, 1.3.2.119.A41 VEAV 1947. 19–26. Bez.: I–867, I–868, I–869
431 Abschrift der Teilerkenntnis der Rückstellungskommission beim Landesgericht für ZRS Wien vom 5.12.1947. Wiener Stadt- und Landesarchiv, MA 8; Bez.: 0684/48.
432 Hall, Murray G. und Christina Köstner:… Allerlei für die Nationalbibliothek zu ergattern… Eine österreichische Institution in der NS-Zeit. Wien Köln Weimar 2006 S. 294.

433 Ausführlich in: Hall, Murray (Hg.), Geraubte Bücher. Die Österreichische Nationalbibliothek stellt sich ihrer NS-Vergangenheit. Wien, 2004; Hall; Köstner (2006).
434 Ebd. S. 296.
435 Anmeldung entzogener Vermögenschaften und Vermögensrechte. Wiener Stadt- und Landesarchiv, MA 8; Bez.: I–867.
436 Anmeldung entzogener Vermögenschaften und Vermögensrechte. Wiener Stadt- und Landesarchiv, MA 8; Bez.: I–868.
437 Todeserklärung Helene Richter. Landesgericht für ZRS Wien, Abt. 48. Bez.: 48 T 1152/72–5.
438 http://richter.twoday.net
439 Bundesgesetzblatt. Nr. I, 181/1998.
440 Das Wort Erinnerungsfigur geht auf Jan Assmann zurück. Vgl. Assmann, Jan, Kollektives Gedächtnis und kulturelle Identität, in: Assmann (Hg.), Kultur und Gedächtnis, Frankfurt a. M. 1988.

B. Der Verkauf der Bücher

1   Brief von Elise Richter vom 24. August 1941. USB Köln Autographensammlung.
2   Akte Hermann Corsten. UAK Zug.17/865 und Zug. 571/391.
3   Happel, Hans-Gerd, Die Universitäts- und Stadtbibliothek Köln im Dritten Reich, in: Toussaint, Ingo (Hg.), Die Universitätsbibliotheken Heidelberg, Jena und Köln unter dem Nationalsozialismus. München 1989-A. S. 297
4   Krieg, Werner und Corsten, Severin, Zwei Kölner Bibliotheksdirektoren. Nachrufe für Hermann Corsten (1889–1968) u. Rudolf Juchhoff (1894–1968), Köln 1968 S. 3 ff.
5   Ebd. S. 5.
6   Happel, Hans-Gerd, Das wissenschaftliche Bibliothekswesen im Nationalsozialismus. Unter besonderer Berücksichtigung der Universitätsbibliotheken, München 1989-B. S. 99.
7   Feldmann, Reinhard; Heiman, Klaus; Müller-Jerina, Alwin, Notizen zur Geschichte der Universitäts- und Stadtbibliothek Köln im 20. Jahrhundert, In: Geschichte in Köln. H.23 (1988) S. 237.
8   Ausführlich dazu: Corsten, Hermann, Die Universitäts- und Stadtbibliothek Köln im Zweiten Weltkriege, in: Im Schatten von St. Gereon. Köln 1960. S. 53–65.
9   Auf Hermann Corstens weitere Betätigungsfelder, im Zusammenhang mit der Gründung des Bibliothekar-Lehrinstituts des Landes Nordrhein-Westfalen oder seiner Initiative das Sondersammelgebiet Wirtschaftswissenschaften an die USB Köln zu holen, soll an dieser Stelle nicht weiter eingegangen werden.
10 Aust, Rüdiger, Bibliothek St. Albert zu Walberberg, in: Fabian, Bernhard (Hg.), Handbuch der historischen Buchbestände in Deutschland. Digitalisiert von Günter Kükenschöner. Hg. von Bernhard Fabian. Hildesheim 2003. Digitale Ausg. http://www.b2i.de/fabian?Bibliothek_St._Albert. [02.11. 2007]
11 Ausführlich dazu: Schroeder, Werner, Der Raub von Kirchen- und Klosterbibliotheken durch den Sicherheitsdienst der SS, die Geheime Staatspolizei und den Einsatzstab Reichsleiter Rosenberg, in: Dehnel, Regine (Hg.), NS-Raubgut in Bibliotheken. Suche. Ergebnisse. Perspektiven, Frankfurt a. M. 2008. S. 57–69.

12 Nachruf vom 30. Juli 1968. UAK Zug. 17/865.
13 Happel (1989-A) S. 297.
14 Manstein, Peter, Die Mitglieder und Wähler der NSDAP 1919–1933. Untersuchungen zu ihrer schichtmäßigen Zusammensetzung. 2., überarb. Aufl., Frankfurt a. M. 1989.
15 Happel (1989-B) S. 29.
16 Happel (1989-A) S. 298.
17 Für die Erwerbung von Klosterbibliotheken durch die Universitäts- und Stadtbibliothek Köln in der NS-Zeit konnte bislang kein Beweis befunden werden. Möglicherweise spielt Happel hier auf das Engagement Corstens in Walberberg an. Auch die beschlagnahmte Bibliothek der Kölner Jesuiten wurde nicht der USB Köln zugewiesen, sondern im Keller des Kölner Gauschulungshauses untergebracht. Vgl. Schroeder (2008) S. 64.
18 Meier, Harri, Erinnerungen an Fritz Schalk, in: Romanische Forschungen. 93 (1981) S. 14.
19 Hausmann, Frank-Rutger, „Aus dem Reich der seelischen Hungersnot". Briefe und Dokumente zur romanistischen Fachgeschichte im Dritten Reich, Würzburg 1993. S. 9 ff.
20 Ebd. S. 73.
21 Gesetz zur Wiederherstellung des Berufsbeamtentums vom 7. April 1933, in: Reichgesetzblatt. Teil 1. Nr. 34. S. 175–177.
22 Das am 7. April 1933 erlassene Gesetz zur Wiederherstellung des Berufsbeamtentums bestimmte im Paragraph 3 Absatz 2 als Ausnahmefälle der Zwangspensionierung: Beamte die Kriegsteilnehmer waren, Beamte deren Söhne oder Vater im Weltkrieg gefallen waren, sowie Beamte, die bereits 1914 im Staatsdienst waren. Diese Ausnahmen gingen auf die Intervention von Reichspräsident von Hindenburg zurück.
23 Heimbüchel, Bernd, Die neue Universität, in: Meuthen, Erich und Heimbüchel, Bernd, Kölner Universitätsgeschichte. Bd. 2. Köln Weimar Wien 1988. S. 600.
24 UAK Zug. 571/164.
25 Schreiben des Komm. Dekans Peter Rassow an Eugen Lerch vom 2.10.1945: UAK Zug. 197/781.
26 Meuthen, Erich, Die neue Universität, in: Meuthen und Heimbüchel, Bd. III., Köln Weimar Wien 1988. S.48.
27 Hugo Friedrich, Immoralismus und Tugendideal in den „Liaisons Dangereuses", in: Romanische Forschungen, 49 (1935) S. 317–342.
28 Ausführlich dazu: Hausmann (1993) S. 80 ff.
29 Ebd., S.81.
30 Ausführlich in Haupts, Leo, Die Universität zu Köln im Übergang vom Nationalsozialismus zur Bundesrepublik. Köln Weimar Wien 2007. S. 225 ff.
31 Richter, Elise, A. Rosetti: Istoria limbii române. Bukarest 1938,. in: Romanische Forschungen, 55 (1941) S. 390–391.
32 Burr, Isolde, Fritz Schalk. (1902–1980), in: Gabel, Gernot U. (Red.), Kölner Sammler und ihre Bücherkollektionen in der Universitäts- und Stadtbibliothek Köln. Köln 2003. S. 206.
33 Haupts (2007) S. 227.
34 Schreiben des Dozentenführers an das Rektorat der Universität Köln vom 6.1.1942: UAK Zug. 571/164.
35 Schreiben des Dozentenführers an den Rektor der Universität zu Köln vom 17. April 1942. UAK Zug. 197/202.

36   Dülffer, Jost, Unterschrift war zwingend erforderlich, in: Kölner Stadtanzeiger, Nr. 151 vom 3.7.2007. S. 22.
37   Hausmann (1993) S. 101.
38   Burr (2003) S. 208.
39   Meier (1981) S. 8.
40   Burr (2003) S. 199.
41   Biographische Angaben zu Eugen Lerch aus: Christmann, Hans Helmut (Hg.), Deutsche und österreichische Romanisten als Verfolgte des Nationalsozialismus. Tübingen 1989; Schramm, Edmund, Gedächtnisrede, In: Bruneau, Charles (Hg.), Studia romanica. Gedenkschrift für Eugen Lerch. Stuttgart 1955; Kürschners Gelehrten-Kalender 1954.
42   Erste Verordnung zum Reichsbürgergesetz vom 14. November 1935, in: Reichsgesetzblatt. Teil 1. Nr. 34. S. 1333–1334.
43   Auch die „Frontkämpferprivilegien" wurden damit aufgehoben. Reichspräsident von Hindenburg war 1934 gestorben.
44   Vorlesungsverzeichnis der Universität zu Köln. Winter-Semester.1945/46 (nicht veröffentlicht). UAK Zug. 604/7.
45   Eugen Lerch an den Dekan der Philosophischen Fakultät vom 2.8.1945. UAK Zug. 197/781.
46   Schreiben des Dekans Peter Rassow an Eugen Lerch vom 30. 4.1946. UAK Zug.197/781.
47   Schramm (1955) S. 11.
48   Wie Anm. A., 146.
49   Der Aktenordner Richter, der den Briefwechsel und einen Teil der Bücherlisten enthält, befindet sich heute im Universitätsarchiv.
50   Quarg, Gunter, Vom Kettenbuch zur Collage. Bucheinbände des 15. bis 20. Jahrhunderts aus den Sammlungen der Universitäts- und Stadtbibliothek Köln, Köln 2002. S. 150.
51   Ders., „Ganz Köln steckt voller Bücherschätze". Von der Ratsbibliothek zur Universitäts- und Stadtbibliothek 1602–2002, Köln 2002.
52   Ebd., S. 198.
53   Es liegt keine zu diesem Brief gehörende Liste (mehr) vor.
54   Elsen, Thierry und Tanzmeister, Robert, In Sachen Elise und Helene Richter. Die Chronologie eines ‚Bibliotheksverkaufs'. in: Hall (2004) S. 129.
55   Hoffrath, Christiane, Die Bibliothek von Elise und Helene Richter in der Universitäts- und Stadtbibliothek Köln, in: ProLibris, 2 (2006) S. 70–73.
56   Akte Richter: Hermann Corsten an die Vermögens-Verkehrsstelle Wien vom 15.12.1941. UAK.
57   Gespräch der Verfasserin mit Frau Professor Burr im April 2007.
58   Tagebucheintrag vom 20. 9. 1940. Wienbibliothek. I N.232.377.
59   Ebd.
60   Ebd.
61   Christmann (1980) S. 38, Fußn. 112.
62   Akte Richter: Hermann Corsten an Elise Richter vom 15. September 1941. UAK.
63   Bereits 1989 beklagte Hans-Gerd Happel in seinen Veröffentlichungen diesen Zustand: „Grund für diesen Mangel ist die außerordentlich schlechte Quellenlage des Kölner Universitätsarchivs. Obwohl von Verlusten der Verwaltungsakten der Universitäts- und Stadtbibliothek durch die Auswirkungen des Krieges nichts bekannt ist, ist der Aussagewert der

Archivalien äußerst gering". Happel: (1989-A) S. 291–292.
64 Akte Richter: Hermann Corsten an Elise Richter vom 15. 9. 1941. UAK.
65 Hermann Corsten an das Kuratorium der Universität Köln. UAK Zug. 9/712.
66 Tagebucheintrag vom 23.9.41 zitiert bei Elsen (2004) S. 133.
67 Deutscher Bühnen-Spielplan. Berlin, 46 (1941) H.1. S. 17.
68 Akte Richter: Elise Richter an Hermann Corsten vom 1.10.1941. UAK; Akte Richter: Hermann Corsten an Elise Richter vom 1.11.1941. UAK.
69 Laut Murray G. Hall und Christina Köstner soll Hermann Corsten erst am 23.9.41 nach Wien gereist sein. Vgl.: Hall; Köstner (2006) S. 271.
70 Akte Richter: Robert Teichl an Hermann Corsten vom 1.10.1941. UAK.
71 Hall; Köstner (2006) S. 43 ff.
72 Beispiele für diese antisemitischen Äußerungen Teichls finden sich in Hall; Köstner (2006) S. 73–74 und auch in einem Brief Teichls an Corsten. Akte Richter: Robert Teichl an Hermann Corsten vom 21.02.1941. UAK.
73 Akte Richter: Hermann Corsten an Robert Teichl vom 1.10.1941. UAK.
74 Akte Richter: Robert Teichl an Hermann Corsten vom 1.10.1941. UAK.
75 Akte Richter: Hermann Corsten an Elise Richter vom 15. 09. 1941. UAK.
76 Akte Richter: Hermann Corsten an Robert Teichl vom 1.10.1941. UAK.
77 Akte Richter: Elise Richter an Hermann Corsten vom 1.10.1941. UAK.
78 Unter anderem „Sammlung romanischer Elementar- und Handbücher", „Altfranzösische Bibliothek", "alle Werke von Friedrich Diez".
79 Akte Richter: Beiblatt zu Elise Richter an Hermann Corsten vom 1.10.1941. UAK.
80 Johannes Fastenrath war der Sohn einer Kölner Großkaufmannsfamilie. Obzwar Jurist, wirkte er als Schriftsteller und Übersetzer. Er vererbte der Stadtbibliothek Köln seine bedeutende Sammlung von rund 10.000 Bänden zur deutschen und spanischen Literatur sowie zur spanischen Geschichte.
81 Hermann Corsten an das Kuratorium der Universität Köln. UAK Zug. 9/712.
82 Corsten, Hermann, Die Universitätsbibliothek Köln. Werden und Gestaltung, in: Zentralblatt für Bibliothekswesen, 54 (1937) S. 419–420.
83 Elsen; Tanzmeister (2004) S. 133 ; Kühn-Ludewig, Maria (Hg.), Displaced books. Bücherrückgabe aus zweierlei Sicht, 2. Aufl., Hannover 1999. S. 18.; Adunka, Evelyn, Der Raub der Bücher. Wien, 2002 S. 214.
84 Sydow, Karsten, Alfred Kerrs verschollene Bibliothek entdeckt, in: Berliner Morgenpost vom 18. Oktober 2007. Siehe auch: http://www.morgenpost.de/content/2007/10/18/berlin/927127.html [Stand 03.08. 2008.] Ebd: „Der von den Nazis verfemte Kerr war unmittelbar nach der Machtergreifung Hitlers Anfang 1933 aus Deutschland in die Schweiz geflohen. Am 10. Mai 1933 wurden von den Nationalsozialisten auch Bücher von Kerr öffentlich verbrannt. Kerr starb 1948 in Hamburg. ‚Es war ein schlimmer Notverkauf', erklärte Kerrs Tochter, die Schriftstellerin Judith Kerr („Als Hitler das rosa Kaninchen stahl")".
85 Sydow, Karsten, Die Erwerbungspolitik der Preußischen Staatsbibliothek in den Jahren 1933 bis 1945, in: Dehnel (2008) S. 47.
86 Briel, Cornelia, Die Preußische Staatsbibliothek und die Reichstauschstelle als Verteilerinstitutionen beschlagnahmter Literatur, in: Dehnel (2008) S. 40.
87 Ebd.
88 Hall; Köstner (2006) S. 233f. Hall und Köstner schreiben dem Betrag von 4.098,10 RM nach

heutiger Kaufkraft einen Wert von € 17.827 zu.
89 Aktennotiz Kuratorium der Universität Köln vom 11. Oktober 1941. UAK Zug. 9/712
90 Akte Richter: Kuratorium der Universität Köln vom 11. Oktober 1941. UAK.
91 Akte Richter: Hermann Corsten an Robert Teichl vom 1.10.1941. UAK.
92 Akte Richter: Robert Teichl an Hermann Corsten vom 1.10.1941. UAK.
93 Siehe Anm. Teil A. Nr. 207.
94 Gesetzblatt für das Land Österreich. 1938. Ausgegeben am 6. Dezember 1938. 633: Kundmachung: Bekanntmachung der Verordnung über den Einsatz des jüdischen Vermögens, in: Reichsgesetzblatt. Teil 1. 1938. Nr. 206. S. 1709.
95 Fünfte Verordnung zur Durchführung der Verordnung über den Einsatz des jüdischen Vermögens vom 25. April 1941, in: Reichsgesetzblatt. Teil 1. Nr. 45. S. 218.
96 Ausführlich dazu: Hall; Köstner (2006) S. 317–323.
97 Wahrscheinlich handelt es sich um die Schauspielerin Charlotte Wolter (1834–1897), die unter anderem als Shakespeare-Darstellerin am Burgtheater in Wien auftrat.
98 Joseph Lewinsky (1835–1907) Österreichischer Schauspieler. Vater von Else Lewinsky, der Erbin von Elise und Helene Richter.
99 Akte Richter: Hermann Corsten an Elise Richter vom 10.10.1941. UAK. Das bedeutet, Corsten wurde von Teichl auf die Sammlungen „angesetzt", und es war nicht so, dass Corsten Teichl erst auf die Sammlungen aufmerksam gemacht hätte, wie es Hall und Köstner beschreiben. Siehe Hall, Köstner (2006) S. 271.
100 Akte Richter: Hermann Corsten an Elise Richter vom 04.10.1941. UAK.
101 Akte Richter: Hermann Corsten an Elise Richter vom 10.10.1941. UAK.
102 Friedrich Dietz (1794–1876). Bedeutender deutscher Romanist. Lehrte an der Universität Bonn.
103 Akte Richter: Hermann Corsten an Robert Teichl vom 10.10.1941. UAK.
104 Akte Richter: Elise Richter an Hermann Corsten vom 15.10.1941. UAK.
105 Hugo Schuchardt (1842–1927). Deutscher Romanist.
106 Carolina Michaëlis de Vasconcelos (1851–1925). Deutsch-portugiesische Romanistin. Professorin an der Faculdade de Letras der Universität Lissabon. Ausführlich dazu: Galerie der Frauen in der Romanistik. http://www.romanistinnen.de/frauen/michaelisc.html [Stand: November 2007]
107 Romain Rolland (1866–1944). Französischer Schriftsteller und Publizist.
108 Henri Barbusse (1873–1935). Französischer Schriftsteller. Er gründete mit Romain Rolland die Clarté- Friedensbewegung.
109 Eduard Stucken (1865–1936). Deutscher Schriftsteller.
110 Theodor Mommsen (1817–1903). Deutscher Historiker.
111 Theodor Storm (1817–1888). Deutscher Schriftsteller.
112 Betty Paoli (1814–1894). Österreichische Schriftstellerin.
113 Paul Johann Ludwig von Heyse (1830–1914). Deutscher Schriftsteller.
114 Wahrscheinlich handelt es sich um Karl Brugmann (1849–1919). Deutscher Sprachwissenschaftler.
115 Karl Meinhof (1857–1944). Deutscher Sprachwissenschaftler und Afrikanist.
116 Tagebucheintragung Elise Richter vom 3.11.1941. Zitiert aus: Elsen, Tanzmeister (2004) S. 134.
117 Akte Richter: Hermann Corsten an Elise Richter vom 21.10.1941. UAK.

118 Hall; Köstner (2006) S. 271. Leider ist keine Quelle dieses Kontaktes angegeben.
119 Tagebucheintragung Elise Richter vom 3.11.1941. Zitiert aus: Hall. (2004) S. 174.
120 Akte Richter: Hermann Corsten an Robert Teichl vom 21.10.1941. UAK.
121 Ausführlich zu Gregor und der Theatersammlung: Hall, Köstner (2006) S. 311–330.
122 Akte Richter: Hermann Corsten an Robert Teichl vom 22.10.1941. UAK.
123 Akte Richter: Robert Teichl an Hermann Corsten vom 24.10.1941. UAK
124 Bettelheim-Gabillon, Helene, Im Zeichen des alten Burgtheaters, Wien 1921. Da die ÖNB zwei Exemplare besitzt, kann aufgrund des im OPAC nicht angegebenen Provenienzeintrags die korrekte Signatur des Richter-Buches nicht angegeben werden. Das Buch wird in der Liste „Theater" an fünfzehnter Stelle aufgeführt.
125 Hall; Köstner (2006) S. 272. Auf schriftliche Anfrage bei der ÖNB wurde der Verfasserin mitgeteilt, dass lediglich 3 Druckschriften, die eindeutig durch das in den Büchern vorhandene Exlibris den Richter-Schwestern zugeordnet werden konnten, von der ÖNB dem Österreichischen Kunstrückgabebeirat gemeldet wurden. Mail von Frau Werner vom 4.6.2007. Vgl. Werner, Margot: Bericht der Österreichischen Nationalbibliothek an die Kommission für Provenienzforschung. Wien, 2003. Eindeutiger Nachweis bedeutet: diese Bücher weisen das Exlibris der Schwestern auf.
126 Akte Richter: Hermann Corsten an Robert Teichl vom 30.10.1941. UAK.
127 In der Liste „Theater-3" wird der Titel „*Gregor. Histor. Tage des Theaters in der Wiener Josefsstadt*" angegeben.
128 Von manchen Listen existierten wahrscheinlich Mehrfachexemplare. Die in der USB Köln vorhandene Liste der Theaterbücher ist eine Originalliste, deren letzter Titel handschriftlich, wahrscheinlich von Helene Richter, ergänzt wurde,
129 Wahrscheinlich handelt es sich bei der Büste Joseph Lewinskys um eine Arbeit des deutschen Bildhauers Ludwig Kunstmann (1877–1961).
130 Akte Richter: Gutachten von Joseph Gregor vom 27.10.1041. UAK.
131 Gregors Werk wird tatsächlich bei den Büchern der Liste „Theater" aufgeführt, wohingegen Rollers Artikel in der Liste „Aufsätze" an siebter Stelle genannt ist.
132 Akte Richter: Robert Teichl an Hermann Corsten vom 28.10.1941. UAK.
133 Akte Richter: Elise Richter an Hermann Corsten vom 28.10.1941. UAK.
134 Prinzipienfragen der romanischen Sprachwissenschaft. 3 Bände. Halle, 1910–1912. Elise Richter hatte die Schriftführung inne und schrieb selbst den Beitrag: „Der innere Zusammenhang" im zweiten Band der Festschrift. Ausführlich dazu: Richter (1997) S. 183–185.
135 Ettmeyer (Freiburg i. Br.), Puşcariu (Czernowitz), Bartoli (Triest) und Herzog (Wien) waren Kollegen von Elise Richter.
136 Keiner der im Brief aufgezählten konkreten Titel konnte in der USB Köln nachgewiesen werden.
137 Akte Richter: Hermann Corsten an Robert Teichl vom 1.11.1941. UAK.
138 Akte Richter: Hermann Corsten an Elise Richter vom 1.11.1941. UAK.
139 Tagebucheintragung Elise Richter vom 3.11.1941. Zitiert aus: Elsen; Tanzmeister (2004) S. 134.
140 Ebd.
141 Akte Richter: Elise Richter an Hermann Corsten vom 5.11.1941. UAK.
142 1938 durften monatlich noch 500 Reichsmark vom Sperrkonto abgehoben werden, ab November 1938 nur noch 400 Reichsmark. Ende 1941 dürfen nur noch 150 Reichsmark

genehmigungspflichtig abgehoben werden. Vgl. dazu: Gold (1966) S. 80. Gold zitiert den Völkischen Beobachter vom 26. April 1938: „Bis zum Jahre 1942 muss das jüdische Element in Wien ausgemerzt und zum Verschwinden gebracht worden sein, kein Jude darf irgendwo mehr Gelegenheit zum Verdienen haben [...]"

143 Tagebucheintragung Elise Richter vom 3.11.1941. Wie Anm. 127.
144 Akte Richter: Elise Richter an Hermann Corsten vom 17.11.1941. UAK. Die Briefumschläge wurden aufbewahrt.
145 Akte Richter: Hermann Corsten an Elise Richter vom 20.11.1941. UAK.
146 Akte Richter: Hermann Corsten an Robert Teichl vom 20.11.1941. UAK.
147 Elsen; Tanzmeister. (2004) S. 135.
148 Es gab in Wien auch einen Hans Blaschke. Der spätere SS-Brigadeführer und Bürgermeister von Wien, war überdies ebenfalls an Bibliotheksgut interessiert. Im Winter 1941 verlangte er beispielsweise von Heigl, Teile der beschlagnahmten Klosterbibliothek St. Gabriel für die Musikschule der Stadt Wien abzugeben. Heigl wusste die Verwirklichung dieses Ansinnens jedoch zu umgehen.
149 Hall; Köstner (2006) S. 271.
150 Ebd. S. 195 ff. Die Zusammenarbeit der Nationalbibliothek mit Alfons Blaschko und der Gestapo wird anhand etlicher Vorgänge beschrieben.
151 Laut Hall und Köstner soll Heigl Corsten geraten haben die Sammlung zu beschlagnahmen. Hall; Köstner (2006) S. 271.
152 Akte Richter: Elise Richter an Hermann Corsten vom 22.11.1941. UAK.
153 Akte Richter: Elise Richter an Hermann Corsten vom 23.11.1941. UAK.
154 Byron, George Gordon, Sardanapal. Übers. und bearb. von Josef Kainz. Berlin: Fontane, 1897.
155 Im deutschen Zivilrecht kommt die laesio enormis (erhebliche Schädigung) des römischen Rechts nicht vor. Hier hätte möglicherweise der Grundsatz des § 138 BGB „Sittenwidriges Rechtsgeschäft, Wucher" angewendet werden können.
156 Akte Richter: Robert Teichl an Hermann Corsten vom 26.11.1941 per Telegramm. UAK.
157 Akte Richter: Robert Teichl an Hermann Corsten vom 26.11.1941. UAK.
158 Akte Richter: Hermann Corsten an Robert Teichl vom 27.11.1941. UAK.
159 Akte Richter: Hermann Corsten an Elise Richter vom 27.11.1941. UAK.
160 Akte Richter: Elise Richter an Hermann Corsten vom 30.11.1941. UAK.
161 Lutta, C. M., Der Dialekt von Bergün und seine Stellung innerhalb der Rätoromanischen Mundarten Graubündens, Halle: Niemeyer, 1923.
162 Gartner, Theodor: Ladinische Wörter aus den Dolomitentälern. Halle: Niemeyer, 1923.
163 Pușcariu, Sextil; Breazu, Ion, Antologie romana. Halle: Niemeyer, 1938.
164 Muret, Eduard; Sanders, Daniel, Enzyklopädisches englisch-deutsches und deutsch-englisches Wörterbuch. 2 Bände. Berlin: Langenscheidt, 1908–1910.
165 Thieme, Friedrich Wilhelm; Kellner, Leon, Neues und vollständiges Handwörterbuch der englischen und deutschen Sprache. Braunschweig: Vieweg. In verschiedenen Auflagen ab 1881 erschienen.
166 Camões, Luiz de, Ausgewählte Sonette. Übertr. von Otto Frh. v. Taube. Leipzig : Insel-Verl., 1919.
167 Akte Richter: Friedrich Zechmeister an Hermann Corsten vom 1.12.1941. UAK.
168 Akte Richter: Hermann Corsten an Elise Richter vom 8.12.1941. UAK.

169 Akte Richter: Elise Richter an Hermann Corsten vom 8.12.1941. UAK.
170 Akte Richter: Hermann Corsten an Elise Richter vom 9.12.1941. UAK.
171 Akte Richter: Elise Richter an Hermann Corsten vom 13.12.1941. UAK.
172 Akte Richter: Elise Richter an Hermann Corsten vom 14.12.1941. UAK.
173 Akte Richter: Hermann Corsten an die Vermögens-Verkehrsstelle. Wie Anm. 50.
174 Ebd.
175 Vgl.: Anlaufstelle der israelitischen Kultusgemeinde Wien für jüdische NS-Verfolgte in und aus Österreich. www.restitution.or.at.
176 Akte Richter: Elise Richter an Hermann Corsten vom 13.1.1942. UAK.
177 Akte Richter: Hermann Corsten an Elise Richter vom 24.1.1942. UAK.
178 Akte Richter: Elise Richter an Hermann Corsten vom 30.1.1942. UAK.
179 Akte Richter: Hermann Corsten an Elise Richter vom 13.2.1942. UAK.
180 Akte Richter: Hermann Corsten an Robert Teichl vom 13.2.1942. UAK.
181 So bei Hall, Köstner. (2006) S. 271.
182 Akte Richter: Robert Teichl an Hermann Corsten vom 21.2.1942. UAK.
183 Akte Richter: Der Beauftrage der Abwicklungsstelle der Vermögensverkehrsstelle an die Universitäts- und Stadtbibliothek Köln vom 4. 3. 1942. UAK.
184 Akte Richter: Elise Richter an Hermann Corsten vom 20.2.1942. UAK.
185 Akte Richter: Friedrich Zechmeister an Hermann Corsten vom 6.3.1942. UAK.
186 Hermann Corsten an Robert Teichl vom 13.3.1942. ÖNB Wien/Hausarchiv Zl. 848/1346/1942.
187 Schriftliche Auskunft des Wiener Stadt und Landesarchivs vom 5. 07. 2008.
188 Tagebucheintrag vom 23.9.41 zitiert bei Elsen (2004) S. 131.
189 Akte Richter: Robert Teichl an Hermann Corsten vom 18.3.1942. UAK.
190 Siehe Kapitel A. Elise und Helene Richter. Anm. 348.
191 Akte Richter: Elisabeth Weissel an Hermann Corsten vom 13.5.1942. UAK.
192 Akte Richter: Hermann Corsten an Robert Teichl vom 15.5.1942. UAK.
193 Akte Richter: Friedrich Zechmeister an Hermann Corsten vom 14.3.1942. UAK.
194 Akte Richter: Robert Teichl an Hermann Corsten vom 5.6.1942. UAK.
195 Akte Richter: Hermann Corsten an Robert Teichl vom 5.6.1942. UAK.
196 Akte Richter: Robert Teichl an Elise Richter vom 10.6.1942. UAK.
197 Elise Richter an Robert Teichl vom 15.6.1942. ÖNB Wien/Hausarchiv Zl. 848/1941.
198 Hugo Thimig (1854–1944). Österreichischer Schauspieler, Direktor des Burgtheaters von 1912 bis 1917.
199 Wahrscheinlich ist Hedwig Bleibtreu (1868–1958), österreichische Burgtheaterschauspielerin, gemeint.
200 Akte Richter: Robert Teichl an Hermann Corsten vom 2.11.1942. UAK.
201 Akte Richter: Joseph Gregor an Hermann Corsten vom 22.2.1943. UAK.
202 Akte Richter: Hermann Corsten an Joseph Gregor vom 4.3.1943. UAK.
203 Akte Richter: Robert Teichl an Hermann Corsten vom 12.3.1943. UAK.
204 Gräbernachweis der Volksbundes Deutsche Kriegsgräberfürsorge e. V. Gräbersuche online: http://www.volksbund.de/graebersuche/ [Stand: Dezember 2007]
205 Akte Richter: Hermann Corsten an Robert Teichl vom 16.3.1943. UAK.

C. Die Richter-Bibliothek

1. Hall; Köstner (2006) S. 272. Auch Elise Richter erwähnt die 2.000 Bücher in einem Brief an Robert Teichl vom 15. Juni 1942. Akte Richter. UAK.
2. Es wurden bislang 38 Bücher der Richter-Bibliothek gefunden, die in keiner vorhandenen Liste erfasst sind.
3. Richter (1997) S. 154.
4. Alfred Cossmann (1870–1951). Österreichischer Kupferstecher und Graphiker.
5. Richter (1997) S. 154.
6. Die Inventarnummer von Geschenken wird durch das Erwerbungsjahr, ein „G" und eine laufende Nummer angegeben. Beispiel: 1948G680.
7. Käthe Braun-Prager (1888–1967). Österreichische Schriftstellerin und Malerin.
8. Quarg, Gunter, Elise Richter. Zum 125. Geburtstag, in: Hausmitteilungen der Universitäts- und Stadtbibliothek Köln. Nr. 3 (1990) S. 66–67.
9. Feldmann, Reinhard, in: Fabian, B. (Hg.), Handbuch der historischen Buchbestände, Bd. 4 (1993) S. 46.
10. Quarg (2002) S. 150. Daneben wurde das Buch mit dem „for-edge-painting" in die digitale Einband-Sammlung der Universitäts- und Stadtbibliothek Köln aufgenommen: http://einbandsammlung.ub.uni-koeln.de
11. Gabel, Gernot U., A Sentimental Journey. Ein „For-edge painting" in der Universitätsbibliothek, in: Kölner Universitäts-Journal, 22 (1992) H. 3. S. 26.
12. Burr (2003) S. 196–209.
13. Mann, Heinrich, Flöten und Dolche. München: Langen, 1905.
14. Die Stadtbibliothek Essen meldete die Musikaliensammlung von Fernand-Raoul Jellinek Mercedes aus Wien. 2002 einigte sich die Bibliothek mit der Erbin auf eine finanzielle Entschädigung und den Verzicht auf das Eigentumsrecht an der Sammlung „Jellinek-Mercedes", die damit in der Stadtbibliothek Essen verbleiben konnte. Ausführlich dazu: Brenner, Reinhard, Die Sammlung Jellinek-Mercedes in der Stadtbibliothek Essen. In: Dehnel (2006) S. 379–385.
15. Tagebucheintrag vom 20. 9. 1940. Wienbibliothek. I N.232.377
16. Blake, William, Poetry and prose of William Blake. Bloomsbury: Nonesuch-Press, 1927. Signatur: S32/215.
17. Akte Richter: Elise Richter an Hermann Corsten vom 28.10.1941. UAK.
18. Cultura neapolitana. Vol. II (1942) S. 229–231.
19. Richter (1997) S. 90.
20. Crescini, Vincenzo, Ancora della ‚rotuenge' di Graucelm Faidit. Sonderdruck aus: Atti del Reale Ist. veneto di scienze, lettere ed arti. 1919/20. T. 79, P. 2.
21. Mussafia, Adolfo, Zur Literatur Dalmatiens. Sonderdruck aus: Die Österreichisch-Ungarische Monarchie in Wort und Bild. Bd. 10. 1891.
22. USB Köln. Signatur: 3C3129.
23. Richter (1997) S. 147. Anm. 3.
24. Ausführlich zur Provenienzgeschichte der Widmumgsexemplare der Richter-Bibliothek, in: Hoffrath (Erscheint voraussichtlich Oktober 2008).
25. Elise Richter an Robert Teichl vom 15.6.1942. ÖNB Wien/Hausarchiv Zl. 848/1941.

26   Signatur des Buches in der ÖNB: 806496. Das Buch enthält neben dem Exlibris eine persönliche Widmung der Verfasserin für Helene und Elise Richter. Quelle: ÖNB: Bericht zur Provenienzforschung/Personendossiers Helene und Elise Richter. o. J. Die Verfasserin dankt Frau Margot Werner für diese Auskunft.
27   Signatur der UB Wien: I–365520/Ex.a. Das Buch weist das Exlibris der Schwestern auf. Es besitzt keine Inventarnummer. Die Verfasserin dankt Frau Dr. Christina Köstner für die Auskunft.
28   Mail von Margot Werner an die Verfasserin vom 4. Juni 2007.
29   Mail von Dr. Christina Köstner an die Verfasserin vom 1. Juni 2007.
30   Hall; Köstner (2006) S. 272.
31   Ebd.
32   Elise Richter an Robert Teichl vom 15.6.1942. ÖNB Wien/Hausarchiv Zl. 848/1941.
33   ÖNB: Bericht zur Provenienzforschung/Personendossiers Helene und Elise Richter. o. J.; Hall; Köstner (2006) S. 274.
34   Die Universitätsbibliothek Wien gehört nicht zu den im Kunstrückgabegesetz verpflichteten Bundeseinrichtungen.
35   Schriftliche Notiz des ehemaligen USB-Mitarbeiters Gunter Quarg im Besitz der Verfasserin.
36   Dantzig, Branco van, De korte o-klanken in het Nederlandsch. Groningen 1940. Dieses Exemplar weist an der Innenseite des Einbandes die Widmung: „Van den Schrijver" auf. Außerdem Dantzig, Branco van: Spreekoefeningen (Groningen 1933).
37   Hoffrath, Christiane, NS-Provenienzforschung in der USB Köln, in: Universitäts- und Stadtbibliothek Köln Jahresbericht 2005. S. 32.
38   Die Verfasserin dankt Herrn Dr. Roland Rappmann, Aachen, für den Hinweis.
39   Richter (1997) S. 85.
40   Wie Anm. 212.
41   Richter (1997) S. 86.
42   Die Verfasserin dankt Herrn Mag. Christian Mertens, Wien, für diese Information.
43   Richter (1997) S. 92.

Abkürzungsverzeichnis

Anm.	Anmerkung
AR	Akte Richter
Aufl.	Auflage
Ausg.	Ausgabe
CLAE	Commission for Looted Art in Europe
CS	Christlichsoziale Partei
d. h.	das heißt
d. J.	des Jahres
ds	des
ERR	Einsatzstab Reichsleiter Rosenberg
FWF	Fonds zur Förderung der wissenschaftlichen Forschung
Gestapo	Geheime Staatspolizei
Hg.	Herausgeber
IFUW	International Federation of University Women
IGK	Israelitische Kultusgemeinde
ITS	Internationaler Suchdienst
JCC	Conference on Jewish Material Claims against Germany Kurzform: Jewish Claim Conference
Js	Jahres
KStA	Kölner Stadt-Anzeiger
KWEG	Kriegswirtschaftliche Ermächtigungsgesetz
M	Oft als Abkürzung für Monat;
Mag	Magister
MK	MK Elise Richter gebraucht M oder Mk für Mark (Reichsmark)
Mon	Monat(s)
NB	Österreichische Nationalbibliothek ältere Bezeichnung
NSDAP	Nationalsozialistische Deutsche Arbeiterpartei
NSV	Nationalsozialistische Volkswohlfart
NB	Nationalbibliothek
ÖNB	Österreichische Nationalbibliothek

OAD	Offenbach Archival Depot
Red.	Redakteur
RM	Reichsmark
RWTH	Rheinisch-Westfälischen Technischen Hochschule Aachen
SD	Sicherheitsdienst
SDAP	Sozialdemokratische Arbeiterpartei
Sipo	Sicherheitspolizei
sr	Seiner im Sinne von „seiner Zeit"
UAK	Universitätsarchiv Köln
UB	Universitätsbibliothek
Überarb.	überarbeitete
USB	Universitäts- und Stadtbibliothek Köln
UuStB	alte Bezeichnung der Universitäts- und Stadtbibliothek Köln
VEAV	Vermögensentziehungs-Anmeldeverordnung
vor	Vorigen, im Sinne von vorigen Monats
Zt.	Zeit
ZVAB	Zentrales Verzeichnis Antiquarischer Bücher

Abbildungsnachweis

Abb. 1	Meldungsbuch der Studentin Elise Richter	Abdruck mit freundlicher Genehmigung der Wienbibliothek im Rathaus, Handschriftensammlung, H.I.N. 206.727
Abb. 2	Elise Richter (1865–1943)	Abdruck mit freundlicher Genehmigung der Wienbibliothek im Rathaus, Handschriftensammlung, H.I.N. 206.727
Abb. 3	Helene Richter (1861–1942)	Abdruck mit freundlicher Genehmigung der Österreichischen Nationalbibliothek ÖNB/Wien POR Pf 47.910:C(1)9
Abb. 4	Büste von Adolf Mussafia (1835–1905) im Ehrenhof der Universität Wien	Archiv Christiane Hoffrath
Abb. 5	Fritz Schalk (1902–1980)	Universität zu Köln, Universitätsarchiv
Abb. 6	Eugen Lerch (1888–1952)	Abdruck mit freundlicher Genehmigung der Johannes Gutenberg-Universität Mainz, Universitätsarchiv
Abb. 7	Hermann Corsten (1889–1968)	Universität zu Köln, Universitätsarchiv
Abb. 8	Robert Teichl (1883–1970)	Abdruck mit freundlicher Genehmigung der Österreichischen Nationalbibliothek ÖNB/Wien POR 92.466-C
Abb. 9	Josef Gregor (1888–1960)	Abdruck mit freundlicher Genehmigung der Österreichischen Nationalbibliothek ÖNB/Wien POR Pf 8.017-B2
Abb. 10	Briefumschlag des Eilbriefes vom 14.12.1941	Universität zu Köln, Universitätsarchiv
Abb. 11	Brief vom 14.12.1941	Universität zu Köln, Universitätsarchiv
Abb. 12	Exlibris der Richter-Bibliothek mit dem Lebensmotto von Elise Richter der „Gaya Scienza" der „fröhlichen Wissenschaft"	Universitäts- und Stadtbibliothek Köln

Literaturverzeichnis

Adler, Hans G.: Der verwaltete Mensch. Studien zur Deportation der Juden aus Deutschland. Tübingen: Mohr, 1974.

Adler, Hans G.: Die verheimlichte Wahrheit. Theresienstädter Dokumente. Tübingen: Mohr, 1958.

Adunka, Evelyn: Der Raub der Bücher. Plünderung in der NS-Zeit und Restitution nach 1945 Wien: Czernin-Verl., 2002 (Die Bibliothek des Raubes 9)

Aly, Götz: Hitlers Volksstaat: Raub, Rassenkrieg und nationaler Sozialismus. 3. Aufl. Frankfurt am Main: S. Fischer, 2005.

Arendt, Hannah: Eichmann in Jerusalem. Ein Bericht von der Banalität des Bösen. 8. Aufl. München: Piper, 1992.

Assmann, Jan: Kollektives Gedächtnis und kulturelle Identität. In: Assmann, Jan (Hg.): Kultur und Gedächtnis. Frankfurt am Main: Suhrkamp, 1988. (Suhrkamp-Taschenbuch Wissenschaft 724) S. 9–19.

Bauer, Rolf: Österreich. Ein Jahrtausend Geschichte im Herzen Europas. München: Heyne, 1980.

Ben-Sasson, Haim Hillel (Hg.): Geschichte des jüdischen Volkes. Von den Anfängen bis zur Gegenwart. 3. Aufl. des Gesamtwerkes. München: Beck, 1994.

Benz Wolfgang (Hg.): Dimension des Völkermords. Die Zahl der jüdischen Opfer des Nationalsozialismus. München: Oldenbourg, 1991. (Quellen und Darstellungen zur Zeitgeschichte 33)

Benz, Wolfgang: Geschichte des Dritten Reiches. München: Beck, 2000.

Benz, Wolfgang: Der Holocaust. München: Beck, 1995. (Beck'sche Reihe 2022 : C. H. Beck Wissen)

Bernstein, Elsa: Das Leben als Drama. Erinnerungen an Theresienstadt. Hamburg: Landeszentrale für Politische Bildung, 1999.

Bin Gurion, Emanuel (Hg.): Lexikon des Judentums. Gütersloh: Bertelsmann, 1967.

Botz, Gerhard: Stufen der Ausgliederung der Juden aus der Gesellschaft. Die Österreichischen Juden vom „Anschluss" bis zum „Holocaust". In: Zeitgeschichte. Innsbruck [u.a.] Studien-Verl. (14) 1986/87. S. 359–378.

Botz, Gerhard: Wohnungspolitik und Judendeportation in Wien 1938 bis 1945. Zur Funktion des Antisemitismus als Ersatz nationalsozialistischer Sozialpolitik. Wien-Salzburg: Geyer-Ed.. 1975. (Veröffentlichungen des Historischen Instituts der Universität Salzburg 13)

Brenner, Reinhard: Die Sammlung Jellinek-Mercedes in der Stadtbibliothek Essen. In: Dehnel, Regine (Hg.) Jüdischer Buchbesitz als Raubgut. Zweites Hannoversches Symposium. Frankfurt am Main: Klostermann, 2006. (Zeitschrift für Buch- und Bibliothekswesen, Sonderband 94) S.379–385.

Briel, Cornelia: Die Preußische Staatsbibliothek und die Reichstauschstelle als Verteilerinstitutionen beschlagnahmter Literatur. In: Dehnel, Regine (Hg.) NS-Raubgut in Bibliotheken: Suche. Ergebnisse. Perspektiven. Drittes Hannoversches Symposium. Frankfurt am Main: Klostermann, 2008. (Zeitschrift für Buch- und Bibliothekswesen, Sonderband 94) S.29–43.

Brunnbauer, Heidi: Im Cottage von Währing/Döbling: Interessante Häuser – interessante Menschen. 2 Bände. Wien: Ed. Weinviertel., 2006.

Bundesgesetzblatt für den Bundesstaat Österreich. Digitale Ausgabe: Wien : Österreichische Nationalbibliothek: http://alex.onb.ac.at

Burr, Isolde: Fritz Schalk (1902–1980). In: Gabel, Gernot U. (Red.): Kölner Sammler und ihre Bücherkollektionen in der Universitäts- und Stadtbibliothek Köln. Gelehrte, Diplomaten, Unternehmer. Köln: Univ.- und Stadtbibliothek Köln, 2003. (Schriften der Universitäts- und Stadtbibliothek Köln 13) S. 197–209.

Cesarani, David: Adolf Eichmann: Bürokrat und Massenmörder. Berlin: Propyläen, 2002.

Christmann, Hans Helmut (Hg.): Deutsche und österreichische Romanisten als Verfolgte des Nationalsozialismus. Tübingen: Stauffenburg, 1989. (Romanica et comparatistica 10)

Christmann, Hans Helmut: Frau und „Jüdin" an der Universität. Die Romanistin Elise Richter. Wiesbaden: Steiner, 1980. (Abhandlungen der Geistes- und Sozialwissenschaftlichen Klasse/Akademie der Wissenschaften und der Literatur 1980,2)

Corsten, Hermann: Die Universitätsbibliothek Köln. Werden und Gestaltung. In: Zentralblatt für Bibliothekswesen. 54 (1937). S. 419–420.

Corsten, Hermann: Die Universitäts- und Stadtbibliothek Köln im zweiten Weltkriege In: Im Schatten von St. Gereon: Erich Kuphal zum 1. Juli 1960. Köln: Verlag der Löwe, 1960. (Veröffentlichungen des Kölnischen Geschichtsvereins e.V. 25) S. 53–65.

Corsten, Severin: Die Universitäts- und Stadtbibliothek Köln im Dritten Reich. Ergänzungen und Berichtigungen. In: Mitteilungsblatt. Verband der Bibliotheken des Landes Nordrhein-Westfalen. NF.39/40 (1990). S. 114–128.

Deutscher Bühnen-Spielplan. Berlin: Neuer Theater-Verlag.

Dohm, Hedwig: Die wissenschaftliche Emanzipation der Frau. Berlin: Wedekind & Schwieger, 1874.

Dülffer, Jost: Unterschrift war zwingend erforderlich. In: Kölner Stadt-Anzeiger. Nr. 151 vom 3.7.2007.

Elsen, Thierry; Tanzmeister, Robert: In Sachen Elise und Helene Richter. Die Chronologie eines „Bibliotheksverkaufs". In: Hall, Murray (Hg.): Geraubte Bücher: die Österreichische Nationalbibliothek stellt sich ihrer NS-Vergangenheit. Wien: Österreichische Nationalbibliothek, 2004. S. 128–138.

Feldmann, Reinhard; Heiman, Klaus; Müller-Jerina, Alwin: Notizen zur Geschichte der Universitäts- und Stadtbibliothek Köln im 20. Jahrhundert. In: Geschichte in Köln. H.23. 1988. S.221–246.

Feldmann, Reinhard: Universitäts- und Stadtbibliothek Köln. In: Fabian, Bernhard (Hg.): Handbuch der historischen Buchbestände in Deutschland. Band 4, Nordrhein-Westfalen. Hildesheim [u.a.] Olms-Weidmann, 1993. Abschnitt 2.53–2.59. Digitale Ausgabe: http://www.b2i.de/fabian?Home [Stand: Januar 2008]

Friedländer, Saul: Das Dritte Reich und die Juden. Die Jahre der Verfolgung 1933–1939. Die Jahre der Vernichtung 1939–1945. 3. Aufl. München: Beck, 2007.

Gabel, Gernot U.: A Sentimental Journey. Ein „For-edge painting" in der Universitätsbibliothek. In: Kölner Universitäts-Journal. 22 (1992) H.3. S. 26.

Gabel, Gernot U. (Red.): Kölner Sammler und ihre Bücherkollektionen in der Universitäts- und Stadtbibliothek Köln: Gelehrte, Diplomaten, Unternehmer. Köln: Universitäts- und Stadtbibliothek Köln, 2003. (Schriften der Universitäts- und Stadtbibliothek Köln 13)

Galerie der Frauen in der Romanistik. Webseite des Instituts für Romanische Philologie der Philipps-Universität Marburg. Professor Dr. Gabriele Beck-Busse. http://www.romanistinnen.de/frauen/michaelisc.html [Stand: 03.08.2007]

Gesetzblatt für das Land Österreich. Wien. Digitale Ausgabe: Wien: Österreichische Nationalbibliothek: http://anno.onb.ac.at/gesetze.htm [Stand: 03.08.2008]

Gold, Hugo: Geschichte der Juden in Wien. Ein Gedenkbuch. Tel-Aviv: NAOTH Press, 1966.

Goldhammer, Leo: Die Juden Wiens. Eine statistische Studie. Wien: Löwit, 1927.

Hall, Murray (Hg.): Geraubte Bücher: Die Österreichische Nationalbibliothek stellt sich ihrer NS-Vergangenheit. Wien: Österreichische Nationalbibliothek, 2004

Hall, Murray G.; Christina Köstner:… Allerlei für die Nationalbibliothek zu ergattern… Eine österreichische Institution in der NS-Zeit. Wien Köln Weimar : Böhlau, 2006

Hamann, Brigitte: Hitlers Wien. Lehrjahre eines Diktators. 3. Aufl. München: Piper, 1996.

Happel (1989-A) Happel, Hans-Gerd: Die Universitäts- und Stadtbibliothek Köln im Dritten Reich. In: Toussaint, Ingo (Hg.): Die Universitätsbibliotheken Heidelberg, Jena und Köln unter dem Nationalsozialismus. München: Saur, 1989. (Beiträge zur Bibliothekstheorie und Bibliotheksgeschichte 2) S. 289–328.

Happel (1989-B) Happel, Hans-Gerd: Das wissenschaftliche Bibliothekswesen im Nationalsozialismus. Unter besonderer Berücksichtigung der Universitätsbibliotheken. München: Saur, 1989. (Beiträge zur Bibliothekstheorie und Bibliotheksgeschichte 1)

Haupts, Leo: Die Universität zu Köln im Übergang vom Nationalsozialismus zur Bundesrepublik. Köln Weimar Wien: Böhlau, 2007. (Studien zur Geschichte der Universität Köln 18)

Hausmann, Frank-Rutger: Anglistik und Amerikanistik im „Dritten Reich" Frankfurt am Main: Klostermann, 2003.

Hausmann, Frank-Rutger: „Aus dem Reich der seelischen Hungersnot". Briefe und Dokumente zur romanistischen Fachgeschichte im Dritten Reich. Würzburg: Königshausen & Neumann, 1993.

Hausmann, Frank-Rutger: „Vom Strudel der Ereignisse verschlungen". Deutsche Romanistik im „Dritten Reich". Frankfurt am Main: Klostermann, 2000. (Analecta Romanica 61)

Heimbüchel, Bernd: Die neue Universität. In: Meuthen, Erich; Heimbüchel, Bernd: Kölner Universitätsgeschichte. Bd. II: Das 19. und 20. Jahrhundert. Köln Weimar Wien: Böhlau, 1988. S. 101–614.

Höhne, Heinz: Der Orden unter dem Totenkopf: Die Geschichte der SS. 2 Bände. Frankfurt am Main Hamburg: Fischer, 1969.

Hoffrath, Christiane: Die Bibliothek von Elise und Helene Richter in der Universitäts- und Stadtbibliothek Köln. In: ProLibris, 2 (2006) S. 70–73.

Hoffrath, Christiane: Die Welt von Gestern: Widmungsexemplare aus der Bibliothek von Elise und Helene Richter. In: Alker, Stefan (Hg.): Bibliotheken in der NS-Zeit: Provenienzforschung und Bibliotheksgeschichte. Göttingen: Vienna University Press bei V&R unipress. Erscheint voraussichtlich Oktober 2008.

Hoffrath, Christiane: NS-Provenienzforschung in der USB Köln. In: Universitäts- und Stadtbibliothek Köln: Jahresbericht 2005. Köln, 2006. S. 32.

Hofmann-Weinberger, Helga; Bittermann-Wille, Christa : Von der ‚Palatina' zur Virtual Library. Frauenspuren, Frauenberuf, Fraueninformation. In: Der wohlinformierte Mensch – eine Utopie. Graz, 1997. S. 94–116.
Digitale Ausgabe: http://www.onb.ac.at/files/festschrift_strebl.pdf [Stand: Juni 2008]

Jahrbuch der Deutschen Bibliotheken. Hg. vom Verein Deutscher Bibliothekare. Wiesbaden: Harrasowitz.

Kant, Immanuel: Zum ewigen Frieden.: Ein philosophischer Entwurf. [Nachdr. d. Ausgabe Königsberg, Nicolovius, 1795]. Erlangen: Fischer, 1984 (Kant im Original 16)

Kern, Elga (Hg.): Führende Frauen Europas. In sechzehn Selbstschilderungen. 3. Aufl. München: Reinhardt, 1929.

Krieg, Werner; Corsten, Severin: Zwei Kölner Bibliotheksdirektoren. Nachrufe für Hermann Corsten (1889–1968) u. Rudolf Juchhoff (1894–1968). Köln, 1968. Sonderdruck aus: Mitteilungsblatt. Verband der Bibliotheken des Landes Nordrhein-Westfalen, N.F.18.1968.

Lang, Jochen von (Hg.): Das Eichmann-Protokoll. Tonbandaufzeichnungen der israelischen Verhöre. Berlin: Severin u. Siedler, 1982.

Laqueur, Walter: Geschichte des Antisemitismus. Von den Anfängen bis heute. Berlin: Propyläen. 2008.

Lerch, Eugen: Elise Richter. Zu ihrem 60. Geburtstag am 2. März 1925. In: Die Neueren Sprachen: Zeitschrift für den Unterricht im Englischen, Französischen, Italienischen und Spanischen, 23 (1925). H.2 S. 81–88.

Lohse, Hartwig: Rezension zu Hans-Gerd Happel: Das wissenschaftliche Bibliothekswesen im Nationalsozialismus. In: Mitteilungsblatt. Verband der Bibliotheken des Landes Nordrhein-Westfalen. NF.39/40 (1990). S. 150–157.

Longerich, Peter (Hg.): Die Ermordung der Europäischen Juden. Eine umfassende Dokumentation des Holocaust 1941–1945. München: Piper, 1989.

Malkin, Peter Zvi.; Stein, Harry: Ich jagte Eichmann. Der Bericht des israelischen Geheimagenten, der den Organisator der „Endlösung" gefangen nahm. 2 Aufl. München: Piper, 1994.

Manstein, Peter: Die Mitglieder und Wähler der NSDAP 1919–1933. Untersuchungen zu ihrer schichtmäßigen Zusammensetzung. 2., überarb. Aufl. Frankfurt am Main: Lang, 1989. (Europäische Hochschulschriften : Reihe 3, 344)

Matuschek, Oliver: Der Verkauf der Sammlungen Stefan Zweig und Sigmund Freud. In: Dehnel, Regine (Hg.) Jüdischer Buchbesitz als Raubgut. Zweites Hannoversches Symposium. Frankfurt am Main: Klostermann, 2006. (Zeitschrift für Buch- und Bibliothekswesen, Sonderband 94) S.52–66.

Meier, Harri: Erinnerungen an Fritz Schalk. In: Romanische Forschungen, 93 (1981) S. 14.

Melichar, Peter: Neuordnung im Bankwesen. Die NS-Maßnahmen und die Problematik der Restitution. Wien, München Oldenbourg, 2004. (Veröffentlichungen der Österreichischen Historikerkommission. Vermögensentzug während der NS-Zeit sowie Rückstellungen und Entschädigungen seit 1945 in Österreich 11)

Menschik, Jutta: Feminismus. Geschichte, Theorie, Praxis. Köln: Pahl-Rugenstein, 1977. (Kleine Bibliothek 87: Politik, Wissenschaft, Zukunft)

Meuthen, Erich, Heimbüchel, Bernd: Kölner Universitätsgeschichte. Erschienen Bd. 1–3. Köln Weimar Wien: Böhlau, 1988.

Mężyński, Andrzej: Die Judaisitische Bibliothek bei der Großen Synagoge in Warschau. In: Dehnel, Regine (Hg.) Jüdischer Buchbesitz als Raubgut. Zweites Hannoversches Symposium. Frankfurt am Main: Klostermann, 2006. (Zeitschrift für Buch- und Bibliothekswesen : Sonderband 94) S. 85–95.

Pfeiffer, Karl Ludwig: Anglistik. In: Hausmann, Frank-Rutger (Hg.): Die Rolle der Geisteswissenschaften im Dritten Reich 1933–1945. München: Oldenbourg, 2002. (Schriften des Historischen Kollegs : Kolloquium 53) S. 39–62.

Quarg, Gunter: Elise Richter. Zum 125. Geburtstag. In: Hausmitteilungen der Universitäts- und Stadtbibliothek Köln, Nr. 3 (1990) S. 66–67.

Quarg, Gunter: „Ganz Köln steckt voller Bücherschätze": Von der Ratsbibliothek zur Universitäts- und Stadtbibliothek 1602–2002. Köln, 2002. (Schriften der Universitäts- und Stadtbibliothek Köln 11)

Quarg, Gunter: Vom Kettenbuch zur Collage. Bucheinbände des 15. bis 20. Jahrhunderts aus den Sammlungen der Universitäts- und Stadtbibliothek Köln. Köln, 2002. (Schriften der Universitäts- und Stadtbibliothek Köln 12)

Reichsgesetzblatt. Teil 1. Berlin: Reichsverlagsamt. Digitale Ausgabe: Wien : Österreichische. Nationalbibliothek: http://anno.onb.ac.at/gesetze.htm [Stand: 08.11. 2007]

restitution.or.at. Anlaufstelle der israelitischen Kultusgemeinde Wien für jüdische NS-Verfolgte in und aus Österreich. http:// www.restitution.or.at. [03.08.2008]

Richter, Elise: Summe des Lebens. Wien: WUV-Univ.-Verlag, 1997.
Romanische Forschungen. Vierteljahrsschrift für romanische Sprachen und Literaturen. Frankfurt am Main: Klostermann.
Schieder, Theodor (Hg.): Handbuch der europäischen Geschichte. Bände 1–7. Stuttgart: Union Verl., ab 1973 Klett-Cotta, 1968–1987.
Schlesinger, Therese: Rezension zu Helene Richter: Mary Wollstonecraft, die Verfechterin der Rechte der Frau. In: Arbeiterzeitung: Organ der österreichischen Sozialdemokratie vom 03. April 1898. Quelle: Elise und Helene weblog: http://static.twoday.net/richter/files/Schlesinger_Richter_Bernau.pdf [Stand: 04.04. 2008]
Schmitz, Wolfgang: „Auch Bücher haben Geschichte …": Wege und Bedeutung der Provenienzforschung. Vortrag anlässlich der Tagung „Provenienzforschung für die Praxis. Recherche und Dokumentation von Provenienzen in Bibliotheken". Weimar, Herzogin Anna Amalia Bibliothek, 11. und 12. September 2003. Digitale Ausgabe: http://www.lostart.de/nforum/doku_provenienz.php3?name=schmitz [Stand: 08.11. 2007]
Schoenberner, Gerhard: Der gelbe Stern. Die Judenverfolgung in Europa 1933–1945. Frankfurt am Main: Fischer, 1994.
Schramm, Edmund: Gedächtnisrede gehalten bei der Akademischen Trauerfeier der Johannes Gutenberg-Universität am 24. Februar 1953. In: Bruneau, Charles (Hg.): Studia romanica. Gedenkschrift für Eugen Lerch. Stuttgart: Port, 1955. S. 5–21.
Schroeder, Werner: Der Raub von Kirchen- und Klosterbibliotheken durch den Sicherheitsdienst der SS, die Geheime Staatspolizei und den Einsatzstab Reichsleiter Rosenberg. In: Dehnel, Regine (Hg..) NS-Raubgut in Bibliotheken: Suche. Ergebnisse. Perspektiven. Drittes Hannoversches Symposium. Frankfurt am Main: Klostermann, 2008. (Zeitschrift für Buch- und Bibliothekswesen, Sonderband 94) S. 57–69.
Spitzer, Leo; Adolf, Helene: In Memoriam Elise Richter. In: Romance Philology. 1 (1948). S. 329–341.
Sydow, Karsten: Alfred Kerrs verschollene Bibliothek entdeckt. In: Berliner Morgenpost vom 18. Oktober 2007.
Siehe auch: http://www.morgenpost.de/content/2007/10/18/berlin/927127.html [Stand 08.11. 2007.]
Sydow, Karsten: Die Erwerbungspolitik der Preußischen Staatsbibliothek in den Jahren 1933 bis 1945. In: Dehnel, Regine (Hg..) NS-Raubgut in Bibliotheken: Suche. Ergebnisse. Perspektiven. Drittes Hannoversches Symposium. Frankfurt am Main: Klostermann, 2008. (Zeitschrift für Buch- und Bibliothekswesen, Sonderband 94) S. 45–56.
Theresienstädter Gedenkbuch. Österreichische Jüdinnen und Juden in Theresienstadt 1942–1945. Institut Theresienstädter Initiative, Dokumentationsarchiv des Österreichischen Widerstandes Prag, 2005.
Tietze, Hans: Die Juden Wiens: Geschichte, Wirtschaft, Kultur. Repr., von 1933. 2. Aufl. Wien: Ed. Atelier, 1987.
Tilly, Michael: Das Judentum. Wiesbaden: Marix Verl., 2007.

Weinmann, Martin. (Hg.): Das nationalsozialistische Lagersystem (CCP). 2. Aufl. Frankfurt am Main: Zweitausendeins,1990.
Werner, Margot: Bericht der österreichischen Nationalbibliothek an die Kommission für Provenienzforschung. CD-ROM. Wien: 2003.
Wildt, Michael: Generation des Unbedingten: das Führungskorps des Reichssicherheitshauptamtes. Hamburg: Hamburger Ed., 2002.
Zimmermann, Rüdiger: Berlin-Offenbach-Washington-Bonn: Das Offenbach Archival Depot und die Gewerkschaftsbestände der Bibliothek der Friedrich-Ebert-Stiftung. In: AKMB-News: Informationen zu Kunst, Museum und Bibliothek, 8 (2002) H.2, S.11–17.
Zweig, Stefan: Die Welt von Gestern. 109.–123.Tsd. Frankfurt: Fischer, 1982.

Auswahl von weiteren im Buch erwähnten Internetseiten:
http://richterbibliothek.ub.uni-koeln.de
http://www.ub.uni-koeln.de
http://www.lostart.de
http://www.lootedartcommission.com
http://www.wienbibliothek.at
http://www.onb.ac.at
http://bibliothek.univie.ac.at

Personenregister

Elise und Helene Richter, Hermann Corsten und Robert Teichl sind als Hauptpersonen dieses Buches nicht zusätzlich im Personenregister aufgeführt.
In den Fällen, wo die Vornamen der Genannten fehlen, konnten sie von der Autorin nicht ermittelt werden.

Adler, Guido 88, 89
Adler, H.G. 82, 200, 201, 215
Adler, Melanie 88
Adolf, Helene 70, 76, 83, 84, 85, 198, 199, 201
Aly, Götz 72, 199, 215
Arendt, Hannah 62, 215
Bally, Charles 65, 181, 197
Barbusse, Henri 41, 42, 43, 117, 118, 191, 192, 206
Benz, Wolfgang 62, 194, 196, 198, 199, 200, 215
Berger, Gisela von 32, 190
Bernaschek, Richard 49
Bertoni, Giulio 74
Bick, Josef 107, 169
Blaschke 137, 138
Blaschke, Hans 208
Blaschko, Alfons 138, 139, 140, 141, 142, 148, 150, 153, 208
Brandl, Alois 179
Braun-Prager, Käthe 32, 172, 190, 210
Brockhausen, Carl 63
Brukner, Fritz 115, 120
Brugmann, Karl 117, 206
Bühler 63
Bürckel, Joseph 60
Burr, Isolde 100, 105, 175, 203, 204, 210, 216, 222
Christian, Viktor 64, 65
Christmann, Hans-Helmut 44, 82, 86, 106, 192, 197, 200, 201, 204, 216

Claudel, Paul 172
Cossmann, Alfred 171, 210
Chotek, Sophie 34
Croce, Benedetto 181
Curtius, Robert 98
Czech-Rechtensee 68, 74
Czech-Rechtensee, Edith 68
Czech-Rechtensee, Susanne 68
Czernin, Ottokar 36, 40
Dietz, Friedrich 116, 206
Dohm, Hedwig 25, 188, 216
Dollfuß, Engelbert 49, 50, 51, 52
Domes, Emilie 68, 69, 70, 78
Doublier 162
Eichmann, Adolf 61, 62, 79, 196, 215, 216, 218, 219
Elias, Ruth 81, 201
Elsen Thierry 106, 137, 204, 205, 206, 207, 208, 209, 216
Ettmayer, Berta von 63
Ettmayer, Karl von 63, 64
Fasal 161, 162
Fey, Emil 51
Fleischer, Max 30
Franz Ferdinand von Österreich-Este 34
Franz Josef I Kaiser von Österreich 35, 64
Friedländer, Saul 61, 79, 194, 196, 197, 198, 200, 201, 217
Friedmann, Hugo 112
Friedrich, Hugo 98, 203
Göring, Hermann 12, 60, 61, 67, 196, 198

Gold, Hugo 77, 195, 196, 198, 199, 200, 208, 217
Gomperz-Bettelheim, Caroline von 32, 190
Gregor, Joseph 75, 107, 120, 121, 122, 124, 125, 126, 127, 130, 131, 132, 134, 137, 140, 143, 160, 164, 165, 166, 167, 207, 209, 214
Gröber, Gustav 38
Grynszpan, Herschel 67
Gutmann, David von 30
Gutmann, Max 38
Gutmann, Rudolf 38, 71, 72, 73, 87, 88, 198
Gutmann, Wilhelm von 24, 30, 38, 188
Gutmann, Wolfgang 38, 71, 72, 73, 87, 88, 198
Hainisch, Marianne 32, 190
Hajek, Leo 66
Hall, Murray G. 118, 154, 201, 202, 204, 205, 206, 207, 208, 209, 210, 211, 216, 217
Hamann, Brigitte 59, 195, 217
Hausmann, Frank-Rutger 99, 199, 203, 204, 217, 218, 219
Havers 65
Heigl, Paul 107, 108, 111, 114, 115, 116, 137, 138, 140, 141, 142, 143, 150, 168, 169, 187, 208
Heinisser 52, 68, 197
Herzl, Theodor 58, 195
Heydrich, Reinhard 12, 60, 77, 78, 198
Heyse, Paul Johann Ludwig von 117, 118, 163, 206
Himmler, Heinrich 12, 54, 61, 62
Hitler, Adolf 12, 49, 51, 52, 52, 54, 56, 59, 60, 108, 194, 195, 199, 205, 215, 217
Hochenegg, Julius 58
Hoheisel, Marie 33
Kalbeck, Max 32, 189

Karl I Kaiser von Österreich 36, 37
Karwinsky, Karl 51
Kellner, Leon 58, 144, 146, 195, 208
Klemperer, Viktor 97
Knappertsbusch, Hans 67, 198
Körholz, Paul 145, 146, 147, 159
Köstner, Christina 118, 154, 201, 205, 206, 207, 208, 209, 210, 211, 217
Kralik von Meyerswalden, Richard 46, 192
Küchler, Walter 85, 97, 99
Kun, Bela 42
Kunstmann, Ludwig 163, 207
Kuranda, Hedwig 46, 70
Lerch, Eugen 44, 94, 97, 98, 100, 101, 104, 105, 106, 108, 168, 192, 203, 204, 218, 220
Lewinsky, Joseph 32, 45, 125, 189, 206
Lewinsky, Olga 32, 163, 189
Lewinsky-Krause, Else 32, 69, 78, 132, 133, 134, 159, 160, 169, 183, 206
Löffler, Klemens 95
Löwenherz, Josef 62, 76
Lueger, Karl 48, 56
Luick, Karl 720 195
Mayreder, Rosa 32, 190
Meinhof, Karl 117, 206
Meyer, Eduard 184
Meyer, Hans-Horst 38, 50, 71, 191
Meyer-Lübke, Wilhelm 28, 45, 128, 129, 163, 189
Michaëlis de Vasconcelos, Carolina 84, 117, 118, 206
Mommsen, Theodor 118, 206
Murmelstein, Benjamin 76
Mussafia, Adolf (Adolfo) 25, 26, 27, 28, 29, 30, 32, 57, 65, 127, 129, 163, 181, 189, 210
Mussolini, Benito 49, 51
Niessen, Carl 114, 115
Olschki, Leonhardo 97

Otto-Peters, Louise 22
Paoli, Betty 117, 144, 206
Papen, Franz von 51
Parker, Reginald 53
Pfeiffer, Karl Ludwig 73, 199, 219
Planitz, Hans 86, 156, 157, 201
Pollak, Ferdinande 190
Rafelsberger, Walter 61
Rajna, Pio 29
Rath, Ernst Eduard vom 67
Rauchberg, Helene 66, 170
Redlich 68
Reinisser siehe Heinisser
Richter, Hugo 185
Rösler, Margarete 132, 183
Rohr von Denta, Christine 65, 66, 74, 75, 78, 85, 86, 119, 197, 199
Rolland, Romain 41, 42, 43, 103, 106, 117, 118, 191, 192, 206
Rose 132, 134, 135, 137, 139, 140, 141, 142, 143
Rosenberg, Alfred 12, 196, 202, 220
Schalk, Friedrich 97
Schalk, Fritz 94, 97, 98, 99, 100, 101, 104, 105, 106, 108, 168, 175, 203, 216, 219
Scheiblreiter, Ernst 32, 189
Schlesinger, Therese 40, 191, 220
Schmid, Friedrich 30
Schmittlein, Ferdinande 32, 190
Schönerer, Georg von 56
Schuchardt, Hugo 117, 118, 206
Schuschnigg, Kurt 52, 53, 54, 194
Seipel, Ignaz 48

Serelman-Küchler, Elisabeth 85
Seyß-Inquart, Arthur 54, 107
Spitzer, Leo 33, 55, 83, 84, 85, 98, 101, 181, 190, 192, 195, 199, 201, 220
Storm, Theodor 118, 144, 206
Stransky, Erwin 57
Stucken, Eduard 117, 206
Suttner, Berta von 32
Tanzmeister, Robert 106, 137, 204, 205, 206, 207, 208, 209, 216
Thimig, Hugo von 32, 189, 209
Thürheim 68
Tietze, Hans 57, 195, 220
Tobler, Adolf 100
Trubetzkoy, Nikolai Sergejewitsch 45
Vaillant-Courier, Paul 42
Vossler, Karl 100
Weißel, Elisabeth 158, 209
Wettstein, Richard 40, 58
Wilbrandt-Baudius, Auguste 32, 190
Wild, Friedrich 72, 73, 86, 89, 157, 199
Wild, Ludmilla 72, 73, 78, 86, 87, 88, 89, 157, 161, 162, 199
Wild, Wenzel 72, 199
Wolf, Hugo 33
Wolter, Charlotte 115, 206
Zechmeister, Friedrich 128, 136, 137, 144, 145, 147, 151, 154, 155, 159, 170, 208, 209
Zweig, Lotte 76
Zweig, Stefan 23, 31, 32, 37, 38, 41, 43, 49, 50, 51, 60, 75, 76, 188, 189, 191, 192, 193, 196, 199, 219, 221

Danksagung

Dieses Buch ist das Ergebnis meiner zwei Jahre andauernden Recherche und Rekonstruktion der Geschichte und der Bibliothek von Elise und Helene Richter. Für die große Unterstützung, ohne die ein solches Projekt einschließlich der am Ende stehenden Publikation nicht möglich gewesen wäre, möchte ich mich an dieser Stelle bedanken.

Als mir der Leitende Direktor der Universitäts- und Stadtbibliothek Köln, Herr Professor Wolfgang Schmitz im Mai 2005 die Akte Richter übergab, ahnten wir beide nicht welche Geschichte hier aufzuarbeiten geboten war. Ich danke ihm und dem stellvertretenden Direktor Herrn Dr. Rolf Thiele für den großzügigen Freiraum, der mir für die Arbeit am Richter-Projekt zugestanden wurde.

In unserem kleinen Büro in der USB konnten meine Kolleginnen Hildegard Schoel, Gisa Rickmann-Üçgüler und Heidrun Beckers dem Thema „NS-Raubgut" und den vielen alten Büchern kaum entkommen. Ich danke Euch für Eure Gelassenheit, fürs Zuhören und fürs Korrekturlesen. In diesen Dank schließe ich besonders Irene Bischoff und Ernst Stinner mit ein. Oliver Flimm danke ich für die Installation der „Virtuellen Bibliothek Elise und Helene Richter". Für das Coverbild stand mir Fikret Üçgüler zur Seite, ohne den das Bild nie so gut geworden wäre.

Bibliothekare und Archivare leben in sehr verschiedenen Sphären. Das wurde mir wahrlich bewusst, als Herr Dr. Andreas Freitäger mir die geheimnisvolle Welt des Archivwesens näher brachte und mich immer hilfsbereit unterstützte. Der Satz „Können Sie das noch gebrauchen?", verspricht bis heute Aufregendes. Es hat richtig Spaß gemacht!

„Elise Richter" verdanke ich die Bekanntschaft zweier Frauen, ohne deren Unterstützung vieles nicht möglich gewesen wäre. Liebe Frau Dr. Brigitte Haller. Ganz herzlichen Dank für ihre unschätzbare Hilfe in den Wiener Archiven. Und last but not least mein ganz besonderer Dank an Frau Professor Isolde Burr für intensive Gespräche und viele hilfreiche Informationen über Fritz Schalk und Elise Richter. Ich freue mich schon auf das nächste Projekt. Kaffee ist fertig!

Christiane Hoffrath
im August 2008

Silke Segler-Messner
Archive der Erinnerung
Literarische Zeugnisse des Überlebens nach der Shoah in Frankreich
2005. VIII, 329 S. Br.
ISBN 978-3-412-19705-6

In Frankreich ebenso wie in anderen Ländern sind die Texte der Shoah-Überlebenden von zwei unvereinbaren Topoi gekennzeichnet. Einerseits können nur die Augenzeugen die Unmenschlichkeit nationalsozialistischer Vernichtungspolitik bezeugen. Andererseits sehen gerade sie sich nicht in der Lage, die erlittenen und gesehenen Grausamkeiten zu benennen. Inwieweit Erinnerungen Ausdruck eines nationalen kulturellen Umfeldes sind, verdeutlicht diese Studie. Sie präsentiert die literarischen Zeugnisse als Bestandteil einer Gedächtniskultur, die zunächst den Mythos der Résistance propagierte und erst zögerlich bereit war, die Verwicklung Frankreichs in die nationalsozialistische Vernichtungspolitik anzuerkennen. Im Anschluss an eine Reflexion zur Figur des Zeugen wird die europäische Debatte zur »question juive« als Ausgangspunkt der folgenden Interpretationen präsentiert.

Willy Cohn
Kein Recht, nirgends
Breslauer Tagebücher 1933–1941
Eine Auswahl

Herausgegeben von Norbert Conrads

2008. 369 S. 17 s/w-Abb. auf 16 Taf. Gb mit SU.
ISBN 978-3-412-20139-5

Der Breslauer Historiker Willy Cohn (1888–1941) ist der wichtigste Autor seiner Generation für das jüdische Breslau. Er kannte die Stadt und die jüdische Gemeinde wie kaum ein zweiter. Mit seinen hier in einer Auswahl vorgelegten Tagebuchaufzeichnungen, die er im geheimen bis zu seiner Ermordung durch die Nationalsozialisten 1941 führte, liegt erstmals ein umfassender Augenzeugenbericht über den Untergang der drittgrößten jüdischen Gemeinde Deutschlands vor.

Stimmen zur Gesamtausgabe

»Mit der Veröffentlichung seiner Tagebücher ist Willy Cohn nun ein Denkmal gesetzt – als dem, nach Victor Klemperer, wichtigsten Chronisten des Schicksals jüdischer Deutscher in Zeiten der finstersten Barbarei.«
   Volker Ullrich, DIE ZEIT

»Aufschlussreicher als Klemperer.«
   Walter Laqueur, Die Welt

»Ein Buch der Erinnerung und eine historische Quelle, die kaum ihresgleichen hat.«
   Cord Aschenbrenner, Neue Zürcher Zeitung

Ursulaplatz 1, D-50668 Köln, Telefon (0221) 91390-0, Fax 91390-11